中华传世藏书

《图文珍藏版》

山海经

马博⊙主编

诠解

第三册

线装书局

大荒西经第十六

《大荒西经》中记载的国家、山川大致位于中国西部,与海外西经中的部分国家相同。

大荒西经

【导读】

《大荒西经》中记述的国家有丈夫国、一臂民、轩辕国等,还记录了许多神话传说,如共工怒撞不周山、女娲之肠化为神等,极具神秘浪漫色彩。此外,

经中还讲述了中华文明的起源，如后稷降百谷、叔均耕作播百谷，指出了农业的起源；太子长琴在榣山上始作乐风，指出了音乐的起源。

不周负子山

【原文】

西北海之外，大荒之隅，有山而不合[1]，名曰不周负子，有两黄兽守之。有水曰寒暑之水，水西有湿山，水东有幕山。有禹攻共工国山。

不周山两黄兽

不周山两黄兽　清·汪绂图本

【注释】

①有山而不合，意思是有座山断裂了合不拢。

【译文】

在西北海之外，大荒的一角落，有座山断裂而合不拢，名叫不周山，有两只黄色的野兽守护着它。那里有一条水流名叫寒暑水。水的西面有座湿山，水的东面有座幕山。还有一座禹攻共工国山。

淑士国　女娲之肠

【原文】

有国名曰淑士,颛顼之子[①]。

有神十人,名曰女娲之肠[②],化为神,处栗广之野,横道而处[③]。

| 女娲之肠 | 女娲 |

【注释】

①"有国"两句,郭璞注:"言亦出自高阳氏也。"

②女娲之肠,郭璞注:"或作'女娲之腹'。女娲,古神女而帝者,人面蛇身,一日中七十变,其腹化为此神,栗广,野名。"

③横道而处,郭璞注:"言断道也。"

【译文】

有个国家名叫淑士国,是帝颛顼的后裔。

有十个神人,名叫女娲肠,他们是女娲的肠子变化而成的,他们在一片栗广的原野上生活;而且他们就在大路当中断道而居住。

石夷　狂鸟　白氏国　长胫国

【原文】

有人名曰石夷,来风曰韦,处西北隅以司日月之长短①。有五采之鸟,有冠,名曰狂鸟②。

有大泽之长山,有白氏之国③。

西北海之外,赤水之东,有长胫之国④。

石夷

石夷　清·汪绂图本

【注释】

①"处西"句,郭璞注:"言察日月晷度之节。"

②狂鸟,郭璞注:"《尔雅》云:'狂,梦鸟'。即此也。"

③白氏之国,一作白氏之民。

④长胫之国,郭璞注:"脚长三丈。"郝懿行注:"长胫即长股也,见《海外西经》。"

【译文】

有位神人名叫石夷,其所来之风叫韦,石夷住在西北角,掌管太阳和月亮升起落下的时间长短。有一种长着五彩羽毛的鸟,这种鸟头上有冠,名叫狂鸟。

有一座大泽长山,那里有个白氏国。

在西北海之外,赤水的东面,有个长胫国。

西周国

【原文】

有西周之国,姬姓,食谷。有人方耕,名曰叔均。帝俊生后稷①,稷降以百谷。稷之弟曰台玺,生叔均。叔均②是代其父及稷播百谷,始作耕。有赤国妻氏③。有双山。

【注释】

①帝俊生后稷,郭璞注:"俊宜为喾,喾第二妃生后稷也。"

②"叔均",意即叔均代替父亲和后稷播种各种谷物,开始创造耕田的方法。《海内经》:"后稷是播百谷,稷之孙曰叔均,是始作牛耕。"

③赤国妻氏,郝懿行注疑"赤国妻氏"为《海内经》中之"大比赤阴";"大比赤阴"是地名。一疑二者俱为人名。

【译文】

有个西周国,国民姓姬,以五谷为食。有个人正在耕田,名叫叔均。帝俊生了后稷,后稷把各种谷物的种子从天上带到人间。后稷的弟弟叫台玺,台玺生了叔均。叔均代替父亲和后稷播种各种谷物,开始创造耕田的方法。西周国还有个赤国妻氏。西周国还有座双山。

柜格松　先民国

【原文】

西海之外,大荒之中,有方山者,上有青树①,名曰柜格之松②,日月所出入也。

西北海之外,赤水之西,有先民之国,食谷,使四鸟。

【注释】

①青树,或作青松。

②柜格之松,郭璞注:"木名,'柜'音矩。"

【译文】

在西海之外,大荒之中,有座山叫方山,山上有棵青色大树。名叫柜格松,是太阳和月亮出入的地方。

在西北海之外,赤水的西岸,有个先民国。这里的人吃的是五谷,能驯化驱使四种野兽。

北狄国

【原文】

有北狄之国。黄帝之孙曰始均,始均生北狄。

有芒山。有桂山。有榣山,其上有人,号曰太子长琴。颛顼生老童①,老童生祝融②,祝融生太子长琴,是处榣山,始作乐风③。

【注释】

①颛顼生老童,郝懿行注:"老童亦为神,居騩山,已见《西次三经》。"

②祝融,郭璞注:"即重黎也,高辛氏火正,号曰祝融也。"《海内经》中祝融乃炎帝之裔,此言颛顼之孙,则祝融又为黄帝之裔;传闻又同所致。

③始作乐风,郭璞注:"创制乐风曲也。"

【译文】

有个北狄国。黄帝的孙子叫始均,始均的后代子孙,就是北狄国人。

北狄国附近有座芒山。还有桂山。有榣山,山上有一个人,号称太子长琴。颛琐生了老童,老童生了祝融,祝融生了太子长琴,于是太子长琴住在榣山上,自从太子长琴开始作乐曲,人间才有了音乐。

五采鸟三名　　有虫状如菟

【原文】

有五采鸟三名:一曰皇①鸟,一曰鸾鸟,一曰凤鸟。

有虫②状如菟,胸以后者裸不见,青如猨状。

狂鸟

狂鸟　清·汪绂图本

【注释】

①皇,同凰。

②虫,指兽,古代鸟兽都可以称作虫。

【译文】

有种长着五彩羽毛的鸟,它有三个名字:一叫凰鸟,一叫鸾鸟,一叫凤鸟。

有一种野兽的形状像兔子,身上长满毛,胸脯以后看不见裸露的地方,它的皮毛是青色的,就像猿的样子。

丰沮玉门山　灵山十巫

【原文】

大荒之中,有山名曰丰沮玉门,日月所入。

有灵山,巫咸、巫即、巫盼、巫彭、巫姑、巫真、巫礼、巫抵、巫谢、巫罗十巫,从此升降，百药爱在。

十巫

十巫　清·汪绂图本

【译文】

在大荒之中，有座山名叫丰沮玉门山，是太阳和月亮降落的地方。

有座灵山，巫咸、巫即、巫盼、巫彭、巫姑、巫真、巫礼、巫抵、巫谢、巫罗共十巫都来这座山上采药，山中百药俱生，

沃民沃野

【原文】

西有^①王母之山、壑山、海山。有沃之国^②，沃民是处。沃之野，凤鸟之卵是食，甘露是饮。凡其所欲，其味尽存。爱有甘华、甘柤、白柳、视肉、三骓、璇

瑰、瑶碧、白木③、琅玕、白丹、青丹，多银、铁。鸾鸟自歌，凤鸟自舞，爰有百兽，相群是处，是谓沃之野。

【注释】

①"西有"句，郭璞注："皆群大灵之山。""西有"当为"有西"。

②沃之国，郭璞注："言其土饶沃也。"

③白木，郭璞注："树色正白。今南方有文木，亦黑木也。"

【译文】

有座西王母山。鹯山、海山在其附近。有个沃民国，沃民便居住在这里。生活在沃野的人，吃的是凤鸟产的蛋，喝的是天降的甘露。凡是他们心里想要的美味，这里都有。这里还有甘华树、甘柤树、白柳树，视肉、三骓马、璇玉瑰石、瑶玉碧玉、白木树、琅玕树、白丹、青丹，多出产银、铁。鸾鸟自由自在地歌唱，凤鸟自由自在地舞蹈，还有百兽，群居相处，这就是物产丰富的沃野。

三青鸟　轩辕台　龙山

【原文】

有三青鸟①，赤首黑目，一名曰大鵹，一名曰少鵹②，一名曰青鸟。

有轩辕之台，射者不敢西向射，畏轩辕之台③。

大荒之中，有龙山，日月所入。

有三泽水，名曰三淖，昆吾之所食也。

【注释】

①三青鸟，郝懿行注："三青鸟为西王母取食，见《海内北经》。"

②鹥,古鸟名。

③轩辕之台,同轩辕之丘,见《海外西经》。

【译文】

有三只青色的神鸟,红色的头,黑色的眼,一只叫大鹥,一只叫少鹥,一只叫青鸟。

有座轩辕台,射箭的人都不敢向西射,因为敬畏轩辕台上黄帝的神灵。

大荒之中,有座龙山,是太阳和月亮降落的地方。

有三个水泽汇成一体,名叫三淖,是昆吾族人取得食物的地方。

女丑尸　女子国　桃山　丈夫国

【原文】

有人①衣青,以袂蔽面,名曰女丑之尸。

有女子之国②。

有桃山。有虻③山。有桂山。有于土山。

有丈夫之国④。

【注释】

①"有人"三句,袂,郭璞注:"袖。女丑之尸见《海外西经》。"

②女子之国,郭璞注:"王颀至沃沮国,尽东界,问其耆老,云:'国人尝乘船捕鱼遭风,见吹数十日,东一国,在大海中,纯女无男。'即此国也。"女子国已见《海外西经》。

③虻山,郝懿行注:"上文已有芒山、桂山;芒、虻声同也。"

④丈夫之国,郭璞注:"其国无妇人也。"丈夫国已见《海外西经》。

【译文】

有个人穿着青色衣服,用袖子遮住脸,名叫女丑尸。

有个女人国。

有座桃山。还有座虻山。又有座桂山。又有座于土山。

有个丈夫国。

弇州山鸣鸟　轩辕国　西海神弇兹

【原文】

有弇州之山,五采之鸟仰天①,名曰鸣鸟。爰有百乐歌儛之风②。

有轩辕之国③。江山④之南栖为吉。不寿⑤者乃八百岁。

西海⑥陼中,有神人面鸟身,珥两青蛇,践两赤蛇,名曰弇兹。

弇兹

弇兹　清·汪绂图本

【注释】

①仰天,仰头向天。郭璞注:"张口嘘天。"

②"爰有"句,郭璞注:"爰有百种伎乐歌儛凤曲。"

③轩辕之国,郭璞注:"其人人面蛇身。"已见《海外西经》。

④"江山"句,意即轩辕国的人都喜欢栖息在江山的南边以得到吉祥。郭璞注:"即穷山之际也。山居为栖。吉者,言无凶夭。"

⑤"不寿"句,郭璞注:"寿者数千岁。"

⑥"西海"六句,西海的岛屿上,有一个神人,长着人的脸,鸟的身子,耳朵上穿挂着两条青蛇,脚底下踩踏着两条红蛇,名叫弇兹。陼,郝懿行注:"《尔雅》云:'小洲曰陼。'陼同渚。"弇兹,郝懿行注:"此神形状,全似北方神禺强,唯彼作践两青为异,见《海外北经》。"

【译文】

有座弇州山,山上有一种长着五彩羽毛的鸟,正仰天鸣叫,这种鸟叫鸣鸟。据说那儿有能歌善舞之风,有上百种伎乐歌舞之曲。

有个轩辕国。这里的人把居住在江河山岭的南边当作是吉利的事,就是寿命不长的人也能活到八百岁。

西海的岛屿上,有一个神人,长着人的脸,鸟的身子,耳朵上穿挂着两条青蛇,脚底下踩踏着两条红蛇,名叫弇兹。

<h2 style="text-align:center">日月山颛顼令重黎绝地天通</h2>

【原文】

大荒之中,有山名曰日月山,天枢也。吴姖天门,日月所入。有神,人面无臂,两足反属于头山①,名曰嘘。颛顼生老童,老童生重及黎②,帝令重献③上天,令黎邛④下地,下地是生噎⑤,处于西极,以行日月星辰之行次⑥。

【注释】

①山,郝懿行注:"'山'当为'上'字之讹。"

②重,传说中掌管天上事物的官员南正。黎,传说中掌管地下人类的官员火正。

③献,上举。

④邛,与"献"相对为文,姑且以"下压"释之。

⑤下地是生噎,郝懿行注:"此语难晓。"

⑥行次,运行次序。

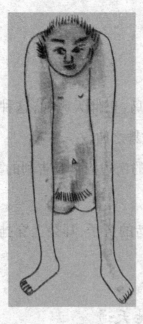

嘘

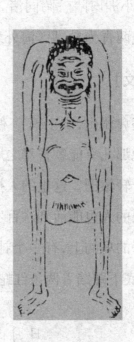

嘘 清·汪绂图本

【译文】

大荒之中,有座山名叫日月山,这是天门的枢纽。这座山的主峰叫吴姖天门山,是太阳和月亮降落的地方。有一个神人,形状像人而没有臂膀,两脚朝天,头朝地,名叫嘘。帝颛顼生了老童,老童生了重和黎,帝颛顼命令重托着天用力往上举,又命令黎撑着地使劲朝下按。于是黎来到地下并生了噎,他就处在大地的最西端,主管着太阳、月亮和星辰运行的先后次序。

天虞　常羲浴月

【原文】

有人反臂①,名曰天虞②。

有女子方浴月。帝俊妻常羲,生月十有二,此始浴之。

 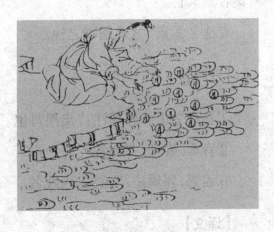

常羲浴月　　　　　　　　　　常羲浴月　清·汪绂图本

【注释】

①反臂,即两只胳膊反转过来朝后生。

②天虞,郭璞注:"即尸虞也。"郝懿行注:"尸虞未见所出,据郭注当有成文经,疑在经内,今逸。"

【译文】

有个神人双臂反着长,名叫天虞。

有个女子正在替月亮洗澡。帝俊的妻子常羲生了十二个月亮,这位给月亮洗澡女子便是常羲。

青鸢　黄鳌　孟翼之攻颛顼池

【原文】

有玄丹之山①。有五色之鸟,人面有发。爰有青鸢、黄鳌②、青鸟、黄鸟,其所集者其国亡。

有池名孟翼③之攻颛顼之池。

【注释】

①玄丹之山。郭璞注:"出黑丹也。"

②青鸢,黄鳌,古鸟名。

③孟翼,郭璞注:"孟翼,人姓名。"

【译文】

有座玄丹山。在玄丹山上有一种长着五彩羽毛的鸟,这种鸟长着一副人的面孔而且有头发。这里还有青鸢、黄鳌。青鸢、黄鳌,在哪个国家聚集,哪个国家就会有亡国之灾。

有个大水池,名叫孟翼攻颛顼池。

鏖鏖钜山　屏蓬

【原文】

大荒之中有山,名曰鏖鏖钜①,日月所入者。

有兽,左右有首,名曰屏蓬②。

屏蓬

屏蓬　明·蒋应镐绘图本

【注释】

①鏖鏖钜:山名。

②屏蓬,郭璞注:"即并封也,语有轻重耳。并封已见《海外西经》。"

【译文】

大荒之中,有座山名叫鏖鏖钜山,是太阳和月亮降落的地方。

有一种野兽,左边和右边各长着一个头,名叫屏蓬。

黄姬尸　比翼鸟　天犬

【原文】

有巫山①者。有壑山者。有金门之山，有人名曰黄姬之尸。有比翼之鸟②。有白鸟青翼，黄尾，玄喙。有赤犬，名曰③天犬，其所下者有兵。

天犬

天犬　清·汪绂图本

【注释】

①巫山，已见《大荒南经》。

②比翼之鸟，已见《海外南经》。

③"名曰"二句，郝懿行注："赤犬名天犬，此自兽名，亦如《西次三经》阴山有兽名天狗耳。"

【译文】

有座山叫巫山。还有壑山。还有金门山，山上有个黄姬尸。山中还有比翼鸟。有一种白鸟，长着青色的翅膀，黄色的尾巴，黑色的嘴壳，不知它叫什么名字。有一种红色的狗,名叫天犬,天犬到哪里,哪里就会发生战乱。

昆仑西王母

【原文】

西海之南,流沙之滨,赤水之后,黑水之前,有大山,名曰昆仑之丘①。有神②人面虎身,有文有尾,皆白。处之。其下③有弱水之渊环之,其外有炎火之山,投物辄然。有人,戴胜④,虎齿,有豹尾,穴处,名曰西王母。此山万物尽有。

【注释】

①昆仑之丘,已见《西次三经》、《海内西经》。

②"有神"五句,有文有尾,一作"文虎"。皆白。《西次三经》:"昆仑之丘,是实惟帝之下都,神陆吾司之。其神状虎身而九尾,人面而虎爪。是神也,司天之九部,及帝之囿时。"

③"其下"三句,弱水之渊,郭璞注:"其水不胜鸿毛。"已见《海内西经》。炎火之山,郭璞注:"今去扶南东万里,有耆薄国,东复五千里许,有火山国,其山虽霖雨,火常燃。火中有白鼠,时出山边求食,人捕得之,以毛作布,今之火浣布是也。即此山之类。"

④戴胜,头上戴着玉胜。

【译文】

在西海的南面,流沙的边沿,赤水的后面,黑水的前面,屹立着一座大山,就是昆仑山。有一个神人,长着人的面孔、老虎的身子,尾巴有花纹,而尾巴上有许多白色斑点,这个神就住在昆仑山上。昆仑山的周围,被弱水汇聚的深渊环绕着。深渊的外边有座炎火山,一投进东西就会燃烧起来。山上有个神人,头上戴着玉制首饰,满口的老虎牙齿,有一条豹子似的尾巴,住在洞穴中,名叫西王母。这座山中世间万物应有尽有。

常阳山　女祭　女薎

【原文】

大荒之中,有山名曰常阳之山。日月所入。

有寒荒之国。有二人女祭、女薎①。

【注释】

①女祭、女薎,即《海外西经》之女祭、女戚,均为祀神的女巫。

【译文】

大荒之中,有座山名叫常阳山,常阳山是太阳和月亮降落的地方。

有个寒荒国。有两个女神,女祭和女薎。

寿麻国　夏耕尸

【原文】

有寿麻之国。南岳娶州山女,名曰女虔。女虔生季格,季格生寿麻。寿麻正立无景,疾呼无响。爰有大暑,不可以往。

有人无首,操戈盾立,名曰夏耕之尸①。故成汤伐夏桀于章山,克之,斩耕厥前②。耕既立,无首,走厥咎③,乃降于巫山。

【注释】

①夏耕之尸,郭璞注:"亦形(刑)天尸之类。"

②厥,句中助词,相当于"之"。

③走厥咎,郭璞注:"逃避罪也。"

夏耕之尸

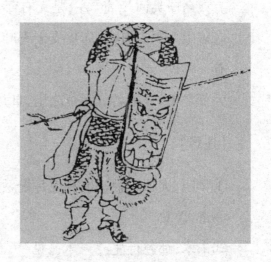

夏耕之尸　清·汪绂图本

【译文】

有个国家叫寿麻国。南岳娶了州山的女儿为妻,她的名字叫女虔。女虔生了季格,季格生了寿麻。寿麻端端正正站在太阳下不见任何影子,高声疾呼而四面八方没有一点回响。据说寿麻国异常炎热,人们不可以到那里去。

有个人没有首级,手操着盾戈立在山上,他名叫夏耕尸。从前成汤在章山讨伐夏桀,打败了夏桀,成汤斩杀夏耕尸的头。夏耕尸被杀之后没有倒下,为了逃跑便来到了巫山。

吴回　盖山国　一臂民　大荒山

【原文】

有人名曰吴回①,奇②左,是无右臂。

有盖山之国。有树,赤皮支干青叶,名曰朱木③。

有一臂民④。

大荒之中,有山名曰大荒之山,日月所入。

【注释】

①吴回,火神祝融。也有说是祝融的弟弟,亦为火正之官。

②奇,单数。

③朱木,郝懿行注:"朱木已见《大荒南经》。"

④一臂民,郝懿行注:"一臂民已见《海外西经》。"

【译文】

有个人名叫吴回,只剩下左臂,而没了右臂。

有个盖山国。这个国家有一种树,树皮树枝树干都是红色的。叶子是青色的,名叫朱木。

有一种只长一只胳膊的人称一臂民。

大荒之中,有一座山,名叫大荒山,是太阳和月亮降落的地方。

三面一臂人　夏后开

【原文】

有人焉三面,是颛顼之子,三面一臂,三面之人不死。是谓大荒之野。

西南海之外,赤水之南,流沙之西,有人珥两青蛇,乘两龙,名曰夏后开①。开上三嫔于天②,得《九辩》与《九歌》以下。此天穆之野,高二千仞,开焉得始歌《九招》。

【注释】

①夏后开,即夏后启,汉人避讳景帝刘启,改启为开。

②三嫔,指三度宾于天帝。"嫔"通"宾",为客之意。

【译文】

这里有一种人,头上的前边及左右各长着一张脸,却只有一只胳膊,他们是颛顼的子孙后代,三张脸一只胳膊,这种三面一臂人能长生不老,生活在大荒野中。

在西南海之外,赤水的南岸,流沙的西面,有个人耳朵上穿挂着两条青蛇,乘着两条龙,这人名叫夏后开。夏后开进献三个美女给天帝,得到天帝的乐曲《九辩》和《九歌》后下降到人间。夏后开就在天穆之野,高达二千仞,从夏后启开始,人间才得到天上的《九招》乐曲。

互人国 鱼妇颛顼

【原文】

有互人之国①。炎帝②之孙名曰灵恝,灵恝生互人,是能上下于天③。

有鱼偏枯④,名曰鱼妇,颛顼死即复苏⑤。风道⑥北来,天乃大水泉,蛇乃化为鱼,是为鱼妇。颛顼死即复苏。

【注释】

①互人之国,也即"氐人国"。

②炎帝,郭璞注:"炎帝,神农。"

③上下于天,郭璞注:"言能乘云雨也。"

④偏枯,半身不遂之意。

⑤颛顼死即复苏,郭璞注:"言其人能变化也。"

⑥道,从。

鱼妇

鱼妇 清·汪绂图本

【译文】

有个互人国。炎帝的孙子名叫灵恝,灵恝的后代是互人,互人国的人都能乘云驾雾。

有一条干枯的鱼,名叫鱼妇,是帝颛顼死后变成的。风从北方吹来,天于是涌出大水如泉,蛇于是变化成为鱼,这便是所谓的鱼妇。它是颛顼死后的化身。

鹓鸟　偏句　常羊山

【原文】

有青鸟,身黄、赤足,六首,名曰鹓鸟[①]。

有大巫山。有金之山。西南大荒之中隅,有偏句、常羊之山。

【注释】

①鹓鸟,古鸟名。

【译文】

有一种青鸟,身子是黄色的,脚是红色的,长有六个头,名叫鹓鸟。

有两座大山。大巫山和金之山。在这两座山的西南,在大荒的一个角落,有偏句山、常羊山。

鹓鸟

鹓鸟　明·蒋应镐绘图本

【鉴赏】

《大荒西经》记述的内容非常丰富,其诸多人文地理场景的方位大体上是从西北到西南。在商代神庙西墙的壁画上,画着一座西北角有缺口的环形山,山前有两只黄兽负责守卫,附近还有一条半热半冷的河流,它们是共工族的圣山圣地圣水。相传当年共工战败后撞倒不周山,引起天翻地覆的大劫难。事实上,不周山是一座有缺口的环形山,可能是火山口,也可能是陨石坑,它与著名的黄帝都城昆仑相邻——谁能够找到它,谁就会立下大功!有一点线索是,不周山大体在黄河河套附近,这里已经发现了十几座先夏时期的古城遗址。

事实上,《大荒西经》第一处场景正是共工族的圣山,亦即著名的不周负子山,亦即《西山经》中的不周山,其方位大约在今黄河河套以北的阴山山脉。此外,民间相传山西省长子县西山即不周山,精卫填海的故事也发生在这里。或谓不周山即昆仑山、祁连山、六盘山,甚至远在非洲东部的大裂谷。

有趣的是,不周山的寒暑水附近有湿山、幕山,湿山(疑原作温山)当为热山或有温泉,幕山(疑原作暮山)则为寒山或有积雪融水。《三余帖》(见百二十卷本《说郛》)云:“半阳泉。世传织女送董子(董永)经此,董子思饮,扬北水与之。曰:‘寒。’织女因祝水令暖。又曰:‘热。’乃拔六英宝钗,祝而画之,于是半寒半热,相和与饮。”这个故事发生地应该就是河套地区,当时这里是黄帝族与炎帝族的分界线,织女属于黄帝族,董永实际上即牛郎属于炎帝族,当时两族青年男女通婚曾受到限制。所谓禹攻共工国山,郭璞认为即《海外北经》所记禹杀共工臣相柳之事。所谓“不周负子,有两黄兽守之”,乃守护共工族圣山之巫术宗教活动。

值得注意的是“有山而不合”的文字表述,因为这是对有缺口环形山这种特殊地形地貌的具有专业术语性质的准确观察和描述。一般来说,形成环形山地貌的原因主要有三种,其一是由地质构造运动而偶然出现环状地貌,其二是火山口(通常直径比较小),其三是大型或巨型陨石坑(通常直径在数百米到数百公里之间)。《淮南子·天文训》记有:"昔者共工与颛顼争为帝,怒而触不周之山,天柱折,地维绝。天倾西北,故日月星辰移焉;地不满东南,故水潦尘埃归焉。"对上述事变的解释很多,其中一种解释认为是远古发生的一次相当规模天外星体撞击地球事件,不周山即这次撞击留下的陨石坑,"日月星辰移焉"表明当时发生了地球自转轴指向的移位,而女娲补天、夸父逐日、后羿射日以及民间流传的众多射日射月故事,均与此事件有关。

《山海经》中仅有一处提及女娲,便在此篇第 3 节中,经文当有若干内容缺失。在中华民族的古老记忆里,女娲是我们民族的女始祖,也是人类文明的老祖母,相传她化生万物,并用黄土造人;又传洪水灭绝人类后,伏羲、女娲兄妹不得不结婚重新繁衍人类。太行山麓的河北省涉县中皇山,相传是女娲之都,当地建有规模庞大的娲皇宫,民间流传着女娲祭典活动。

《说文》十二云:"女娲,古之神圣女,化万物者也。"《楚辞·天问》:"女娲有体,孰制匠之?"意思是如果女娲能够创造人类,那么女娲的身体又是谁创造的呢?应当说,屈原提出的问题非常深刻,是对宇宙生命起源的深层次思考。《淮南子·说林篇》:"黄帝生阴阳,上骈生耳目,桑林生臂手,此女娲所以七十化也。"袁珂认为这是说女娲在化育人类的过程中,有众神分工参与造人工作。其实,所谓女娲造人,实际上是说女娲发现了人类生殖繁衍的秘密,并制定了婚姻法则(伏羲、女娲兄妹婚的传说,其目的正是禁止兄妹近亲婚配)。《路史·后纪二》云:"以其(女娲)载媒,是以后世有国,是祀为皋(高)禖之神。"并注引《风俗通》:"女娲祷祠神,祈而为女媒,因置昏姻。"

女娲之肠或作女娲之腹,郭璞注:"女娲,古神女而帝者,人面蛇身,一日中七十变,其腹化为此神。"其实,"有神十人"云云,当系古代求子巫术仪式,大体是在一条通往求子圣地(被称为粟广之野)的大道路口上,有一种被称为

"女娲之肠"的神秘装置(可能是由女巫装扮成的女娲娘娘,或其他结构物),人们穿过这里,就能够怀孕生子,同时也表达对始祖母亲生育后代的感恩之情。也就是说,女娲之肠实际上象征的是人类的子宫及其产道,表明当时的人已经对人的生殖系统结构有着准确的认识。明代王逵《蠡海集》记有:"凡鸟之生卵者,莫不系于脊……脊系卵处,下生一肠,上曰连属于系卵。卵既长足,而产入于此肠,俗谓之花肠也。"据此可知,以"肠"指动物的生殖器官由来已久。

在古史传说中,女娲又为一代圣帝或一方首领。《淮南子·览冥训》:"往古之时,四极废,九州裂,天不兼覆,地不周载,火爁炎而不灭,水浩洋而不息,猛兽食颛民,鸷鸟攫老弱。于是女娲炼五色石以补苍天,断鳌足以立四极,杀黑龙以济冀州,积芦灰以止淫水。"《路史·发挥一》注引《尹子·盘古篇》:"女娲补天,射十日。"据此,女娲兼有颛顼绝地天通(古人将天想象为壳状,因此天地相通可以理解为天穿)、后羿射日、鲧禹治水之功,而民间则以正月二十三日为天穿节,是日民众要将煎饼抛上屋顶,意为帮助女娲补天。综观上述场景,颇似一颗小星体撞击地球而引发的连锁灾难事变(火灾、海啸,以及因生存环境破坏而导致的动物与人类生存竞争激烈化)。

第7节的西周国指一处方国,而非后世所说的夏商周秦之西周、东周朝代,此处经文所说西周国即后世西周朝代之前身。《史记·周本纪》正义注谓:"因太王所居周原,因号曰周。《地理志》云右扶风美阳县岐山在西北中水乡,周太王所邑。《括地志》云:'故周城一名美阳城,在雍州武功县西北二十五里,即太王城也。'"

中国古史传说有两个农业神(可能分别属于不同地区和时代),一是炎帝神农氏,二是农神后稷。后稷名弃,系帝喾与元妃姜原所生,相传他发明农业,被周民族供奉为农神;后世主管农事的官亦称稷,五谷之神亦称稷。在农作物里,稷可指黍(黍子、糜子)、粟(谷子,去壳后称小米)、高粱。所谓后稷发明农业,当是对上述农作物品种的筛选和改良有着突出的贡献。后稷的后裔叔均在农业生产上的贡献是发明或改进了犁耕技术。对比之下,埃及人是在公元前3300年开始使用犁耕地的(由两名男子操作)。

徐旭生在20世纪30年代后期撰写《中国古史的传说时代》时记有:"直到现在,陕西渭水附近地方还供事一种农神,一间小屋里面,塑一个高约四五尺的大脑袋,仅有头,无身躯,俗称它为'大头爷',也叫做'后稷头',想是一种古代的流传。"据《中国名胜词典》(上海辞书出版社),陕西武功县东门外有砖砌长方形平台,名后稷教稼台。或许古代教稼台上同时塑有后稷头像,而不塑身躯当寓意农神后稷乃以大地为身躯。有趣的是,后稷头的造型与美洲的巨石头像(直径一两米,重十数吨)非常相近,不知两者是否有文化渊源。

经文"稷之弟曰台玺",疑当作"稷之妻曰台玺"。理由有四:其一,《大荒四经》乃至全部《山海经》里,基本上只记述父子关系和夫妻关系,即使存在多子女的情况,也几乎不记述兄弟关系或姐妹关系,因此这里很突兀地称台玺为稷之弟,与理不合。其二,所谓"叔均是代其父及稷播百谷"的记述明显有后人修饰的痕迹,因为经文未言台玺有何播百谷事迹,叔均又何以代之?其三,台玺之名的"台"字,当出自有邰氏,而"邰"(今陕西武功)即后稷所封之地(所谓"封",包括与当地人联姻),《史记·周本纪》:"封弃于邰,号曰后稷,别姓姬氏。"其四,帝喾娶有邰氏之女姜原为妻,帝喾之子后稷亦娶有邰氏之女(台玺)为妻,乃顺理成章之事,因古代两大部落之间经常存在着世代通婚的现象。

《海内经》在记述叔均的故事时提及的"大比赤阴",郝懿行认为即此处的赤国妻氏,袁珂同意郝懿行的观点并认为她可能就是后稷之母姜原。或者还有另一种可能,即赤国妻氏指台玺,而大比赤阴则指姜原。《史记·周本纪》:"周后稷,名弃。其母有邰氏女,曰姜原。姜原为帝喾元妃。姜原出野,见巨人迹,心忻然说,欲践之。践之而身动,如孕者。居期而生子,以为不祥,弃之隘巷,马牛过者,皆辟不践。徙置之林中,适会山林多人。迁之,而弃渠中冰上,飞鸟以其翼覆荐之。姜原目为神,遂收养长之。初欲弃之,因名曰弃。"这个故事表明姜原所处的时代,正处于母系社会向父系社会过渡的初期,未婚女子还保留着某种程度的性自由,而男子已经要求妻子只生自己的孩子,因此头胎孩子往往要被迫弃掉,事实上这种弃长子的习俗在许多国家的历史上都曾经出现过。

第8节的柜格之松,长期无解。根据"日月所出入"可知,柜格之松当与天文观测活动有关,而"方山"很可能是一座四方台形的天文观测站。所谓松木上有柜格,大约是在一笔直竖立的松木上,横向平行插有或绑有若干横木,这些横木彼此相隔一定的尺寸;观测者每天都在距离柜格松的一个固定位置上,观测日月升起的高度在第几格的横木上,并据此判断一年的季节变化(最高的横木表示夏至,最低的横木表示冬至)。也就是说,柜格松可能是中国最早的天文仪器之一,亦即后世圭表的前身。事实上,圭字和表字,正是源自柜格松的象形。不过,由于这种观测方法眼睛容易被灼伤,以后人们才逐渐改为观测圭表影子的方向和长短,不再需要"柜格"了。《拾遗记》亦记有:"帝子(少昊)与皇娥泛于海上,以桂枝为表,结薰茅为旌,刻玉为鸠,置于表端,言鸠知四时之候,故《春秋传》曰司至,是也,今之相风此之遗象也。"

太子长琴。《山海经》记述某人时,多用"名曰",此处则用"号曰",而"号"有自称之意。第11节经文中太子长琴的"太子"二字,似乎并非指有权继承王位的长子,而是与"不周负子"类似,可能另有所指。"谣"在古代指不用乐器伴奏的歌唱,类似今日的清唱;《诗·魏风·园有桃》:"我歌且谣。"毛传:"曲合乐曰歌,徒歌曰谣。"据此,所谓太子长琴"始作乐风",表明他是首先使用乐器伴奏的说唱者。事实上,在文字发明前或普及使用前,许多民族的历史(包括科学文化常识)都是由专职的说唱者来记忆(包括补充新的信息)并传播的;即使到了今天,在中国内蒙古、新疆、西藏等地,人们仍然喜欢这种有乐器伴奏的说唱表演艺术,并从中获得许多知识和乐趣。因此,我们有理由说,太子长琴是一位通过有伴奏传唱方式进行历史和文化知识传播的教育学家。

有趣的是,太子长琴的歌唱艺术是有着深厚传统的。《西山经》中騩山记有"神耆童居之,其音常如钟磬"。耆童即老童,亦即太子长琴的祖辈,属于黄帝族。《大戴礼·帝系篇》:"颛顼娶于滕氏,滕氏奔之子谓之女禄氏,产老童。"老童之名有青春永驻之意,后世亦以老为姓,高亨先生在《老子正诂》(古籍出版社,1956 年)一书中认为,老聃、老莱子、老彭(彭祖)可能均是以老为姓。

祝融,郭璞注:"即重、黎也,高辛氏火正,号曰祝融也。"火正,负责观测大火星(今名心宿二)之职;大火星为夏季夜空最显著恒星之一,非指五大行星之火星。在古史传说里,祝融乃是著名部落之一,但其族属和居地却飘忽不定;此处经文称其为黄帝族裔,生太子长琴,而《海内经》则称其为炎帝族裔,生共工,或许祝融的父系为黄帝族裔,母系为炎帝族裔。

值得注意的是,《大荒东经》记有六座日月所出之山,它们依次是(自东南向东北)大言山、合虚山、明星山、鞠陵于天山、猗天苏门山、壑明俊疾山。与之对应的是,《大荒西经》记述有六座日月所入之山,它们依次是(自西北向西南)丰沮玉门山、龙山、日月山、鏖鏊钜山、常阳山、大荒山。此外,《大荒西经》还记述有一座日月所出入之山,即方山,它们共同构成了蔚为壮观的天文观测台阵。

郑文光先生在《中国天文学源流》(科学出版社,1979 年)一书中认为,《山海经》六座日出之山、六座日落之山,彼此两两成对,说明古人曾以一年内太阳出入于不同的方位来判断季节,并称:"大小凉山的彝族,每年一定时候,总有一位经验丰富的老人,到寨子附近一定地方,或则一处山口,或则一块大石头,以一定的姿势,或则直立,或则一脚踏在石头上,观测太阳落山的位置,而定播种季节。据说能精确到误差不超过五天。"

　　众所周知，木星是夜空中最亮的行星之一，它引起了我们祖先特别的兴趣（美洲玛雅人对金星的浓厚兴趣，可与此相比），并由此发明了木星纪年法。木星又称岁星，木星每十二年绕太阳一周（现代观测值为11.8年），每年木星所在天空（太阳系）的位置都有一个专用的名称，称为岁名。《淮南子·天文训》记有一套发音奇怪的十二岁名（同时也是十二地支别名），它们依次是摄提格、单阏、执徐、大荒落、敦牂（意为母羊）、协洽、涒滩、作鄂、阉茂、大渊献、困敦、赤奋若。不难看出，这套十二岁名与十二座日月出入山的名称有相似和相近之处，一是它们的发音都相当古怪，不能排除源自音译的可能；二是两者之间有相近的发音，例如大荒山与大荒落，大言山与大渊献，合虚山与执徐，常阳山与敦牂等。或许，《淮南子》所述十二岁名即出自《大荒四经》所述的十二座日月出入山；若此说成立，则表明十二座日月出入山，不仅仅是观测日月的运行，而且也包括对木星等星辰运行的观测，反映出中国古代曾经有过非常复杂的天文观测活动，十二地支子丑寅卯辰巳午未申酉戌亥，以及十二生肖动物纪年均源于木星纪年。

　　第15节提到了灵山十巫。巫者，在今天被认为是通过装神弄鬼手段来替人祈祷的人。其实，巫是人类社会文明发展到一定阶段的产物，导致他们出现的原因是多方面的，而他们对社会的作用也是多方面的。大体而言，巫是最早的"白领"之一，也是最早的以脑力劳动为职业的人，他们的行为既有科学的一面（包括采药行医、观测星辰等），也有非科学的一面（例如舞龙求雨、念咒除灾）；既有服务社会民众的一面（传授生活常识、传诵历史、传播文化），也有控制欺压民众的一面（巫与首领相勾结以权谋私，或者巫本身就是社会权力结构的一部分）；既有为民众解疑释惑的一面（当人类文明发展到一定阶段，人们的困惑会越来越多，甚至成为困扰人们生活的大问题；由于巫属于那个时代思想活跃和知识渊博的人，因此大量问题的答案都是由巫首先提供的），也有愚昧麻醉民众的一面（由于历史的局限性，以及思维的种种误区，巫对许多问题的解释都是错误的；与此同时，巫为了牟取私利，也会采取欺骗民众的手段）。

由于经文过于简略，也给我们留下了许多问题：如此众多的巫在一起工作，他们是男是女？年老年少？如何分工？有何组织结构？谁是巫师协会的头？他们的收入各是多少？从灵山十巫的排序来看，似乎巫咸是首席巫师。从他们的名称来看，巫即做事雷厉风行，巫盼可能负责管理巫术活动中的器具或者负责分配财物，巫彭可能是一位身壮力大者或有长寿仙术者，巫姑当是女性，巫真有变成仙人登天之术，巫礼负责巫术仪式设计，巫抵负责仪式安全，巫谢负责公共关系，巫罗负责召集民众。

第17节的沃之野，袁珂认为即《海外西经》的诸夭之野，甚是。不过两者对比之下，此处经文多"爰有"二十七字，而在《山海经》中凡云"爰有"者经常与帝王陵墓同时出现，疑非沃野应有之场景。《尚书·禹贡》称雍州有猪野，又名都野，位于今甘肃民勤县西南，疑即此处沃之野（诸夭之野）；沃意为浇灌，沃野可指肥沃的水浇地。

《山海经》记有许多以"野"为名的地方。野，意为郊外，乃是相对城市或中心居住区的称呼。《海外南经》有寿华之野，《海外西经》有大乐之野（大遗之野）、诸夭（或作清沃、渚沃）之野、九野、夭野，《海外北经》有欧丝之野；《大荒西经》有大荒之野、天穆之野、沃之野，《大荒南经》有苍梧之野（《海外南经》称苍梧之山、《海内经》称苍梧之丘），《大荒北经》有冀州之野，以及《海内经》有都广（或作广都）之野。其中，《海外西经》的大乐之野与《大荒西经》的天穆之野，以及《海外西经》的诸夭之野（夭野）与《大荒西经》的沃之野，彼此的方位和场景相同。

女丑。《海外西经》曾记女丑之尸，其场景为女丑在山上，痛苦而又无奈地用右手遮挡着自己的脸，十个太阳在万里无云的晴空中发出毒热的光，女丑活活被炙杀而死。对比之下，本篇22节经文所描述的场景已经被大大简化，女丑穿着青色的衣服，用袖子遮住面孔，十日却不见了。对此，一种可能是，《海外西经》撰写者看到的画面是鲜艳丰富的，而《大荒西经》撰写者所看到的画面已经残缺不全而且褪色了。另一种可能是，不同时代都有名叫女丑的人，她们的职责就是装扮成旱魃并承受阳光之暴晒，以祈求干旱的结束。上述习俗在春秋战国时期仍时有发生，《论衡·明雩篇》记有"鲁缪公之时，岁旱，缪公问县子：'寡人欲暴巫，奚如？'"所谓"暴巫"就是让巫在大太阳下晒着，什么时候求得下雨什么时候算完事，有时候甚至要将巫放在柴堆上焚之以献天。《左传·僖公二十一年》："夏大旱，公（鲁僖公）欲焚巫尪。"杜预注："或以为尪非巫也，瘠病之人，其面上向，俗谓天哀其病，恐雨入其鼻，故为之旱，是以公欲焚之。"时在公元前639年，当时鲁国的统治者把天旱的原因归罪于因脊椎有病而面孔朝天的人（女丑之名或即得于此）。

《海外西经》记有女子国"两女子居，水周之"，本篇23节仅记有女子国之名，而到了《海内西经》则已不见女子国的记述，或许这表明曾经流行过的"纯女无男"生存模式终于退出了历史舞台。

《山海经》中有女、母、姑等女性字样的人名和地名很多，例如女床山、女烝山、女几山、液女水、帝女桑，女娃、帝女、女尸、女丑、女丑尸、女子国、女魃、女和月母国、女虔、女戚、女祭、女薎、女娲之肠、赤水女子献、阿女、阿女缘妇（吴权妻）、思女、帝（尧）二女、舜二女（宵明、烛光）、州山女、鱼妇、雨师妾、黄姬尸、西王母、赤国妻氏、大比赤阴、王母山、嬴母山、皮母地丘、吴姬天门，姑媱山、错姑水、姑儿山、姑儿水、姑灌山、姑射山（射姑山）、列姑射、姑逢水，帝俊妻羲和、常羲、娥皇，舜妻登比氏，鲧妻士敬，以及欧丝之野的女子、青要山女神武罗，等等。

第28节的日月山是《大荒西经》记述的一座中心天文台。噓即嘘，其职务用今天的话来说即日月山天文台的台长。"两足反属头上"是一种天文巫术动作,意在模拟日月群星的旋转。事实上,噎与重、黎与老童与颛顼,乃天文世家,他们的出生和名称多有旋转之意。重有回旋之意,黎通耆,耆即老,老有曲意,《左传·僖公二十八年》:"师直为壮,曲为老。"老童又名卷章,《史记·楚世家》:"卷章生重黎。"颛顼的出生得北斗星之助,《拾遗记》卷一:"其夜昌意(颛顼父)仰视天,北辰下,化为老叟。"轩辕本身就有旋转之意,而黄帝乃北斗星之精所生,《史记正义》:"母曰附宝,之祁野,见大电绕北斗枢星,感而怀孕,二十四月而生黄帝于寿丘。"古人根据斗柄指向判断四季,《鹖冠子》:"斗柄指东,天下皆春;斗柄指南,天下皆夏;斗柄指西,天下皆秋;斗柄指北,天下皆冬。"《史记·天官书》:"斗为帝车。"山东嘉祥汉武梁祠石刻有黄帝端坐在北斗七星车上的画像。此外,北斗星在西方称为大熊星座,而黄帝又名有熊氏。

经文"重献上天"、"黎邛下地",在古史中称作颛顼绝地天通。《国语·楚语下》记有:昭王问于观射父曰:"《周书》所谓重、黎实使天地不通者,何也?若无然,民将能登天乎?"对曰:"非此之谓也。古者民神不杂……及少昊之衰也,九黎乱德,民神杂糅,不可方物……颛顼受之,乃命南正重司天以属神,命火正黎司地以属民,使复旧常,无相侵渎,是谓绝地天通。"关于绝地天通的内涵,通常都解释为重新划分社会等级。但是,此处《大荒西经》记述的完全是天文学意义上的行为,与社会地位无关。其实,绝地天通与补天的含义相同,中国少数民族至今流传的近百个民间故事里,都记述有远古天地大冲撞导致天地不分、日月长期消失(类似核冬天现象),于是有英雄射日射月并重新找回藏起来的日月,天地才得以恢复正常,此即重黎将天地重新分开之本义。

第39节提到了寿麻国。《吕氏春秋·任数篇》记有:"南(或作西)服寿靡,北怀儋耳。"吴任臣注:"《冠篇》:'黄帝鸿初为南岳之官,故名南岳。'女虔《学海》作女魃。又《路史》(后纪六)曰:'帝鸿生白民及嘻,嘻生季格,季格生帝魁。'注云:'嘻其南岳也。'未审孰是。"据此,嘻亦可指女虔,而寿麻当又名帝魁。袁珂认为南岳可能属于黄帝系人物，而寿麻"正立无景"云云，则颇似黄帝女魃神话之转化。

事实上，经文"寿麻正立无景"云云，乃是中国古籍关于赤道地区（南北回归线之间）自然环境的最早记述。寿麻正立在阳光下而没有身影，描述的是正午阳光垂直照射现象；大声喊叫而没有回声，则与炎热环境对空气传播声音的影响有关；"爰有大暑，不可以往"，则是对赤道地区炎热气候的真实写照。众所周知，对于北半球来说，夏至这一天，在北纬23度的北回归线上及其以南的地区，都会出现阳光垂直照射现象；纬度越靠近赤道，一年里出现阳光垂直照射现象的天数也就越多。这就是说，如果古代地球自转轴方向没有发生过明显的变化，那么寿麻国当位于北回归线以南的地区，即个旧、南宁、广州、汕头、嘉义一线以南，袁珂认为其远在今日南亚的斯里兰卡国境内。有必要进一步思考的是，《淮南子·地形训》亦记有："建木在都广，众帝所自上下，日中无景，呼而无响，盖天地之中也。"都广又称广都，即今日四川成都附近，北纬31度，不可能出现阳光垂直照射现象，除非发生过"天倾西北，日月星辰移焉"的天地大变动。

有趣的是，寿麻正立无影的现象，后世又传为异人之异禀。《拾遗记》卷一称：帝颛顼时"溟海之北，有勃鞮之国，人皆衣羽毛，无翼而飞，日中无影，寿千岁。"卷二称周昭王二十四年，东瓯献延娟、延娱二女："此二人辩口丽辞，巧善歌笑，步尘上无迹，行日中无影。"《列仙传》也记有一个名叫玄俗的异人，能治百病，他行走在阳光下就没有身影。

商汤伐夏桀是中国历史上的一件大事，《墨子·非攻下》记有："遝至乎夏王桀，天有𬤝命，日月不时，寒暑杂至，五谷焦死，鬼呼国，鹤鸣十夕余。天乃命汤于镳宫，用受夏之大命……汤焉敢奉率其众，是以乡有夏之境。帝乃使阴暴毁有夏之城。少少，有神来告曰：'夏德大乱，往攻之，予必使汝大堪之。予既受命于天，天命融（祝融）降火于夏之城间，西北之隅。'汤奉桀众，以克有夏,属诸侯于薄。"上述记载表明,夏桀时期自然气候发生了灾难性变化,由于中国古代农业基本上是靠天吃饭,因此持续时间长的变化强烈的气候灾难,往往是促成社会动乱以及朝代更迭的重要因素。

根据第 40 节经文所述,夏耕当是夏桀的主要军事统帅之一,他的兵败被杀,最终导致夏王朝的灭亡。所谓"有人无首,操戈盾立,名曰夏耕之尸",当是夏耕后裔为其塑造的雕像,以彰显其宁死不屈、化为鬼神仍然继续战斗的精神,与著名的无首刑天类似。值得注意的是,古代欧洲也有无头怪人的传闻,在他们的无首怪人画像里,也是将两乳画成双目。此外,在日本的民间舞蹈中,有一种无头装束的舞蹈,或许亦源于古代巫术仪式中巫师的扮相。

第 47 节的鱼妇,郭璞注:"言其人能变化也。"其实,此处经文所谓颛顼化作鱼妇"死即复苏"云云,乃远古的沐浴新生巫术活动,亦即《大荒四经》多处记述的"舜之所浴"、"昆吾之师所浴"、"颛顼所浴"等圣人、帝王沐浴故事的具体内容。其仪式大约是由当事人(在这里即颛顼)先装扮成蛇的样子,来到水边,在巫师"风道北来,天乃大水泉,蛇乃化为鱼"的咒语魔力下,先前装扮成蛇的人又改装扮成鱼的样子,并要表演出鱼脱离水的垂死挣扎、奄奄一息状,然后由众巫师将其抛入水中,当他再次从水中走上岸时,已经是一个新生的并且有天命在身的人了。这种沐浴再生仪式,模拟的乃是胎儿从子宫里出生的过程,以及生物从海洋的鱼类向陆地的爬行类进化的过程;据此可知,"蛇乃化为鱼"原文应是"鱼乃化为蛇",而"蛇"则是中国先民主要的图腾动物。

《西山经》的槐江山记有"西望大泽,后稷所潜也",当是远古沐浴巫术的最早文字记录之一,此后《淮南子·地形训》则称:"后稷垅在建木西,其人死复苏,其半鱼在其间。"有趣的是,据说"耶稣"在拉丁文(NXTNC)里是鱼的意思,而基督教的洗礼习俗亦有旧人已去、新人复生之意。在地中海周边古文明(包括两河流域及其出海口波斯湾)的传说里,也说古代曾有一个像鱼一样的神,他从波斯湾上岸,与美索不达美亚的原始居民谈话,教他们建筑城市、种麦子、数学和天文学,并编纂法律条文,被称为奥纳斯。凡此种种,表明东西方文明彼此之间早就开始了文化交流,这种文化交流是双向的,既有东方文化向西方的传播,也有西方文化向东方的传播,而且多次发生。

大荒北经第十七

《大荒北经》中所记述的国家大致位于中国的北边,与《海外北经》有许多相似之处,这些国家有三桑无枝、无肠国等。此外,经中还提到一些神话人物如禺强神、夸父神等。

大荒北经

【导读】

《大荒北经》中记载了很多奇异的动物和神,如:兽首蛇身的琴虫,长着九颗脑袋、人脸鸟身的九凤神,虎头人身、口中衔蛇的强良神,能呼风唤雨的烛龙。经中记载了帝颛顼和他的九个嫔妃埋葬于附禺山的故事,令神话传说有依有据;还有黄帝与蚩尤大战,请来应龙和女魃相助,大获全胜的故事,展示了上古时期部落之间斗争的真实历史。

附禺山

【原文】

东北海之外,大荒之中,河水之间,附禺之山,帝颛顼与九嫔葬焉。爰有鸱

久、文贝、离俞、鸾鸟、皇鸟、大物、小物。有青鸟、琅鸟^①、玄鸟^②、黄鸟、虎、豹、熊、罴、黄蛇、视肉、璿瑰、瑶碧，皆出卫于山。丘方员三百里，丘南帝俊竹林在焉，大可为舟。竹南有赤泽水，名曰封^③渊。有三桑无枝。丘西有沈渊，颛顼所浴。

【注释】

①琅鸟：琅，洁白。琅鸟即白鸟。

②玄鸟：玄，黑色。玄鸟即燕子。可能是商的图腾。传说有娀氏女简狄吞燕卵生了商的始祖契。

③封：大。

【译文】

东北海外的大荒中，黄河水环绕着一座山，名叫附禺山，帝颛顼与他的九位嫔妃就葬在这座山上。山上有鸱久、文贝、离朱鸟、鸢鸟、凤凰和大大小小的殉葬品。这里还有青鸟、琅鸟、玄鸟、黄鸟、虎、豹、熊、罴、黄蛇、视肉、璇玉、瑰玉、瑶玉、碧玉,这座山旁边有一座山丘,名叫卫丘。方圆大约三百里,方丘南边有一片竹林,这就是帝俊的竹林,竹林中的竹子很大,截一节便可做成一条小船。竹林的南边有一个红水塘,名叫封渊。封渊旁有三棵没长枝条的桑树。封丘的西边有个大渊,名叫沈渊,颛顼常在这里洗澡。

胡不与国

【原文】

有胡不与之国,烈姓,黍食。

【译文】

那里有个国家,名叫胡不与国,胡不与国的国民都姓烈,以黍为食。

肃慎国

【原文】

大荒之中,有山名曰不咸,有肃慎氏之国。有蜚蛭①,四翼。有虫,兽首蛇身,名曰琴虫②。

【注释】

①蜚蛭:神话中的一种有四翼的虫。"蜚"通"飞"。蛭:环节动物。
②琴虫:传说中的怪蛇。

【译文】

东北海外的大荒中有座山，名叫不咸山，不咸山上有个肃慎族人建立的国家。不咸山上有种兽，名叫蜚蛭，长有四只翅膀。山上还有种蛇，身形似蛇，脑袋却似兽，名叫琴虫。

琴虫

琴虫　清·汪绂图本

大人国

【原文】

有人名曰大人。有大人之国，釐姓，黍食。有大青蛇，黄头，食麈。

【译文】

那里还有个国家，名叫大人国。因这个国家的人身材特别高大，人们称他们为大人，这些大人都姓釐，以黍为主食。大人国里有种青色的巨蛇，脑袋是黄色的，以吃大鹿为生。

鲧攻程州山

【原文】

有榆山。有鲧攻程州之山。

【译文】

大荒中还有两座山：榆山和鲧攻程州山。

先民山槃木

【原文】

大荒之中，有山名曰衡天。有先民之山。有槃木千里。

【译文】

大荒中有座山，名叫衡天山。还有一座先民山，山上有种树，名叫槃木，树干有千里。

叔歜国

【原文】

有叔歜国，颛顼之子，黍食，使四鸟：虎、豹、熊、罴。有黑虫如熊状，名曰猎猎。

猎猎

猎猎　清·汪绂图本

【译文】

那里还有个叔歜国,叔歜是颛顼的儿子,这个国家的国民都以黍为主食,擅长驱使虎、豹、熊、罴四种野兽。这里还有一种黑色的野兽,有些像熊,名叫猎猎。

北齐国

【原文】

有北齐之国,姜姓,使虎、豹、熊、罴。

【译文】

那里还有个北齐国,国民都姓姜,善于驱使虎、豹、熊、罴四种野兽。

先槛大逢山、禹所积石山

【原文】

大荒之中,有山名曰先槛大逢之山,河济所入,海北注焉。其西有山,名曰禹所积石。

【译文】

大荒中有座山,名叫先槛大逢山,黄河和济水经过大海最终流入此山中,海水也向北注入这座山中。这座山的西边还有座山,名叫禹所积石山。

始州国

【原文】

有阳山者。有顺山者,顺水出焉。有始州之国,有丹山。

【译文】

大荒中还有一座阳山。旁边有一座顺山,是顺水的发源地。附近还有个国家,名叫始州国,始州国里有座丹山。

大泽

【原文】

有大泽①方千里,群鸟所解。

【注释】

①大泽：大湖沼，大薮泽。

【译文】

那里有个大泽，方圆千里，是群鸟脱换羽毛的地方。

毛民国

【原文】

有毛民之国，依姓，食黍，使四鸟。禹生均国，均国生役采，役采生修鞈，修鞈杀绰人。帝念之，潜为之国，是此毛民。

【译文】

有个毛民国，这里的人都姓依，主食是黍，擅长驱使虎、豹、熊、罴四种野兽。当初禹生了均国，均国生了役采，役采生了修鞈，修鞈后来杀了绰人。天帝因怜恤绰人，所以暗中帮助绰人的后人建起了国家，这就是毛民国。

儋耳国

【原文】

有儋耳之国，任姓，禺号子，食谷。北海之渚中，有神，人面鸟身，珥两青蛇，践两赤蛇，名曰禺强。

【译文】

大荒中有个儋耳国，儋耳国的人都姓任，是禺号的后人，以谷为主食。北海中的一个小沙洲上有尊神,面孔似人,身似鸟,两耳垂上各穿着一条青蛇,两脚各踩着一条红蛇,这尊神名叫禺强。

北极天柜山

【原文】

大荒之中,有山名曰北极天柜,海水北注焉。有神,九首人面鸟身,名曰九凤。又有神衔蛇操蛇,其状虎首人身,四蹄长肘,名曰强良。

九凤

九凤　明·郝懿行绘图本

【译文】

大荒中有座山,名叫北极天柜山,海水向北注入这座山的山洞里。这座山上有尊神,鸟身人脸,共长有九个脑袋,这就是九凤。山上还有尊神,口中衔着蛇,手里握着蛇,身形似人,脑袋似虎,长着四个蹄子,小手臂很长,名叫强良。

强良

强良 明·胡文焕图本

夸父追日

【原文】

大荒之中,有山名曰成都载天。有人珥两黄蛇,把两黄蛇,名曰夸父。后土生信,信生夸父。夸父不量力,欲追日景,逮之于禺谷。将饮河而不足也,将走大泽,未至,死于此。应龙已杀蚩尤,又杀夸父,乃去南方处之,故南方多雨。

【译文】

大荒中有座山,名叫成都载天山。山上有个人,两耳垂各穿着一条黄蛇,两手各握着一条黄蛇,他就是夸父。夸父是信的儿子,信是后土的儿子。夸父不自量力,想追随太阳的影子,到禺谷逮住太阳,他太渴了,想喝水,结果将黄河水喝干了也还是不解渴,于是他又打算去大泽,可还没到那里,他便渴死在成都载天山。还传说当初应龙把蚩尤杀死后,便又杀死了夸父,然后便跑

中华传世藏书

山海经诠解

《山海经》原典鉴赏

九二三

到南方住了下来，因为应龙是龙，所以从此南方的雨水便多了。

无肠国

【原文】

又有无肠国，是任姓。无继子①，食鱼。

【注释】

①继子：相继的后嗣。

【译文】

成都载天山上还有个国家，名叫无肠国，无肠国人都姓任。没有后嗣，以吃鱼为生。

共工臣相繇

【原文】

共工臣名曰相繇①，九首蛇身，自环，食于九土。其所歍所尼，即为源泽，不辛乃苦，百兽莫能处。禹湮②洪水，杀相繇，其血腥臭，不可生谷；其地多水，不可居也。禹湮之，三仞三沮，乃以为池，群帝是因以为台。在昆仑之北。

【注释】

①相繇：古神话中人名。传说为共工之臣，也叫作"相柳"。
②湮：阻塞。

相繇

【译文】

共工有个下臣名叫相繇,身形似蛇,长有九个脑袋,身子盘绕成一团,他以食九座神山的动植物为生。他所吐出的东西便成了一个大沼泽,这个沼泽的味道腥臭无比,不是辣味就是苦味,没有一种野兽敢生活在那里。后来大禹为治理洪水,将相繇杀死,相繇死后所流出的血膏腥味难闻,血膏浸透着土地,使那里无法再种植五谷。而且那里因血水太多,也无法住人。后来禹将这里的水筑了三次堤坝,也塌了三次,最后终于围成了一个大水池。众帝因此在周围做了自己的祭台。这些祭台都位于昆仑山脉的北边。

岳山寻竹

【原文】

有岳之山。寻竹生焉。

【译文】

那里还有一座岳山,生长着一种极长的竹,名叫寻竹。

不句山

【原文】

大荒之中,有名山曰不句,海水入焉。

【译文】

大荒中还有座山,名叫不句山,海水向北注入这座山的山洞中。

黄帝女妭

【原文】

有系昆之山者,有共工之台,射者不敢北向。有人衣青衣,名曰黄帝女

蚩龙

妭①。蚩尤作兵伐黄帝,黄帝乃令应龙攻之冀州之野。应龙畜水。蚩尤请风伯雨师,纵大风雨。黄帝乃下天女曰妭,雨止,遂杀蚩尤。妭不得复上,所居不雨。叔均言之帝,后置之赤水之北。叔均乃为田祖。妭时亡之,所欲逐之者,令曰:"神北行!"先除水道,决通沟渎。

【注释】

①女妭:亦作"女魃",神话中的旱神。

【译文】

大荒中有座山,名叫系昆山,山上有共工祭台,因此善射的人都不敢向北射箭。山上有个人,身穿青色衣服,名叫黄帝女妭。当初蚩尤兴兵攻打黄帝,黄帝令应龙攻打冀州之野。应龙打算蓄水。而蚩尤则请风伯、雨师,布云施雨,使应龙失计。为助应龙,黄帝派天女妭下凡,使风静雨止,助应龙杀死蚩尤。但从此女妭没有神力不能再回天界,便留在下界,女妭所住的地方从此再不下雨,给下界带来灾害。叔均将这件事告诉黄帝,于是黄帝将女妭迁徙至赤水北岸,而叔均从此成为主管田地的官。女妭常常逃离这个地方,到别处居住,但又给别处带来旱灾,她走到哪,哪里的人们就想赶她走,祈祷说:"女妭神啊,请回赤水北岸吧!"并且都先清除水道,挖通沟渠,以便于让女妭早早返回。

深目民国

【原文】

有人方食鱼,名曰深目民之国,盼姓,食鱼。

【译文】

那里有个人正在吃鱼,是深目民国的人。这个国家的人都姓盼,以吃鱼为生。

赤水女子献

【原文】

有钟山者。有女子衣青衣,名曰赤水女子献。

【译文】

钟山那里,有个女子身着青衣,人们叫她赤水女子献。

赤水女子献

赤水女子献　明·蒋应镐绘图本

犬戎

【原文】

　　大荒之中。有山名曰融父山,顺水入焉。有人名曰犬戎①。黄帝生苗龙,苗龙生融吾,融吾生弄明,弄明生白犬,白犬有牝牡,是为犬戎,肉食。有赤兽,马状无首,名曰戎宣王尸。

戎宣王尸

戎宣王尸　清·《禽虫典》图本

【注释】

①犬戎：古神话传说中的人种。

【译文】

　　大荒中有座山，名叫融父山。这座山是顺水的尽头。山上有个人名叫犬戎，是黄帝的后人。黄帝生了苗龙，苗龙生了融吾，融吾生了弄明，弄明生了白犬。白犬兼具雄雌两性，自相交配而生下了犬戎，犬戎的主食是肉。这座山上还有一头红色的野兽，身形似马，但没长脑袋，名叫戎宣王尸。

齐州山

【原文】

有山名曰齐州之山、君山、鬶山、鲜野山、鱼山。

【译文】

那里还有齐州山、君山、鬶山、鲜野山、鱼山。

一目人

【原文】

有人一目,当面中生。一曰是威姓,少昊之子,食黍。

【译文】

那里有个人,只有一只眼睛,还长在脸的正中间。也有的说这个人姓威,是少昊的儿子,以黍为主食。

继无民

【原文】

有继无民,继无民任姓,无骨子,食气、鱼。

【译文】

那里还有一群继无民国的人,他们姓任,是无骨国的后人,以食空气和鱼为生。

中轴国

【原文】

西北海外,流沙之东,有国曰中轴,颛顼之子,食黍。

【译文】

西北海外的大荒中，在流沙河的东岸有个国家，名叫中輻国，中輻是颛顼的儿子。中輻国的人以黍为主食。

犬戎国

【原文】

有国名曰赖丘。有犬戎国。有神，人面兽身，名曰犬戎。

犬戎

犬戎　清·汪绂图本

【译文】

那里有个赖丘国。还有个犬戎国。这个国家有尊神，名叫犬戎，人面兽身。

苗民

【原文】

西北海外,黑水之北,有人有翼,名曰苗民。颛顼生驩头,驩头生苗民,苗民釐姓,食肉。有山名曰章山。

苗民

苗民 明·蒋应镐绘图本

【译文】

西北海外的大荒中,黑水的北岸有个人,长着翅膀,名叫苗民。驩头是颛顼的儿子,苗民是驩头的儿子,苗民姓釐,以吃肉为生。那里还有座山,名叫章山。

洞野山若木

【原文】

大荒之中,有衡石山、九阴山、洞野之山,上有赤树,青叶赤华,名曰若木。

【译文】

大荒中有衡石山、九阴山、洞野山,山上有一种树,树干是红色的,叶是青色的,开出的花是红色的,这种树名叫若木。

牛黎国

【原文】

有牛黎之国。有人无骨,儋耳之子。

【译文】

那里还有一个牛黎国。牛黎国有个人名叫牛黎,他没长骨头,是儋耳的儿子。

章尾山烛龙

【原文】

西北海之外,赤水之北,有章尾山。有神,人面蛇身而赤,直目正乘,其瞑乃晦①,其视乃明,不食不寝不息②,风雨是谒。是烛九阴,是谓烛龙。

【注释】

①瞑:闭上眼睛。晦:昏暗,天黑。
②寝:睡觉。息:呼吸。

【译文】

西北海外的大荒中,在赤水的北岸,有一座章尾山。山上有尊神,人面蛇

烛龙

身，全身长达千里，红彤彤的，眼睛是直长的。这尊神就是烛龙。他闭上眼睛，天下便是黑夜，他睁开眼睛，天下便是一片光明，他从不吃东西、从不睡觉、从不呼吸，他能呼风唤雨。他还能用他的神力照亮天下所有黑暗的角落，所以叫作烛火。

【鉴赏】

《大荒北经》记述的内容相当丰富，其中有些内容亦出现在《北山经》、《海外北经》、《海内北经》里，这是因为许多部落、族群其文明与文化都有着比较长期的延续性，因此能够被不同时期的考察者或关注者记录下来。在商代神庙北墙的壁画上，东北方有一座规模盛大的帝颛顼陵墓，那里埋藏着极其丰富的随葬品，既有多种多样的动物雕塑，还有各式各样精美的玉器。北方有一座成都载天山，据说夸父逐日的故事就发生在这里。夸父为什么要追赶太阳？事情是这样的，大约在5000—10000年前，地球捕获了一颗路经地球附近的小行星，并把它变成自己的临时小卫星，由于这颗临时小卫星的轨道不断下降，因此与地球大气层发生剧烈的摩擦，发出强烈的光芒，变成一个新出现的"妖日",这个妖日在高温高压下爆炸分裂成十来颗"太阳",夸父就是为了驱赶妖日而壮烈牺牲。

第1节中帝颛顼与九嫔葬于附禺山的记载如果属实,乃是我国有关帝王嫔妃的最早文献之一。这里涉及两个问题,其一,三宫六院七十二嫔妃的帝王配偶大军,不是一下子就形成的,而是有着一段发展演变的过程,颛顼拥有九嫔当是其中一个重要的阶段。其二,从帝颛顼葬于阳、九嫔葬于阴来看,九嫔属于陪葬性质,她们可能是帝颛顼的人殉,也可能是死后陆续埋葬到帝颛顼陵墓内;比较而言,九嫔是人殉的可能性更大一些,因此颛顼有可能是我国最早采用人殉的帝王(九为大数,九嫔可指九个嫔妃,也可指许多个嫔妃)。在此之前,相传帝喾有四妃,而所谓四妃实际上有可能是指长期与帝喾族通婚的四个部落。

第4节提到了大人国,釐姓。郝懿行注:"《晋语》司空季子说黄帝之子十二姓中有僖姓,僖、釐古字通用,釐即僖也。《史记·孔子世家》云:'汪罔氏之君,守封禺之山,为釐姓。'索隐云:'釐音僖。'是也。"《国语·鲁语下》记有:"吴伐越,坠会稽,获骨焉,节专车。"为此,吴国派人向孔子请教,孔子仔细观看后云:"丘闻之,昔禹致群神于会稽之山,防风氏后至,禹杀而戮之,其骨节专车,此为大矣。"并介绍防风氏的来历:"汪芒氏之君也,守封嵎之山者也,为漆姓;在虞、夏、商为汪芒氏,于周为长狄,今为大人。"袁珂注:"汪芒氏即汪罔氏,漆姓即釐姓也。则大人者,防风之后,亦黄帝之裔也。"

《述异记》:"今吴越间防风庙,土木作其形,龙首牛耳,连眉一目。昔禹会涂山,执玉帛者万国。防风氏后至,禹诛之,其长三丈,其骨头专车。今南中民有姓防风氏,即其后也,皆长大。越俗,祭防风神,奏防风古乐,截竹长三丈,吹之如嗥,三人披发而舞。"《古今图书集成·职方典》云:"防风氏庙,在(武康)县东南封、禺二山之间,祀夏时防风氏之神。"武康即今浙江省德清县武康乡,相传防风氏后裔即《海外南经》中记述的贯胸国。不过,此处所述釐姓大人国位于北方,而封禺山又与附禺山音相近,或许防风氏曾从北方迁徙到南方。

第10节记有毛民国,《海外东经》中亦记有毛民国。《国语·晋语四》云:"黄帝之子二十五人,其同姓者二人而已,唯青阳与夷鼓皆为己姓。青阳,方雷氏之甥也。夷鼓,彤鱼氏之甥也。其同生而异姓者,四母之子别为十二姓。凡黄帝之子,二十五宗,其得姓者十四人,为十二姓:姬、酉、祁、己、滕、箴、任、荀、僖、佶、儇、依是也。唯青阳与苍林氏同于黄帝,故皆为姬姓,同德之难也如是。"据此,依姓之毛民国,属于黄帝后裔。袁珂注:"然禹亦黄帝族,则毛民者,虽非其直接裔属,亦其同族子孙也。故禹之曾孙修鞈杀绰人,禹乃'念之'而'潜为'此毛民国,以此也。"也就是说,袁珂认为毛民乃绰人之后裔。

此处经文"禹生均国,均国生役采,役采生修鞈,修鞈杀绰人。帝念之,潜为之国,是此毛民",乃是有关禹之后裔的重要文献。众所周知,在古史传说里,禹之子为启,而启则出生于石头中(相传为禹妻涂山氏所化)。但是,在《山海经》里却没有记述禹和启的血缘关系,也没有明确记述禹之葬所或帝禹之台等基本内容。因此,如果不是现存《山海经》版本遗失相关内容的话,或可表明所谓禹为启父的传闻乃系后起之说。事实上,《山海经》仅称夏后启"三嫔于天",根本就不提与禹有什么瓜葛,在启的眼里,其权力的基础是得到上天的认可,而不是来自禹的恩泽。

至于古人为什么会产生启父为禹的说法,一是受到"禅让论"的束缚,需要用"禹传位于启"来结束禅让制;二是我国有明确帝王世系的朝代始自夏后启(其名称含义类似秦始皇),在此之前则为时间不确定的三皇五帝时期,而夏后启与帝禹时代相对来说在时间上最接近,为了使历史能够连贯起来,最简单有效的方法就是把禹启说成是父子关系。有鉴于此,为了恢复历史的本来面目,为了重建中国上古文明史,有必要认真对待《山海经》关于禹、启的记载。这是因为,如果禹启非父子关系,那么在帝禹时代与夏后启之间,就有可能存在着上百年甚至更长时间的历史演变过程，而这段过程我们今天并不清楚，它很可能是打开先夏史秘密大门的一把非常重要的钥匙。

第11节提到了儋耳国，禺强。在古史传说里，禺强曾受天帝之命，负责维护太平洋五座岛屿的稳定。《列子·汤问》云："渤海之东，不知几亿万里，有大壑焉，实惟无底之谷，其下无底，名曰归墟。八纮九野之水，天汉之流，莫不注之，而无增无减焉。其中有五山焉，一曰岱舆，二曰员峤，三曰方壶，四曰瀛洲，五曰蓬莱。其山高下周旋三万里，其顶平处九千里。山之中间相去七万里，以为邻居焉。其上台观皆金玉，其上禽兽皆纯缟。珠玕之树皆丛生，华实皆有滋味，食之皆不老不死。所居之人皆仙圣之种，一日一夕飞相往来者，不可数焉。而五山之根无所连箸，常随潮波上下往还，不得暂峙焉。仙圣毒之，诉之于帝。帝恐流于西极，失群仙圣之居，乃命禺强，使巨鳌十五举首而戴之；迭为三番，六万岁一交焉，五山始峙而不动。而龙伯之国有大人，举足不盈数步而暨五山之所，一钓而连六鳌，合负而趣归其国，灼其骨以数焉。员峤二山流于北极，沉于大海，仙圣之播迁者巨亿计。帝凭怒，侵减龙伯之国使阨，侵小龙伯之民使短。至伏羲神农时，其国人犹数十丈。"

上述岱舆、员峤二仙山沉没的传闻，类似西方人所说的大西洲、太平洲的消失，而人类居住地被海水淹没的灾难很可能多次发生过。此外，我国古代关于海上仙山的传说，也可能与北极冰山穿过白令海峡漂至东海并长时间存在的现象有关；大冰山上会有海豹、海狮、海牛以及北极熊等动物栖息，这些动物又会吸引人类到冰山上捕猎和栖息。由于冰山消融后留不下痕迹，因此有关的故事也就难以被后人理解了。

《大荒四经》记述有多处"海水注焉"的现象，它们可能指的都是海峡地貌。例如第12节北极天柜山"海水北注焉"，即太平洋（白令海）的海水向北穿越白令海峡流入北冰洋（楚可奇海）。这种两大洋之间的海水流动是经常发生的，而且往往伴随着气候的变化和鱼类的迁徙。在一万多年前的冰川时期,海平面比今日低100米左右,白令海峡出露为地,成为连通亚洲和美洲的陆桥,生活在亚洲东北部的人类(包括我国先民)很容易从这里迁徙到美洲生活。此后,全球气候发生变化,在七八千年前气温回升到一万年来的最高点,大量冰川消融,海平面上升,海岸线向陆地扩张,导致大陆架地区洪水泛滥;与此同时,也有大量北极冰山解体,并漂流至太平洋上,成为一种独特的景观。

《山海经》记述有许多珥蛇、践蛇、操蛇、衔蛇之神,其中既有真蛇,亦有蛇状耳环、蛇状绘身或其他象征蛇的替代物。一般来说,由于蛇属于冷血动物,因此多栖息在中原和南方地区,在北方地区比较少见,而在高纬度寒冷地区则极为少见。因此,居住在北极天柜山的强良,不大可能口衔真蛇、手操真蛇;而从其形貌来看,更像是一个头戴虎皮帽的人在操纵狗拉或鹿拉的雪橇,这些操纵绳就像是蛇(绳子在古代具有神秘的力量)。同理,所谓禺虢、禺强践两青蛇、赤蛇,也可能是站在雪橇上的形貌,在古人眼里这已经是相当神奇的事情了。

第13节提到成都载天山。成,除指成功、成为、成熟等意外,亦指重、层,九成之台即九层台;又指面积,方圆十里为一成。都,上古行政区划名。依夏制,《广雅·释地》:"八家为邻,三邻为朋,三朋为里,五里为邑,十邑为都,十都为师,州有十二师焉。"依周制,《周礼·地官·小司徒》:"九夫为井,四井为邑,四邑为丘,四丘为甸,四甸为县,四县为都。"据此,成都载天山像是建筑在高山上的城堡,或是城内有高大的祭天台。

《海内经》记有:"共工生后土,后土生噎鸣,噎鸣生岁十有二。"表明后土具有天文巫师身份。此处经文"后土生信,信生夸父",表明信(有守时之意)和夸父亦有天文巫师身份,或者信即噎鸣。

对比《海外北经》所记:"夸父与日逐走,入日。渴欲得饮,饮于河渭,河渭不足,北饮大泽。未至,道渴而死。"不难看出,此处《大荒北经》的记述,已经将"逐日"变成追太阳的影子,把"入日"改成抵达太阳西落的禺渊,并给了一个评价"不量力"。显然,《大荒四经》的作者已经不能理解夸父逐日故事的本意(为了驱逐天空多出的妖日而举行的巫术禳灾活动),同时也说明《大荒四经》的撰写时代要迟于《海外四经》的撰写时代。

经文"应龙已杀蚩尤,又杀夸父,乃去南方处之,故南方多雨",袁珂注:"应龙杀蚩尤与夸父事已见《大荒东经》。夸父,炎帝之裔,与蚩尤并肩作战以抗黄帝者也,以不幸兵败而为应龙所杀。"对比《大荒东经》所记:"大荒东北隅中,有山名曰凶犁土丘。应龙处南极,杀蚩尤与夸父,不得复上。故下数旱,旱而为应龙之状,乃得大雨。"可以发现,同一事件的地点,在古人的记述中有两个名称,即凶犁土丘和成都载天,前者之名具有悲剧色彩,或许是指夸父兵败城毁之状,而后者之名则指战争前的夸父城雄伟之状,述者所谓夸父"不量力"似亦有惋惜之意。

《山海经》记有多处古代城池和大型建筑物,惜尚无人深入确考其遗址遗迹。据任式楠先生《中国史前城址考察》一文(《考古》杂志1998年1期),中国已发现4000年至6000年前的古城遗址50余座,其中华北平原及黄河中游地区6座,山东半岛18座,黄河河套地区18座,成都平原及四川盆地6座,江汉地区6座,此外太湖及其周边地区亦有大规模的古代都邑建筑遗址。有理由相信,随着考古新发现,先夏时期古城数量还会不断增加。根据夸父北饮大泽,其城地望当在今日河套(古为湖泽)地区,或许就在已经发现的黄河河套古城遗址之中。与此同时,应龙与夸父的冲突,或许与水资源的争夺有关。事实上,在中国古史传说里,黄帝与炎帝的冲突,黄帝与蚩尤的冲突,禹与共工之臣相柳的冲突,以及应龙与蚩尤、夸父的冲突,都与生存环境条件(对农业社会来说,水资源是第一位的条件)的变化密切相关。

第15节所述禹杀相繇事件,与《海外北经》的记载基本相同,唯有关共工台的描述被误移至后两节文字之后。所谓相繇所到之地"即为源泽,不辛乃苦,百兽莫能处"、相繇之血"腥臭,不可生谷"云云,均为土地严重盐碱化现象。其原因或是海水倒灌,或是河道被阻塞,水位抬升,淹没上游两岸农田,并造成土地盐碱化(多因排水不畅所致)。我国20世纪50年代修建三门峡水库后,因其上游黄河水位抬升,导致渭水的水位亦随之抬升,西安附近的农田亦受盐碱化之累。或许,相繇是一个只顾自己筑坝引水灌溉而不管上游农田盐碱化的族群(所谓九首,当指九个氏族),其行为引起上游居民严重不满,双方由此爆发战争。

　　禹战胜相繇后,为了排除农田积水,几番努力都没有取得成效,不得已只好将土堆积成山冈。于是,群帝(或其后裔)纷纷在这些土冈上建造起祭祀台(不排除也有观星台或其他功能的台),其方位就在昆仑之北。由于《五藏山经》记述的昆仑丘位于今日黄河河套以南,因此上述众帝之台(《海内北经》记其名为帝尧台、帝喾台、帝丹朱台、帝舜台,其实还应有共工台、轩辕台)很可能在黄河北侧的河套地区,这里也正是先夏时期古城遗址最集中的地区之一。对比古埃及的金字塔,以及美洲玛雅人的金字塔,帝禹时代的众帝之台当亦有一定的规模;遗憾的是,可能是由于建筑材料等原因,我国古代的金字塔式建筑物,没有能够留存下来。

　　关于第16节与第17节的断句问题,现存版本《山海经》将此处经文"有系昆之山者,有共工之台,射者不敢北乡"与下文"有人衣青衣,名曰黄帝女魃"云云断句为一节,于意不妥。这是因为,共工台的内容本应与上文"共工之臣名曰相繇"以及禹杀相繇、众帝建台的内容为一节,它们叙述的是一段完整的故事,而下文黄帝女魃、应龙杀蚩尤则是另外的一段独立完整的故事。因此,如果把共工台的文字与黄帝女魃的文字连成一段,容易使人误解为共工与黄帝女魃曾处在同一时间、同一地点,但是,在《山海经》与其他古籍里,并没有这样的记载。因此今天不应当由于错用标点符号和断句,而使远古信息再一次发生歧变。事实上,《海外北经》中记述禹杀相柳、众帝建台、共工台,即连句在一起。

第17节提到了黄帝与蚩尤。蚩尤与黄帝一样都是一个庞大的部落联盟体，蚩尤族首先发明使用戈、矛、戟等青铜兵器和头盔。民间相传蚩尤"阚姓"，"阚"意为"望"、"虎怒貌"。《太平御览》卷78引《龙鱼河图》称："蚩尤兄弟八十一人，并兽身人语，铜头铁额，食沙石子。"《述异记》称蚩尤"食铁石"、"人身牛蹄，四目六手"，"耳鬓如剑戟，头有角。"《皇览·冢墓记》："蚩尤冢，在东平寿张县阚乡城中，高七丈，民常十月祀之。有赤气出如匹绛帛，民名为蚩尤旗。肩脾冢，在山阳郡巨野县重聚，大小与阚冢等。传言黄帝与蚩尤战于涿鹿之野，黄帝杀之，身体异处，故别葬之。"蚩尤旗是一种天文气象景观，包括彗星、北极光，《史记·天官书》："蚩尤之旗，类彗而后曲，象旗，见则王者征伐四方。"

黄帝族与蚩尤族的战争，可能持续了一段很长的时期，其战场大体在太行山一线，北起涿鹿，南越黄河。所谓"黄帝令应龙攻之（蚩尤）冀州之野"，表明冀州原属蚩尤族的领地。《禹贡》九州之首为冀州，其范围约包括今日山西省中南部、河北省大部，以及河南省的北部。春秋时尚有古国名冀，在今山西省河津县。《淮南子·地形训》："少室、太室在冀州。"冀的字形可能指一种特殊的服饰装束或某种地形地貌（古代地名之字，往往就是一幅地图），其下半部的字形"異"相当于"黄"字里的"田"字符被移到了上面，两者极为相近。或许"冀"字的本义是与"黄"相背，意为居住在这里的族群与黄帝族不同。据此可知是黄帝族的人发明了"冀"字，这也符合黄帝之臣仓颉造字的传说。

经文"应龙畜水，蚩尤请风伯、雨师，纵大风雨。黄帝乃下天女曰魃，雨止，遂杀蚩尤。魃不得复上，所居不雨"云云，在记述黄帝族与蚩尤族发生的一场水利气象战的同时，也在客观上记录了先夏时期的自然气候变迁。第一阶段为"应龙畜水"，即上游的人筑坝截留水资源，不给下游的人用（不排除抬高水位后再突然放水，以冲毁下游农田、城池）。第二阶段为"蚩尤请风伯、雨师，纵大风雨"，即天降大雨，冲毁水利设施，淹没农田。第三阶段为"黄帝乃下女魃,雨止,遂杀蚩尤",即气候由潮湿多雨转变为干旱少雨,黄帝趁势出兵,一举击败蚩尤。事实上,在历史上某种气候变化对甲地区有利而对乙地区有害的情况经常发生,严重时可导致民族、国家力量的此消彼长。第四阶段为"魃不得复上,所居不雨",即气候变得更加干旱,严重影响到农业生产和人民的生活。第五阶段为"叔均言之帝,后置之赤水之北",女魃被安排到赤水之北居住,即赤水以北为干旱区,其他地区的气候和降雨量恢复正常。所谓"魃时亡之,所欲逐之者,令曰:'神北行!'先除水道,决通沟渎",意思是当旱灾发生时,要进行驱逐旱魃的巫术,并提前疏通排水渠道。

《五藏山经》记有许多能够呼风唤雨的神人,此处风伯当系蚩尤族的巫师或以风为图腾的部落,亦即羿射日除害之大风(凤)。后世又传风伯名姨,风神又名风姨或封十八姨。此处雨师或即《海外东经》中提到的雨师妾。女魃属于黄帝族的旱神,由巫师装扮。这些能够呼风唤雨的巫师,其行为大体与"诸葛亮借东风"类似,即对气象变化的规律有所认识,因此能够预见到气象变化,并选择有利的气象条件展开军事行动。

综上所述,蚩尤族应该是以种植水田农作物为主要谋生方式的族群,而黄帝族则是主要以种植旱田农作物为主要谋生方式的族群。因此,在雨水充沛的历史阶段,蚩尤族的势力范围就会扩展;而在降雨较少的历史阶段,黄帝族的势力范围就会扩展。相传黄帝与蚩尤九战九败,这个阶段当是雨水充沛时期,也是蚩尤族扩张时期。此后,黄帝一战而胜蚩尤,表明气候转为干旱期,蚩尤族难以生存,不得不退回雨水多的南方。也就是说,根据先夏时期古气候变迁信息,就可以推算出黄帝与蚩尤因水而战的时间,估计其时间段大约在公元前 7000 年—前 3000 年之间。

第 20 节与第 25 节均提到犬戎国。犬戎国在《海内北经》里又名犬封国,其场景为"有一女子,方跪进杯食"。苗龙、融吾、弄明的形貌及其事迹不详。苗有因由之意(苗裔),又指夏季田猎,苗龙或即龙的传人。融意为火、光明,弄为戏耍、作事、扮装，融吾与弄明意相近。郝懿行注谓："(《汉书·匈奴传》索隐引此经)又云'黄帝生苗，苗生龙，龙生融，融生吾，吾生并明，并明生白，白生犬，犬有二壮，是为犬戎。'所引一人，俱为两人，所未详闻。"

袁珂认为此处犬戎神话盖盘瓠神话之异闻，并进一步指出："此一神话，或又与《海内经》所记'黄帝生骆明，骆明生白马，白马是为鲧'有关，或亦同一神话之分化也。此经'马状无首，名曰戎宣王尸'之'犬戎之神'，其遭刑戮以后之鲧乎？不可知已。"

其实，戎宣王尸乃盘瓠所杀之房王，房王即戎王，而房即天驷星、马祖。《搜神记》称，高辛氏为帝时，房王作乱，众将不敌，高辛帝有五色犬名盘瓠，潜入敌营，咬房王首级而还，高辛帝妻以三公主，后生三男三女，男初生尚有犬尾，遂为犬戎国。《广异记》称，高辛时有人家生一犬，状如小牛，主人怪而弃于道下，七日不死，主人复收之，以盘盛之献高辛帝，遂名之盘瓠，后立战功，帝妻以公主，生有七男。瑶族盘护王故事称，龙狗盘瓠杀番王有功，高辛妻以三公主，俗称狗王。畲族民间故事称，高辛生于凤凰山，随风而长，成年后悬松枝火把为日，编柳条球为月，钉宝石补天裂而成星，后又创生植物、动物、人类，教人穿衣、牧羊、耕田；一日高辛耳痒，三年后爬出一条金虫，置金盘上化为龙狗，此后事迹与盘瓠相类。

《淮南子·地形训》云："烛龙在雁门北，蔽于委羽之山，不见日，其神人面龙身而无足。后稷垅在建木西，其人死复苏，其半鱼在其间。流黄、沃民在其北方三百里，狗国在其东。雷泽有神，龙身人头，鼓其腹而熙。"据此，犬戎国约在今日我国北方的阴山山脉一带。

第26节提到了苗民。袁珂注："驩头国亦见《海外南经》，即丹朱国也。此云'驩头生苗民'者，盖丹朱与苗民神话之异传，明此两族关系密切也。"并认为苗民厘姓亦黄帝之裔也。《世本·帝系篇》云："尧娶散宜氏之子，谓之女皇，女皇生丹朱。"该族生活在秦岭以南的丹水一带，与三苗(又称有苗、南蛮)

关系密切。后来,因丹朱和三苗反对帝尧传位于舜,被流放到南方,其后裔即驩头民。但是,此处经文却称"颛顼生驩头",而且驩头居住在"西北海外,黑水之北",或可表明该族群曾经从北方远距离迁徙到丹水地区,后又再次迁徙到更偏远的南方。《竹书纪年》称:"后稷放帝朱于丹水。"《太平御览》卷63引《尚书逸篇》云:"尧子不肖,舜使居丹渊为诸侯,故号曰丹朱。"《汉学堂丛书》辑《六韬》云:"尧与有苗战于丹水之浦。"这是因为丹水乃南北交通要道,历来均为兵家必争之地。

俗话说胜者王侯败者贼,丹朱、三苗也被丑化了。《神异经·西荒经》称:"西方荒中有人,面目手足皆人形,而胳下有翼,不能飞;为人饕餮,淫逸无理,名曰苗民。"民间传说丹朱墓名单珠固堆,在今河南省范县濮城黄河北岸的一个地势高的村子里;丹朱本名叫麻,因瞎了一目,故名单珠;单珠欲害其父尧夺取帝位,就建了一个宫殿,想骗帝尧进去;帝尧识破其阴谋,让单珠先进去,然后立即关上大门,命人运土将宫殿埋住,这里就成了单珠墓。丹朱城相传在今河南省内乡县西南百三十里的丹水畔,民间故事称丹朱来到丹水后,改邪归正,为当地人做了许多好事,后在与发洪水的恶龙斗争中不幸遇难,民众将其葬在山岗,墓如罗圈椅子,坐北朝南。

《大荒四经》记有四方神与四方风,并称东方曰折(应作析),南方曰因乎,西方曰夷,北方曰鹓。可以与之对比参照的是《尚书·尧典》的相关记载,即帝尧时代设有天文机构,其总管名曰羲和,其下属有四名天文副官羲仲、羲叔、和仲、和叔,他们分别被派到东南西北四方,负责观测四季之星(鸟、火、虚、昴),以预报节气颁布节令,指导民众的生产与生活,其中亦称东方春季之民"析"、南方夏季之民"因"、西方秋季之民"夷"、北方冬季之民"隩"。不难看出,《大荒四经》的四方名称与《尧典》的四方名称乃同一体系,折与析字形相近而讹变,鹓当原作隩,意为冬季取暖之貌。根据岁差现象,如果尧典四星为中星观测,其时在四千年前左右;如系偕日没观测,其时则在七八千年前。

所谓岁差是一种天文现象，是指地球自转轴环绕垂直黄道面的轴线作缓慢的圆锥运动，周期约为 25800 年(大约每71.6 年移动 1 度)，它导致北天极在恒星背景中的周期位移变化，以及地球赤道和黄道的交点(即春分点和秋分点)沿黄道向西移动；用通俗的话来说，不同的历史时期有不同的北极星，在相同的季节里古人所看到的恒星区域与今人所看到的也不同。

纵观《大荒四经》的内容，好像是对着一幅幅壁画进行的文字解说。事实上，中国至少在殷商时期就已经有了壁画，《说苑·反质篇》引《墨子》佚文云：殷纣时期"宫墙文画"、"锦绣被堂"，而1975 年考古工作者在殷墟小屯考古时亦曾发现建筑壁画的残片。因此，《大荒四经》所谓"有神，人面兽身"云云，很可能就是对壁画内容的文字描述。其大概是在一处庙宇里，东南西北四壁分别绘有《大荒东经》、《大荒南经》、《大荒西经》和《大荒北经》内容的壁画。类似的情况也出现在屈原在观看神庙里四壁的壁画时创作出《天问》。《拾遗记》卷四记有，秦始皇元年，骞宵国献刻玉善画工名裔，"工人以指画地，长百丈，直如绳墨。方寸之内，画以四渎、五岳、列国之图"，其画面内容亦类似《山海经》，充分表明中国壁画历史源远流长。

海内经第十八

《海内经》中记载的国家山川几乎遍布中华大地，包括我国西北的新疆、甘肃、青海，长江以南的四川、湖南、贵州，以及中原的河北等地。

海内经

【导读】

　　《海内经》中记载了许多奇异的神话传说,如华胥踏巨人足印生伏羲的故事、伏羲与女娲结合繁衍人类的故事。《山海经》最后以大禹治水、分定九州的故事作结,用历史现实向我们说明,这不仅是一部想象力非凡的神话著作,更可看做是一部上古时期真实的历史及地理巨著,对今人研究上古史具有重要的价值。

朝鲜 天毒 壑市 氾叶

【原文】

东海之内,北海之隅,有国名曰朝鲜①、天毒②,其人水居③,偎④人爱之。

西海之内,流沙之中,有国名曰壑市。

西海之内,流沙之西,有国名曰氾叶。

【注释】

①朝鲜,郭璞注:"朝鲜今乐浪县,箕子所封也。列亦水名也,今在带方,带方有列口县。"已见《海内北经》。

②天毒,即天竺。郭璞注:"天毒即天竺国,贵道德,有文书、金银、钱货,浮屠出此国中也。晋大兴四年,天竺胡王献珍宝。"

③水居,印度近印度洋,故言。

④偎人爱之,郭璞注:"偎亦爱也。"

【译文】

在东海之内,北海的一个角落,有个国家名叫朝鲜。还有一个国家叫天毒国,天毒国的人傍水而居,慈爱待人,从不杀生。

在西海之内,流沙之中,有个国家名叫壑市国。

在西海之内,流沙之西,有个国家名叫氾叶国。

鸟山

【原文】

流沙之西,有鸟山[1]者,三水[2]出焉。爰有黄金、璇瑰[3]、丹货、银铁,皆流于此中[4]。又有淮山,好水出焉。

【注释】

[1]鸟山,《水经注》:"流沙历壑市之国,又径于鸟山之东。"

[2]三水出焉,郭璞注:"三水同出一山也。"

[3]璇瑰,玉石。

[4]皆流于此中,郭璞注:"言其中有杂珍奇货也。"

【译文】

流沙之西,有座山叫鸟山,三条河流都是从这座山流出。据说这里藏有黄金、璇瑰、丹货、银铁。附近还有座大山叫淮山,好水就是从这座山流出。

韩流生帝颛顼

【原文】

流沙之东,黑水之西,有朝云之国[1]、司彘之国。黄帝妻雷祖生昌意[2]。昌意降处若水,生韩流。韩流擢耳[3]、谨耳[4]、人面、豕喙,麟身、渠股[5]、豚止[6],取淖子[7]曰阿女,生帝颛顼。

韩流

韩流　明·蒋应镐绘图本

【注释】

①朝云之国,《水经注》:"流沙又径于鸟山之东,朝云之国。"

②"黄帝"句,郭璞注:"《世本》云:'黄帝娶于西陵氏之子,谓之累祖,产青阳及昌意。'"

③擢耳,郭璞注:"长咽。"即长胫。

④谨耳,小耳。

⑤渠股,郭璞注:"渠,车辋,言骈脚也。"即罗圈腿。

⑥止。足,脚。

⑦淖子,即蜀山子。

【译文】

在流沙的东面,黑水的西岸,有朝云国、司彘国。黄帝的妻子雷祖生下昌意。昌意自天上降到若水居住,生下韩流。韩流长着长长的脑袋、小小的耳、人的面孔、猪的长嘴、麒麟的身子、罗圈着双腿、小猪的蹄子,韩流娶淖子氏的阿女为妻,生下帝颛顼。

不死山　肇山柏高

【原文】

流沙之东,黑水之间,有山名不死之山①。

华山青水之东,有山名曰肇山。有人名曰柏高②,柏高上下于此,至于天。

【注释】

①不死之山,郭璞注:"即员丘也。"见《海外南经》之"不死民"。

②柏高,郭璞注:"柏子高,仙者也。"

【译文】

在流沙的东面,黑水之间,有座山名叫不死山。

在华山青水的东面,有座山名叫肇山。有个仙人名叫柏高,柏高便是从此山登天下地的。

都广之野后稷葬所

【原文】

西南黑水之间,有都广①之野,后稷葬焉②。爰有膏菽、膏稻、膏黍、膏稷③,百谷自生,冬夏播琴④。鸾鸟自歌,凤鸟自儛,灵寿⑤实华,草木所聚。爰有百兽,相群爰处⑥。此草也⑦,冬夏不死。

【注释】

①都广,一作"广都"。

②后稷葬焉,郭璞注:"其城方三百里,盖天下之中,素女所出也。"

③膏稷,郭璞注:"言味好皆滑如膏。"

④播琴,郭璞注:"播琴犹播殖,方俗言耳。"即播种,楚方言。

⑤灵寿,郭璞注:"木名也,似竹,有枝节。"

⑥相群爰处,成群结队地在此地和睦相处。郭璞注:"于此群聚。"

⑦此草地,郝懿行注:"此草犹言此地之草,古文省耳。"

【译文】

在黑水的西南部,有一片原野叫都广野,后稷就埋葬在这里。这里出产膏菽、膏稻、膏黍、膏稷,各种谷物自然成长,冬夏都能播种。鸾鸟自由自在地歌唱,凤鸟自由自在地舞蹈,灵寿树开花结果,丛草树林茂盛。这里还有各种禽鸟野兽,群居相处。在这个地方生长的草,无论寒冬炎夏都不会枯死。

若木

【原文】

南海之外①,黑水青水之间②,有木名曰若木③,若水出焉。

【注释】

①南海之外,一作"南海之内"。

②黑水青水之间,一作"黑水之间"。

③若木,郭璞注:"树赤华青。"已见《大荒北经》,中云:"赤树,青叶

赤华。"

【译文】

在南海的外边,黑水和青水之间,有一种树名叫若木,而若水就从那儿发源。

灵山蝡蛇　盐长国鸟氏

【原文】

有禹中之国。有列襄之国。有灵山①,有赤蛇在木上,名曰蝡②蛇,木食。有盐长③之国。有人焉鸟首,名曰鸟氏④。

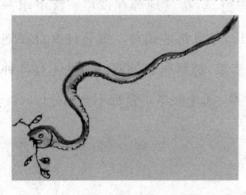

蝡蛇

列襄之国　清·汪绂图本

【注释】

①"有灵山"四句,灵山,已见《大荒西经》。

②蝡蛇,木食,郭璞注:"言不食禽兽也。"

③盐长,一作"监长"。

④鸟氏,应作"鸟民"。

【译文】

有个禺中国。还有个列襄国。两个国中有灵山山脉,山中的树上有种蛇,名叫蠕蛇,以树为食。

有个盐长国。这里的人长着鸟一样的脑袋,称作鸟氏。

鸟氏

鸟氏　清·汪绂图本

九丘建木

【原文】

有九丘,以水络①之:名曰陶唐②之丘、有叔得之丘、孟盈③之丘、昆吾之丘④、黑白之丘、赤望之丘、参卫之丘、武夫之丘、神民之丘⑤。有木,青叶紫茎,玄华黄实,名曰建木⑥。百仞无枝,有九欘⑦,下有九枸,其实如麻⑧,其叶如芒⑨,大暤爰过⑩,黄帝所为。

【注释】

①以水络之,即水环绕在九座山的下面。络,绕。

②陶唐,郭璞注:"尧号。"

③叔得、孟盈,郝懿行注:"叔得、孟盈皆人名号也。孟盈或作盖盈,古天子号。"

④昆吾之丘,郭璞注:"此山出名金也。尸子曰:'昆吾之金'。"已见《中次二经》。

⑤武夫之丘,郭璞注:"此山出美石。"神民之丘,郭璞注:"言上有神人。"

⑥建木,已见《海内南经》。

⑦九欘,郭璞注:"枝回曲也。"意即在树项上生了许多弯曲的丫枝。

⑧其实如麻,郭璞注:"似麻子也。"

⑨其叶如芒,郭璞注:"芒木似棠梨也。"

⑩大暤爰过,郭璞注:"言庖羲于此经过也。"郝懿行注:"庖羲生于成纪,去此不远,容得经过之。"大暤又叫太昊、太皓,即伏羲氏。

【译文】

有九座山丘,都被水环绕着,名称分别是陶唐丘、叔得丘、孟盈丘、昆吾丘、黑白丘、赤望丘、参卫丘、武夫丘、神民丘。九丘之上有一种神木,青色的叶子,紫色的茎干,黑色的花朵,黄色的果实,名叫建木,高达百仞,但是树干上不长枝条,只在树顶上有九根弯蜒曲折的大干,树底下有九条盘旋交错的根节,它的果实像麻子,叶子像芒树叶。大暤凭借建木登上天界,那是黄帝制作的天梯。

窫窳　猩猩　巴国巴人

【原文】

有窫窳①,龙首,是食人。有青兽,人面,名曰猩猩。

西南有巴国②。大暤③生咸鸟,咸鸟生乘厘,乘厘生后照④,后照是始为巴人⑤。

【注释】

①窫窳,郭璞注:"居弱水中。"已见《海内南经》。

②巴国,郭璞注:"今三巴是。"

③大暤,又叫太昊、太皓,即伏羲氏。

④照,一作"昭"。

⑤始为巴人,郭璞注:"为之始祖。"

【译文】

有一种窫窳兽,长着龙一样的脑袋,会吃人。还有一种野兽,长着人一样的面孔,名叫猩猩。

西南方有个巴国。大暤生了咸鸟,咸鸟生了乘厘,乘厘生了后照,而后照就是巴国人的始祖。

流黄辛氏国　朱卷国　食象黑蛇　赣巨人

【原文】

有国名曰流黄辛氏①,其域中方三百里,其出是尘土。有巴遂山。渑水出焉。

又有朱卷之国。有黑蛇②,青首,食象。

南方有赣巨人③,人面长臂,黑身有毛,反踵④,见人笑亦笑,唇蔽其面,因即逃也⑤。

【注释】

①流黄辛氏国,郝懿行注:"《海内西经》云'流黄酆氏之国'即此。又《南次二经》云'柜山西临流黄'亦此也。"

②黑蛇,郭璞注:"即巴蛇也。"巴蛇食象,已见《海内南经》。

③赣巨人,郭璞注:"即枭阳也。"枭阳国已见《海内南经》。

④反踵,足后跟反转生。

⑤因即逃也,就作"因可逃也"。

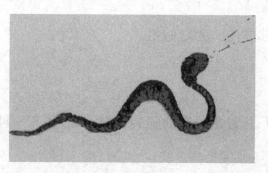

黑蛇

【译文】

有个国家名叫流黄辛氏国,它的疆域方圆三百里,这里出产一种大鹿。还有一座巴遂山,渑水从这座山流出。

又有个朱卷国。这里有一种黑颜色的大蛇,长着青色的头,能吞食大象。

南方有一种赣巨人,长着人的面孔而嘴唇长长的,黑黑的身上长满了毛,脚尖朝后而脚跟朝前反长着,看见人就发笑,嘴唇能遮住他的脸面,人就趁此立即逃走。

黑人 嬴民 封豕 苗民神延维

【原文】

又有黑人,虎首鸟足,两手持蛇,方啗①之。

有嬴民,鸟足。有封豕②。

有人曰苗民③。有神焉,人首蛇身,长如辕④,左右有首⑤,衣紫衣,冠旃冠⑥,名曰延维⑦,人主得而飨食之,伯⑧天下。

黑人

黑人 明·胡文焕图本

【注释】

①啗,吞吃。

②封豕,郭璞注:"大猪也,羿射杀之。"

③苗民,郭璞注:"三苗民也。"

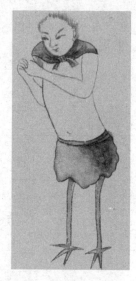

赢民

赢民　清·汪绂图本

④辕，车辕。郭璞注："大如车毂；泽神也。"

⑤左右有首，郭璞注："岐头。"

⑥冠旃冠，戴着红色的帽子。旃，本义是纯红色的旗帜，这里取其红义。

⑦延维，郭璞注："委蛇。"

⑧伯，通"霸"。

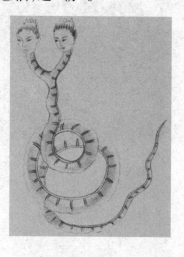

延维

延维　清·汪绂图本

【译文】

还有一种黑人,脑袋像虎,长一双鸟足,两只手握着蛇,正在吞食它。

有一种人叫嬴民,那里的人脚像鸟足一样,还有一种名叫封豕的野猪。

有种人叫苗民。苗民国中有个神,头部像人,身形像蛇,身子如车辕,左右各有一个头,喜欢穿紫色衣服,戴红色帽子,名叫延维,君主得到它并供奉它,便可以称霸天下。

鸾鸟　凤鸟　䑏狗　孔鸟　三天子之都山

【原文】

有鸾鸟自歌,凤鸟①自舞。凤鸟首文曰德,翼文曰顺,膺文曰仁,背文曰义。见则天下和。

又有青兽如菟,名曰䑏狗②。有翠鸟,有孔鸟③。

南海之内有衡山④。有菌山。有桂山⑤。有山名三天子之都⑥。

䑏狗

䑏狗　清·《禽虫典》本

【注释】

①凤鸟,郭璞注:"言和平也。"已见《南次三经》。

②崐狗,郭璞注:"崐言如朝菌之菌。"

③孔鸟,郭璞注:"孔雀也。"

④衡山,郭璞注:"南岳。"

⑤桂山,郭璞注:"或云衡山有菌桂,桂员似竹,见《本草》。"

⑥三天子之都,郭璞注:"三天子之鄣山。"

【译文】

有鸾鸟自由自在地歌唱,有凤鸟自由自在地舞蹈。凤鸟头上的花纹是"德"字,翅膀上的花纹是"顺"字,胸脯上的花纹是"仁"字,背后的花纹是"义"字,这是一种吉祥鸟,它一出现天下就会太平。

又有一种像兔子的青色野兽,名叫崐狗。又有翡翠鸟。还有孔雀。

在南海以内,有座衡山,又有座菌山,还有座桂山。还有座山叫做三天子都山。

苍梧丘舜葬所　蛇山翳鸟

【原文】

南方苍梧之丘,苍梧之渊,其中有九嶷山,舜之所葬,在长沙零陵界中。

北海之内,有蛇山者,蛇水出焉,东入于海。有五采之鸟,飞蔽一乡,名曰翳鸟①。又有不距之山,巧倕②葬其西。

翳鸟

翳鸟　清·汪绂图本

【注释】

①翳鸟，郭璞注："凤属也。"凤凰之类。

②巧倕，相传是帝尧的巧匠，或说是黄帝时的巧匠。

【译文】

南方有一片山丘叫苍梧丘，山下有个深渊叫苍梧渊，在苍梧丘和苍梧渊的中间有座九嶷山，帝舜就葬在这座山中。九嶷山位于长沙零陵境内。

在北海之内，有座山叫蛇山，蛇水从蛇山流出，向东流入大海。有一种长着五彩羽毛的鸟，成群地飞上蓝天，能遮蔽一乡的天空，这种鸟名叫翳鸟。还有座不距山，巧倕便葬在不距山的西面。

相顾之尸　伯夷父　幽都山

【原文】

北海之内，有反缚盗械①、带戈常倍之佐②，名曰相顾之尸③。

伯夷父④生西岳，西岳生先龙，先龙是始生氐羌，氐羌乞姓。

北海之内，有山，名曰幽都之山。黑水出焉，其上有玄鸟、玄蛇⑤、玄豹、玄虎、玄狐蓬尾。

【注释】

①盗械,因罪戴着刑具的人。

②倍之佐,背叛臣佐的身份。倍,通"背"。佐,臣子辅佐帝王。

③相顾之尸,郭璞注:"亦贰负臣危之类。"已见《海内西经》。

④伯夷父,郭璞注:"伯夷父,颛顼师,今氐羌其苗裔也。"伯夷,相传是帝颛顼的师傅。

⑤玄蛇,已见《大荒南经》。

【译文】

在北海之内,有个人被反绑双手,身戴刑具,身上还佩带一把戈,他的名字叫相顾尸。

伯夷父的后代叫西岳,西岳生了先龙,先龙的后代子孙便是氐羌,氐羌人姓乞。

北海之内,有座山名叫幽都山,黑水从这座山流出。山上有黑色的玄鸟、玄蛇、玄豹、玄虎,还有叫玄狐蓬尾的大尾巴狐狸。

大幽国　钉灵国

【原文】

有大玄之山。有玄丘之民①。有大幽之国②。有赤胫之民③。

有钉灵之国,其民从厀已下有毛,马蹄,善走。

【注释】

①玄丘之民,郭璞注:"言丘上人物尽黑也。"

②大幽之国,郭璞注:"即幽民也,穴居无衣。"

③赤胫之国,郭璞注:"膝已下正赤色。"

【译文】

有座大玄山,山里的人们叫玄丘民。有个大幽国。国中有赤胫民。

有个钉灵国,这个国家的人从膝盖以下的腿部都有毛,双脚像马蹄一样,善于奔跑。

伯陵生鼓、延、殳

【原文】

炎帝之孙伯陵,伯陵同①吴权之妻阿女缘妇,缘妇孕三年,是生鼓、延、殳。始为侯②。鼓、延是始为钟,为乐风③。

【注释】

①同,通"通",私通之意。

②侯,箭靶。

③乐风,乐曲。

【译文】

炎帝的孙子叫伯陵,伯陵与吴权的妻子阿女缘妇私通,阿女缘妇怀孕三年,生下鼓、延、殳三个儿子。殳发明了箭靶,鼓、延二人发明了乐器钟,并制作了乐曲。

鲧　番禺　奚仲　般

【原文】

黄帝①生骆明,骆明生白马,白马是为鲧。

帝俊生禺号,禺号生淫梁,淫梁生番禺,是始为舟。番禺生奚仲,奚仲生吉光,吉光是始以木为车。

少暤生般,般是始为弓矢。

【注释】

①"黄帝"三句,郭璞注:"(鲧)即禹父也。"

【译文】

黄帝生了骆明,骆明生了白马,这白马就是鲧。

帝俊生了禺号,禺号生了淫梁,淫梁生了番禺,番禺是制作船的祖师。番禺生了奚仲,奚仲生了吉光,奚仲、吉光父子用木头制做出车。

少暤生了般,般发明了弓和箭。

帝俊赐羿彤弓素矰　晏龙　帝俊八子

【原文】

帝俊赐羿彤弓素矰,以扶下国,羿是始去恤下地之百艰。

帝俊生晏龙①,晏龙是为琴瑟。

帝俊有子八人,是始为歌舞。

后羿

后羿

【注释】

①帝俊生晏龙,已见《大荒东经》。

【译文】

帝俊赏赐给后羿一张红色的弓和一些白色的矰箭,令后羿射除恶患,以便扶助天下邦国,后羿开始体恤下民,并去除天下各种艰苦。

帝俊生了晏龙,晏龙开始制作琴和瑟两种乐器。

帝俊有八个儿子,他们开始创作出歌曲和舞蹈。

巧倕　叔均

【原文】

帝俊生三身①,三身生义均②,义均是始为巧倕,是始作下民百巧。后稷是播百谷。稷之孙曰叔均,是始作牛耕。大比赤阴,③是始为国。禹、鲧是始布土,均定九州。

【注释】

①帝俊生三身,帝俊妻娥皇生三身之国,已见《大荒南经》。

②义均,即《大荒南经》《大荒西经》中之叔均(商均)。

③大比赤阴,郝懿行注:"大比赤阴,四字难晓,推寻文义,当是地名。"因此译文且以地名译之。

【译文】

帝俊的后代是三身国的人。三身人生了义均,义均便是巧倕,从巧倕开始。人们会制作各种农具。后稷开始播种各种农作物。后稷的孙子叫叔均,这位叔均最先使用牛耕田。他在大比赤阴受封而建国。大禹和鲧最早兴修水利,使天下均衡地划分为九州。

炎帝子孙

【原文】

炎帝之妻,赤水之子听訞生炎居,炎居生节并,节并生戏器,戏器生祝融。祝融降处于江水,生共工。共工生术器,术器首方颠①,是复土穰,以处江水。共工生后土,后土生噎鸣②,噎鸣生岁十有二。

【注释】

①颠:头顶。

②噎鸣:神话人物名,为时间之神。一说噎鸣即为伯夷。

【译文】

炎帝的妻子,即赤水氏的女儿听訞与炎帝生了炎居,炎居生了节并,节并生了戏器,戏器生了祝融。祝融后来被天帝贬至下界,居住在长江岸边,祝融在这里生了共工,共工生了术器,术器头顶平平的,方方正正的,术器后来继承了祝融的封地,也住在长江岸边。共工还生了个儿子,名叫后土,后土生了噎鸣。噎鸣则生了十二个儿子,就是一年中的十二个月。

鲧窃息壤

【原文】

洪水滔天。鲧窃帝之息壤①以堙洪水,不待帝命。帝令祝融杀鲧于羽郊。鲧复生禹。帝乃命禹卒布土以定九州。

【注释】

①息壤:古代传说的一种能自生长,永不减耗的土壤。

【译文】

天下洪水滔滔。鲧为治水,没有征得天帝同意而将天帝的息壤偷来,以土堵水。天帝便命祝融将鲧杀死在羽山野外。鲧尸体三年不烂,才从肚中生出禹。天帝于是命禹治水,禹挖土疏道,终于平定了九州。

【鉴赏】

《海内经》记述的内容相当丰富,但是也比较凌乱,其中某些内容可能分别属于《海内四经》各章。总的来说,《海内经》的一个突出的特点是热衷于对历史进行追溯,既包括对著名部落首领及其后裔血缘世系的追思,也包括对重大科学技术创新的记述。

根据《海内经》的记载,在中国东周神庙四壁的壁画上,画着许多远方的

山海经诠解

《山海经》原典鉴赏

故事和历史上的故事。例如,在流沙之东、黑水之西,有朝云国和司彘国,两国长期互通婚姻,曾经生下了一个名叫韩流的人,他是帝颛顼的父辈,还可能也是后来所有韩姓人的祖先。还有一处幽都山,黑水从这里发源;从今天的角度来看,幽都山实际上是一座大型露天煤矿,因此这里的山、这里的水才会变黑。此外,在九丘上生长着一棵名叫建木的通天神树,当年伏羲和黄帝都在这里举行过登天巫术活动。《海内经》的结尾处也是《山海经》结尾处,记述的是鲧和禹治理洪水、安定天下的故事,这应该寄托了《山海经》一书编纂者的希望。

《海内经》记述的远古部落及其族群后裔主要是大暤族系(包括少昊族系)、炎帝族系、黄帝族系(包括帝颛顼族系)、帝俊族系(包括帝舜族系)、后稷世系,以及氐羌族系等。众所周知,中华民族追溯文明之源,始自伏羲、女娲;追溯历史之根,始自炎帝、黄帝。司马迁写《史记》,首述黄帝,并称炎帝衰而黄帝兴。

在其他古籍里,炎帝主要事迹是改进农业和发现草药,很少提及炎帝的后裔。《帝王世纪》云:"神农氏,姜姓也。母曰任姒,有蟜氏女,登为少典妃,游华阳,有神龙首,感生炎帝。人身牛首,长于姜水。有圣德,以火德王,故号炎帝。初都陈,又徙鲁。又曰魁隗氏,又曰连山氏,又曰列山氏。"《绎史》卷四引《周书》云:"神农之时,天雨粟。神农遂耕而种之,作陶冶斧斤,为耒耜锄耨,以垦草莽。然后五谷兴助,百果藏实。"《拾遗记》云:"(炎帝)时有丹雀衔九穗禾,其坠地者,帝乃拾之,以植于田,食者老而不死。"《淮南子·修务篇》云:"神农尝百草之滋味,一日而遇七十毒。"对比之下,《山海经》特别是《海内经》对炎帝族群世系的记载恰恰弥补了上述典籍的不足,其历史信息价值更显得弥足珍贵。

毋庸讳言,《海内经》记述的远古部落世系,与其他古籍记述的远古部落世系,都存在着相互矛盾之处。导致先夏时期部落族群世系混乱至少有如下四个方面的原因：其一，与母系社会转变为父系社会的过程有关。其二，与相关古籍资料的流失有关，例如王子朝携周室典籍奔楚事件导致我国周代以及先周国家档案文献的神秘失踪。其三，与古籍文献资料的信息讹变有关，既有文献字句在传抄复制中的讹误，也有后人的误读误解，例如将族名当成具体的唯一的人名。其四，与古人记录历史世系的能力有关。事实上，人类记录历史的能力是逐渐才完善起来的，这涉及对大尺度时间的测量和计算；在此之前，人们叙述历史时总要用"很久很久以前"，就是因为没有掌握记录大尺度时间的方法。在这种情况下，就不可避免地存在着一种"时间压缩律"的现象，即后人对那些发生在很久很久以前的但又彼此相差很长时间的若干事情，当成了彼此相距很近的都是遥远时代发生的事情。例如，尧舜禹的故事可能是经历了很长历史时期的过程，但是在古史传说的记忆里，他们被描述为几乎是同时代的人，也就是说这个历史过程的时间被压缩了。

例如，大多数学者都认为《山海经》的帝俊即帝舜，但是两者并不能完全等同。在古史传说中舜的故事非常多，相传舜的父亲名瞽叟（盲人），而舜却有双瞳，《帝王世纪集校》："舜，姚姓也。目重瞳，故名重华。"《淮南子·修务训》："舜二瞳子，是谓重明，作事成法，出言成章。"而舜的原形（图腾）为鸡，《法苑珠林》卷49引刘向《孝子传》："舜父夜卧，梦见一凤凰，自名为鸡，口衔米以哺己，言鸡为子孙，视之，如凤凰。"《拾遗记》则称尧时，祇支国献重明鸟，双睛，状如鸡，鸣如凤，能搏逐虎狼，袁珂认为或即舜之神话。据此可知，舜的图腾是凤凰，而帝俊的图腾通常认为是燕。有趣的是，凤凰又名鸡，表明十二生肖里的鸡原本应该是凤凰，鸡年应该恢复为凤年。

郝懿行注："《大荒东经》言黄帝生禺貌，即禺号也；禺号生禺京，即淫梁也，禺京、淫梁声相近。然则此经帝俊又当为黄帝矣。"袁珂注："黄帝即'皇帝'（古籍多互见无别），初本'皇天上帝'之义，而帝俊亦殷人所祀上帝，故黄帝神话，亦得糅混于帝俊神话中，正不必以禺号同于禺貌便以帝俊即黄帝也。"这里的问题在于,郝懿行的观点"禺貌,即禺号也"并不一定成立,禺貌与禺号(號)的字形相近并不意味着两者是同一个人。

又如,史传炎帝生于姜水,为姜姓,但是《山海经》里无姜水之名,却多处提到赤水。或许姜水即赤水,其名称的改变,可能与黄帝族战胜炎帝族有关;在此之前,同一条水,炎帝族称其为姜水,黄帝族称其为赤水,此后则统称为赤水。与此同时,姜原之名,亦表明其出于炎帝姜姓;而《史记·周本纪》称姜原为帝喾之妃的说法,实际上记录的是黄帝后裔与炎帝后裔之间的联姻。事实上,炎帝神农发明农业,后稷又为农神,这两者本应有传承关系,若后稷为炎帝后裔(同时也是黄帝后裔)则一切都顺理成章。《楚辞·天问》:"稷维元子,帝何竺之?投之于冰上,鸟何燠之?何冯弓挟矢,殊能将之?既惊帝切激,何逢长之?"似乎表明当年黄帝族与炎帝族的联姻并不是一帆风顺的。今山西省万荣县西北8公里稷王山(稷神山)太赵村有稷王庙,相传后稷始教民稼穑于此,后稷出生地名弃里村(翼城)。

炎帝与黄帝原本都居住在北方,例如黄炎古战场在北方的涿鹿,炎帝少女化为精卫的女娃也生活在太行山地区。或许由于自然环境的变迁,以及民族势力的消长,炎帝族逐渐迁往南方,炎帝亦被尊奉为南方之帝、夏季之帝。《礼记·月令》:"孟夏之月,其帝炎帝,其神祝融。"今日陕西省宝鸡和湖北神农架地区流传着许多炎帝神农的故事,而炎帝陵相传在湖南的酃县(1994年更名炎陵县)。炎帝陵原建有规模宏大的祠、坊、天使行馆等建筑物,并有名胜洗药池,相传乃炎帝采药在此洗净,陵地古木掩翳,洣水环流。洣水为湘江支流,发源于湖南与江西交界处的罗霄山(即《五藏山经》第一座山的招摇山)。

《海内经》记述的科技发明有鼓、钟、琴、瑟、舟、车、弓、矢、百工、百谷、牛耕、水利工程技术、木星绕日十二年一周的规律,等等。其中特别值得重视的是《海内经》第41节"祝融……噎鸣生岁十有二"的记载,以及《大荒西经》第

28 节日月山"颛顼……下地是生噎,处于西极,以行日月星辰之行次"的记载,它们表明中国人至少早在三千多年前就已经发现了木星十二年绕太阳一周的运行规律。

所谓噎鸣"生岁十有二",岁即木星(又称太阴、太岁),意思是说噎鸣发现了木星十二年绕太阳一周的运动规律,并为每年木星所在天空位置分别用十二地支命名。今天测定的木星绕日周期为 11.8 年,有可能是古人测定值有误差,也有可能是古代木星周期确实曾经非常接近 12 年的数值。木星是全天仅次于日月的周期运动亮星,古人发现它的位置对地球生物圈有重要的影响。《计倪子》:"太阴三岁处金则穰,三岁处水则毁,三岁处木则康,三岁处火则旱。"计倪子即计然,乃越国大臣范蠡之师。事实上,中国十二生肖动物,其性喜水喜旱的排序,就符合上述木星对农作物丰歉影响的周期。具体来说,鼠年牛年虎年处于风调雨顺阶段,食草类动物兴旺,食肉类动物也跟着兴旺起来。兔年龙年蛇年是水灾频繁阶段,水族类动物(以龙为代表)兴旺。马年羊年猴年又处于风调雨顺阶段,食草类动物兴旺,俗话说马羊年好种田。鸡年(凤年)狗年猪年是旱灾频繁阶段,鸟类动物(以吃昆虫为主)兴旺,杂食类动物能够更好地适应旱灾年。在某年出生的人,如果能够模仿该年适宜生存的动物,就也能够顺利地成长,这就是生肖动物的本意,肖就是模仿。

值得注意的是,《海内经》亦即《山海经》全书的最后一句话落在"禹定九州"上,这应当寄托着撰写者或编辑者重整山河、统一天下、再创中华民族辉煌兴旺的厚望。从这个角度来说,深入解读《山海经》记录的远古信息,既是重构人类文明史的不可或缺的重要工作,也是建设精神文明、凝聚中华民族团结一心奋勇前进的重要工作。

总而言之,《山海经》一书既洋溢着中央四方、天下一统的观念,同时又处处流露出对自得其乐、自给自足的家园小国的赞美和向往。对此,一种合理的解释是,王子朝一行及其后裔,仍然深深沉陷于回忆往昔美好岁月的记忆中，那时周王室虽然只有很小的直辖领地，但在名义上却仍然是天下一统的宗主国，因而能够过着体面尊严、富裕安宁的生活。有趣的是，老子在《道德经》里也向往着小国寡民式的理想社会。或许，王子朝及其后裔之所以编写《山海经》，乃是失国后的一种感情寄托，以便在其中构筑出自己的理想。

袁珂先生在《山海经校注》一书中，采纳清代学者毕沅的分类方法，将全书内容分成《山经》和《海经》两部分，《山经》即《五藏山经》五篇，《海经》即《海外四经》、《大荒四经》、《海内五经》十三篇。《海外南经》方位自西南隅至东南隅，《海外西经》自西南至西北，《海外北经》自西北至东北，《海外东经》自东南至东北。《大荒东经》自东南至东北，《大荒南经》自西南至东南，《大荒西经》自西北至西南，《大荒北经》自东北至西北。《海内南经》自东南至西南，《海内西经》自西南至西北，《海内北经》自西北至东北，《海内东经》自东北至东南，《海内经》方位顺序已难确考。

需要说明的是，由于《海外四经》、《大荒四经》、《海内五经》三部分内容撰写于不同时代，其内容多有重复，涉及地域亦多有重叠。大体而言，《海外四经》叙述的地理范围要比《大荒四经》和《海内五经》略小一些。《海经》撰写者所在的地理位置，根据《海经》的内容，其方位约在今渭水、汾水、南北洛水及其与黄河交汇处一带，与《五藏山经》的地理中心大体相当。

第四章　海内外五经考证

一、海外南经

在中国夏朝时,遥远的南方有许多小国家,它们各自都有着奇异的习俗或者特殊的生活方式。相传羽民国的人都长着羽毛,今天看来他们实际上是喜欢穿用羽毛编织的服装。相传厌火国的人能够从嘴里吐出火来,今天看来他们是在表演吐火的魔术。相传岐舌国的人舌头分叉像蛇一样,其实他们的工作是翻译不同的语言。相传贯匈国的人胸口开着一个大洞,出门时可用竹竿穿过让人抬着走——这究竟是怎么回事? 至今学者都没有找到令人信服的答案。

地载图

地之所载,六合之间,四海之内,照之以日月,经之以星辰,纪之以四时,要之以太岁,神灵所生,其物异形,或夭或寿,唯圣人能通其道。

六合指前后左右上下六个方位,亦即三维空间。四海,古人相信大地被东南西北四个方向的大海包围着,四海之内即陆地所及范围。四时即春夏秋冬四季。太岁即木星,或者准确说是木星纪年。木星十二年绕太阳一周,古人就用十二地支来分别命名每一年,十二生肖和六十甲子即源于木星纪年。

毕沅、袁珂均指出,此段文字原本应接在《五藏山经》篇尾"禹曰天下名山"段末,并认为这种文字错位发生在刘秀校订《山海经》时。有趣的是,《列子·汤问篇》记有夏革对"神灵所生"的不同意见:"然则亦有不待神灵而生,不待阴阳而形,不待日月而明,不待杀戮而夭,不待将迎而寿,不待五谷而食,不待缯纩而衣,不待舟车而行。其道自然,非圣人之所通也。"夏革字子棘,又名夏棘,以博学贤良著称,成汤曾拜其为师。

结匈国·南山

海外自西南陬至东南陬者。

结匈国在其西南,其为人结匈。

南山在其东南。自此山来,虫为蛇,蛇号为鱼。一曰南山在结匈东南。

陬,角落,山角;正月又称陬;地名,《史记·孔子世家》:"孔子生鲁昌平乡陬邑。"海外南经记述的是从西南方到东南方的情况。

结匈国位于《海外西经》灭蒙鸟的西南方,当地人的特点是结胸。郭璞、袁珂都认为结胸即人的胸部肋骨向外凸出,今俗称鸡胸,通常是因为人在童年发育期缺钙所致。其实,结有屈曲之意,因此结胸可以泛指各种脊椎弯曲畸形的病症,例如驼背、佝偻病(食物中钙、磷、维生素 D 含量不足,日照量不够)。此外,结又有盘结之意,因此结胸也可能指一种独特的胸部(包括背部)服饰或装饰,例如胸前佩戴着结状吉祥物(中国结或即源于此风俗),或者背后有类似日本和服的装饰结构。

南山位于结匈国的东南方,当地人称虫为蛇,称蛇为鱼,这种称谓的变化可能与某种巫术活动有关,有点类似颛顼化为鱼妇时巫师念的口诀。南山或谓即终南山。

比翼鸟·羽民国

比翼鸟在其东,其为鸟青、赤,两鸟比翼。一曰在南山东。

羽民国在其东南,其为人长头,身生羽。一曰在比翼鸟东南,其为人长颊。

比翼鸟的雏形是西次三经崇吾山的"见则天下大水"的蛮蛮鸟,此后比翼鸟变成吉祥鸟和爱情鸟。《周书·王会篇》称"巴人以比翼鸟",或许比翼鸟栖息在巴人居住区,或者巴人有装扮成比翼鸟的巫术活动。

羽民国的人有两个特点,一是穿羽毛衣,或者用羽毛装扮自己;二是以头长为美,并且可能实施了头部变形装饰术。事实上,距今18000 年前的周口店山顶洞人、10000 年前的满洲里扎赉诺尔人、6400 年前的大汶口人的头骨上,均发现明显的普遍的人工变形,其中大汶口人的头骨变形比率甚至高达百分之八十以上。

神人二八

有神人二八，连臂，为帝司夜于此野。在羽民东。其为人小颊赤肩。尽十六人。

神人二八，明代学者杨慎注谓："南中夷方或有之，夜行逢之，土人谓之夜游神，亦不怪也。"

司夜，通常解释为夜间巡查以维护社会治安，类似后日的更夫，神人二八即二人一组或八人一组的巡逻队。此外，司夜亦指天文观测，不过天文观测好像用不着这么多人"连臂"进行。或许它更像是一种在夜间为帝君举行的巫术舞蹈或娱乐歌舞，这种舞蹈的队列特点是十六人分为两组，每组八人，人与人之间手臂相连，它也可以变换成两人一组共分为八组的队列，而这恐怕就是八佾舞的雏形。

此处之"帝"，袁珂认为指黄帝，并总结道："帝，天帝，《山海经》中凡言帝，均指天帝，而天帝非一：除中次七经'姑瑶之山，帝女死焉，其名曰女尸'之'帝'指炎帝、中次十二经'洞庭之山，帝之二女居之'之'帝'指尧而外，其余疑均指黄帝。"这个结论可能有值得商榷之处，因为它意味着《山海经》诸篇文字形成之时，各时期各地的人们都已经公认黄帝为天帝，而这种可能性并不大。

毕方鸟

毕方鸟在其东，青水西，其为鸟人面一脚。一曰在二八神东。

毕方鸟已见于西次三经章莪山，并见于《海内西经》"青水出西南隅以东，又北又西南过毕方鸟东"。一般来说，毕方鸟是火灾的报警标志，《韩非子·

十过》却称："昔者黄帝合鬼神于西泰山之上，驾象车而六蛟龙，毕方并辖，蚩尤居前，风伯进扫，雨师洒道，虎狼在前，鬼神在后，腾蛇伏地，凤凰覆上，大合鬼神，作为清角。"在这里毕方实际上是一个部落或官职的名称，其职责是协助驾驭黄帝的象车或龙车；所谓黄帝大合鬼神，与禹召集天下诸侯聚会的性质类似，都属于民族整合与融合过程。

讙头国

讙头国在其南，其为人人面有翼，鸟喙，方捕鱼。一曰在毕方东。或曰讙朱国。

讙，通喧，喧哗；通欢；地名，春秋鲁地，即今日山东肥城县南，《春秋·桓公三年》："齐侯送姜氏于讙。"

讙头国又名讙朱国，其名称应与该族人的头部特殊装饰有关。所谓"其为人人面"的陈述存在着重复,既然是人,当然是人面,因此"人面"可能是"朱面"之误,也就是说当地人有将头部或全身涂红的习俗。所谓"有翼,鸟喙"当是一种与捕鱼有关的装饰、装束或用具,一种可能是当地人在模拟鱼鹰捕鱼的样子,另一种可能是当地人乘坐有帆的船,手持鱼枪扎鱼。所谓"方捕鱼",表明此处文字撰写者是在看图说话,事实上这正是《海经》的特点,即《海经》原本有图,而且图画的内容相当清晰,可能还写有人物的名称。

学者普遍认为讙头国即尧臣讙兜或尧子丹朱的后裔,郭璞注:"讙兜,尧臣,有罪,自投南海而死。帝怜之,使其子居南海而祠之。画亦似仙人也。"袁珂认为讙头国即丹朱国,讙兜亦即丹朱,由于丹朱不肖,尧以天下让诸舜,三苗之君同情丹朱,丹朱叛尧,尧击败三苗和丹朱,流放三苗和丹朱到南方。不过,在今天的民间传说里,既有谴责丹朱的故事,也有赞美丹朱的故事。

厌火国

厌火国在其国南,兽身黑色,生火出其口中。一曰在讙朱东。

郭璞注:"言能吐火,画似猕猴而黑色也。"吴任臣云:"《本草集解》曰:'南方有厌火之民,食火之兽。'注云:'国近黑昆仑,人能食火炭,食火兽名祸斗也。'"其实,所谓口中吐火乃是一种古老的魔术,它的技巧并不复杂,而这种表演则起源于古人使用吹火筒生火的情景。

三株树

三株树在厌火北,生赤水上,其为树如柏,叶皆为珠。一曰其为树若彗。

三株树又称三珠树,陶潜《读山海经》有"粲粲三珠树,寄生赤水阴"之句。陶潜又名陶渊明(365—427),字元亮,寻阳柴桑人(今江西九江),曾任彭泽令,因不肯为五斗米折腰而去职归隐田园。陶潜晚手郭璞,他所看到的山海经图均缺少山川地形、地貌、距离等地图要素,属于一幅幅插图性质。

郝懿行认为,《庄子·天地篇》"黄帝游乎赤水之北……遗其玄珠"的故事,即源于此处三珠树的记载。当年黄帝北渡赤水,登上昆仑丘,归途时不慎遗失玄珠,黄帝先后派善于思考的人、眼力好的人、勤问的人寻找玄珠却都没有找到,后来派一个名叫"象罔"的人,他迷迷糊糊地就把玄珠找到了。袁珂认为这个古老的神话传说故事并非纯粹寓言:"意者此生赤水上之三珠树,或为黄帝失玄珠神话之别传,为所失玄珠所生树乎?"据此,三珠树实际上可能是人工用珠玉装饰的玉树、神树、星星树,亦即后世的摇钱树和圣诞树。

三苗国

三苗国在赤水东,其为人相随。一曰三毛国。

郭璞注:"昔尧以天下让舜,三苗之君非之,帝杀之,有苗之民,叛入南海,为三苗国。"《淮南子·修务篇》:"尧立孝慈仁爱,使民如子弟。西教沃民,东至黑齿,北抚幽都,南道交趾。放讙兜于崇山,窜三苗于三危,流共工于幽州,殛鲧于羽山。"高诱注云:"三苗盖谓帝鸿氏之裔子浑敦、少昊氏之裔子穷奇、缙云氏之裔子饕餮三族之苗裔。"袁珂认为三苗即有苗,亦即苗民,而"相随"即该族人相随远徙南海之象也。其实"相随"可能是一种古老的集体活动,今我国西南少数民族有一种游戏,即若干人共同踏在两条木板或竹板上,只有同时迈步才能行走,这种活动在古代应当具有某种积极的巫术价值,例如强化族人的团结意识等。

戴国

戴国在其东,其为人黄,能操弓射蛇。一曰戴国在三毛东。

载，《汉书·孔光传》："犬马齿载。"颜师古注："载，老也，读与耋同。"耋，八十曰耋，或谓七十为耋。载国当以民众颐养天年为特征。载国或作盛国，亦有物产丰盛的意思。《大荒南经》记述有载民国，不织不耕，以表演歌舞为生。

所谓"其为人黄"，系指当地人的服饰特征，可能是以黄色调为主，或者是佩戴着某种被称之为"黄"的装饰物，也可能是擅长加工制作黄色颜料（包括硫黄）。

此处"射蛇"，也可指"射鱼"，因前文南山条有自此山来"蛇号为鱼"的说法。有趣的是，居住在我国海南岛的黎族，至今仍有射鱼的习俗，小伙子赤脚站在清清的溪水或河水中，一旦看准鱼游过来，就用弓箭射，通常都能箭无虚发。

贯匈国

贯匈国在其东，其为人匈有窍。一曰在载国东。

贯匈国又称穿胸民。《艺文类聚》卷 96 引《括地图》记有大禹治水时，召集各地诸侯开会，因防风氏姗姗来迟，于是"禹诛防风氏。夏后德盛，二龙隆（降）之。禹使范氏御之以行，经南方，防风神见禹，怒射之。有迅雷，二龙升去。神惧，以刃自贯其心而死。禹哀之，瘗以不死之草，皆生，是名穿胸国。"袁珂注引元周致中纂《异域志》云："穿胸国，在盛海东，胸有窍，尊者去衣，令卑者以竹木贯胸抬之。"

穿胸国之名得自防风氏"自贯其心而死"的行为，这可能是一种类似剖腹自杀的习俗。所谓"防风"，可能也是指一种特殊的装束，类似护心镜，以保护胸腹部不受外物伤害，同时也有预防风寒的作用。由于这种装束看起来仿佛胸部有窍洞，于是人们便称其为穿胸民。此外，也可能与用滑竿抬人走山路的方式有关。

交胫国

交胫国在其东，其为人交胫。一曰在穿匈东。

郭璞注："言脚胫曲戾相交，所谓雕题、交趾者也。或作'颈'，其为人交颈
而行也。"郝懿行注："《广韵》引刘欣期《交州记》云：'交阯之人，出南定县，足
骨无节，身有毛，卧者更扶始得起。'引此经及郭注，并与今本同。《太平御览》
七百九十卷引《外国图》曰：'交胫民长四尺。'《淮南子·地形篇》有交股民，
高诱注云：'交股民脚相交切。'即此也。"

交胫国的人为什么有"交胫"的特征呢？一种可能是他们习惯盘腿而坐
（古代中原流行跪坐式），另一种可能则与病态有关。众所周知，如果某一地
区环境中（包括水里，食物里，煤、柴里）存在有毒有害元素，或者缺少某些必

要的微量元素,就有可能导致该地居民患骨骼畸形或软骨病的几率增加。此外,某些疾病例如小儿麻痹症也会造成下肢残疾,从而出现"交胫"的行走特征。

不死民

不死民在其东,其为人黑色,寿,不死。一曰在穿匈国东。

袁珂指出:古人所谓"不死"实有两种情况,第一种类型即《楚辞·远游》:"仍羽人于丹邱兮,留不死之旧乡。"在这里羽人、不死乃学道登仙的两个阶段,初则不死为地仙,久乃身生羽毛,遐举而为天仙矣。《论衡·无形篇》:"图仙人之形,体生毛,臂变为翼,行于云。"是仙人生羽翼之说明著于汉世者,证以武梁祠石刻画像,其伏羲与女娲交尾图像中所刻飞行云中之小仙人,确均生有翅翼。第二种类型即《山海经》之所谓羽民国、不死民,则殊方之族类,有其异形与异禀而已,非修炼之谓也。

袁珂此论甚确,问题是此处不死民究竟有什么特殊的禀赋或习俗呢? 可以考虑的解释包括,一是当地人不举行葬仪,老者自行离开族人走入山林而不归;二是当地人有将死者人体制成黑色木乃伊的习俗,并相信如此一来其人便获得永生。

岐舌国·昆仑虚

岐舌国在其东。一曰在不死民东。

昆仑虚在其东,虚四方。一曰在岐舌东,为虚四方。

岐舌国又作支舌国、反舌国、交舌国。尽管此处经文没有进一步描述该地居民的特征,我们仍然可以推知这里的居民以提供语言翻译服务而著称,他们一会儿说这种语言,一会儿又说那种语言,传来传去外面的人就把他们说成是舌分两叉了。或者,由于当地人的语言卷舌音特别多,外面的人就用"反舌"来形容他们。

我国蒙古族民间歌手掌握一种名叫"呼麦"的演唱技法,一个人能够从口里同时发出两个频率的声音,仿佛有两个舌头,或许岐舌国的传闻亦得自于此。

郭璞注:"虚,山下基也。"毕沅注:"此东海方丈山也。《尔雅》(释地)云:'三成为昆仑丘。'是'昆仑'者,高山皆得名之。此在东南方,当即方丈山也。"

上述郭璞与毕沅的注释均不确,此处昆仑虚即昆仑墟,为四方台形建筑。有必要指出的是,在《山经》里昆仑丘是黄帝部落的大本营,当时那里充满生机,但是,到了《海经》里,昆仑已经变成昆仑墟,只剩下当年的遗址了。

寿华之野·羿·凿齿

羿与凿齿战于寿华之野,羿射杀之。在昆仑虚东。羿持弓矢,凿齿持盾。一曰戈。

羿与凿齿之战,乃先夏时期一系列部落战争之一,根据《淮南子·本经训》的相关记载,上述战争的起因是自然灾变事件(十日并出)严重破坏了人类社会赖以生存的环境,从而导致部落间的迁徙和激烈冲突。郭璞注:"凿齿亦人也,齿如凿,长五六尺,因以名云。"其实,所谓凿齿是一种非常古老的人体装饰习俗(出于美容或宗教目的),即人为将侧门牙或犬牙或中门牙敲凿拔掉,国内外许多民族都有此俗,甚至一直流行到近代。而考古资料表明此俗最早产生并流行于我国大汶口文化区,其中尤以鲁南苏北的大汶口文化最为盛行,当时那里的人不分性别、地位几乎都拔掉两颗侧门牙。今日贵州的僮家人,凡12岁以上的男人死后均要敲去两颗牙齿,意思是不要变成凿齿害人;而未婚女子则要戴"白箭射日"帽,以象征羿射九日。寿华又作畴华,高诱注谓:"南方泽名。"不过,此处称为野,当指原野。

三首国

三首国在其东,其为人一身三首。

袁珂注:"经文'一身三首'下,其他各本尚有'一曰在凿齿东'数字,郝懿行《笺疏》本脱去之,应据补。《海内西经》云:'服常树,其上有三头人,伺琅玕树。'即此之类。《淮南子·地形篇》有三头民。郭璞《图赞》云:'虽云一气,呼吸异道,观则俱见,食则皆饱;物形自周,造化非巧。'是善能摹状形容者。"

在畸形胎儿中,偶有两个头共用一副身躯的情况,条件好的时候他们也能长大成人。但是,三个头共用一副身躯的畸形胎儿,非常少见,更不用说能存活下来了。因此,这里的三首国,可能是指一种佩戴面具的习俗。每个人可以有多个面具,根据不同情况或场合而轮流佩戴;也可能是佩戴一种三面都有面孔图案的面具(所谓黄帝四面的传说,则可能是一种四面都有面孔图案的面具),又或者是一种类似今日变脸的特技。事实上,佩戴面具的习俗曾经遍及世界许多地区,起源于头部化妆以及头颅灵魂崇拜,有兴趣的读者可参阅郭净所著《中国面具文化》一书(上海人民出版社)。

周饶国

周饶国在其东,其为人短小,冠带。一曰焦侥国在三首东。

郭璞注:"其人长三尺,穴居,能为机巧,有五谷(食)也。"又注引《诗含神雾》曰:"从中州以东四十万里,得焦侥国人,长尺五寸也。"袁珂认为这是有关小人国的传闻,并指出:"盖人体大小,自古恒为士庶兴会所寄,扩而张之,想象生焉。"事实上,我国古史野史及文学故事里有关小人国的传闻甚多,其中《神异经·西荒经》记有:"西海之外有鹄国焉,男女皆长七寸,为人自然有礼,好经纶拜跪,其人皆寿三百岁。其行如飞,日行千里,百物不敢犯之,惟畏海鹄,遇辄吞之,亦寿三百岁。此人在鹄腹中不死,而鹄一举千里。"

长臂国

长臂国在其东,捕鱼水中,两手各操一鱼。一曰在焦侥东,捕鱼海中。

郭璞注:旧说(《三国志·魏志·东夷传》、《博物志》)云:"其人手下垂至地。魏黄初中,玄菟太守王颀讨高句丽王宫,穷追之,过沃沮国,其东界临大海,近日之所出,问其耆老,海东复有人否?云:尝在海中得一布褐,身如中人,衣两袖长三丈,即此长臂人衣也。"所谓"魏黄初"指魏文帝黄初年号,即公元220年至226年,正值魏、蜀、吴三国战犹酣之际。

从长臂国的传闻来看,所谓"长臂"可能是穿长袖衣,有点类似今日藏族的服装。但是,这种长袖衣并不适合捕鱼,因此"长臂"也可能指手持某种捕鱼用的长形器具,例如渔叉,或许这种渔叉还绘有与人的手臂相同的文身图案,远看上去就像人的手臂一样。

狄山·帝尧葬·帝喾葬

狄山,帝尧葬于阳,帝喾葬于阴。爰有熊、罴、文虎、蜼、豹、离朱、视肉。吁咽、文王皆葬其所。一曰汤山。一曰爰有熊、罴、文虎、蜼、豹、离朱、鸱久、视肉、虖交。其范林方三百里。

狄山又名汤山,是帝尧和帝喾的陵墓所在地。所谓"爰有"云云,均指陪

葬物品以及陵墓前的雕塑。离朱，郭璞注："木名也，见《庄子》。今图作赤鸟。"郝懿行认为古图离朱"赤鸟"可能是南方神鸟焦明之属。袁珂认为此处离朱即日中神鸟三足乌。关于视肉，经文并无任何描述，这表明它在当时应该是人所共知的东西。郭璞注："聚肉，形如牛肝，有两目也；食之无尽，寻复更生如故。"据此视肉有可能是一种生长迅速的真菌，或许亦即民间所说的不敢在太岁头上动土的"太岁"。值得注意的是，近年我国不少地方陆续出土类似视肉的不明生物，它们能够自我生长，而且能够净化水质，有胆大的人尝试吃过，似乎并无毒副作用。奇怪的是，对这种不明生物却检验不出细胞结构和 DNA，或许它们是一种没有细胞膜和 DNA 的最原始的生物。吁咽、文王，或谓人名，郭璞甚至相信这个文王即周文王。其实此处"吁咽、文王"乃文字抄写讹误，它们实际上即《海内西经》开明北的"珥琪树"和"文玉树"，均为神树或陪葬玉器。所谓"范林"则指墓地区域范围里的林木。

海外南经之神祝融

南方祝融，兽身人面，乘两龙。

《海外南经》所述区域的人们尊崇南方之神祝融，他身披兽皮，乘两龙而行。

在古史传说里，祝融既是火神，又指掌管火的官职，还指部落。郭璞注此："火神也。"《吕氏春秋·孟夏篇》称："其帝炎帝，其神祝融。"《淮南子·时则篇》云："南方之极，自北户孙之外，贯颛顼之国，南至委火炎风之野，赤帝（炎帝）祝融之所司者万二千里。"《山海经·海内经》称祝融为炎帝后裔，而《大荒东经》又称祝融为颛顼后裔（这种情况可能源于母系后裔和父系后裔的差异）。

祝融的主要事迹，一是鲧治水失败后，受帝命杀鲧于羽郊。二是《史记》司马贞《补三皇本纪》称共工与祝融战，不胜而怒触不周山（《淮南子·天文训》称共工与颛顼争为帝，怒而触不周山）。或谓鲧即共工，则两事可能指同一件事，实际上反映的是两大部落集团长期争战的故事。

此外，《墨子·非攻下》记有：成汤伐夏时"天命融（祝融）隆（降）火于夏之城间，西北之隅。"《尚书大传》、《太公金匮》等书称武王伐纣时，祝融等七天神雪天远来助周灭殷，则祝融乃革命者之吉神。今南岳衡山最高峰名祝融峰，海拔 1290 米，相传祝融氏葬此，峰上建有祝融殿（又名老圣殿），山顶有"天半祝融"等石刻。

综观《海外南经》所述诸国，涉及的地理地名仅有南山、赤水、寿华之野、昆仑墟、狄山等，涉及的地形也仅有捕鱼海中、司夜此野。在这种情况下，我们今天很难确指其地域范围。而且古代有地名随人走的习俗，即人迁徙到新的地方，仍然习惯用故乡的山名水名来命名新居的山和水，特别是当它们有某种相似之处的时候。与此同时,当人们迁居到新的地方后,也会重新设立祭祀先祖的墓地。由于同一族群的人们可能迁徙到不同的地方,因而使情况变得更为复杂。例如赤水,在《西山经》里属于昆仑丘水系(位于黄河中上游地区),但是在《海外南经》里,它或许仍然属于昆仑丘水系,例如无定河上游的红柳河,也可能指南方某处的水质发红的河流(流经红壤区或流域内有赤铁矿),例如贵州与四川交界处的赤水河(属于长江水系),或流经贵州和广西的红水河(属于珠江水系)。

二、海外西经

在中国夏朝时,遥远的西方有许多小国家,其中有两个长寿之乡。轩辕国普通人的寿命也有 800 岁,他们的健身术是在身体上画出蛇的图案,还要模仿蛇把脚放到头上。白民国有一种名叫乘黄的瑞兽,样子像狐狸,背上长着角,谁能够骑上它,就能活 2000 年。此外,还有一处富饶的人间仙境"诸夭(沃)之野",那里有鸾鸟在歌唱,凤鸟在舞蹈。人们饿了就吃凤皇卵,渴了就饮甘露,自己想做什么就做什么。

灭蒙鸟·大运山

海外自西南陬至西北陬者。

灭蒙鸟在结匈国北,为鸟青,赤尾。

大运山高三百仞,在灭蒙鸟北。

结匈国是《海外南经》的第一处景观,灭蒙鸟是《海外西经》的第一处景观;与结匈国相邻的下一个景观是南山,与灭蒙鸟相邻的下一个景观是大运山。显然,南山和大运山都是《海外四经》撰写者希望告诉给读者的地理标志点。

毕沅、郝懿行都认为此处灭蒙鸟可能即《海内西经》的孟鸟，袁珂赞同此说，并认为灭蒙鸟亦即鸾鸟、凤鸟、五采鸟之属，而且还进一步指出孟鸟乃颛顼或舜之后裔孟戏，其先祖即《诗·玄鸟》所谓"天命玄鸟，降而生商"之玄鸟，亦即燕子的化身。

《太平御览》卷915引《括地图》云："孟亏人首鸟身，其先为虞氏驯百兽，夏后之末世，民始食卵，孟亏去之，凤凰随与止于此。山多竹，长千仞，凤凰食竹实，孟亏食木实。去九疑万八千里。"孟亏即孟戏。虞，掌管山泽的官职，舜曾任此职，此处虞氏即指舜。据此，灭蒙鸟当指人与鸟和睦相处的地方。

大乐之野·夏后启

大乐之野，夏后启于此儛九代；乘两龙，云盖三层。左手操翳，右手操环，佩玉璜。在大运山北。一曰大遗之野。

九代或谓即九招、九韶、九成、九隶，当是一种分为九个章节的祭神歌舞，用今天的话来说即九幕歌剧。翳，用羽毛制成的华盖，象征权力和地位。郭璞引《归藏·郑母经》："夏后启筮：御飞龙登于天，吉。"认为启亦仙人也。郝懿行引《太平御览》82卷引《史记》："昔夏后启筮：乘龙以登于天，占于皋陶，皋陶曰：'吉而必同，与神交通；以身为帝，以王四乡。'"支持郭璞的观点。

在历史上，夏后启是夏朝的开国之帝。在传说中，启既是禹之子，又是从石头中出生的。这种矛盾表明，启实际上只是禹的后代，或者自认是禹的后裔，因此他的权力基础并不充分。为此，他举行了盛大的登基仪式，通过巫术歌舞活动，以向世人展示自己的权力得到了上天的认可。

三身国

三身国在夏后启北，一首而三身。

《河图括地图》（《玉函山房辑佚书》辑）称："庸成氏实有季子，其性喜淫，
昼淫于市，帝怒，放之于西南。季子仪马而产子，身人也而尾蹄马，是为三身
之国。"所谓与兽通淫，既与图腾崇拜有关，也是远古许多国家地区都存在过
的行为，例如《旧约》就有禁止人兽通淫的条款。在《大荒南经》里三身为帝俊
后裔，而《海内经》称三身之子义均"始为巧倕"，或许"三身"有技艺多的
意思。

一臂国·黄马

一臂国在其北,一臂一目一鼻孔。有黄马,虎文,一目而一手。

一臂国又称比肩民、半体人,当地的黄马亦为半体,与比翼鸟、比目鱼类似。《尔雅》(释地):"北方有比肩民焉,迭食而迭望。"郭璞注:"此即半体之人,各有一目、一鼻孔、一臂、一脚。"《交州记》则称:"儋耳国东有一臂国,人皆一臂也。"

一臂国的传闻可能与当地的特殊服饰有关,例如服装只露出一臂(左袒或右袒),经辗转流传而夸张为半体人。近代西洋人来到中国,由于他们喜欢笔挺站立,又不肯向中国皇帝、官员下跪,民间遂传说西洋人没有膝盖骨,躺倒后要有人帮助才能站起来。这个例子说明了传闻与真相之间的关系,以及信息是如何讹变的。

奇肱国·两头鸟

奇肱之国在其北,其人一臂三目,有阴有阳,乘文马。有鸟焉,两头,赤黄色,在其旁。

《博物志·外国》:"奇肱民善为栻扛,以杀百禽。能为飞车,从风远行。汤时西风至,吹其车至豫州,汤破其车,不以视民。十年东风至,乃复作车遣返。其国去玉门关四万里。"栻,原指古代占卜的用具,又称星盘,此处栻扛指性能优良的机械装置。所谓"汤破其车"云云,是说商朝的统治者怕百姓掌握先进的科学技术。

《淮南子·地形训》记海外三十六国有奇股国,袁珂认为此处奇肱国应是奇股国之误,理由是独臂人很难制作复杂的机械,而独脚人则由于"痛感行路之艰,翱翔云天之思斯由启矣"。

不过,此处经文并没有直接说奇肱国人善为机巧。所谓三目,是一种古老的装饰习俗,即在两眉之上的部位,人为绘出或通过手术制作出一个眼睛的图案。所谓有阴有阳,不详何指。文马又称吉量,相传乘之寿千岁。两头鸟,当亦有其特殊的功能。

形天

形天与帝至此争神,帝断其首,葬之常羊之山,乃以乳为目,以脐为口,操干戚以舞。

形天又作形夭、刑夭、刑天,袁珂认为刑天即断首之意,形夭即形体夭残之意,而形天、刑夭则不通。郭璞注:"干,盾;戚,斧也;是为无首之民。"

袁珂注谓:"刑天,炎帝之臣;刑天之神话,乃黄帝与炎帝斗争神话之一部分,状其斗志靡懈,死犹未已也。"在这场旷日持久的战争中,黄帝先后战胜炎帝、蚩尤、夸父、刑天。所谓刑天为炎帝之臣,出自《路史·后纪三》:"炎帝乃命邢天作《扶犁》之乐,制《丰年》之咏,以荐釐来,是曰《下谋》。"《路史》为宋代学者罗泌撰著,篇章包括前纪9卷、后纪13卷、余论10卷、发挥6卷,以及国名记7卷;其内容以记述兼论述先夏时期的历史为主,因文字庞杂且多有它书未见之内容,而又难以考证核实,故而学者引用不多。笔者20世纪70年代在上海旧书店,意外用1.80元人民币购得中华书局出版的《路史》一书,16开,416页,有光绪丙子年(1876年)新序。

常羊山是古史传说中的名山之一,《春秋纬·元命苞》云:"少典妃安登,游于华阳,有神龙首感之于常羊,生神农。"

女祭·女戚

女祭、女戚在其北，居两水间，戚操鱼䱇，祭操俎。

这是一幅两个女巫在祭神的场景。䱇，即黄鳝，在这里是祭神的供品。俎，古代祭祀时用以载牲的礼器，有青铜制成的也有木制漆饰的；亦指切割肉的砧板，木制或青铜铸制，长方形，两端有足。所谓"居两水间"，当指举行巫术活动时对地形环境有着一定的要求，这种环境可能是自然形成的，也可能是人为营造出来的。

鵹鸟·鶮鸟

鵹鸟、鶮鸟，其色青黄。所经国亡。在女祭北。鵹鸟人面，居山上。一曰维鸟，青鸟、黄鸟所集。

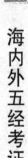

鸢鸟、鶴鸟即青鸟、黄鸟,鸢鸟又名维鸟,均为不祥之鸟。所谓"鸢鸟人面,居山上",以及"所集"、"所经"云云,表明鸢鸟、鶴鸟可能是巫师装扮的,正在山上举行某种巫术活动,而其目的则是摧毁某个敌对的国家或部落。

鸟,通常均指飞禽类动物,有时也指南方朱鸟星宿,而在《山海经》里,却常常用"鸟"代指部落、官职或人。这种称谓,可能与图腾崇拜有关,也可能与古人喜欢用鸟羽装饰自己有关。此外,"鸟"直至今日在土语中仍然是骂人的粗话,而这种粗话亦源于远古对鸟的生殖崇拜。

丈夫国

丈夫国在维鸟北,其为人衣冠带剑。

郭璞注:"殷帝太戊使王孟采药,从西王母至此,绝粮,不能进,食木实,衣木皮,终身无妻,而生二子,从形中出,其父即死,是为丈夫民。"《太平御览》卷361引《玄中记》云:"丈夫民。殷帝太戊使王英采药于西王母,至此绝粮,不能进,乃食木实,衣以木皮。终身无妻,产子二人,从背胁间出,其父则死,是为丈夫民。去玉门二万里。"《玄中子》相传亦为郭璞所著。

殷帝(生前称王,死后称帝)太戊,又作大戊、天戊,帝雍己之弟,任用伊陟(伊尹子)、巫咸治理国政,殷复兴。按郭璞所述故事,丈夫民乃出现在殷太戊年间或其后,约公元前15世纪。但是,从此处经文来看,丈夫国的特点并不是无妻生子,而是"衣冠带剑"。在家庭关系中"丈夫"乃是与"妻"相对而言的,既称为丈夫,当然就有妻室。因此,这里的丈夫,实际上是指身材魁伟、风度翩翩的君子。

女丑尸

女丑之尸,生而十日炙杀之。在丈夫北。以右手鄣其面。十日居上,女丑居山之上。

　　所谓远古曾经发生十日或多日并出的灾变事件,在世界各地许多民族中都有流传。能够造成这种古老记忆的自然现象可能有:日晕假日或幻日,气候异常干旱、阳光毒热,若干颗新星同时爆发,天外星体撞击地球前在大气层中燃烧并爆裂成多块光热体,有兴趣可参阅笔者《神奇的星宿文化与游戏》一书(解放军文艺出版社)。

　　此处经文所描述的女丑与十日画面,属于巫术禳灾活动,其事件发生时间当即郝懿行注:"十日并出,炙杀女丑,于是尧乃命羿射杀九日也。"在古代,巫师既有权力,又有责任:当灾祸、灾异事件发生后,如果巫师不能通过巫术活动消除灾祸,那么他(她)便要以身殉职。《论衡·明雩篇》记有"鲁缪公之时,岁旱,缪公问县子:'寡人欲暴巫,奚如?'"所谓"暴巫"就是让巫在大太阳下晒着,什么时候求得下雨什么时候算完事,有时候甚至要将巫放在柴堆上焚之献天。袁珂指出此处乃女丑饰为旱魃而被暴也。

巫咸国·登葆山

　　巫咸国在女丑北,右手操青蛇,左手操赤蛇,在登葆山,群巫所从上下也。

　　《水经注·涑水》称涑水流经安邑县东的巫咸山北,其山陵上有巫咸祠,此即《海外西经》的登葆山、《大荒西经》的灵山。安邑县位于中条山北麓,相传禹建都于此,由于禹妻涂山氏思恋故乡,遂在城南门筑高台供涂山氏远望,郦道元撰写《水经注》时其台尚存(当然不一定是禹时所筑之原台)。在古史传说中,神农、黄帝、尧、殷时均有名叫巫咸的人,表明巫咸实际上亦是部落或官职的名称。所谓"操蛇",乃巫师的身份装饰特征或举行巫术活动的道具。所谓群巫在登葆山"上下",袁珂认为此山属于天梯性质,巫者只有通过天梯才能"下宣神旨,上达民情"。

并封

　　并封在巫咸东,其状如彘,前后皆有首,黑。

　　《大荒西经》:"有兽,左右有首,名曰屏蓬。"《周书·王会篇》:"区阳以鳖封,鳖封者,若彘,前后皆有首。"袁珂赞成闻一多的观点,认为并封亦即屏蓬、鳖封,乃动物牝牡交合之状,传闻中的两头蛇、两头鸟亦源于此。

　　不过,动物牝牡交合乃自然界普遍现象,此处用"并封"作为国名或地名当有其特殊之处。我国今日西南少数民族有一种古老的游戏,男女两人各自双手撑地,头向两方,双脚相互盘搭在对方身体上,然后一起爬行或转圈,其象征意义显然与生殖崇拜有关。或许,在古代这种游戏的表演者,要将身体涂黑或穿着黑色服饰,并要装扮成猪的样子(表明其图腾崇拜物为猪),以祈求人丁兴旺。

女子国

女子国在巫咸北，两女子居，水周之。一曰居一门中。

郭璞注："有黄池，妇人入浴，出即怀妊矣。若生男子，三岁辄死。周犹绕也。《离骚》曰：水周于堂下也。"《太平御览》395 卷引《外国图》云："方丘之上，暑湿生男子，三年而死。有黄水，妇人入浴，出则乳矣。去九疑二万四千里。"

根据民族史资料，某些地区的民族曾经有这样的习俗，即男女成年时要分别住到男子集体宿舍和女子集体宿舍里，并接受有关的生存技能和生理生殖教育，亦即郝懿行注谓："居一门中，盖谓女国所居同一聚落也。"《山海经》所述女子国、丈夫国可能即此种习俗的记录。此外，古代亦可能施行过某种极端的走婚制，从而形成过纯女性或纯男性的村落。不过，此处经文"两女子居，水周之"，其情景类似女祭、女戚的"居两水间"，因此不能排除她们的身份也是女巫。据此，女子之"子"，则相当于女丑之"丑"、女祭之"祭"，均为巫者之名。

轩辕国

轩辕之国在此穷山之际，其不寿者八百岁。在女子国北。人面蛇身，尾交首上。

"轩"指车顶前高如仰之貌，"辕"即连接在车轴上牵拉车的直木或曲木，我国商周时期的车多为独辕，汉以后多为双辕。关于车的起源，《人类文明编年纪事·科学和技术分册》（中国对外翻译出版公司）称公元前 3300 年左右：

"苏美尔用重型四轮车(圆盘车轮)作战车,由四头驴牵拉(后来一度只供国王和祭神用)。"

有趣的是,《西山经》记述有轩辕丘,称其地无草木、多丹粟、多青雄黄,并未言其地居民的形貌。但是,到了《海外西经》、《大荒西经》却强调轩辕国人如何长寿;而长寿的原因则与他们的奇怪装束及其特殊的动作有关。所谓"蛇身",即将身躯涂绘出蛇的花纹图案。所谓"尾交首上",可能是一种巫术动作,即将双脚反向弯曲到头上,类似今日杂技里的柔功,通过模拟车轮旋转以象征生生不息。事实上,在中国先民的观念里,漩涡状的图形或事物往往被认为是生命力旺盛的神秘标志,其中典型的图案即太极图。

穷山·轩辕丘

穷山在其北,不敢西射,畏轩辕之丘。在轩辕国北。其丘方,四蛇相绕。

此处穷山,郭璞认为即长江流域的岷山。《楚辞·天问》记有:"阻穷西征,岩何越焉? 化为黄熊,巫何活焉? 咸播秬黍,莆藋是营;何由并投,而鲧疾修盈?"唐兰认为鲧化为黄熊西行受阻的穷山即《海外西经》此处所说的穷山,其目的则是"求活于诸巫",诸巫亦即此处穷山之南面的巫咸国。

所谓"其丘方,四蛇相绕"云云,是说轩辕丘是一座四方台,台的四面都装饰有蛇纹浮雕或立有蛇状雕塑,来到此地的人都要对轩辕丘表示敬畏之意,射箭的方向也要避开轩辕丘。也就是说,此处轩辕丘是一座金字塔形建筑物。

诸夭之野

此诸夭之野,鸾鸟自歌,凤鸟自舞;凤皇卵,民食之;甘露,民饮之,所欲自从也。百兽相与群居。在四蛇北。其人两手操卵食之,两鸟居前导之。

诸夭之野,或作诸沃之野,其地其民其国亦即《大荒西经》里的沃野、沃民、沃国。这里的居民与百兽和睦相处,鸾鸟、凤鸟自由地歌舞,人们饿了就吃鸟卵,渴了就喝甘露,用不着捕猎和耕作,生活得自由自在。画面的场景,描述的是沃民跟在鸾鸟、凤鸟的后面捡拾鸟卵吃。

众所周知,人类是一种杂食性动物,其获得食物的方式主要有采集、捕猎、畜牧、栽培、酿造等。不过,通常所说的采集,主要指植物性食物的采集。根据此处的记述,表明古人曾经有过以捡拾的鸟卵为主要食物的生存方式。一般来说,树林里的鸟卵数量较少而又不易采集;对比之下,沼泽地或湖泊周边的鸟卵则比较多,而且易于捡拾。由于鸟卵是有季节的,因此以鸟卵为主要食物来源的居民,还需要掌握加工、存储鸟卵的技术。此外,以天然鸟卵为食,也有一个如何限制采集量的问题,否则鸟类会逐渐减少,鸟卵资源也会枯竭。在灭蒙鸟的故事里,正是由于当地人食鸟卵过量,凤凰才追随孟戏远走他乡。

龙鱼·神圣

龙鱼陵居在其北,状如狸。一曰鰕。即有神圣乘此以行九野。一曰鳖鱼在夭野北,其为鱼也如鲤。

龙鱼或作龙鲤、鳖鱼,"状如狸"或作"状如鲤"。鰕,毕沅注谓:"一作如鰕,言状如鲵鱼有四脚也。《尔雅》(释鱼)云:'鲵大者谓之鰕。'"陵居,是说龙鱼能够在陆地上生存,即两栖鱼类。九野指大地分为九个方位(中央、四正、四隅)或九个区域(九州),而值得注意的是在《五藏山经》里并无九野的观念和九州的划分。

古人有鲤鱼跳过龙门就成龙的说法,或许与此处龙鱼、神圣的故事有关;或者,龙的原型即体形大的娃娃鱼。

神圣
龙鱼

白民国·乘黄

　　白民之国在龙鱼北,白身被发。有乘黄,其状如狐,其背上有角,乘之寿二千岁。

　　白民国的居民,或者属于白色人种,或者喜穿白衣,喜欢将皮肤涂成白色,或者患有皮肤白化病。被发通常指披发,头发自然披垂,不施加人工编理或束发造型;亦可指假发,《诗·召南·采蘩》:"被之僮僮。"我国先夏文化期遗址的出土文物里,已有梳、笄、束发器等多种梳理头发的用具,在出土的彩陶图案上也绘有那个时代人们的发型,计有髻发(将头发盘结头顶用笄束发为髻)、束发(将头发拢于脑后束成一束)、梳辫子、短发(前额为齐眉短发,两鬓和脑后为齐耳垂的齐整短发)等。

　　《人类文明编年纪事·经济和生活分册》(德国维尔纳·施泰因)称约在公元前1110年埃及使者到中国,此行很可能对埃及文化产生了影响。据此可知,居住在地中海周边地区的白种人,至少在三千多年前就曾来到中国。深目国和白民国的记载,说明当时已有白种人定居在中国。需要说明的是,今日许多中国人的皮肤也都很白,而且是健康的白,比欧洲白种人的白皮肤更润泽更好看,因此所谓中国人是黄色人种的说法并不准确。也就是说,《山海经》记述的白民国,不一定是来自远方的白色人种,而可能是皮肤保养得比较好的本地人。

乘黄,郭璞注:"《周书》曰:'白民乘黄,似狐,背上有两角。'即飞黄也。《淮南子》曰:'天下有道,飞黄伏皁。'"郝懿行引《周书·王会篇》称"乘黄似骐",《初学记》称飞黄"背上有肉角"。据此,乘黄实际上就是一种跑得飞快的黄色单峰小骆驼,或者是驯鹿、驼鹿。《汉书·礼乐志》:"訾黄何不徕下?"应劭注:"訾黄一名乘黄,龙翼而马身,黄帝乘之而仙。"看来在上古时期,骑在骆驼上和驾驭驯鹿、驼鹿乃是非常神气的事情。

肃慎国

肃慎之国在白民北,有树名曰雄常,先入伐帝,于此取之。

此处"先入伐帝"或作"先人代帝"、"圣人代立"。郭璞注:"其俗无衣服,中国有圣帝代立者,则此木生皮可衣也。"雄常树疑即桦树,其树皮可制多种用具,亦可编织成衣。所谓"圣人代立"云云,当指新首领就职时要在被视为神树的一棵雄常树下举行取树皮的仪式。肃慎又称息慎,系我国北方古老的民族,《竹书纪年》:"帝舜有虞氏二十五年,息慎氏来朝,贡弓矢。"《大戴礼记·五帝德》称帝舜巡视四方,南至交趾、北户,西至鲜支、渠廋、氐、羌,北至山戎、发、息慎,东至长夷、鸟夷。

长股国

长股之国在雄常北,被发。一曰长脚。

郭璞注:"国在赤水东也。长臂人身如中人而臂长二丈,以类推之,则此人脚过三丈矣。黄帝时至。或曰,长脚人常负长臂人入海中捕鱼也。"同时又注谓:"或曰有乔国,今伎家乔人,盖象此身。"前注为想象臆测之词,后注则属于情理分析。事实上,长股国即以踩高跷闻名于世的部落或家族。踩高跷游戏流行于许多国家和地区,我国民间习惯将高跷直接绑在腿上,国外则习惯穿上长裤子将高跷藏在裤子里。高跷的起源,可能与采集树上的果子有关,或与巫术、舞蹈、战争(威慑敌人)有关。

海外西经之神蓐收

西方蓐收,左耳有蛇,乘两龙。

在古史传说里,蓐收为西方之神、金神、秋天刑杀之神。公元前513年的秋天,龙见于绛郊。此一事件,引起魏献子与太史蔡墨的一番学问对话,被记人《左传·昭公二十九年》。蔡墨在这次对话里,解释了社稷五祀:"木正曰句芒,火正曰祝融,金正曰蓐收,水正曰玄冥,土正曰后土。"掌管五祀的人是:"少暤氏有四叔,曰重,曰该,曰修,曰熙,实能金木及水。使重为句芒,该为蓐收,修及熙为玄冥,世不失职,遂济穷桑,此其三祀也。颛顼氏有子曰黎,为祝融;共工氏有子曰句龙,为后土,此其二祀也。后土为社;稷,田正也。有烈山氏之子曰柱为稷,自夏以上祀之。周弃亦为稷,自商以来祀之。"

《尚书大传》:"西方之极,自流沙西至三危之野,帝少昊神蓐收司之。"《国语·晋语》记有虢公梦到天之刑神蓐收的样子是"人面、白毛、虎爪、执钺。"《楚辞·大招》则唱道:"魂乎无西,西方流沙,漭洋洋只;豕首纵目,被发鬤只;长爪踞牙,诶笑狂只。魂乎无西,多害伤只!"不过,在《西山经》里,蓐收则是一位天文学家。

三、海外北经

在中国夏朝时,遥远的北方有一个名叫烛阴(又名烛九阴、烛龙)的大神。他身长千里,睁开眼睛天下就亮了,闭上眼睛大地就黑了,吹一口气就变成冬天,呵一口气就变成夏天;他不吃不喝,呼吸时一进一出的气流就是风。有人说烛阴的原型是开天辟地的盘古,有人说烛九阴的原型是北极光,有人说烛龙的传说与人造光源的发明有关,你同意哪一种说法? 如果你能提出更好的解释,就表明你掌握了研究问题、解决问题的能力。

山海经诠解

海内外五经考证

无腨国

海外自东北陬至西北陬者。无腨之国在长股东，为人无腨。

毕沅、袁珂均指出，此处经文所述方位应是自西北至东北，甚确。《海外北经》描述的是从西北方到东北方的民族分布情况。《吕氏春秋·求人篇》记有："禹东至搏木之地，日出九津、青羌之野，攒树之所，抿天之山，鸟谷、青丘之乡，黑齿之国。南至交趾、孙朴、续㮹之国，丹粟、漆树、沸水、漂漂、九阳之山，羽人、裸民之处，不死之乡。西至三危之国，巫山之下饮露吸气之民，积金之山，其(奇)肱、一臂、三面之乡。北至人正之国，夏海之穷，衡山之上，犬戎之国，夸父之野，禹强之所，积水(羽)积石之山。"事实上，旅游考察活动，在禹之前有，在禹之后也有。我国古代的旅游之神，称为祖神或道神。唐王瓘《轩辕本纪》："(黄)帝周游行时，元妃嫘祖死于道，帝祭之以为祖神。"《宋书·礼志》注引崔实《四民月令》："祖，道神也。黄帝之子曰累祖，好远游，死道路，故祀以为道神，以求道路之福。"《风俗通义》："共工之子曰修，好远游，舟车所至，足迹所达，靡不穷览，故祀以为祖神。"据此，《海外四经》的内容，或许得自远游者的陈述。

长股国处于《海外西经》最北的方位，此处无腨国在长股国东，表明《海外北经》记述的方位是从西北至东北。无腨又作无继、无启，通常解释为其国人无后裔。腨即腓，俗称小腿肚子，或谓指肥肠。郭璞注："腨，肥肠也。其人穴居，食土，无男女，死即埋之，其心不朽，死百廿岁乃复更生。"不过，古代并不存在无性别而又能自我克隆的民族，因此"无腨"当另有涵义，或许与制作木乃伊时清除内脏的习俗有关。

钟山·烛阴

钟山之神,名曰烛阴,视为昼,瞑为夜,吹为冬,呼为夏,不饮,不食,不息,息为风,身长千里。在无膂之东。其为物,人面,蛇身,赤色,居钟山下。

此处烛阴在《大荒北经》又称烛九阴或烛龙。《楚辞·天问》:"日安不到?烛龙何耀?"《楚辞·大招》:"魂乎无北,北有寒山,逴龙(烛龙)赩只。"《淮南子·地形篇》:"烛龙在雁门北,蔽于委羽之山,不见日;其神人面龙身而无足。"郭璞注引《诗含神雾》:"天不足西北,无有阴阳消息,故有龙衔火精以往照天门中也。"《玄中记》:"北方有钟山焉,山上有石首如人首,左目为日,右目为月,开左目为昼,闭右目为夜;开口为春夏,闭口为秋冬。"据此,袁珂认为烛龙属于开天辟地之神,与后世盘古的传说类似。所谓"身长千里"云云,或解释为北极地区的极光现象。在《西山经》里,钟山之神名鼓,状为人面龙身,被黄帝击杀后化为鵕鸟。

一目国·柔利国

一目国在其东,一目中其面而居。一曰有手足。

柔利国在一目东,为人一手一足,反膝,曲足居上。一云留利之国,人足反折。

袁珂认为一目国即《大荒北经》的威姓国、《海内北经》的鬼国,它们的共同特点都是人面一目,并注谓:"《论衡·订鬼篇》引《山海经》(今本无)云:'北方有鬼国,说螭者谓之龙物也。'何所谓'龙物'则语焉不详。"或许,一目乃鬼国人的装饰特点,或以管窥物的形象,鬼国可能即《西山经》槐江山北面的槐鬼、东面的有穷鬼。

柔利国即擅长表演杂技柔术的部落,所谓"一手一足"云云,实即柔术表演的典型动作;一只手支撑,双腿双脚并拢,反向弯曲到身后。这种柔术动作当初可能有某种巫术价值,后来逐渐演变成娱乐或谋生方式。

共工台·相柳

共工之臣曰相柳氏,九首,以食于九山。相柳之所抵,厥为泽谿。禹杀相柳,其血腥,不可以树五谷种。禹厥之,三仞三沮,乃以为众帝之台。在昆仑之北,柔利之东。相柳者,九首人面,蛇身而青。不敢北射,畏共工之台。台在其东。台四方,隅有一蛇,虎色,首冲南方。

相柳

共工是先夏时期的著名部落(本书"部落"一词泛指民族、部族、氏族、国家、地区居民等),徐旭生在《中国古史的传说时代》中指出:"对于共工氏的传说颇不一致:有恭维它的,也有诋毁它的。可是不管是恭维与诋毁,它的传说几乎全同水有关。"由于"共工"连读之音即"鲧",因此也有学者认为共工即鲧。

此处文字记述的是共工部落的主要成员相柳,它是由九个氏族组成的,分别迁徙到九个地方生活;相柳所到的地方,都变成了湿地沼泽。禹消灭相柳,相柳的血(实际指相柳带来的水)污染过的田地,不能够种庄稼。禹多次开挖田地(排除积水)都失败了,不得已在这里建筑了众帝之台,它们位于昆仑之北、柔利之东的地方。其中有一座共工台,形状为四方台,台前面的一角有一座蛇形雕像(即相柳),虎皮色,蛇头威严地向着南方,因此南来的人不敢把箭指向共工台。据此可知,众帝之台与埃及金字塔和美洲金字塔一样,都是人类文明早期的伟大建筑。

显然,这个古老的故事记录着许多珍贵的远古信息。众所周知,远古时期地广人稀,各部落的生存空间很大,如果发生了长期、激烈的部落冲突,或远距离的部落迁徙,那么通常都是因为自然生态环境发生了重大改变。从这个角度来说,所谓"其血腥,不可以树五谷种",很可能是指土地严重盐碱化。一般来说,土地盐碱化,一是海水淹没陆地,二是在低洼地的农田里的灌溉水量大而又蒸发量大。若为前者,相柳的故事则与先夏时期的海侵事件有关;若为后者,则表明相柳由于采取筑坝抬升河道水位以灌溉低洼地农田的方法,反而使本部落的农田盐碱化,同时也使上游地区的农田盐碱化,并触发部落战争,从而给本部落招致毁灭性灾难。

深目国

深目国在其东,为人举一手一目,在共工台东。

《路史·后纪五》注引《尸子》云:"四夷之民有贯胸国者,深目者,长股者,黄帝之德皆致之。"据此,深目国当是从远方迁徙到黄帝文明区域的部落族群。《尸子》一书系战国时期楚人尸佼所著,20篇,记有少昊、禹、汤、徐偃王的故事,《汉书·艺文志》将其列于杂家。

深目,通常均理解为眼窝凹陷,其实我国古代也将窥管称为深目。《淮南子·泰族训》称:"人欲知高下而不能,教之用管、准则说(悦)。欲知轻重而无以,予之以权、衡则喜。欲知远近而不能,教之以金目则射快。"冯立升在《中国古代测量学史》(内蒙古出版社 1995 年版)中指出,"金目"在汉代又称"深目,所以望远近,射准也",并推测"金目"可能也是窥管一类的测望工具。因此,经文"为人举一手一目",实际上是用一手持窥管放在一眼上远望之状,而以管窥物则起源于古代捕猎的需要。

无肠国

无肠之国在深目东,其为人长而无肠。

郭璞注:"为人长大,腹内无肠,所食之物直通过。"郝懿行注:"《神异经》云:'有人知往,有腹无五藏,直而不旋,食物径过。'疑即斯人也。"人无肠不能活,那么为什么这里的人被传闻说成没有肠子呢? 一种解释是因为该国人生活在寒冷地区,因此食量特别大,在外人看来仿佛没有经过胃肠消化一样,这种特点传来传去就被夸张成没有肠子了。此外,女娲之肠的故事与生育活动有关,无肠或也有类似的含义。

聂耳国

聂耳之国在无肠国东,使两文虎,为人两手聂其耳。县居海水中,及水所出入奇物。两虎在其东。

郭璞注:"言耳长,行则以手摄持之也。"袁珂注:"唐李冗《独异志》云:'《山海经》有大耳国,其人寝,常以一耳为席,一耳为衾。'则传说演变,夸张又甚矣。"其实,所谓聂耳、长耳、大耳,均指耳部的装饰或装束,类似今日北方特别是极地人的防寒耳套,因为在高寒地区耳朵如果没有耳套保护,很容易被冻伤甚至冻掉。据此,经文所述"使两文虎"云云,很像是居住在北极地区的孤岛上或浮冰上的爱斯基摩人,他们戴着大耳套,坐在狗拉或鹿拉雪橇上,带着猎犬捕猎海狮、海豹。

英国学者李约瑟博士在《中国科学技术史·地学卷》中,对比了中国古代与欧洲古代有关怪人的传闻。欧洲人最早有关怪人的文献是公元前5世纪希罗多德的作品,公元3世纪索利努斯在《记闻集》中收集的怪人资料里,亦有类似刑天的无头人和类似聂耳国的长耳人。

夸父逐日

夸父与日逐走,入日。渴欲得饮,饮于河渭,河渭不足,北饮大泽。未至,道渴而死。弃其杖,化为邓林。

与日逐走或作与日竞走,入日或作日入。大泽,袁珂认为即《大荒北经》、《海内西经》所述大泽。邓林、毕沅认为即《中山经》夸父山的桃林。如何解释夸父逐日的内涵?郭璞认为:"夸父者,盖神人之名也;其能及日景而倾河渭,岂以走饮哉,寄用于走饮耳。几乎不疾而速,不行而至矣。此以一体为万殊,存亡代谢,寄邓林而遁形,恶得寻其灵化哉!"其实,夸父逐日是远古的一种驱逐"妖日"(包括太阳异常发光、新星爆发、特大流星等)的巫术活动或表演,届时巫师要表演追逐太阳、干渴而死的一系列场景,结束时众人要象征性地展现妖日被驱逐、万木复生的景象。

博父国·禹所积石山

博父国在聂耳东,其为人大,右手操青蛇,左手操黄蛇。邓林在其东,二树木。一曰博父。

　　禹所积石之山在其东,河水所入。

　　袁珂指出此处博父国即夸父国,所言甚是。进一步说,上文"夸父与日逐走"三十七个字原亦应在此处经文"黄蛇"二字之后,这样两段话的意思才完整,而且也符合《海外四经》每段文字开头为国名或地名的叙述惯例。根据《大荒北经》、《海内经》等书的记述,袁珂认为:"则夸父者,炎帝之裔也。以义求之,盖古之大人(夸,大;父,男子美称)也。"从此处经文可知,夸父国人的特点正是身躯魁伟高大。此外,夸父左右手操蛇,则明显是巫师的标志。所谓"二树木",郝懿行注:"盖谓邓林二树成林,言其大也。"其实,这是说邓林里有两棵被视为神树的大桃树。

　　积石有自然形成的,也有人工筑成的,此处为禹治水时在黄河上修筑的积石坝。徐旭生在《读山海经札记》中指出:"盖'禹所积石之山'本不知何在,或近在山西、陕西境内,均未可知。因禹传说之扩大而渐移至甘肃西境。"

拘缨国·寻木

拘缨之国在其东,一手把缨。一曰利缨之国。

寻木长千里,在拘缨南,生河上西北。

拘缨或作句婴,高诱认为句婴即九婴;郭璞解释拘缨为手持冠缨,又怀疑缨当为瘿。袁珂认为拘缨实应为拘瘿,瘿即颈部赘肉瘤,俗称大脖子病。有趣的是,古埃及的雕塑和绘画里有胡须装入额下口袋内的特殊装束,或许也可称为"拘缨"吧。

《穆天子传》卷六:"天子乃钓于河,以观姑繇之木。"郭璞认为寻木即姑繇树,是一种生长在黄河边的大树。今日北方的樟子松高 30 米,胡杨高 15 米,难与寻木比高。

跂踵国

跂踵国在拘缨东,其为人大,两足亦大。一曰大踵。

跂,多出的脚趾,踮起脚尖;踵,脚后跟。郭璞注:"其人行,脚跟不著地也。《孝经·钩命诀》曰'焦侥、跂踵,重译欸塞'也。"高诱注《淮南子·地形篇》跂踵民为"踵不至地,以五指行也。"但是,《文选》王元长《曲水诗序》注引高诱注文则作"反踵,国名,其人南行,迹北向也。"袁珂评论道:"大约跂踵本作支踵,支、反形近易讹,故兼二说。"并指出经文"两足亦大"应作"两足皆支",《吕氏春秋·当染篇》"夏桀染于跂踵戎"即此处跂踵国。

跂踵又作大踵,所谓"两足亦大"实际上是说当地人穿着大尺寸的鞋。我国先夏时期的出土文物表明当时已经有鞋(包括皮靴),到了夏商周时人们已经普遍穿鞋。一般来说,鞋的起源,一是保护脚在行走或劳动时不受伤、不受寒以及防滑、防陷等，二是化装狩猎（模仿动物的足迹），三是与服饰搭配（美化、巫术）。据此，生活在北方的跂踵国人，应当是以穿着大毛窝鞋（保暖）、大板鞋（防止脚陷入雪地）或类似今日满族人的高底鞋为显著特征。

欧丝之野

欧丝之野在大踵东，一女子跪据树欧丝。

袁珂指出，殴与呕通，欧丝即吐丝，并认为此处寥寥数字即蚕马故事之雏形。《搜神记》卷14记有《太古蚕马记》：古时一少女为见远方的父亲，许愿嫁给能把父亲接回家的马；其父回家了解真相后，将马射杀，晾马皮于院，少女踏在马皮上，马皮忽然卷起少女飞去，数日后人们在一棵大桑树上找到少女，她与马皮已化为蚕，其茧硕大异于普通蚕茧。其实，所谓"女子呕丝"，乃是古人祭祀蚕神时的一种巫术表演，由女巫（养蚕是女子之职）模拟蚕吐丝的样子，蚕马故事、帝女桑的记述则均与古人选育和改良桑蚕品质的活动有关，而煮元宵吃的习俗或亦源于煮蚕茧、祭蚕神。

三桑·范林

三桑无枝，在欧丝东，其木长百仞，无枝。

范林方三百里，在三桑东，洲环其下。

《北山经》北次二经洹山记有三桑，《大荒北经》亦记有三桑无枝，袁珂注谓："此无枝之三桑，当即跪据树欧丝女子之所食也。"如此说来，三桑无枝实为三桑无叶，因为桑叶已被化为蚕神的女子食尽了。进一步说，无枝无叶的桑树，或许亦可称之为"空桑"或"穷桑"。总之，三桑无枝是一种非常醒目的景观，它有可能是一处祭祀活动的圣地，其标志即三棵高大无枝叶的桑树木。

郝懿行云："范、泛通。《太平御览》57卷引顾恺之《启蒙记》,曰:'泛林鼓于浪岭。'注云:'西北海有泛林,或方三百里,或百里,皆生海中浮土上,树根随浪鼓动。'即此也。"据此,范林像是海中绿岛。其实它是指墓地林,属于下文所述的颛顼葬所。

务隅山·帝颛顼葬

务隅之山,帝颛顼葬于阳,九嫔葬于阴。一曰爰有熊、罴、文虎、离朱、鸱久、视肉。

务隅山在《大荒北经》作附禺山,在《海内东经》作鲋鱼山,此外,西次一经亦记有符禺山,但是未言颛顼葬的内容。在古史传说里,颛顼是黄帝之孙、北方之帝,曾与共工战,其墓地在今日河南省濮阳。《史记·五帝本纪》集解引《皇览》云:"颛顼冢,在东郡濮阳顿丘城门外广阳里中。"值得注意的是,1987年在濮阳西水坡公元前4665—前3987年的仰韶文化遗址墓葬里出土蚌壳塑成的龙虎等图案,其中有北斗图造型,而《国语·周语下》称:"星与日辰之位皆在北维,颛顼之所建也。"根据此处经文,帝与嫔妃葬于同一处,可能始自颛顼,其陪葬物与帝尧、帝喾类似,而这些陪葬物有可能是用贝壳塑造而成的图案。又,上文范林应在此处经文下,帝尧葬所亦有范林。

平丘

平丘在三桑东,爰有遗玉、青鸟、视肉、杨柳、甘柤、甘华,百果所生,有两山夹上谷,二大丘居中,名曰平丘。

遗玉,吴任臣认为即千年琥珀。青鸟或作青马。柤,同楂,甘柤即甜山楂树类;《尔雅·释木》称柤即樝,郭璞注"似梨而酢涩"。袁珂注谓甘柤"盖是梨木之神异者"。《大荒南经》记有甘柤"枝干皆赤,黄叶、白华、黑实"。此处"杨柳"或有离别之意,或指某种果树而与甘柤、甘华共同构成"百果"。毕沅、郝懿行认为此处平丘即《淮南子·地形篇》"昆仑华邱在其东南方"的华邱,袁珂认为华邱乃《海外东经》的鐴丘。其实,从"爰有"云云来看,平丘当亦是一处帝陵或帝陵的附属景观。

騊駼·駮·蛩蛩·罗罗

北海内有兽,其状如马,名曰騊駼。有兽焉,其名曰駮,状如白马,锯牙,食虎豹。有素兽焉,状如马,名曰蛩蛩。有青兽焉,状如虎,名曰罗罗。

此处北海,可指位于北方的大海或大湖泊,而北海内则指北海之南的广大地区;此外"海"亦可泛指大原野,例如瀚海。騊駼当是一种野马或类似马的动物。駮,已见于西次四经中曲山,形貌习性与此处所述大同小异,唯这里称"锯牙"。众所周知,锯的发明对扩展木材使用范围的价值甚大,事实上我国先夏时期盛行一时的彩陶及彩陶画的忽然衰落、消失,就可能与锯的发明有关,因为有了锯,就可以制作大而平整的木板,并在木板上作画。蛩蛩,郭璞注谓即邛邛、踞虚,袁珂认为两者实为一物;《穆天子》卷一记有多种动物的行走速度,其中蛩蛩、距虚一走百里,属于速度比较慢的。《吕氏春秋·不广篇》记有前身像鼠、后身似兔的蟨,它常常为蛩蛩、距虚取甘草,一遇危险就跳到蛩蛩、距虚背上一起逃走。罗罗,吴任臣注:"今云南蛮人呼虎亦为罗罗,见《天中记》。"

海外北经之神禺强

北方禺彊,人面鸟身,珥两青蛇,践两青蛇。

《大荒北经》亦记有禺强，《大荒东经》则记有黄帝后裔、北海海神禺京。郭璞注："（禺强）字玄冥，水神也。庄周（《庄子·大宗师》）曰：'禺强立于北极。'一曰禺京。一本云：'北方禺强，黑身手足，乘两龙。'"袁珂认为禺京之为海神，其原形乃海洋中的巨鲸，并引《淮南子·地形篇》"禺强，不周风之所生也"谓其同时为风神，而且进一步指出《庄子·逍遥游》所谓鲲鹏之变："似乎非仅寓言，实有神话之背景存焉。"

或许，其为风神时，称为禺强，状为人面鸟身践两蛇；其为海神时，称为禺京，状如人面鱼身乘两龙（郭璞注"黑身手足"，袁珂疑为"鱼身手足"之误）。对于古代生活在海边的渔民来说，同时祭祀海神和风神，并将其合而为一，亦在情理之中。据此，在《海外四经》所述时期，已经对北方沿海（或许包括渤海、日本海、鄂霍次克海、白令海）渔民有相当了解。显然，这时人们对远方的了解范围已经超过了《五藏山经》时期。

四、海外东经

在中国夏朝时，遥远的东方有大人国，那里的人们制造远航的船。还有君子国，那里的人喜欢吃肉，出门时都要穿礼服、戴礼帽，还要佩带宝剑。据说君子国的人非常谦让讲礼貌，说是他们身旁总有两只像宠物一样的花纹老虎，因此谁也不敢冒犯他们。还有黑齿图，那里的人们的牙齿都故意染黑，因为他们认为黑牙齿是美丽健康和富贵时髦的标志。还有玄股国，当地人穿着鱼皮衣，看起来两腿都是黑漆漆的。

嗟丘

嗟丘，爰有遗玉、青马、视肉、杨柳、甘柤、甘华。百果所生，在东海。两山夹丘,上有树木。一曰嗟丘。一曰百果所在,在尧葬东。

　　𡐥丘或作嗟丘、发丘。经文"杨柳",袁珂注:"《淮南子·地形篇》作杨桃。"作杨桃是也,方与"百果所生"、"一曰百果所在"相符。

　　有意味的是,𡐥丘位于《海外南经》所述帝尧葬所的东面,平丘也位于《海外北经》所述帝颛顼葬所的东面;帝尧墓地有范林,帝颛顼墓地也有范林;而且𡐥丘的景致(包括人造物和地形地貌)与平丘的景致也相当类似。据此,似乎可以推知,先夏时期的帝陵是由墓地、墓林、墓丘三种景观共同构成的:其中墓地埋葬死者及陪葬物,墓林环绕并保护墓地;而墓丘则可能是人工堆筑的祭祀台,祭祀时要供奉干鲜果品,因此要在这里种植多种果树,例如桃、梨、红果、枣之类。

　　郝懿行认为𡐥丘与平丘均为《淮南子·地形篇》所述的华邱,此说不确。实际上华邱与平丘、𡐥丘都不相干,因为它位于昆仑附近,属于黄帝部落的重要场地,或许亦是祭祀台。

大人国

大人国在其北,为人大,坐而削船。一曰在𡐥丘北。

大人国的传说在国内外都很多，不过此处大人国的特点一是当地人的身材高大，二是当地人的主要工作是"坐而削船"。郝懿行注谓："削当读若稍，削船谓操舟也。"其实，此处"削船"即造船，而且是大人造大船，也就是说大人国是以能造大船远航而闻名于世的。一般来说，最早的木制船是独木舟和木筏，因木头易腐朽，目前发现比较早的是菲德尔湖沼泽地（位于今日德国的上施瓦本）出土的约公元前2900年的独木舟以及铺路用的厚木板。而人类在很早的时候就已经乘船从一个大陆抵达另一个大陆，从一个海岛迁徙到另一个海岛，并遍布于全世界了。

奢比尸

奢比之尸在其北，兽身、人面、大耳，珥两青蛇。一曰肝榆之尸在大人北。

郝懿行注曰："《管子·五行篇》云：'黄帝得奢龙而辩于东方。'又云：'奢龙辩乎东方，故使为土师。'此经奢比在东海外，疑即是也。罗泌《路史》（《后纪五》）亦以奢龙即奢比。《三才图会》作奢北。又《淮南子·地形训》云：'诸比，凉风之所生。'诸比，神名，或即奢比之异文也。"此处大耳在《大荒东经》作犬耳。

除了奢比尸，《海经》里还记述有许多以"尸"为名的人神。尸字在古代的涵义非常多，除了指尸体之外，代表死者或神接受祭祀的活人亦称为尸，《仪礼·士虞礼》："祝迎尸。"此外，尸又指有职务者或主持人，例如成语尸位素餐，以及《诗·召南·采蘋》："谁其尸之？有齐季女。"从此处经文来看，奢比尸可能是代表奢比神（奢比民的先祖）的偶像。不过，从它又名肝榆尸来看，似乎亦有不幸遭遇。

君子国

君子国在其北，衣冠带剑，食兽，使二大虎在旁，其人好让不争。有薰华草，朝生夕死。一曰在肝榆之尸北。

经文"大虎在旁"或作"文虎在左右"，文虎当指宠物。《艺文类聚》卷21引此经在"衣冠带剑"下有"土方千里"，在"其人好让"下有"故为君子国"。薰或作堇，堇又名蕣，郝懿行注引《吕氏春秋·仲夏纪》"木堇荣"高诱注谓："木堇朝荣莫（暮）落。"并注称："杂家谓之朝生，一名蕣；《诗》（有女同车）云：'颜如蕣华'是也。"

君子国人的特点是衣冠齐整、佩剑，讲道德讲礼让，喜养宠物，用今天的话来说即一派彬彬有礼的绅士风度。《说文》曰："东夷从大，大人也；夷俗仁，仁者寿，有君子、不死之国。"《博物志·外国》称："君子国人，衣冠带剑，使两虎，民衣野丝，好礼让不争。土千里，多薰华之草。民多疾风气，故人不蕃息。"两者一说寿长，一说寿短，如果从"薰华草朝生夕死"的影射意义来看，不大像是长寿。

虹虹

虹虹在其北，各有两首。一曰在君子国北。

虹，俗称美人虹。经文"各有两首"，袁珂认为系指虹霓双出。《毛诗正义》引《郭氏音义》云："虹双出色鲜盛者为雄，雄曰虹；暗者为雌，雌曰霓。"并指出古人以虹隐喻爱情，以虹霓同现为"阴阳交"。战国时楚国诗人宋玉《高唐赋》描写巫山神女自称"旦为朝云，暮为行雨"，闻一多认为朝云即朝虹，神女即虹霓之所化。《诗·候人》："荟兮蔚兮，南山朝隮；婉兮娈兮，季女斯饥。"

朝隮即朝虹,袁珂认为正是用虹象征少女对爱情的饥渴。

雄虹又称正虹,红光在外圈,蓝紫光在内圈;雌霓又称副虹,红光在内圈,蓝紫光在外圈。不过,由于虹在自然界是一种常见的景观,而且是一种没有常规意义上实体的气象景色,因此本处经文所述的"各有两首"的虹虹,似应是当地人供奉的虹霓神,亦即中国式的爱神或婚姻神。

此外,我国民间又称虹为两头龙,人们看到彩虹,就想象是长着两个头的龙在吸水,例如,壮族就习惯称虹是龙饮水。

朝阳之谷·天吴

朝阳之谷,神曰天吴,是为水伯。在虹虹北两水间。其为兽也,八首人面,八足八尾,皆青黄。

朝阳谷,当是山谷方向朝着日出的东方。经文"皆青黄"或作"背青黄"。水伯天吴所在地是虹虹北面的"两水间",这种地貌在《海外四经》里通常是巫师举行巫术活动的特定场所,已见于女祭、女戚等。因此,所谓天吴的形貌"八首"云云,实际上是巫术活动中的一种化妆造型,大约是八个人,身穿青黄色衣,身后带着青黄色尾饰,他们共同构成了一个整体形状。由于天吴的职责是水伯,因此这种八人造型应当与水有关,有点像是一组水利小分队在巡查河堤,又像是八个人坐在同一条船上奋力向前划,船身上还画有青黄色的图案,或许这正是后世跑旱船、龙舟竞渡的雏形。

青丘国·九尾狐

青丘国在其北,其狐四足九尾。一曰在朝阳北。

郭璞注:"其人食五谷,衣丝帛。"王念孙指出郭璞注的内容乃正文。袁珂

青丘国

注："《御览》卷790（即《南蛮六》）引此经云：'青丘国其人食五谷，衣丝帛，其狐九尾。'确是正文误作注者。"青丘国即南次一经的青丘山，其民已进入男耕女织的文明社会。

狐本四足，经文仍称"其狐四足"似有误，疑原文当作"白足"。《吴越春秋·越王吴余外传》："禹三十未娶，行到涂山，恐时之暮，失其制度，乃辞云：'吾娶也，必有应矣。'乃有九尾白狐，造于禹。禹曰：'白者吾之服也，其九尾者王之证也。'涂山之歌曰：'绥绥白狐，九尾庬庬；我家嘉夷，来宾为王；成家成室，我造彼昌；天人之际，于兹则行。'明矣哉！禹因娶涂山，谓之女娇。"据此，九尾白狐当是涂山族的图腾神或婚姻神，而禹与涂山氏的联姻实际上也是黄河文明与长江文明的联姻。

竖亥

帝命竖亥步，自东极至于西极，五亿十选九千八百步。竖亥右手把算，左手指青丘北。一曰禹令竖亥。一曰五亿十万九千八百步。

郝懿行注引刘昭注《郡国志》云:"《山海经》称禹使大章步自东极至于西垂,二亿三万三千三百里七十一步;又使竖亥步南极北尽于北垂,二亿三万三千五百里七十五步。"郭璞注:"《诗含神雾》曰:'天地东西二亿三万三千里,南北二亿一千五百里。天地相去一亿五万里。'"上述记载表明,帝禹时代曾进行过大地测绘工作,并计算出地球南北直径和东西直径的长度。主持上述测绘工作的工程师是大章和竖亥,古代有用职务作为人名的习惯,大章即绘大图者,竖亥即竖立标杆测量者。

算,古代的计算器。巫字,其形像是两人持绳测量,又像两人上下于天。相传禹因腿疾而走路的步伐特殊,被称为禹步,巫者多学禹步。其实,步乃丈量用具,一步长六尺,其形若弓,即将两根直杆一端衔连住,另一端连接一条六尺绳,用者撑开两根直杆即得六尺,然后一杆支地并转身将另一杆移到下一点又得六尺,这种测量步伐才是禹步的本义。

黑齿国

黑齿国在其北,为人黑,食稻啖蛇,一赤一青,在其旁。一曰:在竖亥北,为人黑首,食稻使蛇,其一蛇赤。

黑齿国以居民齿黑为主要特征,经文"为人黑"当作"为人黑齿";经文一曰"为人黑首"亦当作"为人黑齿",是补正前文"为人黑"缺字的。牙齿变黑,一是食物所致,今日部分台湾人有嚼食槟榔的习俗,久之牙齿则被染黑;二是以齿黑为美而染成,即文身绘身扩展到牙齿上,《文选·吴都赋》刘逵注引《异物志》:"西屠以草染齿,染白作黑。"啖,既指自己吃,也指给别人吃,此处当指喂给蛇食物;蛇是古代巫术活动的重要道具,因此需要养蛇。亚洲许多国家都有祭祀家蛇和养蛇护家的习俗。

汤谷·扶桑十日

下有汤谷。汤谷上有扶桑，十日所浴，在黑齿北。居水中，有大木，九日居下枝，一日居上枝。

汤谷又称阳谷，郭璞注："谷中水热也。"扶桑又称扶木，《文选·思玄赋》注引《十洲记》："叶似桑树，长数千丈，大二十围，两两同根生，更相依倚，是以名之扶桑。"所谓"十日所浴"云云，表明这里是举行演示太阳运行巫术活动的地方，演示者即《大荒南经》记述的"生十日"的羲和，而汤谷、扶桑则是演示场景和道具。这是因为，古人直观看到火热的太阳升于东海之上，便推测想象太阳升起的地方是一处热水沸腾的山谷，并称之为汤谷。由于古人采取甲乙丙丁戊己庚辛壬癸十天干记日，十日为一旬，周而复始，便认为天上共有十个太阳，它们轮流东升西落，其模拟场景即"九日居下枝，一日居上枝"。因此"扶桑"当有"不丧"、"无伤"之义，亦即该树不会被太阳炙伤。

雨师妾

雨师妾在其北，其为人黑，两手各操一蛇，左耳有青蛇，右耳有赤蛇。一曰在十日北，为人黑身人面，各操一龟。

按《海外四经》惯例，此处雨师妾当是国名，这里的代表人物的特点是身穿黑衣或将身体涂成黑色，手持蛇或龟，戴蛇状耳环。从形貌来看，其人当是巫者；从名称来看，其职责与求雨有关；从性别来看，当是女性。以古人的思维来说，风雨雷电既可以由相应的自然神管辖，也可以由巫者来操纵。从今天的科学技术发展来说，呼风唤雨并非完全不可能，它实际上属于人工影响天气技术，例如人工降雨、防雹、驱雾等，而对大气环流的人工导向研究则仍然在探索中。

玄股国

玄股之国在其北，其为人衣鱼食鸥，使两鸟夹之。一曰在雨师妾北。

袁珂注引《淮南子·地形篇》高诱注："玄股民，其股黑，两鸟夹之。见《山海经》。"指出经文"其为人"下脱落"股黑"两字。衣鱼，郭璞注："以鱼皮为衣。"鸥，杨慎认为即鸥鸟。其实，此处经文所说的鸥，应当指一种能够帮助人捕鱼的水鸟，所谓"食鸥"意为使鸥取食，亦即"使两鸟夹之"，并非指吃鸥鸟的肉。玄股民能够以鱼皮制衣，所捕的鱼应当是体型比较大的鱼类（包括栖息在水里的哺乳动物）。所谓玄股，或者是将胯以下两腿染黑，或者穿着由鱼皮制成的黑色紧身裤，其目的可能与巫术宗教有关，也可能具有保护腿部的作用。

毛民国

毛民之国在其北，为人身生毛。一曰在玄股北。

《大荒北经》亦记有毛民国，郝懿行认为毛民系禹之后裔，袁珂认为毛民乃黄帝后裔。郭璞注："今去临海郡东南二千里，有毛人在大海洲岛上，为人短小，而（面）体尽有毛，如猪能（熊），穴居，无衣服。晋永嘉四年，吴郡司盐都尉戴逢在海边得一船，上有男女四人，状皆如此。言语不通，送诣丞相府，未至，道死，唯有一人在。上赐之妇，生子，出入市井，渐晓人语，自说其所在是毛民也。《大荒（北）经》云：'毛民食黍'者是矣。"此事发生在公元310年，从其情节来看当非虚构。

事实上，人类原本浑身有浓厚的毛发，后来由于使用火取暖，住在居室内,以及文身、绘身、穿衣服(出于保暖、防晒、避虫咬伤害等,以及化妆、美容、巫术的需要)等多方面的原因,体毛逐渐退化。不过,不同地区人的体毛退化速度有早有晚,体毛退化的程度有轻有重,体毛退化的人如果重新回到野生状态仍然会再生出浓厚的体毛,此外返祖现象亦会使人长出浓厚的体毛,毛民国的情况当与上述因素有关。

劳民国

劳民国在其北,其为人黑。或曰教民。一曰在毛民北,为人面目手足尽黑。

郭璞注:"食果草实也,有一鸟两头。"郝懿行指出"郭注此语疑本在经内,今亡",并注谓:"今鱼皮岛夷之东北有劳国,疑即此,其人与鱼皮夷面目手足皆黑色也。"

关于劳民国名称的来源,袁珂引《淮南子·地形篇》高诱注:"劳民,正理躁扰不定。"意思是该地人脾性躁动不安。

或许,所谓劳民国人"面目手足尽黑",有可能是开采煤矿的苦力,因此裸露在外的皮肤都被煤炭粉尘染黑。

由于《海外四经》在记述诸景点时彼此首尾普遍存在着相互衔接关系,因此劳民国位于《海外东经》所述诸景点之末,其方位在东北隅,按惯例也应与《海外北经》的末处景点、同样位于东北隅的"北海内有兽"存在相互衔接。但是,两处经文均未提及两者的衔接关系,可能是经文缺失,也可能是所记述景点(劳民国和北海)的实际地理方位确实相距较远。

海外东经之神句芒

东方句芒,鸟身人面,秉两龙。

《尚书大传》："东方之极,自碣石东至日出榑木之野,帝太皞、神句芒司之。"在中国传统文化里,句芒为东方之神,同时也是春神和木神。春秋战国时期,相传神句芒曾显形,为秦穆公赐寿 19 年,则句芒又为生命之神。

海外四经之神均"乘两龙",可能是双腿绘有龙的图案,也可能是双足踏在大鱼背上进行巫术表演,类似今天驯海豚的人踩在两条海豚背上进行表演一样。

建平元年四月丙戌,待诏太常属臣望校治。侍中光禄勋臣龚、侍中奉车都尉光禄大夫臣秀领主省。

此段文字乃丁望、王龚、刘秀(亦名刘歆)等学者受命校订完成《山海经》时所写,时在公元前 6 年。此前一年,王莽推荐刘歆(汉代学者刘向之子)继承父业,主持古籍整理校订工作,刘歆将群书分类编成《七略》(辑、六艺、诸子、诗赋、兵书、术数、方伎)上奏朝廷。此后王莽导演禅让戏,自立为皇,刘歆等人密谋劫持王莽归汉,事泄被杀,时在公元 23 年。

五、海内南经

中国西周的神庙四壁的壁画,画着许多远方的故事和历史上的故事。南方有一座丹山,是巴族人居住的地方,当地法官名叫孟涂,如果有人打官司,凡是理亏的人,他的衣服上就会出现血迹。(不知道孟涂使用的是什么样的高科技。)在巴族居住的地方,有一种巨大的蟒蛇,名叫巴蛇,它能够把大象吞下去,三年后才吐出骨头。据说人要是吃了巴蛇肉,就不会有心脏病。也许,巴蛇是恐龙时代幸存下来的一种巨善……它会是哪一种恐龙呢?

瓯·闽·三天子鄣山·桂林·番隅

海内东南陬以西者。

瓯居海中。闽在海中,其西北有山。一曰闽中山在海中。

三天子鄣山在闽西海北。一曰在海中。

桂林八树在番隅东。

《海内南经》自东南向西南记述有 16 处场景(以现存版本的断句为准)。

郭璞注:"今临海永宁县,即东瓯,在歧海中也,音呕。"杨慎云:"郭注岐海,海之岐流也,犹云稗海。"袁珂注:"瓯即东瓯,即今浙江省旧温州府地。又有西瓯,即今广西壮族自治区贵县地。"郝懿行引《周书·王会篇》:"欧人蝉蛇。"蝉,知了,又指薄如蝉翼的丝绸。瓯字意为盆盂类瓦器,亦指狭小的高地。

闽字形意为家中有蛇,其地古指即今浙江、福建两省南部。吴任臣注:"何乔远《闽书》曰:'按谓之海中者,今闽中地有穿井辟地,多得螺蚌壳、败槎,知洪荒之世,其山尽在海中,后人乃先后填筑之也。'"

三天子鄣山又名三天子都、三王山,郭璞称其"今在新安歙县东"。

我国南方以桂树为地名者,有广西桂林、桂平和湖南桂阳。郭璞注:"八树而成林,信其大也。"番隅或作贲隅。

伯虑国·离耳国·雕题国·北朐国

伯虑国、离耳国、雕题国、北朐国皆在郁水南。郁水出湘陵南海。一曰相虑。

伯虑又名相虑,毕沅认为相虑当作柏虑,郝懿行注:"《伊尹·四方令》云:

'正东伊虑。'疑即此。"伯虑国之名当有所指,如果不是音译之字,或者没有讹字,那么伯可指父辈、兄长或地方长官,虑有思考、谋划、忧虑之意,其名或许指当地诸事都要由官长一手安排。

郭璞注:"锼离其耳,分令下垂以为饰,即儋耳也。在朱崖海渚中。不食五谷,但啖蚌及藉苫也。"郝懿行认为此处离耳为南儋耳,亦即《伊尹·四方令》所说"正西离耳",《大荒北经》任姓禺号子儋耳则为北儋耳。据此,"离耳"之名出自当地人耳垂长的装饰特点,其方法是对耳垂施行手术(锼即刻镂)或佩戴比较重的耳饰,与北方的儋耳未必是一族。古人除服装(包括鞋帽)外,经常还要对人体各部位进行装饰,主要涉及头(包括发饰、耳饰、鼻饰、牙饰、文面、绘面)、颈、胸、腰、臂、腕(手足)、指甲等部位,《山海经》的国名、人名多有根据装饰特点而命名者。

经文"郁水"或作"郁林","南海"或作"南山",当以"郁水"、"南海"为宜;疑经文原作"郁水出湘陵,入南海",所谓"湘陵"当指湘江一带山陵,"南海"可指南方之海或湖泊。

相传《山海经》原本有图，可惜久已失传，现存山海经插图为明末清初人所绘。事实上为《山海经》绘图是一项非常不易的工作，根据《山经》绘图的难点在于山川方位的考证以及视角比例的变换，根据《海经》绘图的难点在于原文过于简单，往往仅有一个国名、族名、人名，例如伯虑国、北朐国，而当时的服饰又缺少相应的资料可借鉴，因此难免要用想象来充实其形貌。

题字本义指头颅，雕题即在额部、面部刺刻图案，属于文身装饰的重要形式。文身的方法是先用尖状物（石、骨、竹、木制）在皮肤上刺出所需图案的浅痕，再涂抹颜料（植物汁、锅烟、矿物粉等），待皮肤自然结疤后图案便可长期保留下来。我国傣族、黎族、独龙族、布朗族、高山族、基诺族、珞巴族都有文身习俗，有的民族男女均文身，有的民族仅女性或仅男性文身，施行时间多在及笄之年或成丁之年，亦有自幼就开始文身的。今日我国南方少数民族的老者面部仍然保留着年轻时的雕题图案，例如蝴蝶图，位置在两眼以下、嘴以上的面颊。文身是由绘身发展而成，安徽蚌埠淮河畔曾出土一件模拟男童造型的陶塑文面人头像，表明先夏时期就已有文身。

北朐国，郭璞注："未详。"郝懿行注："疑即北户也。《尔雅疏》引此经作北煦，户、煦声之转。《尔雅·释地》四荒有北户，郭注云北户在南。"北，北方，亦指败走，亦通背。朐，屈曲的干肉，车轭两边叉马颈的曲木。煦，温暖。户，单扇的门或窗，亦指酒量。据此，"北朐"可能指一种驾驭牲口的方式。"北户"可指向北开门窗的房子，"北煦"有避暑之意，与"北户"的用意相同，符合南方炎热地区的需要。

事实上，《山海经》国名、人名的用字均有所指，这有助于我们今天通过"望文解义"的方法复原或部分复原其所承载的古代文明信息。《道德经》："道可道，非常道。名可名，非常名。无名天地之始，有名万物之母。"老子的这一句话，揭示出命名行为对人类文明发展的重要作用，所谓"无名"即处于自然状态，"有名"则进入智慧领域（在信息学里，"名"是一种信息集成结构，它的出现有助于大脑里的信息实现归类和积累）。这是因为，动物的智力之所以不能继续提高，就在于它们没有命名事物的能力；而人类文明则始于给万事万物起名，人类自述的文明史亦起始于人有名的那一天。从这一天起，一个人做的事情与他的名称同时被记忆下来，这就是历史：什么人做过（包括看到、听到、想到）什么事。从这个角度来说，《山海经》的文明价值正在于它保留下来大量的古人（包括国、族）名称，这些名称所承载的文明信息是出土的瓦片所不能替代的。

枭阳国

枭阳国在北朐之西，其为人人面长唇，黑身有毛，反踵，见人笑亦笑；左手操管。

枭阳或作枭羊，郭璞认为其即狒狒，亦即《海内经》的赣巨人，并注谓："今交州南康郡深山中皆有此物也。长丈许，脚跟反向，健走，被发，好笑；雌者能作汁，洒中人即病；土俗呼为山都。南康今有赣水，以有此人，因以名水。"袁珂先生旁征博引指出，狒狒类动物在古代北方又称吐喽、山獉，亦即《北山经》狱法山的山㹴，或谓即一足夔，后世又传为山精、山魅等，《神异经·西荒经》云："西方深山中有人焉，身长尺余，袒身捕虾蟹，性不畏人。见人止宿，暮依其火以炙虾蟹。伺人不在而盗人盐，以食虾蟹，名曰山獉，其音自叫。人尝以竹著火中，爆烞而出，獉皆惊惮，犯之令人寒热。此虽人形而变化，然亦鬼魅之类，今所在山中皆有之。"

不过，经文"左手操管"乃人类行为，而称枭阳为国者，或可表明其尚处于半开化阶段，有点类似我们今天所说的野人或仍然处在原始社会阶段的民族。但是，近年科学家观察到黑猩猩、倭黑猩猩，甚至猴类，都会使用简单工具，有的黑猩猩还会对树枝进行加工，因此是否使用工具已经不能成为判断

兕·苍梧山·帝舜葬·帝丹朱葬

兕在舜葬东,湘水南,其状如牛,苍黑,一角。

苍梧之山,帝舜葬于阳,帝丹朱葬于阴。

兕即大犀牛,皮厚,可制甲,《五藏山经》多处均有记载,并不以为稀奇。此处专门记述兕在舜葬东、湘水南,并描述其形貌,当表明在《海内四经》时期这种动物已经很稀少了。

《大荒南经》称苍梧之野"舜与叔均所葬",并记有大量随葬品;《海内经》称苍梧之丘有九疑山,乃"舜之所葬",但未言随葬品。此处经文则称帝舜与帝丹朱同葬一山,凡此种种差异或系不同时代的人祭祀不同的先祖之故。《山海经》中屡屡称帝丹朱,却未见称帝禹,或可表明帝丹朱曾经历一个显赫的时代。郭璞称丹阳县有丹朱冢。

泛林·狌狌·犀牛

泛林方三百里,在狌狌东。

狌狌知人名,其为兽如豕而人面,在舜葬西。

狌狌西北有犀牛,其状如牛而黑。

狌狌即猩猩。所谓泛林在猩猩东,而猩猩又在舜葬西,亦即今日九嶷山的西面,可知泛林位于舜葬附近,属于墓葬林地。

《南山经》南次一经之首招摇山有猩猩"其状如禺而白耳,伏行人走",未言其"知人名"。《水经注校·叶榆水》(卷37)云:"(封溪)县有猩猩兽,形若黄狗,又状貙獭。人面,头颜端正,善与人言,音声丽妙,如妇人好女。对语交

言,闻之无不酸楚。其肉甘美,可以断谷,穷年不厌。"《后汉书·西南夷传》云:"哀牢出猩猩。"李贤注引《南中志》称,山中猩猩百数为群,喜食酒、穿草鞋,当地人以此为饵,诱捕猩猩,猩猩见到后,便知设饵者先祖姓名,但耐不住诱惑终被人捕。笔者认为,所谓"猩猩知人名",表明这不是普通的猩猩,而是类似野人。

孟涂·巴人

夏后启之臣曰孟涂,是司神于巴。人请讼于孟涂之所,其衣有血者乃执之,是请生。居山上;在丹山西。丹山在丹阳南,丹阳居属也。

《水经注校·江水》(卷34)引《山海经》云:"夏后启之臣(曰)血涂,是司神于巴,巴人讼于血涂之所,其衣有血者,执之是请(谓)。生居山上,在丹山西。"王国维所校《水经注》的断句与现存版本《山海经》有所不同。此处经文"丹山在丹阳南"十一字,原为郭璞注。《路史·后纪十三》称丹山即巫山,并引《巫山县志》云:"孟涂祠在县东南巫山下。"

巴,地名,位于今四川省北部大巴山以及东部长江三峡一带,居住在这里的古人称为巴人,是我国古老的民族之一。孟涂当系夏后启任命的巴地大法官,所谓"血涂"即以血迹所在判断是非;所谓"司神于巴",表明这种断案方法采用了某种巫术形式,属于"神判"性质,相传尧臣皋陶就使用一角神羊来断案。

窫窳·建木

窫窳龙首,居弱水中。在狌狌知人名之西,其状如龙首,食人。

有木,其状如牛,引之有皮,若缨、黄蛇。其叶如罗,其实如栾,其木若芑,其名曰建木。在窫窳西弱水上。

《五藏山经》北次一经少咸山记有异兽:"其状如牛而赤身,人面马足,名曰窫窳,其音如婴儿,是食人。"《海内西经》称窫窳"蛇身人面",被危与贰负杀死后,有六巫用不死药救之。郭璞认为此处窫窳,即"为贰负臣所杀,复化而成此物也"。在古史传说里,窫窳又称猰貐,为古代著名部落或食人猛兽。

《山海经》多处提及弱水,大多位于西北地区,此处弱水则位于西南地区。

所谓建木如牛,郭璞注:"《河图玉版》说,芝草树生,或如车马,或如龙蛇之状,亦此类也。"其实,牛字本有大意,植物种之特大者,其名前可加牛字形容。所谓"引之有皮"者,即剥下的建木树皮有丝絮状如冠缨或黄蛇。所谓"其叶如罗",或谓绫罗,或谓网罗,或亦可指其树的树叶呈星罗棋布状。栾木已见《大荒南经》云雨山"群帝焉取药"。郝懿行认为芑即刺榆。《海内经》记有九丘建木,袁珂认为建木即"天梯"。我国四川三星堆出土有青铜神树,高近 4 米,上有 9 只青铜鸟,或以为即建木、扶桑树、服常树之类。

氐人国

氐人国在建木西,其为人人面而鱼身,无足。

郭璞注："尽胸以上人，胸以下鱼也。"袁珂认为此处氐人即《大荒西经》的互人，亦即《海内北经》的陵鱼之类。世界上许多民族都流传有美人鱼的故事或人鱼的传闻，其原因一是水中确实有形貌接近人的鱼类（包括哺乳类）动物，二是古代巫术活动中有人装扮成鱼的习俗，例如颛顼又称鱼妇。

巴蛇食象

巴蛇食象，三岁而出其骨，君子服之，无心腹之疾。其为蛇青黄赤黑。一曰黑蛇青首，在犀牛西。

郭璞注："今南方蟒蛇吞鹿，鹿已烂，自绞于树腹中，骨皆穿鳞甲间出，此其类也。《楚辞》曰：'有蛇吞象，厥大如何？'说者云长千寻。"《淮南子·本经篇》称羿射日除害有"断修蛇于洞庭"，袁珂注引《江源记》"羿屠巴蛇于洞庭，其骨若陵。曰巴陵也"，《岳阳风土记》"今巴蛇冢在州院厅侧，巍然而高，草木丛翳。兼有巴蛇庙，在岳阳门内"及"象骨山。《山海经》云：'巴蛇吞象。'暴其骨于此。山旁湖谓之象骨湖。"指出上述传闻均出自《淮南子》所记。或许，古人关于修蛇、巴蛇、长蛇的种种传闻，亦出自对恐龙化石的推测，古代这种巨型化石要比今日更多出露，当能引起古人的震惊和联想。

我国古代中原地区曾有野象生息，并被古人驯化。徐悲鸿先生在创作《愚公移山》时，画面上就有大象帮助人们运山石。袁珂认为古史传说中舜与其弟象的矛盾和斗争，即人类驯服野象的过程，在其所著《中国神话大词典》舜耕历山节称："近代坊间所刻《二十四孝图说》所绘图像，其使用牲畜，乃长鼻大耳之巨象，知《楚辞·天问》所谓'舜服厥弟'者，实舜服野象。舜以象耕，当即舜服野象之结果。《图说》所绘，犹存古神话舜象斗争之痕迹。"

𩤙马

𩤙马,其状如马,四节有毛。在巴蛇西北,高山南。

𩤙马当属于野马。我国古代野马多出自秦岭西段、蒙古草原,以及青海、新疆地区。此处所谓"在巴蛇西北,高山南",大约指秦岭西段,祁连山以南地区。

匈奴国·开题国·列人国

匈奴、开题之国、列人之国并在西北。

匈奴为我国北方著名的草原民族,活动范围遍及欧亚北部地区,不同时期又称为鬼方、混夷、戎、狄、胡等。郝懿行注："(《周书·王会篇》)《伊尹·四方令》云：'正北匈奴。'《史记·匈奴传》索隐引应劭《风俗通》云：'殷时曰獯粥，改曰匈奴。'又晋灼云：'尧时曰荤粥，周曰猃狁，秦曰匈奴。'案以上三名并一声之转。"其实，从此经使用"匈奴"名称可知，其文写作时间当在殷之后、秦之前。

开题或作蒙此。毕沅认为开题疑指笄头山（又名鸡头山、崆峒山）。《史记·五帝本纪》记有黄帝"西至崆峒，登鸡头"，相传黄帝问道于广成子，即在此。不过，从"开题"之名来看，或可指开颅巫术，人类很早就施行过这类巫术。

列的字形指用刀将物分开排列，战国学者有列御寇，其名表明"列"可能指一种栅栏式防御工事，列人或源于此。列人国前身或即《大荒西经》的互人国。

吴承志在《山海经地理今释》卷六指出此处经文："当与下篇首条并在《海内北经》'有人曰大行伯'之上。匈奴、开题之国、列人之国并在西北，叙西北陬之国，犹《海内东经》云'钜燕在东北陬'也。不言陬，文有详省。贰负之臣在开题西北，开题即蒙此。大行伯下贰负之尸与贰负之臣亦连络为次。今大行伯上有'蛇巫之山'、'西王母'二条，乃下篇'后稷之葬'下叙昆仑隅外山形神状之文，误脱于彼。"

六、海内西经

西方有一座昆仑城，方圆八百里，高万仞（一仞为八尺）；城上有大树，五个人才能抱住；还有九口井，都是用玉石做成的栏杆；共有九座城门，其中东门由开明兽把守。开明兽又名启明善，样子是人的面孔、虎的身躯，类似埃及金字塔前的狮身人面像。在开明善的南面有一棵奇怪的树鸟,树干是由六种动物组成的,人们经常聚集在树鸟下商议共同关心的问题——它兴许就是天安门前华表的雏形。

危与贰负杀窫窳·疏属山·危

海内西南陬以北者。

贰负之臣曰危,危与贰负杀窫窳。帝乃梏之疏属之山,桎其右足,反缚两手与发,系之山上木。在开题西北。

《海内西经》自西南向西北记述有 22 处人文活动场景,其中既有历史传闻中的文明场景,也有记述者当时所见到或听到的人文活动景观。

《海内北经》记述大行伯东有贰负尸,并称贰负神"人面蛇身"。吴承志认为此处经文与《海内南经》末段经文"匈奴、开题、列人"节当并在《海内北经》"大行伯"之上,所言甚是。

此处危与贰负的故事,袁珂认为即《海内经》的相顾之尸,而经文所说之帝即黄帝。经文"反缚两手与发"或作"反缚两手",无"与发"二字。疏,疏导、分予、雕刻;属,连接、集合、佩系、隶属;疏属山当是流放囚禁罪徒或奴隶的集散地。系,带子,《韩非子·外储说左下》:"文王伐崇,至凤皇墟,袜系解,因自结。"

唐代学者李冗的《独异志》记有:"汉宣帝时有人于疏属山石盖下得二人,俱被桎梏,将至长安,乃变为石。宣帝集群臣问之,无一知者。刘向对曰:'此是黄帝时窫窳国贰负之臣。犯罪大逆,黄帝不忍诛,流之疏属之山,若有明君,当得出外。'帝不信,谓其妖言,收向系狱。其子歆自出应募,以救其父。其父曰:'欲七岁女子乳之,即复变。'帝使女子乳,于是复能为人,便能言语应对,如刘向之言。帝大悦,拜向大中大夫,歆为宗正卿。诏曰:'何以知之?'歆曰：'出《山海经》。'"

上述故事出自刘秀（歆）《上山海经表》，尽管多加渲染，但核心内容未变，即汉宣帝时（公元前1世纪中期）上郡（今陕西省绥德县，管辖范围包括陕西北部与河套南部）疏属山出土有古尸，其形貌可以用《山海经》的记载进行解释。对此袁珂先生感慨道："于以见民间传说之恒合古传，为可贵矣。"

贰负之名，有叛逆者之意；危指足，以此为名似指一足遭受刖刑之人。据此，贰负及其臣属危杀窫窳，可能是贰负领导的一次民族起义或奴隶暴动事件。

大泽·雁门山·高柳·代北·后稷葬

大泽方百里，群鸟所生及所解。在雁门北。

雁门山，雁出其间。在高柳北。

高柳在代北。

后稷之葬，山水环之。在氐国西。

《山海经》记有多处位于北方地区名叫"大泽"（《北山经》称泰泽）的大湖泊。袁珂认为有千里大泽与百里大泽之分："至于此处大泽，实《海内北经》所记'舜妻登比氏，生宵明、烛光，处河大泽，二女之灵，能照此所方百里'之百里大泽，位在北方，或即今河套附近之地。又此节文字（连同以下二节），亦应在《海内北经》'宵明烛光'节之前，始与方位地望大致相符。"

雁门山是大雁迁徙的通道，今山西省恒山山脉有雁门关，其北即大同盆地。郝懿行注："《淮南子·地形训》云：'烛龙在雁门北，蔽于委羽之山。'疑委羽山即雁门山之连麓，委羽亦即解羽之义。"

高柳山，毕沅注："在今山西代州北三十五里。"代，地名，今山西省阳高县至河北省蔚县一带，属桑乾河流域，汉代设有高柳县。

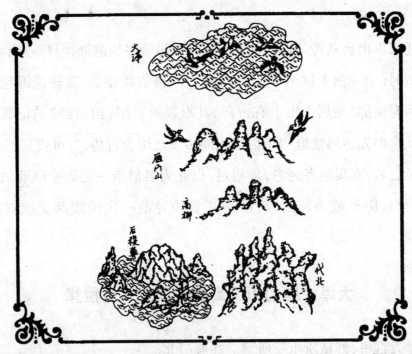

《海内经》称后稷葬所在都广之野（今成都双流县附近）。《西山经》西次三经槐江山记有"西望大泽，后稷所潜"，或谓亦为后稷葬所，其实是后稷举行沐浴巫术活动之地，亦即《淮南子·地形训》所记："后稷垅在建木西，其人死即复苏，其半鱼在其间。"此处氏国袁珂认为即《海内南经》建木西的氏人国。

流黄酆氏国

流黄酆氏之国，中方三百里，有涂四方，中有山，在后稷葬西。

流黄酆氏即《海内经》流黄辛氏，亦即《淮南子·地形训》所记"流黄、沃民在其（后稷垅）北，方三百里，狗国在其东"，其地望与南次二经柜山"西临流黄"甚远。

流沙·钟山·昆仑虚·黑水山

流沙出钟山，西行又南行昆仑之虚，西南入海黑水之山。

流沙可指流动的沙丘,亦可指名叫流沙的河或地方。《五藏山经》西次三经泰器山所出观水向西注入之流沙位于今日内蒙古西部的沙漠地区,钟山位于阴山山脉,昆仑丘位于河套以南的鄂尔多斯高原。所谓流沙"西行又南行"云云,当指沙漠分布范围。今阴山山脉(狼山)西有沙漠,南有乌兰布和沙漠(呈南北分布,位于鄂尔多斯高原西侧),乌兰布和沙漠南端与腾格里沙漠相接,而腾格里沙漠则呈东西向分布,其西南即祁连山北麓的黑水,上述地貌与此处经文所述基本相符。

此处流沙及其所入之海,郭璞注:"今西海居延泽。《尚书》所谓'流沙'者,形如月生五日也。"居延泽又名居延海,状如半月,位于今日甘肃酒泉以北的中央戈壁南北地区,南有巴丹吉林沙漠,东有察沁毛里脱沙窝,西为包尔乌拉山,北抵蒙古境内。祁连山山脉北麓的冰雪消融汇流成黑水(又名张掖河)向北流入居延泽,由于气候变化,祁连山水量或多或少,居延泽的面积亦时大时小,黑河上游经常消失在沙漠中,因此人们相信其上游即古史传说中的弱水。

东胡

东胡在大泽东。

郝懿行注:"国名也。《伊尹·四方令》云:'正北东胡。'详《后汉书·乌桓鲜卑传》。《广韵》引《前燕录》云:'昔高辛氏游于海滨,留少子厌越以居北夷,邑于紫蒙之野,号曰东胡。'云云。其后为慕容氏。"

此处大泽当指前文所说雁门北的大泽。以"大泽"为地理方位标志点,表明这是一处著名的湖泽,或者面积最大(例如贝加尔湖),或者景观特殊(例如群鸟解羽)。

夷人

夷人在东胡东。

吴承志《山海经地理今释》卷六注引《武陵山人杂著》:"《海内西经》'东胡'下四节当在《海内北经》'舜妻登比氏'节后。'东胡在大泽东'即蒙上'宵明、烛光处河大泽'之文也。《海内北经》'盖国'下九节当在《海内东经》'钜燕在东北陬'之后,'盖国在钜燕南'即蒙上'钜燕'之文,而朝鲜、蓬莱并在东海,亦灼然可信也。《海内东经》'国在流沙'下三节当在《海内西经》'流沙出钟山'节之后,上言流沙故接叙中外诸国;下言昆仑墟、昆仑山,故继以'海内昆仑之墟在西北'。脉络连贯,更无可疑。不知何时三简互误,遂致文理断续,地望乖违。今移而正之,竟似天衣无缝。"并称:"详审经文,顾说自近。"顾即武陵山人,名顾观光。

"夷"为古代中原地区人对东方各族的简称,亦称东夷、九夷,后世又泛指四方的少数民族乃至外国人。夷字有多意,平坦、陈设、侪辈、削平、锄类农具、蹲踞(傲慢)、通怡(喜悦)、通彝(常道)、通痍(创伤),亦指无形象,《老子》:"视之不见名曰夷。"从字形来看,夷为"大人携弓"貌;此处弓既可指弓箭,亦可指丈量土地的专用工具和长度计量单位,一弓为六尺(1.6 米),三百六十弓为一里,夷人之名或得于此。

貊国·孟鸟

貊国在汉水东北。地近于燕,灭之。

孟鸟在貊国东北,其鸟文赤、黄、青,东乡。

郭璞注:"今扶余国即濊貊故地,在长城北,去玄菟千里,出名马、赤玉、貂皮，大珠如酸枣也。"濊貊即秽貊，古代属于北貉之一，汉代又称其为东夷，其地在今辽宁省凤城县至朝鲜国江原道一带。显然，此处汉水非长江流域的汉水，而是指北方的一条大河。《海内东经》（《水经》误入者）所谓"汉水出鲋鱼之山，帝颛顼葬于阳，九嫔葬于阴，四蛇卫之"，当即指此处北方的汉水，扶余国之名或即出自鲋鱼山。

此处孟鸟，郝懿行认为即《海外西经》的灭蒙鸟。

昆仑虚

海内昆仑之虚，在西北，帝之下都。昆仑之虚，方八百里，高万仞。上有木禾，长五寻，大五围。面有九井，以玉为槛。面有九门，门有开明兽守之，百神之所在。在八隅之岩，赤水之际，非仁羿莫能上冈之岩。

经文"面有"或作"上有"，"九门"或作"五门"。虚，大丘，亦指古民族所在地；古代九夫为井，四井为邑，四邑为丘，丘谓之虚（《说文》）；洞孔；通墟，土丘，废墟，集市。此处木禾，郭璞误以为即《穆天子传》黑水之阿的野麦，其实它应当属于建木之类的神树，一寻的长度为八尺。开明兽即西次三经昆仑丘的神陆吾。百神即西次三经密山所述黄帝用玉膏祭祀、招待的天地鬼神。仁羿，袁珂认为即夷羿，亦即向西王母请不死药的羿，而此时西王母已经居住在昆仑虚。

所谓昆仑虚"方八百里"指的是鄂尔多斯高原，"高万仞"指的是桌子山。所谓"九井"、"九门"当与天文观察及其天文巫术活动有关，这是因为，远古的天文观察仪器或设施，经常使用井状结构和门状结构，例如坐井观天，《大荒西经》的"丰沮玉门，日月所入"等。所谓"百神之所在"，表明这里是祭祀天地百神的场所。所谓"赤水之际"，此处赤水原本指黄河在河套上游段的河道。所谓"非仁羿莫能上冈之岩"，一是表明山势险峻，二是表示这里只允许有资格的人登山祭神。

《五藏山经》西次三经记有昆仑丘为帝之下都,但是没有记述黄帝都城的建筑规模和形式。对比之下,此处《海内西经》则称"帝之下都"建筑在高高的昆仑丘上,那里有玉栏杆的井和九座城门,开明兽站立在城门东。《汉唐地理书钞》辑《河图括地象》云:"昆仑之城,西有五城十二楼,河水出焉,四维多玉。"《水经注·河水》引《十洲记》亦云:"昆仑山有三角,其一角正东,名曰昆仑宫。其处有积金,为天镛城,面方千里,城上安金台五所,玉楼十二。"《神异经·中荒经》曰:"昆仑之山,有铜柱焉。其高入天,所谓天柱也;围三千里,周圆如削。"此天柱当即木禾之夸张。《古小说钩沉》辑《玄中记》曰:"昆仑西北有山,周回三万里,巨蛇绕之,得三周。蛇为长九万里。蛇居此山,饮食沧海。"其山可能即桌子山,而巨蛇或即烛龙之想象。

事实上,"河"字就是一幅地图,三点水表示水流,口字符表示有人类居住;一横一竖即河道,表示黄河从前套发源向南流,在潼关附近折向东流入大海。相传黄帝发源于姬水,"姬"字左半部表示母系社会,右半部表示当地的地形地貌,即三面环水,中间有人居住,而且居住地的水系发达,显然这完全符合鄂尔多斯高原三面被河水环绕的地形地貌。

鄂尔多斯高原的面积辽阔,这里在古代曾经是水草丰茂的富饶之地,东西与南北各有 360 公里,与古人所说的昆仑虚"方八百里"基本相符。在鄂尔多斯高原西部有一座突兀挺拔的唯一高山,它就是桌子山,海拔 2149 米,顶部平坦如桌面。如果说,鄂尔多斯高原是黄帝部落的发祥地,那么桌子山就是黄帝部落的圣山。值得注意的是,桌子山上有着丰富的古代岩画,其中不乏先夏时期的岩画,它们应该就是黄帝部落留下来的。

关于黄帝都城的描述,以《淮南子·地形训》最详尽。大意是,禹治服洪水后,对昆仑墟进行大规模发掘,其中有增城九重,计有四百四十门,打开北门,不周风就能吹进城;城内有倾宫、旋室、县圃、凉风、樊桐、疏圃、丹水等景观,凉风山在昆仑丘之上,悬圃在凉风山之上,再向上就能成为天神,与太帝一同居住在天上。

《穆天子传》卷二记有:"吉日辛酉,天子升于昆仑之丘,以观黄帝之宫,而丰口隆之葬,以昭后世。"周穆王在河宗氏(辖地位于黄河河套及其以上黄河河段)的陪同下祭祀昆仑丘后,又派人守护黄帝之宫,登春(春)山并"铭迹于悬圃之上"。据此可知,当时尚有黄帝都城遗址,惜今日已荡然无存矣。或许,黄帝都城仍然静悄悄地埋藏于某处的地下,殷切地等待着我们的光临。

昆仑虚水系

赤水出东南隅,以行其东北,(西南流注南海厌火东)。

河水出东北隅,以行其北,西南又入渤海,又出海外,即西而北,入禹所导积石山。

洋水、黑水出西北隅,以东,东行,又东北,南入海,羽民南。

弱水、青水出西南隅,以东,又北,又西南,过毕方鸟东。

此处赤水一节文字的括弧内九字,乃经文脱落者,为方便阅读,故归入正文里。

《五藏山经》西次三经昆仑丘记述有河水、赤水、洋水、黑水,无弱水、青水,即:赤水出焉,而东南流注于氾天之水。

河水出焉,而南流东注于无达;

洋水出焉,而西南流注于丑涂之水;

黑水出焉,而西流于大杅。

对比之下,此处《海内西经》的记述当出自《西次三经》,但自相矛盾之处甚多。其一,洋水、黑水为两条河,不应并述。其二,诸水流向忽南忽北,与理不合,当有错简。其三,错简的原因之一是误将洋水、黑水的流向并述,也就

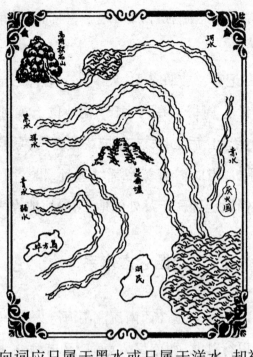

是说其中有几个方向词应只属于黑水或只属于洋水,却被混在一起,或者放入其他水系里。其四,弱水、青水当是后来形成的昆仑水系,或可表明自然环境发生了变化,或者是人们对昆仑方位的认识发生了变化。其五,弱水、青水既然各有其名,当是两条不同的水系(不排除彼此是上下游关系),亦不应并述其流向。此外,《海内西经》的记述增加了新的地理标志点,即《海外南经》的厌火国,《西山经》和《海外北经》的积石山,《海外南经》的羽民国,《西山经》和《海外南经》的毕方鸟。

所谓"积石山"不是指积石为山,而是积石为水坝(这种坝通常不太高,但能透水,因此既可调节水位,又不易垮坝),其地之山因有积石坝而可得名积石山。我国古代建有许多积石坝,至今仍然发挥作用的是都江堰积石坝。今黄河刘家峡水库上游数公里仍存有半截积石坝,系大小如篮球的碎石堆积而成,当地地名即为积石山。

昆仑南渊·开明

昆仑南渊深三百仞。

开明兽身大类虎而九首,皆人面,东向立昆仑上。

昆仑南渊,郭璞注:"灵渊。"郝懿行注:"即《海内北经》云'从极之渊,深三百仞'者也。"根据该渊位于昆仑虚之南可知,《海内北经》从极之渊的文字宜并入至此处。由于开明兽位于昆仑虚之东,其方位与昆仑南渊有别,此处经文宜断句为两节。这里的湖渊,当即今日的银川盆地,当时为湖泊。

九首人面虎身的开明兽,当是一座巨型塑像,立于黄帝都城的东门前,昂首向着东方。其形象在《大荒西经》为"昆仑之丘,有神,人面虎身,有文有尾,皆白处之",在《西山经》为"帝之下都,神陆吾司之。其神状虎身而九尾,人面而虎爪。是神也,司天之九部及帝之囿时。"郭璞注:"天兽也。《铭》曰:'开明为兽,禀资乾精,瞪视昆仑,威震百灵。'"其实,古文"开"与"启"可互换,开明原应作启明,正如夏后开即夏后启,因抄书者避汉景帝刘启讳而改。从其名称和东向立可知,开明兽的职责是观测启明星,迎接太阳的东升,与神陆吾"司天之九部及帝之囿时"相符,而九首或九尾则象征着九重天。从其形貌来看,昆仑虚前的虎身人面兽,与古埃及金字塔前的狮身人面像,有着异曲同工之妙。

开明西·凤皇·鸾鸟

开明西有凤皇、鸾鸟,皆戴蛇践蛇,膺有赤蛇。

袁珂注:"《西次三经》云:'(昆仑之丘)有鸟焉,其名曰鹑鸟,是司帝之百服。'"郝懿行注:"鹑鸟,凤也;《海内西经》云:'昆仑开明西北皆有凤皇,此是也。'《埤雅》(卷八)引师旷《禽经》云:'赤凤谓之鹑。'即此。"

所谓凤鸟、鸾鸟"皆戴蛇践蛇,膺有赤蛇",表面看是鸟类与蛇类动物的生存竞争(自然界有一些鸟以蛇为食物),进一步说可能反映的是鸟图腾部落与蛇图腾部落的冲突。但是,从鹑鸟"司帝之百服"来看,她们实际上是帝都的工作人员或神职人员,其形貌为身披凤凰羽和鸾羽衣,佩戴蛇状耳饰、胸饰和足饰,既漂亮又威严。

开明北·不死树

开明北有视肉、珠树、文玉树、玗琪树、不死树。凤皇、鸾鸟皆戴蔽。又有离朱、木禾、柏树、甘水、圣木曼兑,一曰挺木牙交。

根据《山海经》的惯例,凡是有视肉、不死树等物的地方,通常都是先祖陵墓的所在地,或者是后人祭祀先祖的场所。从开明北的场景可知,这里是黄帝部落祭祀先祖的场所。珠树,袁珂认为即《海外南经》的三珠树。文玉树,郭璞注:"五采玉树。"玗琪树,或谓即珊瑚树。其实,它们均为象征不死的神树或随葬玉器,已见于《海外南经》狄山帝尧、帝喾葬所。进一步说,珠树、文玉树、玗琪树、不死树,其文化内涵与后世的摇钱树和西方的圣诞树有类似之处,均源于"星星树",即通过供奉满天星斗来祈求平安、财富和长寿。蔽,盾也,戴蔽即佩戴盾状饰物,当是祭祀先祖时的特定装饰。此处"甘水"疑当作"甘木",因前后叙述的都是具有巫术象征意义的神树。圣木曼兑又名挺木牙交,或谓即璇树。不过,从其名称来看,其形状类似圭表或柜格松,当有着某种天文巫术象征作用,可能具有沟通人与天的神力。

开明东·六巫·窫窳尸

开明东有巫彭、巫抵、巫阳、巫履、巫凡、巫相,夹窫窳之尸,皆操不死之药

以距之。窫窳者,蛇身人面,贰负臣所杀也。

《大荒四经·大荒西经》中灵山十巫为巫咸、巫即、巫肦、巫彭、巫姑、巫真、巫礼、巫抵、巫谢、巫罗。与《海内西经》中的六巫对照,相同的有巫彭、巫抵,郝懿行认为巫履即巫礼,巫凡即巫肦,巫相即巫谢。此处六巫之行为,郭璞认为乃神医用不死药清除窫窳身上的"死气"以使其重生,并概括为:"窫窳无罪,见害贰负,帝命群巫,操药夹守;遂沦弱渊,变为龙首。"其实,所谓"皆操不死之药以距之",既指正常的手术,也包括对尸体的防腐处理,因为古人相信如果某人的尸体不腐,那么他的灵魂亦可不死。

开明东的六巫和窫窳均属于黄帝部落,而贰负则属于炎帝部落。上述巫医活动的方位选择在东方,当有所考虑。一是,东方是太阳升起的方向,象征着新生;二是,这里可能是距离前线战场最近的地方,因此便于及时对伤员进行救治,以及对阵亡者的尸体进行防腐处理,并对其灵魂进行安抚。事实上,在古史传说中,黄帝部落的敌人多居住在东方,因此战场通常也都在黄帝部落大本营的东面。

服常树·三头人

服常树,其上有三头人,伺琅玕树。

郝懿行认为三头人与《海外南经》的三首国属同类,并引《艺文类聚》(卷90)及《太平御览》(卷915)引《庄子》曰:"老子见孔子从弟子五人,问曰:'前为谁?'曰:'子路为勇。'其次子贡为智,曾子为孝,颜回为仁,子张为武。老子叹曰:'吾闻南方有鸟,其名为凤,所居积石千里。天为生食,其树名琼枝,高百仞,以璆琳琅玕为实。天又为生离珠,一人三头,递卧递起,以伺琅玕。凤鸟之文,戴圣婴仁,右智左贤。'"袁珂注:"离珠,即离朱,黄帝时明目者,此一人三头之离珠又为日中三足神禽离朱演变而成者。"

郭璞注:"服常木,未详。"《淮南子·地形训》记有"沙棠、琅玕在昆仑东",吴任臣认为此处"服常疑是沙棠"。其实,服为服侍、服役;常为旗帜,《周礼·春官·司常》:"王建太常,诸侯建旂。"郑玄注:"王画日月,象天明也。"据此,服常树实际上是一杆大旗,三头人即警卫队,他们负责看护琅玕等重要景点。"三头"乃三种面具,以表示其工作状态,例如执勤、巡逻、休息等。

开明南·树鸟

开明南有树鸟,六首;蛟、蝮、蛇、蜼、豹、鸟秩树,于表池树木,诵鸟、鹝、视肉。

所谓树鸟六首,其形貌即图腾柱,同时又是路标,即每一种"鸟"代表一个图腾,每个图腾鸟所指的方向即该图腾部落或氏族的栖息地,此外它还有指示时间的作用。所谓表池树木即在华池中树表,亦即华表,为聚众议事的场所。所谓诵鸟即传达首领旨意的官员,其身份由其所持鸟羽为代表,后世"拿着鸡毛当令箭"或亦源于此。

综上所述,根据开明兽东西南北的场景可知,这里是帝都的巫术、宗教、祭祀、议事等活动的中心区。开明西为服务员和神职人员居住地,开明北为祭祀先祖的场所,开明东为施行起死回生手术或巫术的场所,开明南则是聚会议事的场所。

七、海内北经

北方有众帝之台,它们是帝尧台、帝喾台、帝丹朱台、帝舜台,都是二层或多层的四方台,类似美洲玛雅人建造的金字塔,距离不周山和昆仑城都不远,至今仍然在等待着幸运的发现者。舜和妻子登比氏,生下两个聪明的女儿,一个名叫宵明,一个名叫烛光,顾名思义她们是人造光源的发明家。那时的灯用的都是娃娃鱼(龙的原型动物)的鱼油,导致娃娃鱼一度灭绝,以致后人也搞不清龙是什么样了。

蛇巫山·有人操杯

海内西北陬以东者。

蛇巫之山,上有人操杯而东向立。一曰龟山。

《海内北经》自西北向东北记述有 31 处人文活动场景,记述的部分内容(盖国等)实际上属于《海内东经》。

郭璞注:"杯或作棓。"棓即棒,亦指农具连枷。袁珂注:"此节及下节当移在《海内西经》'开明南有树鸟'节之次,《海内南经》'匈奴'节与《海内西经》'贰负之臣曰危'节当移于此,说已见前。昆仑山为羿向西王母请不死药之地,而有关羿之神话中,又有逢蒙杀羿,及羿死于桃棓等神话。《孟子·离娄下篇》云：'逢蒙学射于羿，尽羿之道，思天下惟羿愈己，于是杀羿。'《淮南子·诠言篇》云：'羿死于桃棓。'许慎注：'棓，大杖，以桃木为之，以击杀羿，由是以来鬼畏桃也。'则'此操枉（棓）而东向立'于昆仑附近蛇巫山上之人，其伺羿而欲杀之之逢蒙乎？不可知已。"

所谓"鬼（泛指灾异制造者）畏桃"的观念在我国由来已久，一是夸父逐日所持之杖即桃木棒，二是捉鬼的神荼、郁垒所居住的度朔山上有大桃树。

此处经文所谓蛇巫山又名龟山，疑原名当作蛇龟山。我国古代四方神兽，东方青龙，南方朱雀，西方白虎，北方玄武即蛇龟一体之像（实际上是一种脖子长的乌龟，由于乌龟头与蛇头形状相似，故传为蛇龟一体）。据此，蛇巫山上"东向立"者，当有操龟使蛇之功力，疑即北方玄武之神像。今辽宁有医巫闾山，其名类似蛇巫山。

西王母·三青鸟

西王母梯几而戴胜杖，其南有三青鸟，为西王母取食。在昆仑虚北。

《山海经》三处记有西王母，《五藏山经·西山经》称西王母居住在昆仑丘之西的玉山，其形貌为"豹尾虎齿而善啸，蓬发戴胜"；《大荒四经·大荒西经》称西王母与昆仑丘相邻，其生存状态为"戴胜，虎齿，有豹尾，穴处"。对比之下，此处《海内北经》(实应属于《海内西经》)描述的西王母，居住在昆仑虚的北面，既悠闲又威严地坐在桌几前，雍容华贵的她，刚刚梳完妆，旁边放着她的权杖，其住所的南面有若干穿羽毛衣的服务员，忙着为她准备美味佳肴。据此可知，西王母的生活方式也在与时俱进。

此处经文"戴胜杖"，有的版本无"杖"字。三青鸟又作三足鸟或三足乌，《史记》司马相如《大人赋》云："亦幸有三足乌为之(西王母)使。"

大行伯·贰负尸

有人曰大行伯，把戈。其东有犬封国。贰负之尸在大行伯东。

袁珂注："今本《风俗通义》卷八引《礼传》云：'共工之子曰脩，好远游，舟车所至，足迹所达，靡不穷焉，故祀以为祖神。'此把戈而位居西北之大行伯，其共工好远游之子脩乎？"其实，此处大行伯与前文蛇巫山上"东向立"者倒有几分相似。

大行伯的东面有犬封国，而贰负之尸亦在大行伯的东面，据此可知犬封国与贰负族不是比邻而居，就是共居一地，这也就意味着，两者可能存在血缘关系。犬戎国的先祖名盘瓠，其发音亦与贰负有相近之处。郭璞注："昔盘瓠杀戎王，高辛氏以美女妻之，不可以训，乃浮之会稽东海中，得三百里地封之，生男为狗，女为美人，是为狗封之国。"袁珂引《魏略》云："高辛氏有老妇，居王室，得耳疾，挑之，得物大如茧。妇人盛瓠中，覆之以槃，俄顷化为犬，其文五色，因名槃瓠。"

犬封国·吉量

犬封国曰犬戎国,状如犬。有一女子,方跪进杯食。有文马,缟身朱鬣,目若黄金,名曰吉量,乘之寿千岁。

袁珂注:"封、戎音近,故犬封国得称犬戎国。又'犬封国'者,盖以犬立功受封而得国,即郭注所谓'狗封国'也。《伊尹·四方令》云:'正西昆仑狗国。'《淮南子·地形篇》云:'狗国在其(建木)东。'则狗国之传说实起源于西北然后始渐于东南也。"

杯或作杯,"有一女子,方跪进杯食",郭璞注:"与酒食也。"其实,"杯"字意为不舒坦、不快乐,此画面当非寻常进食场景,而可能与金虫变盘瓠、盘瓠立功后高辛王欲毁约不妻以公主的故事有关。《大荒四经·大荒东经》记有黄帝后裔犬戎国,并称其"人面兽身",袁珂认为这可能就是"最初传说之盘瓠",而盘瓠又演变为盘古开天地。

文马或即斑马或斑驴(体长2.7米,尾长1米,重400公斤),原产于非洲。《绎史》卷十九引《六韬》云:"商王拘周伯昌于羑里,太公与散宜生以金千镒求天下珍物以免君之罪。于是得犬戎氏文马,駮身朱鬣,目若黄金,名鸡斯之乘,以献商王。"

鬼国·贰负神

鬼国在贰负之尸北,为物人面而一目。一曰贰负神在其东,为物人面蛇身。

袁珂注:"即一目国,已见《海外北经》。《大荒四经·大荒北经》亦云:'有人一目,当面中生。一曰是威姓,少昊之子,食黍。'即此国也。《伊尹·四方令》云：'正西鬼亲。'《魏志·东夷传》云：'女王国北有鬼国。'则传说中此国之所在非一也。"《五藏山经·西山经》西次三经亦记有"槐鬼离仑""有穷鬼"，此处鬼国或其后裔。

经文"一曰贰负神在其东，为物人面蛇身"，可以有两种断句及其相应的解释。一即此处经文的断句，则"人面蛇身"是对贰负的描述；二是断句为"一曰贰负神在其东。为物人面蛇身"，则"人面蛇身"是对鬼国的描述。原文当作"一曰为物人面蛇身"，即对"为物人面而一目"的补充。按《山海经》惯例，当以后者为是。

蜪犬

蜪犬如犬，青，食人从首始。

郭璞注："音陶。或作蚼，音钩。"此处经文"如犬，青"，或作"如犬而青"。

所谓蜪犬"食人从首始"，看起来像是野狗、野狼袭击人类。其实，它们更可能是由人豢养的猎犬或战争犬。由此观之，盘瓠咬戎王首级而还的故事，实际上正是"食人从首始"；而所谓盘瓠变成人并娶公主为妻的情节，实际上说的是豢养战争犬的人（可能是奴隶），其社会地位因立战功而得到提高。

穷奇

穷奇状如虎，有翼，食人从首始，所食被发。在蜪犬北。一曰从足。

《五藏山经·西山经》西次四经邦山有食人怪兽穷奇"其状如牛，蝟毛"。《神异经·西北荒经》云："西北有兽焉，状似虎，有翼能飞，便勦食人。知人言语。闻人斗，辄食直者；闻人忠信，辄食其鼻；闻人恶逆不善，辄杀兽往馈之；名曰穷奇。亦食诸禽兽也。"亦有版本称："穷奇似牛而狸尾，尾长曳地，其声

似狗,狗头人形,钩爪锯牙。"郭璞《图赞》:"穷奇之兽,厥形甚丑;驰逐妖邪,莫不奔走;是以一名,号曰神狗。"《左传·文公十八年》曰:"少皞氏有不才子,天下之民谓之穷奇。"

　　《淮南子·地形训》曰:"穷奇,广莫风之所生也。"古人对八个季节的风,依次称之为条风、明庶风、清明风、景风、凉风、阊阖风、不周风、广莫风。在《后汉书·礼仪志》记载的汉代大傩逐疫仪式里,方相氏要率领十二兽(由人装扮)驱逐各种恶鬼,其中"穷奇、腾根共食蛊"。《周礼·夏官》称:"方相氏掌蒙熊皮,黄金四目,玄衣朱裳,执戈扬盾,帅百隶而时难(傩),以索室驱疫。"相传黄帝元妃嫘祖死于道,次妃嫫母貌陋,监护于道,是为方相氏;即后世开路神、险道(先导)神,亦用于送丧。

　　综上所述,穷奇状或如牛,或似虎、狗,其身份或为食人怪兽,或为德行恶劣之人,或为驱疫之神狗。此处穷奇,可能与蜪犬属于同类。

帝尧台·帝喾台·帝丹朱台·帝舜台

帝尧台、帝喾台、帝丹朱台、帝舜台，各二台，台四方，在昆仑东北。

郭璞注："此盖天子巡狩所经过，夷狄慕圣人恩德，辄共为筑立台观，以标显其遗迹也。"袁珂批评郭璞的观点"乃其以正统历史眼光释神话之臆说，实无足取"，并指出此处诸帝之台即《海外北经》、《大荒四经·大荒北经》所记昆仑之北的众帝之台，乃禹杀相柳所筑台，"以压妖邪者也"。

所谓"各二台"，疑当作"各二重"，即众帝之台均为两层的四方台，与美洲金字塔的形状基本相同（古埃及早期的金字塔亦为四方台形）。由于《山海经》另记有众帝葬所，因此众帝之台的作用当如袁珂所说"以压妖邪"，此外亦可能有天文观测或其他祭祀活动的用途。值得注意的是，此处经文叙述帝丹朱台时赫然将其与帝尧、帝喾、帝舜之台并列，而且还排在了帝舜之前。由于《山海经》长期藏于深宫密室，因而其文字大体逃过春秋战国人士删改之劫，尚保留着古史原貌。据此，或可表明帝丹朱亦为先夏时期的一段历史过程（《山海经》中称帝者，或可指一个朝代，而不是单指一个人）。

根据众帝之台可知，中国古代的金字塔乃是一帝一个，其用途当初并不是陵寝，而是该帝王（包括国王）专用的祭祀台。昆仑东北月光寒，大陆来往几多战？此地空传众帝台，地老天荒俱无颜。埃及尚存金字塔，先王陵墓伟其观。何处寻访众帝台？帝台不见愧愁眠。幸运的是，四川省广汉三星堆文化遗址的重见天日，让我们有理由认为三星堆遗址的三个土堆当初就是三座金字塔，它们可能分属于古蜀时期的三个蜀王。

大蜂·朱蛾·蟜

大蜂其状如螽。朱蛾其状如蛾。

蟜，其为人虎文，胫有膂。在穷奇东。一曰，状如人。昆仑虚北所有。

郭璞注："蛾，虮蜉也。《楚辞》云：'玄蜂如壶，赤蛾如象。'谓此也。"

蟜，毒虫。所谓"为人虎文"，即皮肤或衣服上装饰有虎文图案。膂即小腿肚子。此地之人名蟜，可能与豢养并驱使大蜂、朱蛾有关，或即《五藏山经·中山经》中次六经平逢山饲养蜜蜂的神骄虫。

阖非

阖非，人面而兽身，青色。

郝懿行注："《伊尹·四方令》云：'正西阖耳。'疑即此。非、耳形相近。"

阖，原指小户，引申为卑下；亦指鼓声。阖耳，或可指耳朵小的人，或可指听力差的人。此处阖非，疑指被割去耳朵的人，与据比尸同为受酷刑之状。

据比尸

据比之尸，其为人折颈被发，无一手。

郭璞注："一云掾比。"郝懿行注："掾比一本作掾北。"袁珂注："《淮南子·地形篇》云：'诸比，凉风之所生也。'高诱注：'诸比，天神也。'疑即据比、掾比（北）。诸、据、掾一声之转。"或谓即《海外东经》、《大荒四经·大荒东经》的奢比之尸。

据，凭依，根据；通倨，倨傲。据的繁体字據，其右半部字形虡，《尔雅·释兽》："虡，迅头。"郝懿行注："《说文》引司马相如说：'虡，封豕之属。'《玉篇》：'封虡，豕属也。'迅头者，豕性躁疾，易警扰，好奋迅其头。"据此，據意为捕猎野猪的人；掾，古代属官的通称。

此处据比尸"折颈被发，无一手"，乃遭受酷刑之惨状。从其状况来看，疑即被穷奇所食者；此经前文称穷奇"食人从首起，所食被发"，亦即"折颈被发"。所谓"被发"，"被"意为及、至，意思是食人头，几乎要吃及头发。

《山海经》记述"尸"者，计有《五藏山经·西山经》南山的尸鸠鸟，《五藏山经·东山经》的尸胡山，《五藏山经·中山经》的尸山、尸水，姑媱山的帝之女尸，《海外西经》、《大荒四经·大荒西经》的女丑尸，《海外东经》、《大荒四经·大荒东经》的奢比尸（肝榆尸），《大荒四经·大荒南经》的祖状尸，《大荒四经·大荒西经》的黄姬尸、夏耕尸，《大荒四经·大荒北经》的戎宣王尸，《海内北经》的贰负尸、据比尸、王子夜尸，《海内经》北海之内的相顾尸。其中夏耕尸、戎宣王尸、据比尸、王子夜尸，均为无头尸，其原因除犯罪、战败而遭受刑戮之外，亦可能涉及古代猎人头习俗。

环狗

环狗，其为人兽首人身。一曰蝟状如狗，黄色。

袁珂注："观其形状，盖亦犬戎、狗封之类。"所言甚是。从其名称和形貌来看，环狗当是人戴着狗头帽装扮成狗的模样，并绕圈跑，模拟狗追逐自己的尾巴。这种活动当有着某种巫术意义，或许即"尾交首上"，象征着生命轮转、生生不息。据此，所谓盘瓠之"盘"，原意可能并非指盘子，而是指盘旋；瓠即葫芦，在我国先民观念中，葫芦（包括瓜类）状如子宫，乃是生命力的象征，在洪水泛滥灭绝人类时又是幸存者的逃生"方舟"。

环狗的发音又与盘瓠、盘古相近，或者盘瓠、盘古的名称即来源于环狗。在我国古史传说里，盘古是开天辟地者。《艺文类聚》卷一引《三五历纪》："天地混沌如鸡子，盘古生其中。万八千岁，天地开辟，阳清为天，阴浊为地。盘古在其中，一日九变，神于天，圣于地。天日高一丈，地日厚一丈，盘古日长一丈。如此万八千岁，天数极高，地数极深，盘古极长。后乃有三皇。"《绎史》

卷一引《五运历年纪》："首生盘古，垂死化身。气成风云，声成雷霆，左眼为日，右眼为月，四肢五体为四极五岳，血液为江河，筋脉为地理，肌肉为田土，发髭为星辰，皮毛为草木，齿骨为金石，精髓为珠玉，汗流为雨泽，身之诸虫，因风所感化为黎甿。"

在民间故事里，盘古也有一妹，其故事内容与伏羲、女娲兄妹类似。相传王屋山东边有一座山，这里有一座盘古寺（济源县），当地人相信此地就是盘古出生的地方。桐柏山地区也有一座盘古山（又名九龙山、大复山），当地流传着盘古爷、盘古奶的故事，诸如用无花果树叶做衣服，降龙治洪水，造字，盘古兄妹婚，盘古生八子等。

袜

袜，其为物人身黑首从目。

郭璞注："袜即魅也。"郝懿行注："《楚辞·大招》云：'豕首从目，被发鬤只。'疑即此。"其实，此处之"袜"，当指戴着黑头纵目面具的人。

戎

戎，其为人人首三角。

《周书·史记篇》云："昔有林氏召离戎之君而朝之；至而不礼，留而弗视，离戎逃而去之，林氏诛之，天下叛林氏。"孔晁注："林氏，诸侯。天下见其遇戎不以礼，遂叛林氏，林氏孤危也。"又云："林氏与上衡氏争权，林氏再战而胜，上衡氏伪义弗克，俱身死国亡。"郝懿行与袁珂均认为《周书》所载即此处之戎与下文林氏的故事。

此处经文人首三角或作人身三角，当系戎族的特色装束和装饰。戎字除指兵器、军旅、征战外,亦通崇、从、汝;戎又为古族名,泛指西北各族,殷、周时有鬼戎、西戎。此外,戎亦为古国名,在今山东曹县东南,春秋时灭于卫国;又为古地名,其地或谓在今泰国南部马来半岛东岸的尖喷。

林氏国·驺吾

　　林氏国有珍兽,大若虎,五采毕具,尾长于身,名曰驺吾,乘之日行千里。

　　郝懿行注:"《毛诗·传》云:'驺虞白虎黑文,不食生物。'与此异。"郭璞注:"《六韬》云:'纣囚文王,闳夭之徒诣林氏国求得此兽献之,纣大悦,乃释之。'《周书》曰:'夹(央)林酋耳,酋耳若虎,尾参于身,食虎豹。'《大传》谓之侄(怪)兽。吾宜作虞也。"

　　《淮南子·道应篇》:"散宜生乃以千金求天下之珍怪,得驺虞、鸡斯之乘、玄玉百工、大贝百朋、玄豹黄罴、青犴白虎、文皮千合,以献于纣。"袁珂指出"首列驺虞,其贵可知矣",并认为:"驺吾(虞)神话,亦文王脱羑里神话之一细节也。"

《周书·史记篇》记有林氏国先后战胜戎氏、上衡氏,称霸一方。其实,林氏国之强悍,乃得益于其国有日行千里的宝马駃吾,也就是说林氏国可能是首先使用骑兵征战的国家;而商纣王之所以看重騶虞,亦在于它的军事价值。

泛林·从极之渊·冰夷·阳汙山·凌门山

昆仑虚南所,有泛林方三百里。

从极之渊深三百仞,维冰夷恒都焉。冰夷人面,乘两龙。一曰忠极之渊。

阳汙之山,河出其中;凌门之山,河出其中。

毕沅注:"《淮南子·地形训》有樊桐,云在昆仑阊阖之中。《广雅》云:'昆仑虚有板桐。'《水经注》云:'昆仑之山,下曰樊桐,一名板桐。'案氾、樊、板声相近,林、桐字相似,当即一也。"据此,昆仑虚南面有梧桐林,正是凤凰栖息的好地方。

从极之渊又名忠极之渊,亦即《海内西经》所说"昆仑南渊深三百仞",其地或即今黄河壶口瀑布;因为只有壶口瀑布才能充分显示黄河之神威,而壶口瀑布正处于陕、晋、豫黄土高原中心,其北即鄂尔多斯高原、黄河河套(《山海经》记载的昆仑丘所在地)。冰夷又作冯夷、无夷,亦即河伯。从"冰夷"的称谓可以推之,他的工作可能与处理黄河中游冬春交替期的凌汛有关,解冻的浮冰在此时往往会堆积起来对沿岸造成严重的水患,大禹采用"积石山"的办法治理黄河水患可能也与此有关。在古史传说里,河伯可指居住在黄河两岸(大约从壶口至洛阳段)的部落,例如在王亥牧牛羊于有易而遇害的故事里,河伯为与王亥、有易相邻的部落。与此同时,河伯亦指黄河之神,《尸子辑本》卷下云:"禹理水,观于河,见白面长人鱼身出,曰:'吾河精也。'授禹河图而还于渊中。"

《水经注·洛水》引《竹书纪年》云:"洛伯用与河伯冯夷斗。"所谓洛水之神与黄河之神的斗争,既反映洛水入黄河、两水争河道的场面,也反映黄河两岸居民与洛水两岸居民存在着争水利、避水害的长期矛盾。

我国殷墟卜辞中,屡有祭祀黄河的内容。《庄子·人间世》云:"牛之白额者,与豚之亢鼻者,与人之有痔病者,不可以适河。"所谓适河,即以人(少女)为牺牲祭祀黄河,民间则称为河伯娶妇,这种巫术目的是祈求黄河不泛滥成灾。《楚辞·天问》:"帝降夷羿,革孽夏民,胡射夫河伯,而妻彼雒嫔?"高诱注《淮南子·泛论篇》称:"河伯溺杀人,羿射其左目。"王逸注谓:"河伯化为白龙,游于水旁,羿见射之,眇其左目。"所谓羿射河伯,实亦为巫术活动,即强迫黄河之神就范。

《穆天子传》卷一云:"戊寅,天子西征。鹜行,至于阳纡之山。河伯无夷之所都居,是惟河宗氏。"阳纡山即阳汙山,河宗氏即负责祭祀黄河的世袭家族,周穆王向黄河祭献的物品有玉璧、牛马豕羊等。凌门山又作陵门山,郝懿行注:"或云即龙门,凌、龙亦声相转也。《艺文类聚》八卷引此经正作阳纡、龙门,与《水经注》合。"

所谓"河出其中",可理解为黄河发源于此或在此通过。阳纡山在《穆天子传》里,其方位在河套地区(古人曾长期以此为黄河源),研究者多认为即内蒙古阴山(古称阳山)。凌门山之名当指黄河河道呈门状,符合这种地形地貌的黄河中游河道著名者有龙门和三门峡。

王子夜之尸

王子夜之尸,两手、两股、胸、首、齿,皆断异处。

袁珂注:"日本小川琢治《穆天子传地名考》谓'夜'即'亥'字形讹,疑是。若果如此,则此节亦王亥故事之片段,即《大荒东经》郭璞注引《古本竹书纪年》所谓'殷王子亥宾于有易而淫焉、有易之君绵臣杀而放之'、王亥惨遭杀戮以后之景象也。”又注：“江绍原《殷王亥惨死及后君王恒、上甲微复仇之传说》（见一九三六年十一月二十八日北平《华北日报》副刊《中国古占卜术研究》）谓齿字与首字形近而衍，亦足供参考。如此，则王亥惨遭杀戮，系尸分为八，合于‘亥有二首六身’（首二、胸二、两手、两股）（《左传》襄公三十年）之古代民间传说。郭璞《图赞》云：‘子夜之尸，体分成七。’则所见本已衍齿字也。”

《大荒东经》记载王亥故事为：“有困民国，勾姓而食。有人曰王亥，两手操鸟，方食其头。王亥托于有易、河伯仆牛。有易杀王亥，取仆牛。河念有易，有易潜出，为国于兽，方食之，名曰摇民。帝舜生戏，戏生摇民。”

对比《大荒东经》与此处《海内北经》的记载，不难看出《大荒东经》的记述回避了王亥遇害后的惨象，而《海内北经》的描述则有一种事不关己的冷酷，这种差异可能反映了记述时代的不同，以及记述者的民族感情不同。

《拾遗记》卷七记有魏明帝曾下令建造昴毕之台，祭祀昴星和毕星，因为他相信这两个星宿管理着他的王朝所在地（河南洛阳）。事实上，在二十八星宿文化里，昴宿、毕宿正是王亥遇害“二首六身”之像，而殷民族的活动中心也是在洛水与黄河交汇一带。在美洲印第安人的民间故事里，昴宿、毕宿、参宿构成了一个单腿人的形象，另一条腿被他的恶毒妻子砍掉了，这很有点像是王亥的遭遇。

亥字意为十二地支、十二时辰之一，古代常以亥日集市交易，亦称隔日集市为亥市。古史文献里王亥的亥字，据袁珂考证又作该、核、垓、胲、眩、冰、振、鲧等字。

所谓王亥之尸“皆断异处”，郭璞注：“此盖形解而神连，貌乖而气合；合不为密，离不为疏。”其实，这是古代一种巫术观念，即分尸而葬，以防止遇害者灵魂复活。

登比氏·宵明·烛光

舜妻登比氏生宵明、烛光,处河大泽,二女之灵能照此所方百里。一曰登北氏。

所谓"登比氏生宵明、烛光",这是我国古籍有关人造光源的最早记载之一。也就是说,登比氏乃人工光源的发明者,其名原当作"灯比氏"。她发明的灯有两种,其一为宵明,当属于强光源,可用于夜间户外;其二为烛光,可能属于弱光源或方便移动的光源,既可用于夜间室内照明,也可用于户外行走时。制造光源的材料,当取自牛羊(包括鱼类,特别是娃娃鱼油,为优质灯油。娃娃鱼一度因此而捕杀殆尽。娃娃鱼为龙的原型)等动物的膏脂或其他矿物燃料。这两种光源由登比氏的两个女儿分别掌管,并以光源的特点给她们起名,这种命名方法是古代经常使用的。

所谓"处河大泽,二女之灵能照此所方百里",明确指出登比氏二女的工作主要是照明河道和湖泊。据此,宵明、烛光可能包括船用照明灯、航道标志灯、码头照明灯,以及灯塔用灯(登比氏的登字有上升到高处之意)。这也就表明,在帝舜时代,人们的夜间活动已经相当多,而且水上交通相当繁忙,以至于需要夜间照明,来确保航运的安全。与此同时,在河流、湖泽上使用人工光源,也可能与捕鱼有关,因为有些鱼类具有趋光习性。此外人工光源还可用于夜间捕鸟、拾鸟卵、收集鸟羽时的照明。

袁珂注:"《海内西经》:'大泽方百里,群鸟所生及所解。'即此大泽。该节及已下二节亦应移于此节之前,始与方位大致相符。"实际上,所谓"处河、大泽",即今黄河流经的河套一带,前套、后套古均为大泽,两套之间河道密布,黄河之水在这里流势平稳,对发展水上交通极为有利,而河套南北曾是古人栖息的青山绿水、良田沃土和风吹草低见牛羊的天然牧场,并有候鸟换羽

的大面积湖泽、湿地。

　　舜妻除帝尧二女娥皇、女英之外，又有登比氏，这表明所谓"妻"者实际上是相互通婚的部落，一个部落可以与若干个其他部落通婚；同时也表明帝舜可以指一个朝代，这个朝代可能有多个名"舜"的首领，而并不特指一个唯一的"舜"。

盖国·钜燕·倭

　　盖国在钜燕南，倭北。倭属燕。

　　袁珂注："此节及以下九节均应移《海内东经》'钜燕在东北陬'之后。"

　　郝懿行注："（《三国志》）《魏志·东夷传》云：'东沃沮在高句丽盖马大山之东。'《后汉书·东夷传》同。李贤注云：'盖马，县名，属玄菟郡。'今案盖马疑本盖国地。"

郭璞依据《魏志·东夷传》注谓："倭国在带方东大海内,以女为主(王),其俗露紒,衣服无针功,以朱涂身,不妒忌,一男子数十妇也。"《汉书·地理志下》："乐浪海中有倭人,分为百余国。"倭国又称倭奴,《后汉书·东夷传》云："中元二年正月,倭奴国奉贡朝贺,使人自称大夫,倭国之极南界也,光武赐以印绶。"时在公元 57 年,此印至今尚在。紒,束发为髻,《仪礼·士冠礼》："将冠者,采衣,紒。"倭字意为迂回遥远貌,《诗·小雅·四牡》："四牡腓腓,周道倭迟。"又指一种发髻样式,古乐府《陌上桑》："头上倭坠髻,耳中明月珠。"古称日本人为倭或与其发式有关。

朝鲜·列阳

朝鲜在列阳东,海北山南。列阳属燕。

郭璞注："朝鲜今乐浪县,箕子所封居也。列亦水名也,今在带方,带方有列口县。"郝懿行注："(《汉书》)《地理志》云:'乐浪郡朝鲜又吞列分黎山,列水所出,西至黏蝉入海。'又云:'含资带水,西至带方入海。'又带方、列口并属乐浪郡。《晋书·地理志》列口属带方郡。"

我国东汉后期设带方郡,带水即今朝鲜半岛的汉江。《尸子》卷下称:"箕子胥余,漆体而为厉,被发佯狂,以此免也。"箕子名胥余,乃商纣王的叔父,为躲避纣王加害而装疯。后来,周武王伐纣,以周代殷,相传箕子率众逃往朝鲜半岛,被当地人奉为国君。笔者认为《易经·明夷》卦爻辞"箕子之明夷,利贞"云云,即叙述箕子率族人迁徙朝鲜的故事。"明夷"或即朝鲜的古名,时在三千年前。

列姑射·射姑国·大蟹

列姑射在海河州中。

射姑国在海中，属列姑射，西南，山环之。

大蟹在海中。

郭璞注："山名也，山有神人。河州在海中，河水所经者。《庄子》所谓藐姑射之山也。"《庄子·逍遥游》："藐姑射之山，有神人居焉，肌肤若冰雪，淖约若处子，不食五谷，吸风饮露，乘云气，御飞龙，而游乎四海之外，其神凝，使物不疵疠而年谷熟。"或许，庄子之遐思，乃出自其地名之"姑"字。

袁珂认为列姑射即《东山经》的姑射山、北姑射山、南姑射山，此言甚是。可以补充的是，《东山经》记述这几座山时均称"无草木"，当时此地并不适于人类居住。

《大荒东经》曰："女丑有大蟹。"袁珂认为即此处大蟹，并注谓："《周书·王会篇》云：'海阳大蟹。'孔晁注云：'海水之阳，一蟹盈车。'此大蟹见于先秦古籍者也。《玄中记》（《古小说钩沉》辑）云：'天下之大物，北海之蟹，举一螯能加于山，身故在水中。'《御览》卷九四二引《岭南异物志》云：'尝有行海得洲渚，林木甚茂。乃维舟登岸，爨于水旁。半炊而林没于水。遽斩其缆，乃得去。详视之，大蟹也。'则传说演变，愈出而愈奇也。"

陵鱼

陵鱼人面，手足，鱼身，在海中。

袁珂认为此即《海外西经》龙鱼。郝懿行注："《初学记》三十卷引此经云：'鲮鱼背腹皆有刺，如三角菱。'《北堂书钞》一百三十七卷亦引此经，而云'鲮鲤吞舟'。疑此皆郭注误引作经文，今本并脱去之也。"《太平广记》引《洽闻记》："海人鱼状如人，眉目口鼻手爪，皆为美丽女子，皮肉白如玉，发如马尾，长五六尺。"《搜神记》："南海之外有鲛人，水居如鱼，不废织绩，其眼泣，则能出珠。"鲛人或即采珠女。

大鳒·明组邑

大鳒居海中。

明组邑居海中。

郭璞注："鳒即鲂也。"鲂，又称三角鲂、三角鳊，为淡水鱼类，武昌鱼即团头鲂。鲂鱼，俗称火鱼，属于底栖性海鱼，在海底爬行，食甲壳类、软体类动物和小鱼，我国沿海均产。此种并无特点的鱼类，在海中比比皆是，似乎不值得记入《山海经》里，因此，所谓大鳒，当另有所指。

郝懿行注："明组邑盖海中聚落之名，今未详。"笔者推测，明组邑可能是乘冰山漂流在海洋上的部落，而且这应当是古代中国人迁徙美洲和大洋洲的重要途径，原因如下：

（1）冰山的体积和出水面积远比古人能够建造的木筏和舟船要大，因此相对更稳定，更能抵御风浪，从而漂游的时间更长，漂游的距离更远。现代冰山，体积大的，可在海洋上漂流两年之久；远古时期的冰山体积更庞大，漂流的时间会更长，更有利于古人利用其达成远途迁徙。

（2）推动冰山漂游的动力，主要是洋流，其次是海风，当时的人可能还没有能力推动冰山朝着自己希望的目的地移动，因此古人在冰山上的漂游是被动的，但是仍然有规律可循。

（3）古人乘冰山漂游，有着天然的充足的淡水供应。对比之下，乘坐木筏越洋，淡水供应是一个严重的制约因素。

（4）乘冰山漂游，食物能够长时间保鲜不变质，这也是乘坐木筏所不具备的重要优点。

（5）在庞大的冰山上，往往有海豹、海狮、海象等极地动物随着一起漂游，它们会成为乘冰山漂游者的活的食物来源。古人登上冰山，当初正是为了捕捉冰山上的猎物，例如流波山上的一足夔。现代北美因纽特人仍然在冰山上捕猎，偶尔也会随断裂的冰山漂流到远处。

蓬莱山·大人之市

蓬莱山在海中。

大人之市在海中。

今山东蓬莱县城北丹崖山有蓬莱阁，相传当年徐福受秦始皇之命，在此乘舟入海寻蓬莱、方丈、瀛洲三神山，后入日本而不归。《史记·封禅书》："蓬莱、方丈、瀛洲，此三神山者，其传在勃海中，去人不远；患且至，则船风引而去。盖尝有至者，诸仙人及不死之药皆在焉，其物禽兽尽白，而黄金银为宫阙。未至，望之如云；及到，三神山反居水下；临之，风辄引去，终莫能至云。"

《拾遗记》卷十称,蓬莱山又名防丘、云来,高二万里,广七万里,有细石如金玉,仙者服之;其东有郁夷国,窗牖皆向北开;其西有含明国,那里的人以鸟羽为衣,其上有冰水、沸水,饮者千岁。古人关于海上仙山的传闻,当与出海远航日益频繁有关,其中既有海市蜃楼,也有真实记录而今日不能理解者。例如蓬莱山、流波山、波谷山,可能都是已经消失的大冰山。

《大荒东经》称东海之外:"有波谷山者,有大人之国。有大人之市,名曰大人之堂。有一大人踆其上,张其两耳(臂)。"袁珂认为即此处大人之市,乃现实场景,而不是虚幻的海市蜃楼。或许,大人之市可能是一处海上物产交易集散地。

八、海内东经

东方有一处名叫雷泽的神秘地方,霹雷闪电总是光顾此地,古人相信雷神就居住在这里。更奇怪的是,雷泽上有时会出现巨人的脚印,如果女子踩在巨人的脚印上,就会怀孕。有人说巨人的脚印是外星人留下的,用来诱惑地球人,当年美丽的姑娘华胥就是因为踩在雷泽的巨人脚印上,怀孕生下了人文初祖伏羲。伏羲是中国历史上最著名的发明家,他发明了八卦符号体系,还发明了织网捕猎技术……

钜燕·埻端·玺野晪

海内东北陬以南者。

钜燕在东北陬。

国在流沙中者埻端、玺晪,在昆仑虚东南。一曰海内之郡,不为郡县,在流沙中。

《海内东经》仅记述有 10 处场景,其中还有若干场景实际上属于《海内西经》,这是因为,原属于《海内东经》的若干内容已经误入《海内北经》。

袁珂注:"此(钜燕)下当接《海内北经》'盖国在钜燕南'以下十节文字。"

钜,巨的异体字,亦指刚硬的铁、钩子。燕为古国名,原作匽、郾,郾意为停息、储污水的坑池。公元前 11 世纪周分封诸侯国,召公奭为燕国开国君主,建都蓟(今北京西南隅),管辖地域在今河北省北部、辽宁省西部,此后其势力不断扩展,为战国七雄之一。与此同时,南方亦有燕国,开国君主伯倏,相传为黄帝后裔,建都今河南省汲县西,后人称其为南燕。

在《山海经》其他章节里,均未言及昆仑东南有流沙,此处经文当有讹误。埻端、玺晪二国当位于西方,其国名似是音译,其义不详。

郝懿行注:"《海内东经》之篇而说流沙内外之国,下文杂厕东南诸州及诸水,疑皆古经之错简。"袁珂注:"郝说是也。此下三节俱当移在《海内西经》'流沙出钟山'节后。"

大夏国·竖沙国·居繇国·月支国

国在流沙外者,大夏、竖沙、居繇、月支之国。

《史记·大宛列传》:"大夏在大宛西南二千余里,妫水南。其俗土著有城屋,与大宛同俗。无大王长,往往城邑置小长。其兵弱,畏战。善贾市。及大月氏西徙,攻败之,皆臣畜大夏。大夏民多,可百余万。其都曰蓝市城,有市贩贾诸物。其东南有身毒国。"大夏即今日阿富汗北部,身毒即印度;大宛居地历代有伸缩,约在我国新疆至乌兹别克国一带。

郝懿行注:"《说文》(十二)云:'古者宿沙初作煮海盐。'宿沙盖国名,宿、竖声相近,疑即竖沙也。"袁珂注:"宿沙,炎帝臣,其煮海盐当在古齐地,与竖沙东西地望绝不相侔,郝说非也。"或许,宿沙部落迁徙至西方者称为竖沙,因制盐非仅煮海盐一种方法。宿沙又作夙沙,《艺文类聚》卷十一引《帝王世纪》云:"炎帝神农氏……诸侯夙沙氏叛不用命,箕文谏而杀之。炎帝退而修德,夙沙之民自攻其君,归炎帝。"《路史·后纪四》:"今安邑东南十里有盐宗庙,吕忱云,宿沙氏煮盐之神,谓之盐宗,尊之也。"

居繇,袁珂注:"《三国志·魏志·乌丸鲜卑东夷传》注引《魏略》作属繇国。"繇,草盛貌,通徭、摇、遥、陶;亦通由、游;又通籀,卜兆的占辞。

郭璞注:"月支国多好马、美果,有大尾羊如驴尾,即羬羊也。小月支、天竺国皆附庸云。"月支读音肉支,又名月氏、月氐,属古代西域诸国之一,原居祁连山至敦煌一带。汉时匈奴攻破月支国,一部西迁至大宛西,臣服大夏,号称大月支,此后势力渐盛,影响达克什米尔、恒河流域。汉时未迁徙者,号称小月支,居地在今甘肃张掖至青海西宁一带。

西胡·白玉山·苍梧·昆仑虚

西胡白玉山在大夏东,苍梧在白玉山西南,皆在流沙西,昆仑虚东南。昆仑山在西胡西,皆在西北。

此处经文将昆仑虚与大夏、西胡白玉山相提并论,如果不是错简,则表明此时撰写《海内四经》的人,对昆仑虚的准确地理方位已经不清楚了。

郝懿行注:"《三国志》注引《魏略》云:'大秦西有海水,海水西有河水,河水西南北行有大山,西有赤水,赤水西有白玉山,白玉山西有西王母。'今案大山盖昆仑也,白玉山、西王母皆国名。《艺文类聚》八十三卷引《十洲记》曰:'周穆王时,西胡献玉杯,是白玉之精,明夜照夕。'云云。然则白玉山盖以出美玉得名也。"又注:"此别一苍梧,非南海苍梧也。"我国古书所说大秦,大体指地中海东岸诸国,包括罗马帝国,以及叙利亚国。汉武帝时(公元前108年)大秦曾进贡花蹄牛,此后大秦幻人(魔术师)亦来中国献艺。此处经文所记西胡白玉山在大夏东,与大秦相距甚远。

郭璞注:"《地理志》昆仑山在临羌西,又有西王母祠也。"袁珂注:"《汉书

·地理志》云：'金城郡临羌西北至塞外，有西王母石室。'又云：'有弱水、昆仑山祠。'是郭所本也。"据此可知，汉时人们所说的昆仑山，大体就是我们今天地图上标出的昆仑山山脉，然而它已经不是《山海经》记述的昆仑丘、昆仑虚了。

雷泽·雷神

雷泽中有雷神，龙身而人头，鼓其腹。在吴西。

今日太湖，古名具区泽，又名震泽，当即此处"在吴西"之雷泽。有迹象表明太湖系陨击而成，陨击时伴有巨响，或者当地多雷，因而有雷泽之名。北方也有雷泽，郭璞注："今城阳有尧冢灵台。雷泽在北也。《河图》曰：'大迹在雷泽，华胥履之而生伏羲。'"此雷泽乃举行求子巫术的场所，所谓"大迹"则是雷神的化身，也可能是外星人留下的印迹，用以诱惑地球人。

都州·琅邪台·韩鴈·始鸠·会稽山·大楚

都州在海中。一曰郁州。

琅邪台在渤海间，琅邪之东。其北有山。一曰在海间。

韩鴈在海中，都州南。

始鸠在海中，辕厉南。

会稽山在大楚南。

《水经注》卷30（淮水）云："东北海中，有大洲，谓之郁洲，《山海经》所谓郁山在海中者也，言是山自苍梧徙此，云山上犹有南方草木，今郁州治。故崔季珪之叙《述初赋》，言郁洲者，故苍梧之山也。"据此，都州在今江苏北部连云港沿海一带。

琅邪台在今山东胶南市夏河城东南,东临黄海(古代所说渤海,可泛指北方之海,包括今渤海、黄海,以及日本海,甚至更北之海);所谓"其北有山",当指今青岛崂山,海拔 1133 米,为著名风景区。《史记·秦始皇本纪》记有秦始皇东巡至琅邪,大乐之:"作琅邪台,立石刻,颂秦德,明得意。"琅邪台乃依山势而建,台基三层,层高三丈,今台观建筑已无,遗址状如小山丘。

经文所说韩鴈位于都州南,可知其地在今连云港以南的沿海地区。郝懿行注:"韩鴈盖三韩古国名。"《魏志·东夷传》云:"韩有三种,一曰马韩,二曰辰韩,三曰弁辰。"这些沿海小国的出现,可能与海水退落、滩涂成陆的变化有关。

毕沅、郝懿行均认为辕厉即韩鴈,辕、韩声相近,鴈、厉字相似。据此,始鸠国又在三韩国之南。至于国名韩鴈、始鸠,则可能与候鸟迁徙在此地落脚有关。由于古代朝鲜半岛居民自称"韩",因此《山海经》所记"韩鴈"、"韩流"均表明朝鲜半岛古代居民来自中国。

吴承志认为大楚乃大越之误,其在《山海经地理今释》卷六云:"楚当作越,传写讹误。《越绝书·记越地传》云:'禹忧民救水,到大越,上茅山大会计,更名茅山曰会稽。'即本此经。"不过,按此经所说方位,此会稽山也可能指今安徽怀远县的涂山,亦即《左传·哀公七年》所记:"禹合诸侯于涂山,执玉帛者万国。"

建平元年四月丙戌,待昭太常属臣望校治,侍中光禄勋臣龚、侍中奉车都尉光禄大夫臣秀领主省。

建平元年即公元前 6 年,是年刘秀(歆)受今文学派诸儒排挤,出任河内太守。

岷三江:首大江出汶山,北江出曼山,南江出高山。高山在城(成)都西。入海,在长州南。浙江出三天子都,在其(蛮)东。在闽西北,入海,余暨南。庐江出三天子都,入江,彭泽西。一曰天子鄣。淮水出余山,余山在朝阳东,义乡西,入海,淮浦北。湘水出舜葬东南陬,西环之。入洞庭下。一曰东南西泽。汉水出鲋鱼之山,帝颛顼葬于阳,九嫔葬于阴,四蛇卫之。濛水出汉阳西,入江,聂阳西。温水出崆峒,(崆峒)山在临汾南,入河,华阳北。颖水出少室,少室山在雍氏南,入淮西鄢北。一曰缑氏。汝水出天息山,在梁勉乡西南,入淮极西北。一曰淮在期思北。泾水出长城北山,山在郁郅长垣北,<北>入渭,戏北。渭水出鸟鼠同穴山,东注河,入华阴北。白水出蜀,而东南注江,入江州城下。沅水<山>出象郡镡城西,<入>东注江,入下隽西,合洞庭中。赣水出聂都东山,东北注江,入彭泽西。泗水出鲁东北而南,西南过湖陵西,而东南注东海,入淮阴北。郁水出象郡,而西南注南海,入须陵东南。肆水出临晋(武)西南,而东南注海,入番禺西。潢水出桂阳西北山,东南注肆水,入敦浦西。洛水出(上)洛西山,东北注河,入成皋<之>西。汾水出上窳北,而西南注河,入皮氏南。沁水出井陉山东,东南注河,入怀东南。济水出共山南东丘,绝钜鹿泽,注渤海,入齐琅槐东北。潦水出卫皋东,东南注渤海,入潦阳。虖沱水出晋阳城南,而西至阳曲北,而东注渤海,入<越>章武北。漳水出山阳东,东注渤海,入章武南。

说明:( )内的文字,为正文、脱文;< >内的文字,为衍文。

毕沅注:"《海内东经》旧本合'岷三江,首……'以下云云为篇,非,今附在后。"又注:"自'岷三江,首……'以下疑《水经》也。"袁珂注:"毕沅之说是也。"

上述文字中"汉水出鲋鱼之山,帝颛顼葬于阳,九嫔葬于阴,四蛇卫之",可能有误,一是未依惯例叙述汉水的流向,二是帝颛顼葬于北方,非长江支流汉水。

《水经》作者是西汉学者桑钦,该书对 137 条河流进行了简短描述。此后,郭璞为《水经》作注三卷,已佚。现存《水经注》四十卷,乃北魏学者郦道元所著。近代学者王国维又为《水经注》作注,撰有《水经注校》一书。

九、海内经

　　中国东周的神庙四壁的壁画,画着许多远方的故事和历史上的故事。流沙之东,黑水之西,有朝云国和司彘国,两国互通婚姻,生下了一个名叫韩流的人,他就是后来韩姓人的祖先。黑水发源自幽都山,幽都山实际上是一座大型露天煤矿,因此这里的水才会变黑。在九丘上生长着一棵通天神树,名叫建木,当年伏羲和黄帝,都在这里举行过登天巫术活动。《山海经》结尾记述了鲧和禹治理洪水、安定天下的故事,寄托了作者的希望。

朝鲜国·天毒国

东海之内,北海之隅,有国名曰朝鲜、天毒,其人水居,偎人爱之。

郭璞认为此处天毒即天竺,王崇庆认为此天毒或别有所指,袁珂注:"天竺即今印度,在我国西南,此天毒则在东北,方位迥异,故王氏乃有此疑。或者中有脱文讹字,未可知也。"其实,此处经文疑当断句为两节,第一节:"东海之内,北海之隅,有国名曰朝鲜。"第二节:"(西海之内,南海之隅,有国名曰)天毒,其人水居,偎人爱之。"经文"偎人爱之"或作"偎人爱人",其意与佛教主张"慈悲为怀、怜爱众生"相合。

公元前138年张骞出使西域,历经大宛(中亚费尔干纳盆地)、康居(巴尔喀什湖与咸海之间)、大月支(时立国妫水,即今阿姆河流域,兼有妫水南的大夏),前后两次被匈奴扣留,历时13年方归。张骞在大夏见到邛竹杖、蜀布等华夏物产,知其从天毒(即印度)贩至大夏。汉武帝采纳张骞意见,令张骞派使者从南路寻访印度。公元68年,东汉明帝派使者从天竺请来高僧在洛阳建白马寺,此为佛教在中国传播之始。此处《海内经》所记天毒,当是我国有关印度(包括今尼泊尔、巴基斯坦等国)的最早文字之一,其时应在张骞出使西域之前。

值得注意的是,此处《海内经》所记东海之内、北海之隅的朝鲜,指的正是位于朝鲜半岛的方国。由于朝鲜人又自称是韩国人,因此《海内东经》所记"韩鴈在海中,都州南",以及《海内经》所记"韩流",均表明朝鲜人来自中国大陆。

此外,笔者在《神奇的八卦文化与游戏》(中国对外翻译出版公司)一书中指出,《易经》六十四卦的明夷卦的爻辞,记述的正是箕子到朝鲜的故事。明夷卦六五爻辞"箕子之明夷,利贞",徐志锐解释为"箕子为奴",高亨解释为

"箕子捕获鸣雉",笔者则认为,"明夷"即朝鲜,"箕子之明夷"即箕子率族人迁徙到朝鲜。箕子是商纣王的叔叔,武王灭殷之后,箕子不愿意受周朝统治,因此举族东迁至朝鲜半岛(飞于明夷),带去先进的科学技术和文明文化(于明夷南狩),受到当地土著欢迎(获明夷之心),被推举为王(利贞),至今朝鲜仍然盛传箕子的故事。事实上,"明夷"一词顾名思义就是"朝鲜夷"。

壑市国·氾叶国·鸟山·淮山

西海之内,流沙之中,有国名曰壑市。

西海之内,流沙之西,有国名曰氾叶。

流沙之西,有鸟山者,三水出焉。爰有黄金、璇瑰、丹货、银、铁,皆流于此中。又有淮山,好水出焉。

袁珂注:"《水经注·禹贡山水释地所在》云:'流沙在西海郡北,又迳浮渚,历壑市之国。'"浮渚或指某种地貌、某处地名;或即浮屠,本指佛教,代指印度。

《穆天子传》卷一记有"天子之宝,玉果、璇珠、烛银、黄金之膏",郝懿行认为与此处鸟山所出诸物相类。

朝云国·司彘国·雷祖·昌意·韩流·阿女·颛顼

流沙之东,黑水之西,有朝云之国、司彘之国。黄帝妻雷祖,生昌意。昌意降处若水,生韩流。韩流擢首、谨耳、人面、豕喙、麟身、渠股、豚止,取淖子曰阿女,生帝颛顼。

朝云国与司彘国相邻与处,当系两个长期互通婚姻的部落。司彘国之名,表明该部落以猪为图腾,或者负责管理与猪有关的事项(养猪、猎猪,以及相关祭祀活动）。朝，既指晨阳，又意为朝向、朝拜，因此朝云既可指赤云，亦可指对云（包括雷电）的朝拜。进一步说，朝云疑即缙云，缙意为赤白色，与朝云色彩同；缙亦指赤色丝帛，"缙绅"指系着赤色大腰带的人（有身份的象征）；缙又有插意，缙绅又可指插笏于带（官员上朝言事）。据此，缙云乃雷电从云中插下之貌，同时又有朝拜雷电之意。

在古史传说里，黄帝为有熊氏国君，号曰有熊氏、缙云氏、帝鸿氏、帝轩氏、轩辕氏（实际是上述部落共同组成黄帝部落联盟）。其中，有熊氏与猎熊、观测北斗星（大熊星）有关，轩辕氏与车的制造和使用有关，而缙云氏则与雷神崇拜有关（所谓黄帝生而有景云之瑞，亦出自缙云）。袁珂在《中国神话大词典》中指出："黄帝最初之神职盖为雷神。"并引《河图稽命征》："（黄帝母）附宝见大电光绕北斗枢星，照耀郊野，感而生黄帝轩辕于青邱。"《河图帝纪通》："黄帝以雷精起。"《春秋合诚图》："轩辕，主雷雨之神也。"《大象列星图》："轩辕十七星在七星北，如龙之体，主雷雨之神。"凡此种种，均与雷电有关。或许我国古代青铜器装饰图案多云雷纹亦源于此。

雷祖又作累祖、嫘祖等，相传嫘祖发明养蚕缫丝织帛，《路史·后纪五》："黄帝元妃西陵氏曰嫘祖，以其始蚕，故又祀先蚕。"先夏时期，彩帛除可为衣，当亦用于巫术，例如象征彩云，与"谁持彩练当空舞"意近。因此，朝云国或即缙云氏与雷祖联姻之后裔，亦即此处的昌意。昌字形象有日盛之意，意字古与"抑"通，昌意或可指云遮日，与缙云氏一脉相承。

经文"昌意降处若水，生韩流"，郭璞注："《竹书》云：'昌意降居若水，产帝乾荒。'乾荒即韩流也，生帝颛顼。"所谓"降处"即迁徙，此处若水通常认为即今四川岷江支流若水，韩流乃昌意与若水女子通婚的后裔。

所谓"韩流擢首、谨耳、人面、豕喙、麟身、渠股、豚止"，擢字意为抽、拔、耸起，擢首当指拉伸头颅使其变长，而颛顼之名亦有头骨变形之意。远在美洲的玛雅人亦有此习俗，即对贵族儿童的头颅施行人工变形，使其长大后具有特定的相貌。谨耳当指对耳朵的人工装饰或造型,其状应如猪耳,此处谨字可能有误。总之,韩流的扮相是长颅骨、大耳朵、猪嘴巴、动物皮毛、粗壮的大腿、猪样的蹄脚,而这正是他具有"司彘"(负责管理养猪工作)身份的象征。我们今天不要小看韩流负责养猪这项工作,在当时乃是非常重要的职业,此后人们在猪栏上加盖顶棚,就是汉字的"家"(对比之下,"牢"即有顶棚的牛栏,要比猪栏更结实牢固),而女子出"嫁"则表明最流行的嫁妆就是建造一座有顶棚的猪圈。

此处经文称韩流"取淖子曰阿女,生帝颛顼",《大戴礼·帝系篇》则云:"昌意娶于蜀山氏之子,谓之昌仆氏,产颛顼。"郝懿行认为此处淖子即蜀山氏女。《初学记》卷九引《帝王世纪》:"颛顼母曰景仆,蜀山氏女,谓之女枢。"枢有旋转之意,多用于天文观测,而颛顼后裔多天文巫术世家,或源于此。在古史传说里,颛顼为北方著名部落或北方之神,此处却记述他出生在南方的蜀地,此间当有民族的往来迁徙。

由于朝鲜半岛居民自称"韩"和"韩国",而"韩"字本意是井的栏杆,源自古人用木头搭的架子或者围栏,暗示着韩姓和韩国均出自中国古代负责搭建围栏(养猪)或者搭建木架(打井)的氏族,亦即其族源可以追溯到远古的"韩流"(司彘)部落。与此同时,《海内东经》所记韩鴈,以及中国战国时期的韩国、今日陕西省的韩城,均应出自韩流部落。

不死山·肇山·柏高

流沙之东,黑水之间,有山名不死之山。

华山青水之东,有山名肇山,有人名曰柏高,柏高上下于此,至于天。

《楚辞·远游》:"仍羽人于丹邱兮,留不死之旧乡。"《博物志·物产》:"员丘山上,有不死树,食之乃寿;有赤泉,饮之不老。"《水经注·禹贡山水释地所在》："流沙又历员丘不死之山西。"郭璞认为此处不死之山即员丘。此处华山或即今西岳华山。柏高又名柏子高、伯高、伯成子高，为古代著名部落或巫师。《庄子·天地篇》："尧治天下，伯成子高立为诸侯；禹时，伯成子高辞为诸侯而耕。"《管子·地数篇》记有黄帝与柏高的对话，相传黄帝炼丹成功乘龙飞天时，柏高亦追随升天。

都广之野·后稷葬

西南黑水之间，有都广之野，后稷葬焉。爰有膏菽、膏稻、膏黍、膏稷，百谷自生，冬夏播琴。鸾鸟自歌，凤鸟自儛，灵寿实华，草木所聚。爰有百兽，相群爰处。此草也，冬夏不死。

都广或作广都，杨慎《山海经补注》："黑水广都，今之成都也。"曹学佺《蜀中名胜记》认为在今成都附近的双流县境内。《海内西经》亦记有后稷葬所，与此处一样均未言及随葬品。实际上这里描述的乃是都广之野如何富庶，谷米飘香，一年两熟，灵寿草木终年常绿，百兽各得其所，鸾鸟、凤鸟歌舞升平。或许三星堆遗址和金沙遗址的发达文化即形成于此得天独厚之域。

郭璞注："其城方三百里，盖天地之中，素女所出也。"郝懿行指出上述郭注十六字原本属于《山海经》正文，并引《风俗通》："《黄帝书》：泰帝使素女鼓瑟而悲，帝禁不止。"认为"素女盖古之神女，出此野中也。"袁珂注："杨慎云：'素女在青城天谷，今名玉女洞。'亦可存以俟考。"

此处经文后半段疑当作"冬夏播琴。灵寿实华，草木所聚；此草也，冬夏不死。爰有百兽，相群与处，鸾鸟自歌，凤鸟自舞。"播琴即播种，古楚方言读冢（种）如琴。灵寿，郭璞注："木名也，似竹，有枝节。"吴承志认为即昆仑山的寿木。笔者认为灵寿即邛竹，节长、实心，可为杖，因老年人用杖，故称灵寿木，乃蜀国出口的重要物品（其他还有蜀布和丝绸）。三星堆出土的金杖，应该也是在灵寿杖外包金,或可表明该金杖所有者年事已高。此外,我国陕西武功县民间称后稷为"大头爷",供奉后稷的庙里,只塑造一个巨大的头像,并无身躯。由于后稷葬在都广之野即成都平原,或许三星堆青铜人像的文化渊源,与"后稷头"的习俗也不无关系。

若木·禺中国

南海之外,黑水青水之间,有木名曰若木,若水出焉。

有禺中之国。

经文南海之外或作南海之内。经文"有木"疑当作"有山"。《大荒北经》亦有若木。袁珂注:"《水经注·若水》云:'若木之生,非一所也,黑水之间,厥木所植,水出其下,故水受其称焉。'又云:'若水出蜀郡旄牛徼外,西南至故关,为若水也。'"若水又名青衣江,西邻峨眉山。

禺,猿猴类动物,又指区域,亦通偶,禺中之国可能有供奉猴神的习俗。

列襄国·灵山·蠕蛇

有列襄之国。

有灵山,有赤蛇在木上,名曰蠕蛇,木食。

列意为排列,襄意为相助而成。据此,列襄国名或有集体行动、彼此相助之意。列又通裂、烈,襄又指冲上、上举、高,《尚书·尧典》称尧时洪水泛滥"怀山襄陵",意即洪水冲上山陵。据此,列襄国名又可指放火烧山开荒。当然,此处列襄之名若出自音译,那么欲知晓其字意,则需要了解叙述者所用的语言。

《大荒西经》记有灵山十巫"从此升降,百药爰在",袁珂认为此处灵山与其地望相当。经文所谓赤蛇"木食"当有所指，其树或即百药神树。

盐长国·鸟氏

有盐长之国。有人焉鸟首，名曰鸟氏。

郝懿行注："《太平御览》七百九十七卷引作监长，有上有西海中三字。"又注："鸟氏，《太平御览》引作鸟民，今本氏字讹也。鸟夷者，《史记·夏本纪》及(《汉书》)《地理志》并云：'鸟夷皮服。'《大戴礼·五帝德篇》云：'东有鸟夷。'是也。又《秦本纪》云：'大费生子二人，一曰大廉，实鸟俗氏。'《索隐》云：'以仲衍鸟身人言，故为鸟俗氏。'亦斯类也。"

此经前文记有"流沙之西，有鸟山者，三水出焉"云云，此处鸟氏或即鸟山之民。《山海经》中记有众多以鸟为名的部落或人，显然这与古人流行鸟羽装饰有关，装饰某种鸟羽的部落很自然会被其他部落用这种鸟来指称其人。

盐水女神的故事，亦即后文的咸鸟。

九丘·建木·大暤

有九丘,以水络之:名曰陶唐之丘、有叔得之丘、孟盈之丘、昆吾之丘、黑白之丘、赤望之丘、参卫之丘、武夫之丘、神民之丘。有木,青叶紫茎,玄华黄实,名曰建木,百仞无枝,有九欘,下有九枸,其实如麻,其叶如芒。大暤爰过,黄帝所为。

所谓"以水络之",即用水渠(象征血脉)将九丘环绕或连络起来,一个"以"字已经充分表明此种景观乃人为所成。据此九丘亦当系人工建筑物,其性质或与众帝之台相类,或系祭祀先祖的场所,可称之为众帝之丘或众帝之虚。

九丘之名,陶唐为帝尧之号,昆吾为著名部落(诸侯)之号。郝懿行注:"叔得、孟盈盖皆人名号也。孟盈或作盖盈,古天子号。"《路史·前纪三》:"盖盈氏。若水之间,禺中之地,有盖盈之丘,盖盈氏之虚也。"《路史》记有众多先民之名号,其中许多都是取自《山海经》的山名或地名,这其实也是古人起名的一种常用方法。据此可知,九丘之名,当均为古部落之名,同时也表明这里是众多部落聚会的圣地。

所谓建木"百仞无枝"与"三桑无枝"类似,具有某种巫术象征意义。所谓建木九欘、九枸,意思是建木的枝和根分别都与九丘相连络,以表示九丘所祭祀之先祖有着共同的精神和相通的血脉。显然,这种建木不可能完全由自然长成,它应当有人为的加工,或者它就是由人造的神树,青色的叶、紫色的枝干、玄色的花、黄色的果,营造出的一种自然界没有的神奇而又神秘的景观,其设计灵感则源自"大暤爰过,黄帝所为"。《海内经·地形训》:"建木在都广,众帝所自上下,日中无景,呼而无响,盖天地之中也。"袁珂注:"古人质朴,设想神人、仙人、巫师登天,亦必循阶而登,则有所谓'天梯'者存焉。"并指出天梯一为神山、二为神树,此处建木即天梯。

《海内南经》记有建木,位于窦窳西的弱水上。此处《海内经》九丘建木则"以水络之",而且也与"窦窳龙首"相邻,或许连络九丘之水亦可称为弱水。

窦窳·猩猩

有窦窳,龙首,是食人。

有青兽,人面,名曰猩猩。

在《山海经》一书里,窦窳首见于《北山经》北次一经的少咸山,乃"状如牛,赤身、人面、马足、食人"的怪兽(有可能是人的化装)。《海外四经》、《大荒四经》均未见记述。《海内南经》称其"龙首,居弱水中,食人"。《海内西经》称其"蛇身人面",被贰负和危杀害,又得六巫"皆操不死之药以距之"。

窦窳又名猰貐,《淮南子·本经训》记有帝尧时期,十日并出,各地怪兽(异族)同时为害人间,于是羿奉帝尧之命"上射十日下杀猰貐"。

所谓"食人",可能与猎人头习俗有关,世界上许多民族都曾经长期流行猎人头习俗,其俗源自先民对头颅的崇拜,他们相信人的生命力就蕴藏在骨头特别是头骨里。我国古代早在先夏时期就盛行二次葬,其目的就是要将圣洁的骨头与肮脏的血肉分离开来,而且要反复多次洗骨,以使祖先灵魂能在洁净的骨头里安居,不去伤害活着的人。在新石器时代的墓葬里,随葬品往往有多颗人头骨,有的头骨被打碎后放入彩陶器内,而且,在陶塑人头的顶部,为了使灵魂自由出入,还留有黄豆大小的孔。

猎人头习俗在许多偏远地区一直延续到近代,猎人头活动一般在春播前后和秋收前施行,猎得人头后要举行接头、祭头、送头仪式,人们兴高采烈地跳起猎头舞,然后将人头放进竹篾编的兜子里,轮流供奉在各家的鬼门外和村寨的木鼓房里。其间一项重要的内容,就是把灰撒在人头上,让灰与鲜血混在一起滴落地上，然后每家分一份混有人头血的灰土，在春播时与种子一道撒在田地里，人们相信这样一来农作物的种子就获得了特别强大的生命力，庄稼就能丰收。

猩猩是一种相貌最接近人类的动物，古人曾误将其视为人类的一种。此处经文"有青兽"（青字衍），则明确将其归入兽类。

巴国·大暤·咸鸟·乘厘·后照

西南有巴国。大暤生咸鸟，咸鸟生乘厘，乘厘生后照，后照是始为巴人。

周时巴国都邑在今重庆市巴县，巴人之名当得自大巴山，其活动区域包括大巴山以及长江巫峡至重庆一带。《世本·氏姓篇》记有："廪君之先，故出巫诞。巴郡南郡蛮，本有五姓，巴氏、樊氏、曋氏、相氏、郑氏，皆出于五落钟离山。其山有赤黑二穴，巴氏之子生于赤穴，四姓之子皆生黑穴，未有君长，俱事鬼神。"此后，巴氏子务相经过一番较量，成为五姓首领，名曰廪君。廪君率领族人从夷水迁徙到盐阳，当地盐水神女欲留廪君，化作飞虫遮天蔽日，廪君射杀盐神，建都夷城，世与秦女通婚。

大暤或作太暤、太昊，又称伏羲（有多种写法，例如伏戏、庖牺、包羲等，疑原作伏曦，亦即早晚的阳光），《易经·系辞》："古者包牺氏之王天下也，仰则观象于天，俯则观法于地，观鸟兽之文，与地之宜，近取诸身，远取诸物，于是始作八卦，以通神明之德，以类万物之情。"今日甘肃天水与河南淮阳均有伏羲庙和太昊陵，当地都流传着伏羲和女娲的故事，以及相应的民间文化习俗，表明伏羲部落有过民族迁徙。

《大荒四经·大荒南经》云："有襄山。又有重阴之山。有人食兽，曰季厘。帝俊生季厘，故曰季厘之国。有缗渊，少昊生倍伐，倍伐降处缗渊。有水四方，名曰俊坛。"与此处《海内经》的内容对比，后照与少昊意思相近，乘厘与季厘字形相近,巴人与倍伐发音相近,帝俊与咸鸟的含义也相近(帝俊为鸟图腾之先祖玄鸟,咸鸟亦是以鸟为图腾,而咸鸟又与玄鸟相近)。如果上述对比成立,则表明帝俊源自太昊,少昊源自帝俊,也就是说少昊与太昊亦有着血缘传统。少昊部落在《五藏山经》时代居住在昆仑丘西面的长留山,后迁徙到今山东曲阜建立少昊国(当地有少昊陵),其国的全部官员都以鸟命名。据此,少昊部落的迁徙,当属于太昊部落迁徙的一部分。

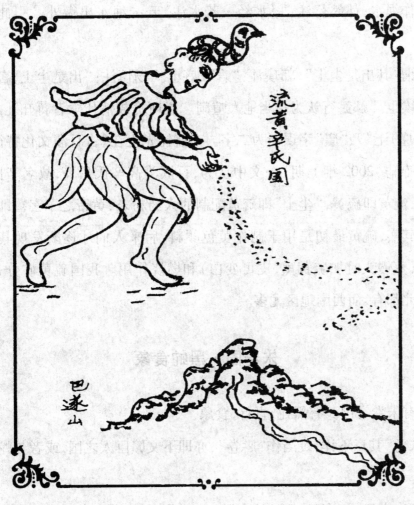

流黄辛氏国

巴遂山

流黄辛氏国·巴遂山

有国名曰流黄辛氏，其域中方三百里，其出是尘土。有巴遂山，渑水出焉。

此处流黄辛氏又名流黄酆氏，《海内西经》记有："流黄酆氏之国，中方三百里，有涂四方，中有山，在后稷葬西。"所谓"中有山"，袁珂认为即巴遂山。渑水或作绳水，郝懿行注："《水经·若水注》云：'绳水出徼外。'引此经亦作绳水。"

所谓"其出是尘土"，郭璞注："言殷盛也。"杨慎注："出是尘土，言其地清旷无嚣埃也。"郝懿行认为指当地人喧闹。袁珂赞成清代学者蒋知让的观点，即"尘（麈）土"乃"麈"字误断为二字。李盛铨先生在《古百濮文化特征试探》（《文史杂志》2002 年 1 期）一文中认为，百濮为高辛氏后裔，故名辛氏，以采矿为业，流黄即硫黄，"尘土"即硫黄配制的火药粉末，黄帝之子玄嚣即火药发明人。其实，硫黄最初是用于制作黄色颜料，后来人们才逐渐发现其具有漂白功能（蒸馒头时加硫黄熏，皮可变白）和燃烧作用。我国硫黄矿分布很广，东西南北都有，而西南地区尤多。

朱卷国·黑蛇食象

又有朱卷之国。有黑蛇，青首，食象。

"朱卷"其意不详，疑当作"唇卷"，亦即下文赣巨人之国，或者与蛇的卷曲状有关。

《海内南经》记有巴蛇食象，并称"一曰黑蛇青首"，当即此处黑蛇。所谓巴蛇食象的传闻，通常都理解为自然界的大蛇吃大象。由于巴人以"巴"为名，而"巴"有大蛇之意，因此巴蛇食象的故事，也可能记录有巴人驯服大象的内容。在《五藏山经·中山经》中次九经对大巴山地区的描述里,大象属于常见的动物。当人类进入农业社会以后,面临的一个重要问题,就是保护农作物不受野生动物的践踏。在各种动物里,大象是一种食量非常大的食草类动物,而且当时人们缺少对付大象的手段和武器,在这种情况下大象对农田的破坏就成为一个必须解决的问题。或许,正是为了驱赶和制服大象,巴人才驯养了巴蛇,并利用巴蛇去攻击大象,从而给后人留下了巴蛇食象的故事。

赣巨人

南方有赣巨人,人面长臂,黑身有毛,反踵,见人笑亦笑,唇蔽其面,因即逃也。

郭璞认为赣巨人即枭阳。袁珂指出长臂当作长唇、见人笑亦笑当作见人则笑、因即逃也当作因可逃也。笔者认为赣巨人"见人笑亦笑",与《五藏山经·北山经》的山犭军"见人则笑"属于相同情节,系一种憨厚、友善的表情。赣为地名,沿用至今。赣水发源于武夷山和南岭交汇处,向北流入鄱阳湖,其上游为贡水。赣亦音贡,意为赐给。《海内南经》称"枭阳国在北朐之西",未使用赣这个地名。郭璞认为是先有赣巨人之名,后有赣水之名。

黑人

又有黑人,虎首鸟足,两手持蛇,方啖之。

所谓黑人,可指皮肤黑色的人种,多在非洲,唐代称其为昆仑或昆仑奴,《旧唐书·林邑国传》(卷197)云:"自林邑以南,皆卷发黑身,通号昆仑。"此外,我国古代也有皮肤比较黑的人,但头发不卷曲。此处黑人可能与上文赣巨人"黑身有毛"类似,或者是皮肤较黑、体毛发达,或者是将身体涂黑、穿着黑色服装。《山海经》中，"虎首鸟足"之形貌，仅此一处。

嬴民·封豕

有嬴民，鸟足。有封豕。

封豕，郭璞注："大猪也，羿射杀之。"吴其昌《卜辞所见先公先王续考》认为"封豕"疑即"王亥"之误，因二者字形极相近，《大荒四经·大荒东经》记王亥事有摇民、困（因）民，与此处嬴民乃一声之转，而郭璞所说"羿杀之"并非经文之意。袁珂倾向接受吴其昌的观点，并注谓："摇民其虎首鸟足之黑人乎？"

据《古史考》，少昊氏嬴姓。《姓谱》记有，伯翳（益）佐舜主畜，畜多繁息，赐姓嬴；此后，周孝王使非子在渭水之畔养马，马大繁息，因分土为附庸，邑之秦，使续嬴氏祀，号曰秦嬴。据此，嬴民当系少昊或伯益之后裔，擅长驯化和饲养家畜。所谓"有封豕"，即饲养有大肥猪，与羿杀封豨为民除害的故事无关。

苗民·延维

有人曰苗民。有神焉，人首蛇身，长如辕，左右有首，衣紫衣，冠旃冠，名曰延维，人主得而飨食之，伯天下。

苗字本义指农作物初生貌（开花前），引申为事情的起因、根由；又指夏季的田猎，《左传·隐公五年》："故春蒐、夏苗、秋狝、冬狩，皆于农隙，以讲事也。"杜预注："苗，为苗除害也。"苗亦为古地名，《左传·襄公二十六年》："若敖之乱，伯贲之子贲皇奔晋，晋人与之苗。"此苗邑即今河南省济源县西的苗亭，或许这里就是苗族的老家，与尧、舜的发祥地相邻。后来苗民反对帝尧传位于舜，与丹朱一起被迫迁徙到南方。《海外南经》称三苗国在赤水东，《大荒延维又作委维、委蛇,相传为泽中之神。《庄子·达生篇》记有齐桓公与管仲田猎于泽,桓公见一鬼物,而管仲未见,回来后桓公就病倒了。有一个名叫皇子告敖的人劝桓公:"公则自伤,鬼恶能伤公?"桓公问:"然则有鬼乎?"皇子曰:"有。山有夔,野有彷徨,泽有委蛇。"桓公又问:"请问委蛇之状如何?"皇子曰:"委蛇其大如毂,其长如辕,紫衣而朱冠;其为物也,恶闻雷车之声,见则捧其首而立。见之者殆乎霸。"桓公欣然而笑:"此寡人之所见者也!"于是桓公整理好自己的衣冠,与皇子告敖交谈终日,什么病也没了。齐桓公在位43年,于公元前643年去世。

袁珂注:"闻一多《伏羲考》谓延维、委蛇,即汉画像中交尾之伏羲、女娲,乃南方苗民之祖神,疑当是也。"《大荒四经·大荒南经》称赤水之东有苍梧之野,舜与叔均葬所的随葬品里有委维。据此,延维当是一种相当古老的传闻。旃,纯赤色的旗,通毡,用毛粘压制成的毛毯。伯天下乃春秋战国之词,或系注入经文。

凤鸟·菌狗·翠鸟·孔鸟

有鸾鸟自歌,凤鸟自舞。凤鸟首文曰德,翼文曰顺,膺文曰仁,背文曰义,见则天下和。

又有青兽如菟,名曰菌狗。有翠鸟。有孔鸟。

《五藏山经·南山经》南次三经丹穴山有凤凰"首文曰德,翼文曰义,背文曰礼、膺文曰仁,腹文曰信",与此略异,均为春秋战国时人把道德观念寄托在凤凰鸟上,非《山海经》之本义。《论语·子罕》:"子曰:'凤鸟不至,河不出图,吾已矣夫。'"可知春秋时期凤凰鸟已经是罕见之物。《说文》称凤出于东方君子之国,翱翔四海之外,过昆仑,饮砥柱,濯羽弱水,暮宿丹穴,见则天下安宁。《韩诗外传》称黄帝即位，未见凤凰，天老对黄帝说凤凰只居有德之地，于是"黄帝乃服黄衣，戴黄冕，致斋于宫，凤乃蔽日而至，止帝东圃，集帝梧桐，食帝竹食，没身不去。"

郝懿行注："《周书·王会篇》载《伊尹四方令》云：'正南以菌鹤短狗为献。'疑即此物也。"洪兴祖补注引《异物志》云："翠鸟形如燕。赤而雄曰翡，青而雌曰翠，翡大于翠。其羽可以饰帏帐。"袁珂注引《尔雅·翼》卷十三云："孔雀生南海，尾凡七年而后称，长六七尺，展开如车轮，金翠斐然。始春而生，至三四月后雕，与花萼同荣衰。"

衡山·菌山·桂山·三天子之都山

南海之内有衡山。有菌山。有桂山。有山名三天子之都。

郭璞注："或云衡山有菌桂，桂员似竹，见《本草》。"此处三天子之都山即《海内南经》三天子鄣山，郭璞注："今在新安歙县东，今谓之三王山，浙江出其边也。张氏《土地记》曰：东阳永康县南四里有石城山，上有小石城，云黄帝曾游此，即三天子都也。"袁珂注："其地大约在今安徽省境内黟山脉之率山。"

苍梧丘·九嶷山·舜葬

南方苍梧之丘，苍梧之渊，其中有九嶷山，舜之所葬，在长沙零陵界中。

《大荒四经·大荒南经》记有"苍梧之野，舜与叔均之所葬"，《海内南经》亦称"苍梧之山，帝舜葬于阳，帝丹朱葬于阴"。此处经文"南方苍梧之丘"，从行文口气上来看，似乎还另有一处"北方苍梧之丘"。郝懿行注引罗含《湘中记》云："衡山九疑皆有舜庙。"又云："衡山遥望如阵云，沿湘千里，九向九背，乃不复见。"零陵之名当指舜墓，零意为下雨，引申为散落、飘零，用其称帝舜之陵，当有其意在。

蛇山·翳鸟·不距山·巧倕葬

北海之内，有蛇山者，蛇水出焉，东入于海。有五采之鸟，飞蔽一乡，名曰翳鸟。又有不距之山，巧倕葬其西。

郝懿行注："《海内北经》之首有蛇巫山，疑非此。"

郭璞注："汉宣帝元康元年，五色鸟以万数，过蜀都，即此鸟也。"元康元年当作元康三年，时在公元前63年，隔年宣帝即派大夫王褒赴益州求"金马、碧鸡之神"，此举当与五色鸟过蜀现象有关。王褒字子渊，蜀资中（今四川资阳）人，其所著《僮约》记有蜀人售茶。《搜神记》卷八称秦穆公时，有雌雄神鸡化为二童子，名曰陈宝，得雄者王，得雌者伯，秦穆公得其雌，后立祠陈宝（即今陕西省宝鸡）；雄鸡飞往南阳雉县，东汉光武帝刘秀即兴起于南阳。据此，古代秦岭乃五色鸟之乡。

巧倕意即能工巧匠，相传曾为神农之臣，又为黄帝之臣、尧臣、舜臣，或谓即舜子商均。实际上，巧倕乃古代工匠氏族，亦为历代管理百工事务之官，相当于今日的工业或手工业部长。巧倕之名，当源于纺坠下垂，以及利用铅垂线测量（劈木、建屋）等工艺技术。距，鸡的附足骨，相斗时用刺之，又指钩的倒刺，不距山之名当与巧倕事迹有关。《淮南子·本经篇》："周鼎铸倕，使衔其指，以明大巧之不可为也。"此观点将科学技术与道德对立起来，是阻碍中国科学技术发展的重要原因之一。

相顾之尸

北海之内，有反缚盗械、带戈常倍之佐，名曰相顾之尸。

吴任臣注:"《汉纪》云:'当盗械者皆颂系。'注云:'凡以罪著械皆得称盗械。'"郭璞注:"亦贰负臣危之属。"袁珂注:"刘秀《上山海经表》亦称贰负之臣'反缚盗械',已见《海内西经》'危与贰负杀窫窳'节注。"《海内西经》原文(此段内容应属《海内北经》)如下:"贰负之臣曰危,危与贰负杀窫窳。帝乃梏之疏属之山,桎其右足,反缚两手与发,系之山上木。在开题西北。"

那么此处"带戈常倍之佐"究竟指什么?其实,"带戈"与"把戈"意相同,亦即《海内北经》所说的:"有人曰大行伯,把戈。其东有犬封国。贰负之尸在大行伯东。"而"常倍"与"操杯"音相近,亦即《海内北经》所说的:"蛇巫之山,上有人操杯而东向立。"倍或即杯。据此,大行伯"把戈"、蛇巫山有人"操杯",以及"带戈常倍之佐",当指押解犯人的捕快或行刑的刽子手;而"相顾之尸"即被押解的犯人,其状大约是反缚犯人双手,然后用绳索将犯人两个两个一组串连起来。

伯夷父·西岳·先龙·氐羌

伯夷父生西岳,西岳生先龙,先龙是始生氐羌,氐羌乞姓。

郭璞注:"伯夷父颛顼师,今氐羌其苗裔也。"郝懿行注:"《周书·王会篇》云:'氐羌鸾鸟。'孔晁注云:'氐地之羌,不同,故谓之氐羌。'"并引《汉书·古今人表》:"伯夷亮父颛顼师。"《新序·杂事五》:"颛顼学伯夷父。"秦汉时期,氐族居住在今甘肃武都、酒泉一带,为西南夷之一。羌族为三苗后裔,帝舜时被流放到三危,汉时分为东羌、西羌,其后散居在今甘肃临漳、岷县和四川的松潘、茂县等地。

《尚书·尧典》记有帝尧时洪水泛滥,帝尧向四岳咨询谁能够治水,通常认为四岳泛指四方诸侯的代表。但是,《大荒四经·大荒西经》记有南岳及其后裔季格、寿麻,此处又记有西岳及其后裔先龙、氐羌,似表明古史传说中的四岳并非泛指，而是有所实指。

幽都山·大玄山·玄丘民·大幽国·赤胫民

北海之内，有山，名曰幽都之山，黑水出焉。其上有玄鸟、玄蛇、玄豹、玄虎、玄狐蓬尾。有大玄之山。有玄丘之民。有大幽之国。有赤胫之民。

袁珂注："《楚辞·招魂》云：'君无下此幽都些。'王逸注云：'幽都，地下后土所治也，地下幽冥，故称幽都。'此幽都之山，有玄鸟、玄蛇、玄豹、玄虎、玄狐蓬尾，又有大玄之山、玄丘之民、大幽之国等，景象颇类《招魂》所写幽都，疑即幽都神话之古传也。"《楚辞·招魂》记述有战国时期楚地民间的招魂习俗，招魂方位依次为东、南、西、北、天、地，招魂的内容主要是叙述各方环境如何险恶，用以劝说魂归故里。其中对地下环境的描述为："君无下此幽都些，土伯九约,其角觺觺些,敦脄血拇,逐人駓駓些;参目虎首,其身若牛些;此皆甘人,归来,恐自遗灾些。"王逸注:"土伯,后土之侯伯也。"显然,《招魂》幽都是在《海内经》幽都山基础上的夸张。

此处"有大幽之国"五字疑当在"北海之内"四字之后,其他内容都是描述大幽国的。郭璞注:"即幽民也,穴居无衣。"也就是说,大幽国乃远方异族之一种,并非后世所说的阴曹地府。该国的主要特点:山是黑色的,丘是黑色的,水是黑色的,各种动物的身体皮毛也都是黑色的,只有人的腿是红色的。

对此,一种较为合理的解释是,幽都山是一处大型露天煤矿,玄丘民可能是采煤工,赤胫民可能是烧煤工。我国北方多煤矿,仅辽宁省就有三座黑山。新乐新石器时代遗址位于沈阳北郊的一条东西绵亘的土岗上,遗址上层为青铜器时代,下层年代为公元前5500~公元前4800年左右,出土有房址、灰坑、火膛、石磨盘和磨棒(今美洲印第安人仍然在使用),以及煤精工艺品(据鉴定煤精产地为抚顺煤矿)。此外,陕西宝鸡亦发现周昭王、周穆王时期的煤玉雕刻品,表明西周中叶已经使用煤为燃料。

钉灵国

有钉灵之国,其民从膝以下有毛,马蹄善走。

郭璞注:"《诗含神雾》曰:'马蹄自鞭其蹄,日行三百里。'"袁珂注:"《三国志·乌丸鲜卑东夷传》裴松之注引《魏略》云:'乌孙长老言,北丁令有马胫国,其人音声似雁鹜,从膝以上身头人也,膝已下生毛,马胫马蹄,不骑马,而走疾马。'即此钉灵之国也。"

上述传闻,看上去是有关该地人善跑的故事。其实,从"钉灵"推测,可能说的是指给马蹄钉马掌,从而使家养的马跑得更快、更远、更适应拉车。此外,也可能是指人骑在马上、脚踏在马镫上奔驰的样子。有了马镫子,骑马人的双手就能够解放出来，而且马镫子上的马刺可以让人更方便地控制马的奔跑状态。据此，钉灵国当是最早使用并擅长制作马掌、马镫的部落。马掌、马镫通常是由青铜或铁制成，因此钉灵国的人，应当是好铁匠，他们的工作推动了马车和骑兵的进步。

《中国少数民族文化史图典·西北卷上》："维吾尔族的渊源，可以从丁零算起。丁零是中国古代北方民族，公元3世纪以后，汉文书已将丁零称为高车或铁勒。"此处钉灵国也可能是古老的丁零族。

在我国古史传说里，乘马车远游（征）最著名的人要算是周穆王了。《列子·周穆王》称其不恤国事，不乐臣妾，肆意远游，命造父驾驶着八匹宝马拉的车，千里迢迢西行见西王母。《左传》称："穆王欲肆其心，周行于天下，将皆必有车辙马迹焉。"《史记·秦本纪》云："徐偃王作乱，造父为缪（穆）王御，长驱归周，一日千里以救乱。"公元281年（晋太康二年），汲县（今河南省境内）有人盗墓，出土一大批珍贵的古代图书，其中有《竹书纪年》和《穆天子传》，皆竹简素丝编，简长二尺四寸，每简四十字，以墨书。《穆天子传》共六卷，详细记述周穆王一行（包括七萃之士）的旅途日程、路线及所到之地、所见之人，从其文辞语气来看当系实录，而周穆王当年远征所到之地可能深入到今天的中亚地区。《国语·周语》："昔昭王娶于房，曰房后，实有爽德，协于丹朱。丹朱凭身以仪之，生穆王焉。"所谓"房"即今湖北省房县，"丹朱"当即尧时丹朱部落的后裔或其神，表明周王室与楚人有着通婚关系。

炎帝·伯陵·阿女缘妇·吴权·鼓·延·殳

炎帝之孙伯陵，伯陵同吴权之妻阿女缘妇，缘妇孕三年，是生鼓、延、殳。始为侯，鼓、延是始为钟，为乐风。

中华民族追溯文明之源，始自伏羲、女娲；追溯历史之根，始自炎帝、黄帝。司马迁写《史记》，首述黄帝，并称炎帝衰而黄帝兴。炎帝主要事迹是改进农业和发现草药。《帝王世纪》："神农氏，姜姓也。母曰任姒，有蟜氏女，登为少典妃，游华阳，有神龙首，感生炎帝。人身牛首，长于姜水。有圣德，以火德王，故号炎帝。初都陈，又徙鲁。又曰魁隗氏，又曰连山氏，又曰列山氏。"《绎史》卷四引《周书》："神农之时，天雨粟。神农遂耕而种之，作陶冶斧斤，为耒耜锄耨，以垦草莽。然后五谷兴助，百果藏实。"《拾遗记》："炎帝时有丹雀衔九穗禾，其坠地者，帝乃拾之，以植于田，食者老而不死。"《淮南子·修务篇》："神农尝百草之滋味，一日而遇七十毒。"

在古史传说里，炎帝后裔远不如黄帝后裔兴盛，古籍中几乎只有《山海经》记述有炎帝后裔的故事。袁珂注："《国语·周语》云：'大姜之侄，伯陵之后，逢公之所凭神。'《左传·昭公二十年》云：'有逢伯陵因之。'即此伯陵。然韦昭、杜预均注云'殷之诸侯'，则与此经所谓'炎帝之孙'不合，或正以见神话与历史之殊途也。"

缘，衣服的镶边；"缘妇"当指擅长织带绣边的女子。殳，兵器。袁珂注："经文始为侯上疑脱殳字。侯，射侯也。"射侯即箭靶，《周礼·天官·司裘》："王大射，则共虎侯、熊侯、豹侯，设其鹄。"郝懿行注引《说文》："古者毋句氏作磬，垂作钟。"《乐录》："无句，尧臣也。"袁珂注引《路史·后纪四》："鼓兑头而觚𩑶。"

《五藏山经·西山经》西次三经称钟山之子名鼓，鼓与钦䲹被（黄）帝戮杀后化为鸟。钟山之子"鼓"当即此处炎帝部落后裔发明钟的"鼓"。《尔雅·翼》称涉秋七日"河鼓与织女会"，由于钟山位于黄河边，钟山之子鼓亦可称河鼓（又名牛郎，即牛图腾的男子）；缘妇意即织女，或系黄帝妃嫘祖的族裔。据此，牛郎织女的故事可能源自炎帝部落青年追求黄帝部落女子而遭受打击的事件，这也是此处经文要指责伯陵与阿女通淫的缘故。

黄帝·骆明·白马·鲧

黄帝生骆明,骆明生白马,白马是为鲧。

郭璞注:"即禹父也。"郝懿行注:"郭引《世本》云'昌意生颛顼,颛顼生鲧',与《大戴礼·帝系》世次相合。而与前文'昌意生韩流,韩流生颛顼'之言却复相背,郭氏盖失检也。大抵此经非出一人之手,其载古帝王世系,尤不足据,不必强为之说。"

先夏时期的世系混乱,至少有四个原因。其一,与母系社会转变为父系社会的过程有关。其二,与相关古籍资料的流失有关,例如王子朝携周室典籍奔楚事件导致我国周代以及先周国家档案文献的神秘失踪。其三,与古籍文献资料的信息讹变有关,既有文献字句在传抄复制中的讹误,也有后人的误读误解,例如将族名当成具体、唯一的人名。其四,与古人记录历史世系的能力有关。人类记录历史的能力是逐渐才完善起来的,这涉及到对大尺度时间的测量和计算。在此之前,人们叙述历史时总要用"很久很久以前",就是因为没有掌握记录大尺度时间的方法。在这种情况下,就不可避免地存在着一种"时间压缩"的现象,既后人对那些发生在很久很久以前的但又彼此相差很长时间的若干事情,当成了彼此相距很近的都是遥远时代发生的事情。例如,尧舜禹的故事可能是经历了很长历史时期的过程,但是在古史传说的记忆里他们被描述为几乎是同时代的人,也就是说这个历史过程的时间被压缩了。

此处白马,袁珂认为指野生动物白马,与《大荒四经·大荒北经》黄帝后裔白犬相似,可能是同一神话之分化。其实,古人以动物为人名,乃是常有的事情,因此这里的白马有可能指以白马为名的部落或人。骆,指鬣毛与尾毛为黑色的白马;骆明当是以马为图腾的部落,它的后裔以白马为名是顺理成章的事情。

鲧，或作鮌，意为黑色的大鱼。相传鲧死后化为熊或黄能，而禹治水时亦曾化为熊，与鲧可以说是一脉相承，都源自黄帝部落联盟的主要成员有熊氏。据此可知，鲧部落的图腾里并没有马部落的血缘，经文"白马是为鲧"的"鲧"字可能有误，或者此鲧非禹父。从读音来说，共工二字连读即鲧，或谓鲧即共工，而共工亦与马无关。

禺号·淫梁·奚仲·吉光

帝俊生禺号，禺号生淫梁，淫梁生番禺，是始为舟。番禺生奚仲，奚仲生吉光，吉光是始以木为车。

大多数学者都认为《山海经》的帝俊即帝舜。在古史传说中舜的故事非常多，相传舜的父亲名瞽叟（盲人），而舜却有双瞳，《帝王世纪集校》："舜，姚姓也。目重瞳，故名重华。"《淮南子·修务篇》："舜二瞳子，是谓重明，作事成法，出言成章。"而舜的原形（图腾）为鸡，《法苑珠林》卷49引刘向《孝子传》："舜父夜卧，梦见一凤凰，自名为鸡，口衔米以哺己，言鸡为子孙，视之，如凤凰。"《拾遗记》则称尧时，祇支国献重明鸟，双睛，状如鸡，鸣如凤，能搏逐虎狼，袁珂认为或即舜之神话。

淫梁或作经梁。郝懿行注："《大荒东经》言黄帝生禺貌，即禺号也；禺号生禺京，即淫梁也，禺京、淫梁声相近。然则此经帝俊又当为黄帝矣。"袁珂注："黄帝即'皇帝'（古籍多互见无别），初本'皇天上帝'之义，而帝俊亦殷人所祀上帝，故黄帝神话，以得糅混于帝俊神话中，正不必以禺号同于禺貌便以帝俊即黄帝也。"

或许，禺号原属黄帝部落联盟，后又归帝俊部落联盟，因帝俊族居住在东方沿海地区，有制作舟船的需要。不过，淫梁与禺京的发音相差较远，当另有所指。从其又名经梁来看,可能是首先在造船中使用龙骨(主梁)的人,这有助于提高船的抗风浪能力和载货量。

古人发明的渡水器具很多,例如独木舟、竹筏、羊皮筏、单桨船、多桨船、帆船,以及形形色色的小船和大船。由于世界各地都有江河湖海,因此舟船的发明,不会都是由一个民族一个人创造出来的。郭璞注引《世本》亦云:"共鼓、货狄作舟。"因此,所谓番禺"是始为舟"的记述,当指番禺在舟船的制作上又采用了新的技术。番,意为轮流更代;或可借用为幡,旗类。番禺之名当亦与工作状态有关,可能指有帆或有摇橹的船。

经文"番禺生奚仲,奚仲生吉光,吉光是始以木为车",特别强调"以木为车",其意似乎是说在此之前还曾经有过不用木头制作的车(轮)。或许,最初的车轮是由石头做成的,因为用整块木头制作的车轮并不结实,而且也很难作成大的车轮。据此,吉光"以木为车",可能是说吉光发明了用车幅制作的木头车轮。对于那个时代来说,这是一项了不起的技术进步。吉,意为朔日,即阴历的初一。吉光,指月亮在朔日刚刚开始发出的光。古人对月亮非常崇敬,月亮圆缺变化被视为生死轮回,因此,朔日的月光意味着生命的新生,也就被当成吉利的事情。问题是车的发明者,为什么会得到吉光的称呼?或许,在古人的眼里,能够用直的木头(幅条)做成圆的车轮,有着与月亮复圆一样的价值。奚,意为奴隶。《说文》:"车,夏后时奚仲所造。"袁珂注引《元和郡县图志》:"奚公山在(滕)县东南六十六里,奚仲初造车于此。"

般作弓矢

少暤生般,般是始为弓矢。

郭璞注:"《世本》云:'牟夷作矢,挥作弓。'弓矢一器,作者两人,于义有疑,此言般之作是。"郝懿行注:"《吴越春秋》(《勾践阴谋外传》)云:'黄帝作

弓。'《荀子·解蔽篇》又云:'倕作弓,浮游作矢。'俱与此经异也。"袁珂注:
"《墨子·非儒下》云:'古者羿作弓。'《吕氏春秋·勿躬篇》亦云:'夷羿作
弓。'盖均传闻不同而异辞也。"其实,弓箭的发明早在数万年前。山西省朔县
西北 15 公里的黑驼山东麓,桑乾河的源头有一座小村庄,名叫峙峪村,1963
年这里出土了大量距今 28000 年的细石器和兽骨,其中就有石镞,这表明当时
的人已经使用弓箭捕猎,猎获的动物有鸵鸟、斑鬣狗、虎、马鹿、河套大角鹿、
普氏小羚羊、王氏野牛、披毛犀,以及蒙古野马和野驴等。因此,少昊后裔般
作弓矢,当指对弓箭性能有所改进。

帝俊赐羿弓矢

帝俊赐羿彤弓素矰,以扶下国,羿是始去恤下地之百艰。

在古史传说里有两个名叫羿的人,一个是先夏时期的羿(夷羿、后羿),另一个是夏代之羿（有穷后羿）。此处用朱弓白羽箭"以扶下国"之羿，郭璞注："言射杀凿齿、封豕之属也。有穷后羿慕羿射，故号此名也。"

"帝俊赐羿"，可能是一种巫术仪式，既采取重大行动前，当事人要向先祖拜祭，以求先祖之神赐给自己行事的权力和力量。所谓羿"去恤下地之百艰"，《淮南子·本经篇》记有："尧之时十日并出，焦禾稼，杀草木，而民无所食。猰貐、凿齿、九婴、大风、封豨、修蛇皆为民害。尧乃使羿诛凿齿于畴华之野，杀九婴于凶水之上，缴大风于青邱之泽，上射十日而下杀猰貐，断修蛇于洞庭，擒封豨于桑林。万民皆喜，置尧以为天子。"与此处经文相比，只是帝俊变成了帝尧。上述众多灾难并出，表明当时自然环境发生了突变，而"十日并出"颇似陨星进入地球大气层摩擦发光并爆炸成多块的现象。《庄子·秋水篇》成玄英疏引《山海经》（今本无）云："羿射九日，落为沃焦。"沃焦相传是东海的一块巨石，极热，海水触之即汽化而消。类似的故事在全世界都有流传，而美洲的有关传说（例如五个太阳时期，把一只兔子扔到多出的热得成灾的太阳上使其变成月亮）与我国的最为相近。

晏龙

帝俊生晏龙，晏龙是为琴瑟。

《大荒四经·大荒东经》记有"帝俊生晏龙，晏龙生司幽"，未言发明琴瑟。郭璞注："《世本》云：'伏羲作琴，神农作瑟。'"琴、瑟均为拨弦乐器，瑟形似琴，多为二十五弦，每弦一柱，但无徽位。根据长沙马王堆汉墓出土的瑟实物，系按五声音阶定弦，由低到高。古代瑟常与琴、笙合奏，故有琴瑟和鸣之词。《尚书·舜典》记有帝舜命"龙"为纳言之官，或即此处晏龙，而《路史·后纪十一》则径称"晏龙纳言"。

帝俊八子

帝俊有子八人，是始为歌舞。

经文"是始为歌舞"或作"是始为歌"，无"舞"字。《路史·后纪十一》记述："（舜）庶子七人，皆厘降于齐人。"注曰："代宗昭云，虞夏之制，诸子疏封。《世纪》云九人。《朝鲜记》云舜有子八人始歌舞。"袁珂指出："是径以帝俊为舜也。"《路史·后纪十一》专述有虞氏舜的事迹，其中涉及音乐歌舞者，有"定八伯之乐"、"并论八音四会贡正声以听天下之治"、"以六律五声八音七始在治，忽以出纳五言而赏诸侯，乐歌籥舞以和钟鼓，诗言志歌永言声依咏律和声，八音克谐神人以和。"舜时的音乐非常动听迷人，孔子听到流传下来的《韶乐》，以致三月不知肉味。

其实，人类歌舞的起源，首先是出于生存三大要素（食物、安全、繁衍）的需要，再以后才是心灵的需要和政治教化的需要。此处是始歌舞当指教化之歌舞。

三身·义均·巧倕

帝俊生三身，三身生义均，义均是始为巧倕，是始作下民百巧。

现存版本《山海经》将此节经文与下节经文"后稷是播百谷"断句为一节，殊为不妥，因帝俊与后稷分属两大部落联盟，理应分别记述其各自事迹。

《海外西经》"三身国在夏后启北，一首而三身"，未言其出身。《大荒四经·大荒南经》"有人三身，帝俊妻娥皇，生此三身之国，姚姓，黍食，使四鸟"，未言其后裔。此处经文称三身后裔有义均（巧倕），据此可知"三身"当指其人心灵手巧、一人胜三人。袁珂注谓义均即《大荒四经·大荒南经》与舜同葬苍梧的叔均（商均），亦即下文稷之孙叔均。

义即古仪字，仪指测量仪器，引申为仪式、法度、准则。因此"义均"之名当指测量仪器的发明者和使用者，正是因为义均推广了长度、角度、轻重、大小等参数的测量技术，才称之为"巧倕"，并实现"下民百巧"。古书记载倕发明的器具有规矩准绳、耒耜、耨、铫、舟、弓、鼙、鼓、钟、磬、笭、管、埙、篪、钘、椎钟。

后稷·叔均·大比赤阴

后稷是播百谷。稷之孙曰叔均，是始作牛耕。

大比赤阴，是始为国。

禹、鲧是始布土，均定九州。

牛耕是人类社会农业生产的一项重要技术进步，它涉及对牛的驯化、耕具的制作，以及农田、农具、农畜的分配和农村的管理。

郝懿行注："'大比赤阴'四字难晓，推寻文义，当是地名，《大荒四经·大荒西经》说叔均始作耕，又云有赤国妻氏，大比赤阴岂谓是与？"袁珂注："郝说大比赤阴即赤国妻氏，是也；然谓当是地名则非，疑均当是人名。'大比'或即'大妣'之坏文，赤阴，或即后稷之母姜原，以与姜原音近也。"此说良有理也，但赤阴、赤国之"赤"字疑仍当指地名。而"是始为国"，当指首创国家结构，此处"国"指有围墙的诸侯城邦。

《大荒四经·大荒北经》有赤泽水，《海内经》有赤望之丘，而《山海经》中记述最多的地名之一乃是赤水，以赤水命名的人名则有赤水之子听訞（炎帝之妻）、赤水女子献（女魃，黄帝之臣）。由于炎帝又称赤帝，炎帝之妻赤水之子听訞，既可称为赤水之阴的女子，亦可称为赤国妻氏。史传炎帝生于姜水，为姜姓，但是《山海经》里无姜水之名，或许姜水即赤水（这种改名，可能与黄

大比赤阴

帝部落战胜炎帝部落有关。此前,同一条水,炎帝部落称其为姜水,黄帝部落称其为赤水)。与此同时,姜原之名,亦表明其出于炎帝姜姓。而《史记·周本纪》称姜原为帝喾之妃的说法,实际上记录的是黄帝后裔与炎帝后裔之间的联姻。事实上,炎帝神农发明农业,后稷又为农神,这两者本应有传承关系,若后稷为炎帝后裔(同时也是黄帝后裔)则一切都顺理成章。《楚辞·天问》:"稷维元子,帝何竺之?投之冰上,鸟何燠之?何冯弓挟矢,殊能将之?既惊帝激切,何逢昌之?"似乎表明当年黄帝部落与炎帝部落的联姻并不是一帆风顺的。

此处经文"禹鲧是始布土,均定九州"十字应移至后文"帝乃命禹卒布土以定九州"之后,有关图及文字说明亦见后。

听訞·炎居·节并·祝融·后土

炎帝之妻,赤水之子听訞生炎居,炎居生节并,节并生戏器,戏器生祝融,祝融降处江水,生共工,共工生术器,术器首方颠,是复土穰,以处江水。共工生后土,后土生噎鸣,噎鸣生岁十有二。

炎帝与黄帝原本都居住在北方,例如黄炎古战场在北方的涿鹿,炎帝少女化为精卫的女娃也生活在太行山地区。或许由于自然环境的变迁,以及民族势力的消长,炎帝部落逐渐迁往南方,炎帝亦被尊奉为南方之帝、夏季之帝。《礼记·月令》:"孟夏之月,其帝炎帝,其神祝融。"今日陕西宝鸡和湖北神农架地区流传着许多炎帝神农的故事,而炎帝陵相传在湖南的酃县(1994年更名炎陵县)。炎帝陵原建有规模宏大的祠、坊、天使行馆等建筑物,并有名胜洗药池,相传炎帝采药在此洗净,陵地古木掩翳,洣水环流。洣水为湘江支流,发源于湖南与江西交界处的罗霄山(即《五藏山经》的第一座山招摇山)。由于炎帝又称赤帝,因此赤水之子听訞亦可称赤国妻氏,当系炎帝部落的重要成员。听,听从,亦指张口笑貌;訞,巧言貌、艳丽貌;以"听訞"为人之名,颇有个性色彩,或有表演取乐之意。

炎为火、焰;居有停留之意;炎居之名,可指掌握火种的人或表演焰火的人,亦可指居住在有火取暖的屋子里的人。节,本指植物枝干相接处,引申为段落、节令等;又指一种古乐器,上合下开,可打拍子;亦指柱与梁相接处的横木,又称斗拱。并,意为兼、合、同、齐、连,相挨在一起。节并之名,或与上述诸义有关。戏器之名,可指管理表演器具的人,或指具有表演才能的人。祝,古代指祭祀时司告鬼神的人,亦指为人告神求福的人;融,原指炊气上升,引申为火、大明、融化、融合、和乐;祝融之名,或可指促使炊火燃烧旺盛的人,亦即最早使用吹火筒的人,而吹火筒可能是从管类吹奏乐器借鉴来的。据此,炎帝的这一支后裔,大体与火的使用有关。

《史记》索隐《补三皇本纪》:"神农纳奔水氏之女曰听詙为妃,生帝哀,哀生帝克,克生帝榆罔。"与此处所记相差甚远,当另有所本。《大荒四经·大荒西经》称"颛顼生老童,老童生祝融",亦与此处经文不同,或许黄帝部落与炎帝部落各有其火正。

此处经文"祝融降处江水,生共工。共工生术器,术器首方颠,是复土穰,以处江水",前半句是说祝融部落迁徙到江水地区,其后裔有共工。不过,此处"江水"有可能是"共水"或"洪水"之误,共工之名即得自共(共与洪通)水,也就是说,祝融部落来到共水之滨(今河南省西北部),便改名为共工部落。由于环境的改变,祝融部落从擅长火的使用,不得不转而去掌握与水灾斗争的技术。《管子·揆度》云:"共工之王,水处十之七,陆处十之三,乘天势以隘制天下。"

术,除指学问技术外,古代指城邑中的道路;又通遂,古代的一种行政区划,《礼记·学记》:"术有序,国有学。"郑玄注:"术当为遂……《周礼》五百家为党,万二千五百家为遂。"在古史传说里,相传共工最早作城,当时的城就是土围子,既可防敌,又可防水患。因此,术器之名,或可指对城邑道路、堤防进行规划。术器"首方颠",疑是一种特殊的具有巫术色彩的测绘动作,用于测定堤防的水平、高低、走向,只有这样才能对付洪水泛滥。我国出土了多具3000年前5200年前的有洞头骨,从这个角度看"术器首方颠",可以解读为对术器(大约在4000年前至6000年前之间)实施了开颅巫术,以使其具有特殊的本领。在中国传统文化里,巫师(同时兼科学家)是能够与天沟通的神人,在头骨上开洞的象征意义正是与天沟通(开天目)。据此笔者推测,那个时代的巫师氏族,当小孩成年时,要在头骨上开洞,表明他从此就具备了行使巫术的能力和权力。

由于共工部落对付洪水的方法主要是构筑防水堤坝,这种方法在保护本族的同时,客观上(当然也不能排除有主观的故意)把洪水更多地排泄到其他部落的领地,从而引起其他部落的强烈不满,并导致了长期的敌对战争。《吕氏春秋·荡兵》:"兵所自来者久矣,黄炎故用水火矣。共工氏固次作难矣。"《淮南子·本经训》:"舜之时,共工振滔洪水,以薄空桑。"《国语·周语下》:

"昔共工氏弃此道也,虞于湛乐,淫失其身;欲壅防百川,堕高堙庳,以害天下。皇天弗福,庶民弗助,祸乱并兴,共工用灭。其在有虞,有崇伯鲧播其淫心,称遂共工之过,尧用殛之羽山。"

此处经文"共工生术器,术器首方颠,是复土穰,以处江水。共工生后土,后土生噎鸣,噎鸣生岁十有二",与《大荒四经·大荒西经》日月山记述的内容有相近之处。术器"首方颠",类似嘘"两足反属于头上",均系具有巫术色彩的特殊动作;噎鸣"生岁十有二",类似噎(即嘘)"处于西极,以行日月星辰之行次",均为天文观测活动。噎之名与噎鸣几乎完全相同,因此有理由认为噎即噎鸣。两者的差别在于,噎的父祖为重黎、老童、颛顼,而噎鸣的父祖为后土(术器)、共工、祝融、炎帝,也就是说,黄帝部落与炎帝部落都有负责天文观测的人,并使用着相同或相近的职务名称(帝俊部落天文官的名称为羲和、常羲,而羲与嘘音相近)。

后土又名句龙,《左传·昭公二十九年》:"共工氏有子曰句龙,为后土。"《国语·鲁语上》云:"共工氏之伯九有也,其子曰后土,能平九土,故祀以为社。"此处共工之子句龙,有可能即《海外北经》、《大荒四经·大荒北经》记述的"九首蛇身,食于九土"的共工之臣相柳(相繇),以及《楚辞·天问》记述的"鸱龟曳衔,鲧何听焉"。

由于后土的主要职责是平水土,而术器的主要职责是测量。因此本处经文"后土生噎鸣",疑原当作"共工生术器,术器生噎鸣,噎鸣生岁十有二",以及"共工生后土,后土首方颠,是复土穰,以处江水"。

所谓噎鸣"生岁十有二",岁即木星(又称太阴、太岁),意思是说噎鸣发现了木星十二年绕太阳一周的运动规律,并为每年木星所在天空的位置分别起名。今天测定的木星绕日周期为11.8年,有可能是古人测定值有误差,也有可能是当时木星周期确实非常接近12年的数值。木星是全天仅次于日月的周期运动亮星,古人发现它的位置对地球生物圈有重要的影响。《计倪子》:

"太阴三岁处金则穰,三岁处水则毁,三岁处木则康,三岁处火则旱。"计倪子即计然,乃越国大臣范蠡之师。中国十二生肖动物,其性喜水喜旱的排序,符合上述木星对农作物丰歉影响的周期。

祝融杀鲧

洪水滔天。鲧窃帝之息壤以堙洪水,不待帝命。帝令祝融杀鲧于羽郊。鲧复生禹。帝乃命禹卒布土以定九州。(禹、鲧是始布土,均定九州。)

上文"帝俊生三身"节的"禹鲧是始布土,均定九州"十字应移至此节文字"帝乃命禹卒布土以定九州"之后,其意方可连续完整。

世界上的许多地区都流传着远古大洪水几乎毁灭人类的故事。对比之下,唯独中国的洪水泛滥故事里同时有着详尽的治水内容,而这是与中国当时已经掌握有先进的测绘技术和水利工程技术有着密不可分的关系。古史传说中解释洪水的原因,一是人为,例如雷公降雨、共工振滔洪水;二是自然灾变,《淮南子·齐俗训》:"禹之时,天下大雨。"《孟子·滕文公下》:"当尧之时,水逆行,泛滥于中国;蛇龙居之,民无所定;下者为巢,上者为营窟。"我国地势西高东低,江河均向东流入大海。所谓"水逆行",当指全球气温转暖、冰川消融而导致的海平面上升、海岸线西侵的现象。此外,强烈的台风、突发的海啸,都可能造成海水涌上近海平原导致洪水泛滥之灾(海啸的水头高度可达数十米甚至上百米,我国华北平原的海拔高度一般都在 100 米之下),而形成海啸的原因,既有海底地震、火山爆发,也有天外星体坠落海洋事件。有必要让人深思的是,十日并出、后羿射日、夸父逐日、女娲补天、共工撞倒不周山等传说记述的内容均与天空灾异现象有关,而其后续或相关效应又多有洪水泛滥发生。

郭璞注:"息壤者言土自长息无限,故可以塞洪水也。《开(启)筮》曰:

'滔滔洪水,无所止极,伯鲧乃以息石息壤,以填洪水。'汉元帝时,临淮徐县地踊长五六里,高二丈,即息壤之类也。"其实,土地暴长乃一种地质运动现象。事实上,所谓鲧窃帝之息壤而被杀,当指鲧部落只顾本族利益而从相邻部落(尧、舜)取土构筑堤坝,从而导致部落战争,并以鲧部落失败告终。此处之帝,或谓天帝、黄帝,但从洪水泛滥和治水情节来说,亦可指帝尧、帝舜。所谓"祝融杀鲧",祝融或为黄帝后裔,或为炎帝后裔,其身份为火正,似乎有以火克水之意。

经文"鲧复生禹,帝乃命禹卒布土以定九州。禹鲧是始布土,均定九州",其中的"禹卒布土"当即指"禹鲧布土",或者"禹卒"乃"禹鲧"之误,或者"禹鲧"乃"禹卒"之误。

《左传·昭公七年》:"昔尧殛鲧于羽山,其神化为黄熊,以入于羽渊,实为夏郊,三代祀之。"《拾遗记》卷二:"尧命夏鲧治水,九载无绩,鲧自沉于羽渊,化为玄鱼。"《尚书·舜典》:"(舜)流共工于幽州,放欢兜于崇山,窜三苗于三危,殛鲧于羽山,四罪而天下咸服。"表明帝尧、帝舜时代,一直都与鲧部落存在着激烈的冲突。羽郊即羽山,郭璞注:"今东海祝其县西南有羽山,即鲧所殛处。"其地或说在今山东蓬莱东南,或说在今山东郯城东北(郯国为少昊后裔);亦有人谓羽山即委羽山,位于北极之地。

郭璞引《开筮》:"鲧死三岁不腐,剖之以吴刀,化为黄龙。"袁珂引《初学记》卷二十二引《归藏》:"大副之吴刀,是用出禹。"《楚辞·天问》:"(鲧)顺欲成功,帝何刑焉?永遏在羽山,夫何三年不施?伯鲧腹禹,夫何以变之?"《五藏山经》中次三经青要山帝之密都以南有渊"禹父之所化",当亦指鲧化生禹的故事。一般来说这种化生故事乃是一种非常古老的观念,通常都表明两者存在血缘关系,但是不一定具有父子关系,也就是说鲧和禹之间可能存在若干代的跨越,同时也表明,作为部落首领的鲧死去之后,鲧部落仍然继续存在。

此处经文"鲧复生禹,帝乃命禹卒布土以定九州,禹鲧是始布土,均定九

州"，所谓"禹卒布土"亦即"禹鲧布土"，这种说法表明"布土"工作是由禹、鲧
共同施行的，同时也说明这项工作经历过一段相当长的时间。布土又称敷
土，敷即布，意为分布、展开、遍布，疑"布土"原作"步土"，步为测量。《尚书
·禹贡》："禹敷土，随山刊木，奠高山大川。"意思是禹测量土地，划分疆界，命
名山川。

《尚书·禹贡》："禹别九州，随山浚川，任土作贡。"其所划分的九州范围，
依次是：一、冀州，起自黄河壶口，涉及今山西、河北、河南等省部分地区，地为
白壤。二、兖州，起自黄河下游、济水，涉及河北、河南、山东，地为黑壤。三、
青州，起自渤海、泰山，涉及河北、山东半岛，地为肥沃白壤。四、徐州，起自黄
海、泰山、淮河，涉及山东、江苏、安徽，地为红色黏土。五、扬州，起自淮河、黄

海,涉及江苏、安徽、江西及其以南的地方,地为潮湿泥土。六、荆州,起自荆山、衡山,涉及河南、湖北、湖南,地为潮湿泥土。七、豫州,起自荆山、黄河下游,涉及河南、湖北、山东,地为柔软的土,下层为肥沃而硬的黑土。八、梁州,起自华山、黑水,涉及陕西、四川、甘肃、青海,地为黑色松散的土。九、雍州,起自黑水、西河,涉及陕西、内蒙古、宁夏、甘肃、新疆,地为最上等的黄壤。

与此同时,《禹贡》还记述了各州所在地的居民,向中央政府上贡的土特物品,及其缴纳赋税的等级。为了能够及时运输上贡物品,以及消除水害,又根据各州的山川地形,疏通了各地的水陆交通。从此大禹建立的王朝"东渐于海,西被于流沙,朔南暨声教讫于四海。禹赐玄圭,告厥成功。"《尔雅·释地》:"九夷八狄七戎六蛮,谓之四海。"显然,这是人类历史上的一个伟大的王朝,尽管它的有形物质文化遗产已经被岁月淹没了,但是它的无形非物质文化遗产却保存在《山海经》等古籍之中。

《山海经》全书最后一句话落在"禹定九州"上,当寄托着撰写者或编辑者对中华民族统一兴旺的厚望。刘秀(歆)《上山海经表》称大禹治服洪水后"禹别九州,任土作贡,而益等类物善恶,著《山海经》",《海外东经》记有禹命竖亥步量天下,相传同时绘有《山海图》,而这些图又铸在了九鼎之上。正所谓:功成洪水退,帝禹定九州,踏勘海内外,千古一图收。

海经方位图

袁珂先生在《山海经校注》一书中,采纳清代学者毕沅的分类方法,将全书内容分成《山经》和《海经》两部分,《山经》即《五藏山经》五篇,《海经》即《海外四经》、《大荒四经》、《海内五经》十三篇。其中,《山经》地理脉络相当有序,而《海经》方位却言之不详。为了方便读者阅读,本书特意绘制一幅海经方位图。

从图中可一目了然看出,《海外南经》方位自西南隅至东南隅,《海外西经》自西南至西北,《海外北经》自西北至东北,《海外东经》自东南至东北。《大荒四经·大荒东经》自东南至东北,《大荒四经·大荒南经》自西南至东南,《大荒四经·大荒西经》自西北至西南,《大荒四经·大荒北经》自东北至西北。《海内南经》自东南至西南,《海内西经》自西南至西北,《海内北经》自西北至东北,《海内东经》自东北至东南,《海内经》方位顺序已难确考。每一部分的起始点,在图中都用特殊符号标出。

需要说明的是,由于《海外四经》、《大荒四经》、《海内五经》三部分内容撰写于不同时代,其内容多有重复,涉及地域亦多有重叠。因此,海经方位图所绘诸经彼此内外位置,并不表示某经所述场景的地理方位就一定在另一经的南面或北面、东面或西面。不过,大体而言,《海外四经》叙述的地理范围要比《大荒四经》和《海内五经》略小一些,这也是图中把《海外四经》方位绘在内圈的缘故。

图中的山海经地理中心字样,表示的是《海经》撰写者所在的地理位置,根据《海经》的内容,其方位约在今渭水、汾水、南北洛水及其与黄河交汇处一带,与《五藏山经》的地理中心大体相当。

第五章　大荒四经考证

一、大荒东经

中国商朝的神庙四壁的壁画,画着许多远方的故事。在东墙壁上的故事有:帝颛顼幼年时,在少昊部落当人质,虽然不得不放弃自己心爱的七弦琴,但是他仍然坚强地生存下来。还有一处滚烫的温泉《汤谷》,长有一棵名叫扶木(又名扶桑)的太阳树——十个太阳就栖息在树上,太阳东升西落全凭乌鸦来运载。古人为什么把乌鸦视为金乌? 这是因为乌鸦是一种生命智力高超的鸟,它能够使用工具获得食物,还能够把食物藏在几千个地方,需要时再一一找出来。

少昊国·少昊孺帝颛顼

东海之外大壑,少昊之国。少昊孺帝颛顼于此,弃其琴瑟。

大壑,郭璞注:"《诗含神雾》曰:'东注无底之谷。'谓此壑也。《离骚》曰:'降望大壑。'"袁珂注:"《列子·汤问篇》云:'渤海之东,不知其几亿万里,有大壑焉,实惟无底之谷,其下无底,名曰归墟。八纮九野之水,天汉之流,莫不注之,而无增(无)减焉。'即此壑也。"相传归墟上有岱舆、员峤、方壶、瀛洲、蓬莱五座仙岛。

在古史传说里,少昊是先夏时期著名的部落,号称五帝之一。《五藏山经》西次三经称其位于西方,而此处则称少昊国位于东方沿海地区或海岛上,或许该部落曾举族远距离迁徙,今山东曲阜县城东有少昊陵。《拾遗记》卷一记有白帝之子亦即太白之精与皇娥在穷桑之浦坠入爱河,生少昊,因号为穷桑氏,又号为金天氏。少昊部落尊崇太白金星,金星为天空亮星,日出前现于东方则称太白,日落后现于西方则称长庚。《左传·昭公十七年》称少昊国有以鸟名来命名官职的习俗,可能是不同官职者要采用相应的鸟羽作为标志,后世所谓"拿鸡毛当令箭"或即其遗风。

"少昊孺帝颛顼",系当年发生在少昊与颛顼两个部落间的一件大事,从其具有悲情色彩来看,颛顼像是作为人质被迫在少昊部落度过了不愉快的童年。

甘山·皮母地丘·大言山

有甘山者,甘水出焉,生甘渊。

大荒东南隅有山,名皮母地丘。

东海之外,大荒之中,有山名曰大言,日月所出。

《大荒东经》共记述有 35 处(此数字与如何断句有关)场景,尽管经文没有明确提及诸景之间的方位关系,但是从其记述的内容来看,似乎存在自东南向东北的顺序。此处"有甘山者"11 字,现存版本将其断句在上文"弃其琴瑟"之后,其实甘渊乃扶桑十日所在地,理应作为单独一处场景,而且此段文字原应与《大荒南经》"羲和方浴日于甘渊"放在一起。

皮母地丘或作波母地丘,其地处于东南隅。大言山是一座观测日月东升并举行迎日迎月宗教巫术活动的场所,这样的山在《大荒东经》里共有 6 座。

波谷山·大人国·小人国

有波谷山者,有大人之国。有大人之市,名曰大人之堂。有一大人踆其上,张其两耳。

有小人国,名靖人。

波谷山的名称与波母地丘类似。踆,踢,通逡(退),通蹲。张其两耳或作张其两臂。大人之市、大人之堂,杨慎、郝懿行推测是海市蜃楼现象。不过,从其形貌来看,更像是一尊巨型塑像,有些类似复活节岛上的巨石人像,当地人在特定的日子要在塑像前聚集,进行交易或举行巫术宗教活动。靖人又称净人,《列子·汤问》称其身长九寸。

犁䰠尸·潏山

有神,人面兽身,名曰犁䰠之尸。

有潏山,杨水出焉。

䰠,其字义为灵、为龙;从其字形来看,当指求雨之鬼,或拥有降雨神灵之鬼。鬼的本意是指死者之精灵,而鬼字的象形则为人戴大型面具(包括装饰物),地位越高者所戴面具的规格也越大,当一位有权势者死去之后,其所佩戴过的面具同样被后人视为具有神灵。据此,犁䰠之尸可能是一尊戴着大面具的兽身先祖塑像,具有求雨的神灵,或者与犁的发明和使用有关。

蒍国·合虚山

有蒍国,黍食,使四鸟:虎、豹、熊、罴。

大荒之中,有山名曰合虚,日月所出。

　　袁珂注："蒍国或当作妫国。妫,水名,舜之居地也。《史记·陈世家》:'舜为庶人,尧妻之二女,居于妫汭,后因为氏。'妫国当即舜之裔也。"妫水出历山,流入黄河,在山西省永济县,《大荒东经》蒍国的方位与妫水不符,可能存在过部族迁徙。"使四鸟:虎、豹、熊、罴",袁珂认为源自《尚书·舜典》所记益与朱(豹)、虎、熊、罴争神而胜的神话故事,而益即舜,舜即帝俊,亦即殷墟卜辞所称"高祖夋",其原貌则为燕,乃《诗·玄鸟》:"天命玄鸟,降而生商"之玄鸟,因此帝俊后裔均有役使四鸟之能力。袁珂上述解释良多道理,唯谓神话似可商榷。实际上"使四鸟"可能是指役使奴隶,并用动物名来命名奴隶;或者是设立四名官员,并用虎、豹、熊、罴分别命名其官职。

　　合虚山是观测日月东升的第二座山。

中容国

　　有中容之国。帝俊生中容,中容人食兽、木实,使四鸟:豹、虎、熊、罴。

帝俊是《山海经》中出现次数最多的帝，论者或据此认为帝俊乃《山海经》中最显赫之帝。与此同时，由于帝俊的事迹与其他古帝多有相合之处，论者或谓帝俊为帝舜、帝喾、帝颛顼。郭璞注："俊亦舜字假借音也。"郝懿行注："《初学记》九卷引《帝王世纪》云：'帝喾生而神异，自言其名曰夋。'疑夋即俊也，古字通用……是帝俊即帝喾矣。但经内帝俊累见，似非专指一人。此云帝俊生中容，据《左传》文十八年云，高阳氏才子八人，内有中容，然则此经帝俊又为颛顼矣。"

帝俊生中容，意为帝俊的后裔有中容，并不一定是说帝俊的子女有中容。对于古人来说，记述历史是一件非常困难的事情，其中的难题之一就是缺少对大尺度时间的把握，以致往往把相隔很远的事情重叠记忆在一起。

东口山·君子国

有东口之山。有君子之国，其人衣冠带剑。

君子国在《海外东经》已有描述。我国古代没有标点符号，现存版本《山海经》的标点符号实际上都是近代人加上去的。由于对同一段文字，加注上不同的标点符号，往往会得到相异的信息解读。在这种情况下，如何正确地加上标点符号，就成为一个需要慎重对待的问题。但是，对于《山海经》来说，由于其上下文往往缺少逻辑联系，因此很难判断什么样的标点符号才是正确的。例如，此处经文"有东口之山"之后如果加逗号，则东口山与后文君子国就属于同一处场景；如果加的是句号，则表明两者可能并没有什么直接的联系。本书基本采用袁珂《山海经校注》的标点符号，只有少数地方作了调整。

司幽国·思士·思女

有司幽之国。帝俊生晏龙，晏龙生司幽。司幽生思士，不妻；思女，不夫。

食黍,食兽,是使四鸟。

司幽之国或作司幽之民,在《山海经》里"国"与"民"的含义相近或相同,均指生活在或曾经生活在某一地区的居民。司幽之国又作思幽之国,这种同音字互用的现象在《山海经》以及其他古籍中经常发生。司与思的涵义有着明显的差异,但在古人思维里两者却有内在的联系,即有思想(劳心)者才有管理权。

《海内经》记有帝俊生晏龙,并称晏龙发明了琴瑟,此处经文则称晏龙的后代有司幽,司幽的后代有思士和思女。关于思士不妻、思女不夫,郭璞注:"言其人直思感而气通,无配合而生子,此《庄子》所谓白鹢相视,眸子不运而感风化之类也。"

庄子"眸子不运而风化"的观点,是由于不了解动物雌雄结构及其有性繁殖过程而产生的误解(风化即风为媒,许多植物都通过风媒实现有性繁殖)。实际上,幽在此处指婚配,司幽即制定婚配规则,"不妻、不夫"即不组成以夫妻关系为基础的家庭。也就是说,在司幽国里,实施的是母系社会的"母子家庭制",即母亲与子女始终生活在一起,女儿大了不出嫁,儿子大了不娶妻,他们可以自由地与外族人过性生活。根据经文所述,司幽国的居民又吃米面又食肉,还有四鸟可供驱使,生活还是蛮不错的。

大阿山·明星山

有大阿之山者。

大荒之中有山名曰明星,日月所出。

此处大阿山,除了名称之外,其他信息均未能流传下来。

明星山是观测日月东升的第三座山,以明星为名,或可表示还同时观测与日月同升的亮星,例如启明星。

白民国·帝俊·帝鸿·白民

有白民之国。帝俊生帝鸿,帝鸿生白民,白民销姓,黍食,使四鸟:虎、豹、熊、罴。

郝懿行注:"帝鸿,黄帝也,见贾逵《左传》注;然则此帝俊又为少典矣,见《大戴礼记·帝系篇》。《路史·后纪》引此经云:'帝律生帝鸿。'律,黄帝之子也;或罗氏所见本与今异。"袁珂针对郝懿行上述观点注谓:"古代神话传说,由于辗转相传,历时既久,错综纷歧之处必多,此经帝俊生帝鸿,帝鸿不必即黄帝,纵帝鸿即黄帝矣,帝俊亦不必即少典,要在阙疑可也。"《大戴礼记·帝系篇》记有:"少典产轩辕,是为黄帝。"

《海外西经》所述的白民国在西方,此处白民国在东方,两者若非偶然同名,则当有某种血缘关系及其迁徙过程。在古代举族举家迁徙并非一件非常困难的事情,游牧民族赶着牛羊逐水草而行,一个月就可走到 1000 公里外的地方。

今天我们已经习惯将姓氏连称,但是在古代姓是姓、氏为氏,姓与氏有着不同的涵义,在不同的历史时期,其涵义又有着差异。古代女子称姓,男子称氏,氏为姓的支系。也就是说,"姓"记录的是母系血缘关系,"氏"记录的是父系的血缘关系。由于母系社会早于父系社会,因此可以说先有姓,后有氏。此外,氏也指远古时期的部落或具有世袭性质的官职,前者有燧人氏、有巢氏、伏羲氏、神农氏、轩辕氏等,后者有太史氏、职方氏等,而两者有时候又相互重叠。一般来说,古代姓的名称通常取自居住地的地名,而地名除了山名、水名亦包括其他人文活动内容。以"销"为姓的白民,其居住地当与"销"有关。销指熔化金属,又通消,亦指刀的一种,《淮南子·修务训》的"羊头之销",高诱注称即白羊子刀。

青丘国·九尾狐·柔仆民·赢土国

　　有青丘之国,有狐,九尾。

　　有柔仆民,是维赢土之国。

　　青丘与九尾狐已见于《南山经》、《海外东经》。可知青丘暨九尾狐是一处著名场景。《五藏山经》称其在南方,而《海外四经》、《大荒四经》却称其在东方,这里可能存在着文字错误。《初学记》卷九引《归藏·启筮》云:"蚩尤出自羊水,八肱、八趾、疏首,登九淖以伐空桑,黄帝杀之于青丘。"据此可知,青丘不应当位于南方,只能位于东方。也就是说,青丘山原本应当是属于《东山经》的内容,后来被误蹿入到《南山经》里。由于《南山经》与《东山经》所述诸山的地理方位多有难以考证之处,或许这也表明现存版本《南山经》的内容与《东山经》的内容存在着较多的相互错位。

　　柔仆民,其名类似《海外北经》的柔利国,可能是以身体柔韧性或性格柔顺而著称。嬴,通赢,意为满盈、有余。嬴土,意为物产富饶的地方。袁珂注:"嬴土之国犹《大荒西经》'沃之国'也。"

黑齿国

有黑齿之国。帝俊生黑齿,姜姓,黍食,使四鸟。

《海外东经》记述黑齿国的文字在青丘国之后,并称黑齿国位于青丘国之北。此处记述黑齿国的文字亦在青丘国之后,说明《大荒东经》诸场景亦存在着自南向北的方位关系。《海外东经》称黑齿国"使蛇",此处经文则称"使四鸟",并增加"帝俊生黑齿"的内容,这种对民族来源的血缘世系的追溯,表明《大荒四经》的撰写者比《海外四经》的撰写者有了更成熟的历史观念。

郭璞注:"圣人神化无方,故其后世所降育,多有殊类异状之人,诸言生者,多谓其苗裔,未必是亲所产。"其前半句尚可商榷,后半句则言之甚确。

夏州国·盖余国

有夏州之国。

有盖余之国。

此处经文仅有国名,其他信息均无,其他书亦不见,因此诸家均无一字注释。从符号学和信息传输学的角度来说,每一个名称(例如国名、人名)所承载的信息都是极为丰富的,然而这种丰富的信息又是名称本身所难以说明的。在这种情况下,对于第一次接触新名称的人来说,如果没有相应的说明信息,就只能通过名称本身去解读其中的部分信息。

夏字疑原本为复字,因字形相近而误,其国在今日辽东半岛黄海侧的大连市复县(瓦房店镇)。

天吴

有神人，八首人面，虎身十尾，名曰天吴。

《海外东经》称天吴为水伯，形貌与此处相近，惟"虎身十尾"作"八足八尾"。在《山海经》十八篇里，对同一神人，往往在不同篇章里都有记述。由于记述者处于不同时期，而被记述者也可能处于不同时期，因此记述的场景和内容往往存在着一些差异。

鞠陵于天山·折丹

大荒之中，有山名曰鞠陵于天、东极、离瞀，日月所出。名曰折丹，东方曰折，来风曰俊，处东极以出入风。

"东极、离瞀"，郭璞认为均为山名。郝懿行认为《淮南子·地形训》"东方曰东极之山"即此处东极山。日月所出之山，乃天文观测和制定历法的特定场所，要求其位置具有固定性和标志性。也就是说，一处日月所出之山，不可能同时指三座山。据此，"有山名曰鞠陵于天、东极、离瞀"，疑原作"有山名曰鞠陵，处于东极、离瞀"。意思是说，鞠陵于天山位于东极、离瞀，是第四座观测日月东升的山，主持观测及其相关巫术活动的人名叫折丹；东方称之为折，从东方来的风称之为俊；鞠陵山处于东方的尽端，俊风就是从那里出入的。

鞠字的含义很多，养育，幼年，极其，高貌，穷困，告诫，皮球（《十大经·正乱篇》称黄帝"取其（蚩尤）胃以为鞠"，蹴鞠即古代足球），此处鞠陵当指山高貌。东极，指东方之尽头。离瞀，离指分离、明丽（火、日、电），瞀指昏沉，两个字合用具有象征日月从地下或海中升起的意境。

吴任臣注："(《大戴礼》)《夏小正》云：'正月，时有俊风。'俊风，春月之风也,春令主东方,意或取此。"袁珂指出,《大荒四经》记有四方神与四方风,除此处东方神鞠陵、东风曰俊之外,还有南方神名因乎,南风曰民;西方神名夷,西风曰韦;北方神名鹓,北风曰琰。袁珂还进一步指出殷墟卜辞亦有四方风,而《山海经》四方神与四方风则源自《书·尧典》关于羲和等四人分别到东、南、西、北四方观星定时的记载。

由于帝俊是殷商民族的先祖,而俊字的象形是燕子,而燕子又是与春天、春风一起出现的候鸟;殷商民族居住在华夏大地的东方,而此处经文又称东风为俊。据此可以推知,帝俊之名当蕴含着上述诸多信息。

美洲印第安人、玛雅人的文化与中国古代文化有着许多相似或相近的内容,因此有学者提出"殷人东渡"的假说。与此同时,国内外一些学者也试图从《山海经》的记载里寻找到有关的线索,例如有人认为《大荒东经》记述的"大壑"、"东极"等地理景观,可以与美洲大陆的大峡谷等地貌相对应。如果这种假说能够成立,则表明中国人不仅在几千年前到达过美洲,而且还有人在撰写《大荒四经》之前又回到了中国,并带回了美洲的地理信息。

东海·禺貌·北海·禺京

东海之渚中,有神,人面鸟身,珥两黄蛇,践两黄蛇,名曰禺貌。黄帝生禺貌,禺貌生禺京。禺京处北海,禺貌处东海,是为海神。

《尔雅·释水》:"水中可居者曰洲,小洲曰渚。"禺貌或作禺号(号的繁体字號与貌字相近),为沿海地区居民供奉的东海之神。禺京即《海外北经》记述的禺强,乃沿海居民供奉的北海之神,其形貌亦为人面鸟身。不过,《海外北经》并未言及禺强的世系来源,而此处却称"黄帝生禺貌,禺貌生禺京"。《山海经》里的"神",绝大多数都是由巫师装扮成的神,很少有纯粹的自然神,也很少有纯粹的超自然神。因此,"黄帝生禺貌",实际上是在说从黄帝时代

开始任命禺貌为海神,也就是说,某位巫师要想当海神,必须经由黄帝(或者与黄帝同等资格的君王,以及代表先祖权力的象征者)的认可,即神权君授或神权祖先授。

招摇山·玄股国

有招摇山,融水出焉。有国名玄股,黍食,使四鸟。

《五藏山经》记述的第一座山亦名招摇山,位于南方,其所出之水名丽𪊏水。此处招摇山位于东方,所出之水名融水,两者未审是否同一座山。《海外东经》称玄股国人"使两鸟夹之",此处则发展成为"使四鸟"。

困民国·王亥·有易·帝舜·戏·摇民

有困民国,勾姓而食。有人曰王亥,两手操鸟,方食其头。王亥托于有易、河伯仆牛。有易杀王亥,取仆牛。河念有易,有易潜出,为国于兽,方食之,名曰摇民。帝舜生戏,戏生摇民。

"勾姓而食"袁珂认为原当作"勾姓,黍食"。王亥是殷商国早期的王子,又名王子亥、高祖亥,其父祖辈依次有冥、曹圉、昌若、相土(相传发明马车)、昭明、契,其子孙辈依次有上甲微(又名上报甲、报甲)、报乙、报丙、报丁、主壬、主癸、汤(又名成汤、天乙、大乙、唐)。相传王亥发明牛车,从事畜牧,以贝为货币,在各国或各部落间进行贸易,并确立用日干(即甲乙丙丁十天干)为殷商国王的名号。此处经文所述王亥悲剧故事,并见于《竹书纪年》、《楚辞》、《易经》等古籍,据此可知《山海经》的记述具有相当可靠的史料价值,亦可推知《大荒四经》的撰写时间当在王亥(约公元前18世纪)之后。

《竹书纪年》记有:"(帝泄)十二年,殷侯子亥宾于有易,有易杀而放之。十六年,殷侯微以河伯之师伐有易,杀其君绵臣。"《楚辞·天问》记述更为详尽,大意是王亥、王恒兄弟到有易(有扈、有狄)牧牛受到热情款待,由于兄弟二人行为淫乱不检点,有易之君一气之下杀了王亥,王亥之子上甲微兴师讨伐有易并灭其国,王恒虽有过错而其后裔却繁荣昌盛。《易经·旅卦》则称:"鸟焚其巢,旅人先笑后号啕。丧牛于易,凶。"

《大荒东经》此处经文似有缺误,因其记载的王亥故事先后存在着矛盾。经文先说困民国"有人曰王亥,两手操鸟,方食其头",后又说"有易潜出,为国于兽,方食之,名曰摇民",困民即摇民,其祖不应该又为王亥,又为有易。一个可能是,"河念有易,有易潜出"当作"河念王亥,王亥潜出",即王亥被杀后化为兽,与鲧被杀后化为兽类似,而所谓王亥食鸟则可能有某种巫术象征意义。另一个可能是，"有人曰王亥"五字当移至"方食其头"之后、"王亥托于有易"之前，即操鸟而食鸟头者指的是困民国，亦即有易国后裔，他们之所以要恶狠狠地吃鸟头，是出于对以鸟为图腾的殷商国的敌忾之意。

经文"帝舜生戏，戏生摇民"之前，疑当有"一曰"二字。袁珂注："此言摇民除有易所化之一系而外，复有一系是由帝舜之裔戏所生。此乃摇民传说之异闻，故附记于此。其实有易即戏也，易、戏声近，易化摇民即戏生摇民也。"

《史记·秦本纪》："秦之先柏翳（伯益），舜赐姓嬴氏，生子二人，一曰大廉，大廉玄孙曰孟戏，鸟身人言。"袁珂认为舜与伯益均一人之化身，而伯益之后裔孟戏亦即此处经文所述舜之后裔戏。

《淮南子·齐俗训》："昔有扈氏为义而亡。"高诱注："有扈，夏启之庶兄也，以尧舜举贤，禹独与子，故伐启，启亡之。"《史记·夏本纪》亦称启自立为帝，有扈氏不服，启伐之，大战于甘，遂灭有扈氏。《尚书·甘誓》即启讨伐有扈氏的战前动员令。甘，古地名，位于有扈氏国都的南郊，亦即今日陕西省户县，当地有甘峪河，发源于秦岭。据此，有易（即有扈）属于夏族，而不属于帝舜（即帝俊）后裔。

女丑·大蟹

海内有两人，名曰女丑。女丑有大蟹。

郝懿行注："两人盖一为摇民，一为女丑。"袁珂认为此处经文有缺脱，不可强为解释。《海外西经》所记女丑位于西方，而此处女丑则位于东方海上。"女丑有大蟹"，当与某种祭祀巫术活动有关。

自上个世纪初，我国在古史研究领域曾兴起一股强劲的疑古思潮，其代表人物是顾颉刚，代表著作是《古史辨》，该学派的工作不无成果，但是也存在着严重的思维逻辑问题：一是该学派认为凡是古籍中彼此看来矛盾的内容，必有一伪,或者两者皆伪;二是该学派天真地以为用文字记录历史是在一夜之间就完成的,并由此把后世历史学的进步悉数误解为"层累地造成的历史";三是该学派对远古神话传说的信息载体价值缺少认识;四是该学派在证伪上不遗余力,而在求真上则明显缺乏兴趣和动力。这是因为,国弱才疑古,民贫方崇洋,庆幸的是这样的时代正在成为历史。

孽摇頵羝山·汤谷

大荒之中,有山名曰孽摇頵羝,上有扶木,柱三百里,其叶如芥。有谷曰温源谷。汤谷上有扶木,一日方至,一日方出,皆载于乌。

郝懿行注:"《吕氏春秋·谕大篇》云:'地大则有常祥、不庭、歧母、群抵、天翟、不周。'高诱注以不周为山名,其余皆兽名,非也。寻览文义,盖皆山名耳。其群抵即此经之群羝',形声相近,古字或通。"

頵,头大貌,石齐头貌,状如头形的石头;羝,公羊;"群羝"即山的形状似公羊头。《大荒四经》有不少四个字的人名、国名、山名,如果这不是当时人们的语言习俗,则可能是音译的名称。温源谷又称汤谷,汤谷扶木即《海外东经》的汤谷扶桑。芥,草本,叶可食,籽可榨芥子油或制芥辣粉。

"一日方至",是说汤谷有十日,十日轮流出没,每当一个太阳从西方回来(经由地下)时,就有另一个太阳从扶桑树上飞起,所有的太阳都由三足乌驮载着运行。《楚辞·天问》:"羿焉彃日,乌焉解羽?"《论衡·说日》:"日中有三足乌。"《淮南子·精神训》:"日中有踆乌。"古人产生日中有乌的观念,一是源自太阳的运动需要有动力,二是因为古人观察到太阳上面有黑子。为什么偏偏把太阳黑子想象成乌鸦?这是因为古人知道乌鸦是一种非常聪明的鸟。近年的科学研究发现,乌鸦的生命智力非常高,有的乌鸦会把食物分别储藏在几千个地方,需要时能够逐一找出来;有的乌鸦还善于加工嫩枝上的钩刺,并用其来捕食隐藏在腐烂树枝中的甲壳虫幼虫。至于太阳金乌为什么有三足,可能与古人追求奇异的心态有关。此外,古人制作陶鸟时,为了使其能够站立常常要加塑一足,久而久之便形成三足鸟的传说。

奢比尸

有神,人面、犬耳、兽身,珥两青蛇,名曰奢比尸。

此处经文记述的奢比尸与汤谷相邻。在《海外东经》中亦记有奢比尸(又名肝榆尸),其特点为大耳,所在方位为东北隅,与东南方的汤谷并不相邻。据此可知,《大荒东经》记述的汤谷或奢比尸的位置可能发生错位。

帝俊下圣坛·五采鸟

有五采之鸟,相乡弃沙。惟帝俊下友。帝下两坛,采鸟是司。

"弃沙",郝懿行注:"沙疑与婆同,鸟羽娑娑然也。"袁珂进一步指出"弃沙"即"婆娑,盘旋而舞之貌也。""下友",袁珂注:"言惟帝俊下与五采鸟为友也。帝俊之神,本为玄鸟,玄鸟再经神话之夸张,遂为凤凰、鸾鸟之属。"并引《楚辞·天问》"简狄在台,喾何宜? 玄鸟致贻,女何嘉(喜)",认为这就是帝俊之所以"下友"于五采鸟的原因所在。

古代柬埔寨(真腊国)有一种婚俗,将要出嫁的少女先送至一间高阁楼上的密室,由一位德高望重的男子为她破贞,仪式期间始终伴随着鼓乐歌舞。简狄与玄鸟的故事,以及帝俊下友的场景,记述的正是殷商民族的一种具有生殖崇拜意义的古老婚俗,玄鸟所致之"贻"实际上是在为简狄破贞,帝俊所下之"友"同样是在为本族少女注入祖先的血脉种子,"帝俊"则有可能是由巫者或德高权重者装扮的先祖神(初夜权的习俗亦源于此),相向婆娑起舞的五彩鸟乃是配合帝俊破贞仪式的众巫师,所跳之舞可能类似傣族的孔雀舞(原本由男子扮装为孔雀王),其动作模拟或象征着男女交合。

"两坛",郭璞注:"言山下有舜二坛,五彩鸟主之。"不过,一个人不能同时从两个坛上走下来,因此"两坛"可能是指一座两层结构的圣坛。

猗天苏门山·埙民国

大荒之中,有山名曰猗天苏门,日月所生。有埙民之国。

猗天苏门是《大荒东经》所记第五座观察日月东升的山。袁珂注:"《类聚》卷一引此经作猗天山、苏门山,日月所出。"其实,"苏门"可能是一种石门状天文观测仪器,观测者根据日月从石门中升起的方位来判断时节。今河南辉县有苏门山。

埙是我国7000年前发明的椭球形多孔吹奏乐器,可用陶、石、骨、象牙制成。

綦山·摇山·䲭山·门户山·盛山·待山·壑明俊疾山

有綦山。又有摇山。有䲭山。又有门户山。又有盛山。又有待山。有五采之鸟。

东荒之中,有山名曰壑明俊疾,日月所出。

有中容之国。

䲭,即釜。此处经文诸山仅有名称,属于古代记忆之文字碎片。

《大荒东经》共记述有6座观测日月东升之山,即大言山、合虚山、明星山、鞠陵于天山、猗天苏门山、壑明俊疾山,依次自南向北排列(不排除经文有错位之处)。记述者不记山中有何草木鸟兽,只言"日月所出",似乎表明这6座山是一组天文观测台。由于地球自转轴与地球绕日公转平面(黄道)有一个23度的夹角,因此一年四季里只有在春分和秋分时太阳才从正东升起,春分至秋分期间太阳升起的方位偏北(夏至是最偏北的一天),秋分至春分期间太阳升起的方位偏南(冬至是最偏南的一天)。因此,观测太阳升起在偏南或偏北的不同山头上,就可以知道当时处于什么节令,这是一种非常古老的方法,至今民间仍然在使用。壑明俊疾之山名,有太阳光迅速通过之意,据此它可能是观测夏至的地点。

本篇前文已记述中容国,两处中容国的文字当移至一处。

三青马

东北海外，又有三青马、三骓、甘华。爰有遗玉、三青鸟、三骓、视肉、甘华、甘柤，百谷所在。

此处经文所述三青马等场景，与《海外北经》颛顼葬所之平丘、《海外东经》尧葬所之嗟丘的场景相似或相近。袁珂认为，此处三青马、三骓、三青鸟均类似《大荒南经》首节所述"左右有首"的双双兽。

在中华民族古老的传说中，是炎帝发现了百谷，因此他被尊称为神农；由于炎帝是通过放火烧山的技术途径而发明了农业，他又被称之为烈山氏。不过，笔者认为，人类发明农业也有老鼠的功劳。

许多动物都有储存过冬食物的技能，其中老鼠（田鼠）特别喜欢在秋季储存植物草籽（包括野黍、野粟、野菽等野谷类的种籽）为过冬食物。与此同时，经过放火烧山（当初是为了捕猎）的地方，绝大多数的植物品种都被烧死了，土地重新变成了处女地，等待着接纳新的种子。而老鼠在洞里储存的草籽，却躲过了人类放的山火，在雨水的滋润下破土而生。还有一些草籽、谷物被火烤熟或被老鼠洞里的水汽蒸熟，会散发出迷人的谷香，我们的祖先从中受到启发学会了种植野谷并熟食谷物。

老鼠洞里储存的野谷不可能是单一品种，而在汉语里许多古老的粮食作物，它们的发音都与"鼠"相同，例如"黍"（黄米）、"粟"（小米）、"菽"（豆类）。其他能够种植的作物"薯"、"蔬"、"荼"的发音也与"鼠"相同或相近，加工熟食的方法称之为"煮"，收藏食物称之为"储"。显然，它们当初都是从老鼠洞里储存的种籽里培育出来的农作物品种。

女和月母国·鹓

有女和月母之国。有人名曰鹓,北方曰鹓,来之风曰狻,是处东极隅以止日月,使无相间出没,司其短长。

郝懿行注:"女和月母即羲和、常羲之属也。谓之女与母者,《史记·赵世家》索隐引谯周云:'余尝闻之代俗,以东西阴阳所出入,宗其神,谓之王父母。'据谯周斯语,此经'女和月母'之名,盖以此也。"丁山在《中国古代宗教神话考》指出《大荒东经》之古本当为"北方曰琰,风曰鹓",《庄子》书中亦有坚证:其《天地篇》有曰:"谆芒将之大壑,适遇苑风于东海之滨。苑风曰:'子将奚之?'曰:'将之大壑。'"苑风,当即《大荒经》所说"来之风曰鹓"。

袁珂认为"处东极隅"当作"处东北隅"。其实,经文既称"北方曰鹓",则亦应作"处北极隅",此处经文当原属于《大荒北经》。据此,女和月母国的鹓,当是负责观测北极地区日月运行的天文女巫师,她把自己装扮成鹓鸟的样子(鹓鸟或即《南山经》南禺山的鹓雏)。

凶犁土丘·应龙

大荒东北隅中,有山名曰凶犁土丘。应龙处南极,杀蚩尤与夸父,不得复上。故下数旱,旱而为应龙之状,乃得大雨。

凶犁土丘或作凶黎之谷、黎山之丘,其名当与蚩尤、夸父在此遇难有关。此处经文所述应龙与蚩尤、夸父之间的战争故事,当与《大荒北经》同类故事移至一处。应龙的形貌为有翼之龙,他是黄帝族的战将兼雨师,由于开了杀戒而受到上天的惩罚,不能够回到故乡履行其职能。因此北方经常闹旱灾,这时民众只要模仿应龙的样子,天就会降下大雨。这是我国有关舞龙求雨习俗的最早文字记载。此后《楚辞·天问》亦云:"应龙何画？河海何历?"王逸注:"或曰禹治洪水时,有神龙以尾画(地),导水径所当决者,因而治之。"据此,应龙实际上是以巫师面目出现的水利工程师,而应龙与蚩尤、夸父的战争,或许与两大部落争夺水资源和生存领地有关。

流波山·夔·黄帝击鼓

东海中有流波山,入海七千里。其上有兽,状如牛,苍身而无角,一足,出入水则必风雨,其光如日月,其声如雷,其名曰夔。黄帝得之,以其皮为鼓,橛以雷兽之骨,声闻五百里,以威天下。

黄帝击鼓

流波山之名很像是海上大冰山,古代北冰洋的冰山有可能解体并穿过白令海峡,漂移至我国东海或太平洋西部,《列子》五仙山的传说或亦与此现象有关。据此,苍身无角一足之夔牛,有可能是指海狮、海牛之类生活在冰山上的动物。这些动物四足退化而尾部发达,远看即"一足"。至于夔牛"出入必风雨,其光如日月"者,则可能与模拟捕捉夔牛的巫术仪式有关。

郭璞注:"雷兽即雷神也,人面龙身,鼓其腹者。橶犹击也。"

袁珂注:"流波山一足夔神话亦黄帝与蚩尤战争神话之一节,《绎史》卷五引《黄帝内传》云:'黄帝伐蚩尤,玄女为黄帝制夔牛鼓八十面,一震五百里,连震三千八百里。'吴任臣《山海经广注》(《大荒北经》)引《广成子传》云:'蚩尤铜头啖石,飞空走险,以𧣾牛皮为鼓,九击止之,尤不能飞走,遂杀之。'即其事也。"

玄女又称九天玄女,相传她传授给黄帝兵法,《太平御览》引《黄帝玄女战法》云:"黄帝与蚩尤九战九不胜,黄帝归于太山,三日三夜雾冥。有一妇人,人首鸟形,黄帝稽首再拜伏不敢起。妇人曰:'吾玄女也,子欲何为?'黄帝曰:'小子欲万战万胜。'遂得战法焉。"鼓在古代战争中有着重大价值,一是鼓舞士气,二是传递指挥命令,古兵书《军政》称:"言不相闻,故为金鼓;视不相见,故为旌旗。"

根据考古发掘,我国古代的鼓主要有蒙皮木鼓、陶鼓、铜鼓等,山西襄汾陶寺出土的四千年前的木鼓,系用树干截断挖制而成,高约 1 米,鼓腔内有鳄鱼骨片,表明两端所蒙的是鳄鱼皮(已朽),鼓面直径约 50 厘米,鼓身外表涂有白、黄、黑、宝石蓝等彩色回形纹、宽带纹、云雷纹等几何图样,相当华丽。

二、大荒南经

南方有一座巫山,长有许多名贵药材,一只黄鸟负责为天帝守护之,以防青蛇偷盗——《白蛇传》盗仙草的故事,最初就发生在这里。南方有一个卵民国,那里的人都是从卵里出生的,生孩子就好像是孵小鸡一样——如果我们今天能够掌握这种技术,那么人类的宇宙航行就容易多了。南方还有一种特别小的小人,名叫菌人,它们可能就是《西游记》里孙悟空吃的人参果。

跊踢·双双

南海之外,赤水之西,流沙之东,有兽,左右有首,名曰跊踢。有三青兽相并,名曰双双。

此处左右有首的跊踢、相并的双双与《海外西经》所述前后有首的并封类似,均为动物牝牡相合之象。袁珂认为三青兽、三青鸟、三雏疑亦双双之类。关于双双,郭璞注:"言体合为一也。《公羊传》所云'双双而俱至者',盖谓此也。"郝懿行注:"郭引宣五年传文也。杨士勋疏引旧说云:'双双之鸟,一身二首,尾有雌雄,随便而偶;常不离散,故以喻焉。'是以双双为鸟名,与郭异也。"据此,双双又与比翼鸟类似。

阿山·氾天山·帝舜葬·叔均葬

有阿山者。南海之中,有氾天之山,赤水穷焉。赤水之东,有苍梧之野,舜与叔均之所葬也。爰有文贝、离俞、鸱久、鹰、贾、委维、熊、罴、象、虎、豹、狼、视肉。

"赤水穷焉","穷"字疑应作"出"字,下同。《五藏山经》的西次三经记有昆仑丘"赤水出焉,而东南流注于氾天之水。"此处"氾天之山,赤水穷焉"的记述显然源自《西山经》。不过,后者的表述似乎缺少地理常识,因为水只能往低处流,或流入其他江河,或流入湖泊大海,而不可能终止于某座山。江河也不可能流经海上再流到山前,因此"南海之中,有泛天之山,赤水穷焉"的说法,也表明"南海"实际上是指"南方",而"海"乃地域之通称。

《海内南经》、《海内经》亦记有舜葬及叔均故事。郭璞注:"叔均,商均也。舜巡狩,死于苍梧而葬之,商均因留,死亦葬焉。基(墓)在今九疑之中。"

经文"爰有"者均为随葬物或随葬物的艺术造型(包括塑像,也可能有棺椁漆画或墓室壁画),离俞即离朱,贾为乌鸦,委维又称委蛇、延维,形貌为人面两头蛇。

荣山·玄蛇

有荣山,荣水出焉,黑水之南,有玄蛇,食麈。

荣山、荣水或作荥山、荥水。《五藏山经》中的中次十一经朝歌山发源的潕水流入荥水,其方位在今日伏牛山与大别山一带,今河南省境内同时有舞水和荥永。

麈,鹿类,玄蛇食麈与巴蛇食象类似,表明古代我国南方多食肉类大蛇。因此,在那个时代,谁能够制服蛇,谁就被视为英雄好汉或具有神力,这正是古代巫师要两耳戴蛇、双手操蛇的原因所在。

巫山·黄鸟·玄蛇

有巫山者,西有黄鸟。帝药,八斋。黄鸟于巫山,司此玄蛇。

袁珂引《说文》"灵,巫也,以玉事神",认为《大荒四经》所述云雨山、灵山均即巫山之异名,亦即今日长江三峡之巫山。其实,在古代凡是巫师举办巫术活动之山,均可称为巫山或灵山,由于各地各族都有巫师,因此其地非指一处。

黄鸟,袁珂注:"古黄、皇通用无别,黄鸟即皇鸟,盖凤凰属之鸟也。《周书·王会篇》云:'方扬以皇鸟。'《尔雅·释鸟》云:'皇,黄鸟。'即此是也。《北次三经》泰头之山有黄鸟,则是别一种鸟,非此。"今查泰头山并无黄鸟,而是与泰头山相邻的轩辕山上有"其状如枭而白首"之黄鸟,当系偶然看错行之误。

"帝药,八斋",郭璞注:"天帝神仙药在此。"不过,从字面来说,"帝药"亦可理解为"名字为'药'的帝"。斋,指祭祀前或举行典礼仪式前,当事人清心洁身以示庄敬虔诚,据此"八斋"当指巫师在采集、配制帝药时所举行的一整套巫术宗教活动或仪式。黄鸟"司此玄蛇",袁珂注:"或谓黄鸟司察此'食尘'之贪婪玄蛇,防其窃食天帝神药也。"所言甚是,据此可知上文"黑水之南,有玄蛇,食尘"当与此处"有巫山"断句为一节。进一步说,尘或可指麝,麝香为贵重药,当亦属帝药之内。而黄鸟守护仙药防蛇盗食的场景,亦即后世《白蛇传》所述白娘子(白蛇)盗仙草时与守药仙童(鹤神、鹿神)交手故事的创作源头。

不庭山·娥皇·三身国

大荒之中,有不庭之山,荣水穷焉。有人三身,帝俊妻娥皇,生此三身之国,姚姓,黍食,使四鸟。有渊四方,四隅皆达,北属黑水,南属大荒,北旁名曰少和之渊,南旁名曰从渊,舜之所浴也。

不,通丕,大也。庭,建筑物,院子;直,《诗·小雅·大田》:"播厥百谷,既庭且硕。"因此,不庭山既可指大而直立之山,亦可指人造的大型建筑物;如系后者,那么"荣水穷焉"就可以理解为把荣水引流至不庭这个地方为止。类而推之,凡《大荒四经》所言某水至某山穷焉之"山",可能均指建筑物或居住地,即"山"乃地名的通称,而非特指自然地形之山。

《海外西经》已记有三身国,位于大乐之野(夏后启在此歌舞娱神)的北面,其特征"一首而三身",并未言其身世。此处经文则称三身国人乃帝俊与娥皇之后裔,帝俊亦即帝舜,娥皇即帝舜之二妃娥皇、女英之一。

有渊四方或作有渊正方,四隅皆达或作四隅皆通。"渊"者少有四方或正方的形状,而渊本为水亦不必再称其"四隅皆达(通)"。因此,"有渊四方"疑当作"有台四方",其四个方向均有台阶可登,而此台之名即不庭。不庭四方台的北面有少和之渊,其水引自黑水;不庭台的南面有从渊,其水引自大荒。

"舜之所浴",郭璞注:"言舜尝在此澡浴也。"其实,此处舜浴并非寻常之澡浴,而是一种巫术宗教或民俗活动,目的或是祈求新生,或是祈求有子,其仪式动作大约是要模拟胎儿在子宫羊水里的生存状态,以及胎儿从出生到老死的生命全部历程,后世的成年沐浴、圣水浴、洗礼、泼水节等风俗均可追溯于此。至于不庭台有南北两个沐浴之所,或许一处是为了祈求生男孩,另一处则是为了祈求生女孩;也可能是一处为新生者沐浴,另一处是为老死者沐浴;而三身或指人的胎儿、成年、老死。

成山·季禺国·羽民国·卵民国

又有成山,甘水穷焉。有季禺之国,颛顼之子,食黍。有羽民之国,其民皆生毛羽。有卵民之国,其民皆生卵。

成山当指季禺国的一座标志性景观,也有可能是人造建筑物,《大荒东经》所记的甘水被引流至此。季禺国为颛顼后裔,而甘水源头的甘山附近的少昊国则是少昊孺帝颛顼之处。据此可知,甘水是从北向南流的一条河,少昊部落居住在甘水的上游,颛顼部落的季禺国则居住在甘水的下游(其地属《大荒南经》,方位在南)。

按《山海经》惯例,每一个国名、族名、人名都包含着相应的信息,因此季

禺国之名亦当有所指。季,指季节,亦指兄弟排序,例如伯、仲、叔、季。禺,兽名,状如猕猴;区域,每里为一禺;通偶,木偶,《史记·封禅书》:"木禺龙栾车一驷。"从季、禺二字的上述含义来看,由它们组成的季禺一词,于理不通。

古籍出现讹字主要有两种情况,一是音同字相替,二是形近字笔误。此处季禺国与羽民国、卵民国属于同一场景或相邻场景,据此可以推知,季禺国之名,可能是系羽国、委羽国之误。也就是说,季禺国是采集羽毛、加工羽毛并用羽毛装饰自己的国家。

依此推知,羽民国"其民皆生毛羽",不是说这里的人身体上长出了鸟的羽毛,而是说这里的人以加工生产毛羽制品为职业。同理,卵民国"其民皆生卵",也不是郭璞注"即卵生也",而是说当地人以生产鸟卵及其卵制品为职业。当然,这并不排除羽民国的人高兴时会跳起模仿鸟的舞蹈,卵民国人在春天鸟开始下蛋的时候举行模拟鸟下蛋、抱窝、孵卵的巫术活动,以祈祷鸟卵丰收。我们今天饲养的鸡、鸭、鹅等家禽,也许就是季禺国及其属国驯化而成的。

不姜山·贾山·言山·蒲山·隗山

大荒之中,有不姜之山,黑水穷焉。又有贾山,汔水出焉。又有言山。又有登备之山。有惄惄之山。又有蒲山,澧水出焉。又有隗山,其西有丹,其东有玉。又南有山,漂水出焉。有尾山。有翠山。

《山海经》中有许多以"不"命名的山,例如不周山、不句山、不庭山等。春秋战国时也有不少人的姓名里用"不"字,例如申不害、吕不韦等。"不"字有多意,除了常用的否定、无的意思之外,又通丕(意为大),又是柎(花蒂)的本字。此外,与"不"字形极为相近的"不",意为树木被砍伐后所留的根株,亦指木墩。此处的不姜山,当意为大姜山,黑水被引流至此。

汔有接近的意思,其本字即汽。登备山,当即《海外西经》的登葆山。惄的意思是不经心、无动于衷,以其为山名,或有所指。《五藏山经》记有两处澧水,一处发源于东次二经的葛山首,另一处发源于中次十一经的雅山。隗音委,又音葵,又音归,通夔,通归;隗国,故址在今湖北省秭归东,公元前634年灭于楚;古代狄族有隗姓。经文"又南有山"而未言其山名,疑当作"又有南山",西次一经亦记有南山,位于秦岭,或谓即终南山(今西安南,海拔2604米)。漂水或作溧水,经文未记述其流向何处,当系文字佚失。

盈民国

有盈民之国,於姓,黍食。又有人方食木叶。

"於"字今日几乎已经完全被简体字"于"所取代,其实它的本意是指乌鸦,亦作感叹词"於戏"(即呜呼)。"食木叶",郝懿行注:"《吕氏春秋·本味篇》高诱注云:'赤木玄木,其叶皆可食,食之而仙也。'又《穆天子传》(卷四)云:'有模堇,其叶是食明后。'亦此类。"其实,此处经文"又有人方食木叶"七字,疑当与下文不死国"甘木是食"断句为一节。

不死国·去痊山

有不死之国,阿姓,甘木是食。

大荒之中,有山名曰去痊。南极果,北不成,去痊果。

《海外南经》所记不死民,仅言其人黑色,未言姓氏及所食何物。"阿"字的信息内涵非常丰富,除了作助词、语气词之外,其字形本指大而曲的丘陵,《诗·小雅》曰:"菁菁者莪,在彼中阿。"又引申为曲隅、屋栋,《文选》引班固《西都赋》:"珊瑚碧树,周阿而生。"李善注:"阿,庭之曲也。"《仪礼·士昏礼》:"宾升西阶,当阿,东面致命。"并进而引申为曲从、迎合、偏袒、庇护,例如阿谀奉承。此外,阿在古代又指一种轻细的丝织品,《史记·司马相如列传》:"被阿锡。"裴骃注:"阿,细缯也;锡,布也。"又通婀,轻盈柔美貌。据此,不死民以阿为姓,当取自上述诸意之一。

郭璞注:"甘木即不死树,食之不老。"其实上文"方食木叶"当移至此处,甘木树叶可能具有某种兴奋作用,服食者会进入飘飘欲仙的状态(这是巫师在举行巫术时所需要的);或者具有健身功效,食者可长寿;或者具有防腐作用,可使尸体不腐;凡此种种均可形成"不死"的传闻。

痊,风疾;去痊山当是巫师给病人治疗风疾的场所。"南极果",袁珂注:"此疑当是巫师诅咒语渗入文中者。"其实,这几句"三字经"除了有帮助巫师记忆和增强巫术效果的作用外,也有实指,即治疗风疾之果,只能生长在南方,而不能生长在北方,类似南桔北枳现象,这是一种经由科学观察所得到的认识。

不廷胡余

南海渚中，有神，人面，珥两青蛇，践两赤蛇，曰不廷胡余。

《大荒东经》记有北海海神禺京和东海海神禺䝬，此处不廷胡余的形貌与禺京、禺䝬几乎如出一辙，以此推知不廷胡余当是南海之海神，而其名则可能出自译音。据此，此处经文原应有"处南海，是为海神"字样。

因因乎

有神名曰因因乎,南方曰因乎,夸风曰乎民,处南极以出入风。

因因乎为南方之神兼南风之神,系《大荒四经》所记四方神之一。对比之下,东方神折丹、西方神石夷、北方神鹓同时还有观测日月运行的职责,唯此处经文未言南方神因因乎的天文观测活动。在我国南方,能够看到的具有指示季节作用的星辰相对北方要少许多,但南海来的台风更为猛烈,更有必要密切关注。

参照《大荒东经》记述东方之神折丹的文例,袁珂认为此处经文当作"有神名曰因乎,南方曰因,来风曰民",而夸风乃来风之讹。

襄山·重阴山·季釐·倍伐·俊坛

有襄山。又有重阴之山。有人食兽,曰季釐。帝俊生季釐,故曰季釐之国。有缗渊,少昊生倍伐,倍伐降处缗渊。有水四方,名曰俊坛。

《左传·文公十八年》:"高辛氏(帝喾)有才子八人:伯奋、仲堪、叔献、季仲、伯虎、仲熊、叔豹、季狸,忠肃共懿,宣慈惠和,天下之民谓之八元。"郝懿行认为此处季釐即八元之一的季狸。袁珂认为帝喾即帝俊,亦即帝舜。

釐意为治理,《尚书·尧典》:"允釐百工。"又引申为改正,《后汉书·梁统传》:"施行日久,岂一朝所釐?"此外,又通赉,赐予;通嫠,寡妇;度量单位;又通禧,福也;又指胙肉,祭过神的福食。缗,钓鱼用的线绳。

此处经文先言帝俊生季釐,又转述少昊生倍伐,再又说俊坛,或表明少昊后裔倍伐与帝俊后裔季釐有关,或当断句为两节。"倍伐降处缗渊",意即迁徙到缗渊。

"有水四方",郭璞注:"水状似土坛,因名舜坛也。"其实,"有水四方"乃"有台四方"之讹。此处缙渊、俊坛,与前文不庭山的"舜之所浴"场景类似。这表明,凡帝俊之后裔,都要在自己的居住区里修建祭祀坛,并在这里举行相应的巫术宗教祭祀活动。

载民国·无淫

有载民之国。帝舜生无淫,降载处,是谓巫载民。巫载民盼姓,食谷,不绩不经,服也;不稼不穑,食也。爰有歌舞之鸟,鸾鸟自歌,凤鸟自舞。爰有百兽,相群爰处。百谷所聚。

淫字有多意:久雨(三日以上)、浸淫(平地出水)、沉溺、邪恶、惑乱、淫荡。此处无淫之名当取其不要有连日霖雨之义。载。通耄,年老貌;经文"巫载"之名与其行为方式不符,疑当作"无载",意为年青不老。盼,头大貌,颁赐,亦通盼。

此处经文大意是,无淫民为帝舜的后裔,他们迁徙到一个名叫载的地方,遂改称为巫载民。他们不用纺线织布,就有衣服穿;也不用耕田种庄稼,就有谷物可食。而且他们还拥有能够歌舞的鸟,整日与百兽和睦相处,百谷百物都汇聚到他们那里。

论者多谓此处巫载民即《海外南经》所记的载国,因其地得天独厚,极为富饶,故而能不劳而获。但是,载国"其为人黄,能操弓射蛇",与巫载民的生活场景相差甚远。其实,巫载民乃是以歌舞表演来谋生的族群,性格活泼,心态永不老,类似吉普赛人的大蓬车马戏歌舞团,因此无须织布种地就有穿有吃。理由如下:其姓"盼"暗示他们戴着大头面具,企盼着观众给赏赐;其名"无淫",是希望在表演时不要遇上连日阴雨;所谓歌舞之鸟与百兽,既指驯鸟兽表演,也指人装扮成鸟兽进行表演。

融天山·羿杀凿齿

大荒之中,有山名曰融天,海水南入焉。

有人曰凿齿,羿杀之。

融,指炊气上升,引申为火、光明;又指融化、融合、融通,永,长。据此,融天山之名,可指海天一色的景观。融天山位于南海之滨,它可能是《大荒南经》记述的最南端的一处场景。"海水南入",可能指海峡地貌,下文天台高山亦有同类地貌,两者或可指台湾海峡和琼州海峡。

《海外南经》羿杀凿齿之地在北方昆仑,此处凿齿民当系凿齿族南迁之后裔。

蜮山·蜮民国

有蜮山者,有蜮民之国,桑姓,食黍,射蜮是食。有人方扞弓射黄蛇,名曰蜮人。

《说文》:"蜮,短狐也,似鳖,三足,以气射害人。"《汉书·五行志》:"蜮在水旁,能射人,射人有处,甚者至死,南方谓之短弧。"颜师古注:"即射工也,亦呼水弩。"《博物志·异虫》:"江南山溪中,水射工虫,甲类也,长一二寸,口中有弩形,气射人影,随所著处发疮,不治则杀人。"《楚辞·大招》:"魂乎无南,蜮伤躬只。"

蜮民以桑为姓,既食谷,又食蜮。此处经文蜮人方扞弓"射黄蛇"的场景与《海外南经》载国人"能操弓射蛇"相似。

宋山·蚩尤弃其桎梏·祖状尸

有宋山者,有赤蛇。名曰育蛇。有木生山上,名曰枫木。枫木,蚩尤所弃其桎梏,是为枫木。

有人方齿虎尾,名曰祖状之尸。

枫,枫香树,亦指树叶多叉歧的树,亦指秋令时节红叶之树。桎梏,古代木制刑具,《周礼·秋官·掌囚》:"中罪桎梏。"郑玄注:"在手曰梏,在足曰桎。"蚩尤所戴桎梏为枫木所制,因而弃之宋山后能长成枫树林。蚩尤为我国先夏时期最著名的部落或人物之一,曾长期与黄帝部落争夺势力范围,后被黄帝收服。蚩尤墓在今山西寿张县,至今晋、冀民间仍然流行"蚩尤戏",游戏者头戴牛角而相抵,或一腿搭在另一腿膝上,单腿蹦跳而相抵。此处经文所述蚩尤事迹位于南方,或系蚩尤后裔南迁者,为了纪念蚩尤而种植枫树;宋山上的赤色育蛇,当与纪念蚩尤的巫术活动有关。

祖状之尸或作相状之尸。齿,牙齿,古代亦专指象牙,《尚书·禹贡》:"齿革羽毛。"孔颖达注:"《诗》云:'元龟象齿',知齿是象牙也。"此处戴着象牙装饰系着虎尾装饰的祖状尸,其故事已不得而知。所谓"虎尾",意思是戴着虎尾装饰。所谓"方齿",笔者很长时间不知其义,直到有一天在一本介绍玛雅文化的大画册上看到一幅保护神塑像,其牙齿被锉磨成方形,而且在方齿上还切割出沟槽,这才恍然大悟——原来"方齿"是一种修饰牙齿的习俗。

焦侥国·朽涂山

有小人,名曰焦侥之国,几姓,嘉谷是食。

大荒之中,有山名朽涂之山,青水穷焉。

《海外南经》记有焦侥国，又名周饶国，位于三首国之东，当指身材矮小的农耕民族。《国语·鲁语》："焦侥氏长三尺，短之至也。"《史记·大宛列传》正义引《括地志》："小人国在大秦南，人才三尺，其耕稼之时，惧鹤所食，大秦卫助之，即焦侥国，其人穴居也。"《法苑珠林》卷八引《外国图》："焦侥国人长尺六寸，迎风则偃，背风则伏，眉目具足，但野宿。一曰，焦侥长三尺，其国草木夏死而冬生，去九疑三万里。"草木夏死冬生，符合赤道以南的气候，北半球的夏天即南半球的冬天。

郝懿行认为朽涂山即《五藏山经》中西次三经昆仑丘的丑涂水，郭璞认为青（清）水即昆仑丘之洋水（流入丑涂水）。据此，朽涂山乃一独立景观，不应与下文云雨山断句为一节。

云雨山·禹攻云雨·群帝取药

有云雨之山，有木名曰栾。禹攻云雨，有赤石焉生栾，黄本，赤枝，青叶，群帝焉取药。

此处云雨山，疑当作禹攻云雨之山。"禹攻云雨"，袁珂指出此即大禹在巫山治水故事："（宋玉《高唐赋序》）谓神女瑶姬入楚怀王梦，自云是'巫山之女，且为朝云，暮为行雨'因荐枕席。疑此巫山或称'云雨山'也。而唐末杜光庭《墉城集仙录》乃谓禹理水驻巫山下，遇大风振崖，功不能兴，得云华夫人即瑶姬之助，始能'导波决川，以成其功'；此虽后起之说，然知民间古固亦有禹巫山治水之神话也。"其实，禹攻云雨山，不单纯是为了治水，也是势力的扩张、资源的占有（取药）。

栾，又称栾华、灯笼树，落叶乔木，高10米，夏季开花，黄色，秋季果熟，蒴果囊三角状卵形，花可制黄色颜料、入药，叶可制青色颜料，种子可榨油，木材可制小器具。所谓赤石生栾，可能与祭祀栾树之神的巫术活动有关。

颛顼国·伯服

有国曰颛顼,生伯服,食黍。

经文"有国曰颛顼"至"昆吾之师所浴也"六十字被断句为一节,甚为不妥。因其记述有多处独立场景,若断句为一节,势必将曲解其原文所涵之信息。

"有国曰颛顼,生伯服",袁珂指出:"疑经文当作'有国曰伯服,颛顼生伯服',脱'伯服'二字。"此言甚是。吴任臣引《世本》云:"颛顼生偶,偶字伯服。"

伯,除指亲属称谓外,亦指古代地方长官、爵位;又指马祖,《诗·小雅·车攻》:"既伯既祷。"毛传:"伯,马祖也。谓天驷房星之神也。"此外,伯又通霸,通陌。服,除指衣服、服事、顺服、服食等意之外,又指驾驭牛马,《易经·系辞下》:"服牛乘马。"并特指驷车居中的两匹马,《诗·郑风·大叔于田》:"两服上襄,两骖雁行。"此外,服又通鵩,通匐,通箙(竹箭筒)。据此伯服或指驾驭马并祭祀马祖的族群。

《大荒四经》屡言某国人食黍或黍食,似可表明当时农业处于刚刚兴起至开始推广普及的阶段,许多地方的人都开始吃谷米,但是能够吃上谷米仍然属于新鲜事,否则就没有必要特别记述了(古代文字书写不易,故文字使用极为简洁珍惜)。

鼬姓国·苕山·宗山·姓山·壑山·陈州山·东州山

有鼬姓之国。

有苕山。又有宗山。又有姓山。又有壑山。又有陈州山。又有东州山。

鼬,鼬科类动物,体小而长,耳小而圆,四肢短,尾长不及体半,有黄鼬、白鼬、雪鼬、艾鼬、香鼬、青鼬、臭鼬等。鼬姓国可能是以鼬为图腾的族群。

苕,苕花,可作筥帚,又指凌霄草、紫葳草;苕山当以苕草茂盛为名。

"又有宗山,又有姓山",疑当作"又有宗姓山"。

陈州山、东州山,疑均指地名,而非指自然之山。

白水山·昆吾之师所浴

又有白水山,白水出焉,而生白渊,昆吾之师所浴也。

昆吾为古代著名诸侯国,今本《竹书纪年》夏仲康六年记有"锡昆吾作伯"。《世本·帝系篇》云:"陆终娶于鬼方氏之妹,谓之女馈,是生六子。孕三年而不育,剖其左胁,获三人焉;剖其右胁,获三人焉。其一曰樊,是为昆吾;其二曰惠连,是为参胡;三曰钱铿,是为彭祖;四曰求言,是为郐人;其五曰安,是为曹姓;其六曰季连,是为芈姓。"并称在春秋战国时期,昆吾后裔居卫(今河南濮阳),参胡后裔居韩,彭祖后裔居彭城,邻人后裔居郑,曹姓后裔居邾,季连后裔居楚。《世本·帝系篇》又称:"颛顼娶于滕坟氏,谓之女禄,产老童。老童娶于根水氏,谓之骄福,生重黎及吴回。吴回氏产陆终。"《五藏山经》里的西次三经记有老童(耆童)、鬼国(槐鬼、有穷鬼),中次二经记有昆吾山。此处白水山、白水、白渊,或在上述区域里。

"昆吾之师所浴",当亦非寻常澡浴,而是与前文"舜之所浴"类似,同样为宗教巫术活动。令人有些奇怪的是,经文记述的沐浴活动主角不是"昆吾",而是"昆吾之师";由于古代"师"可指军官和军队,因此不能排除这种沐浴活动与军事有关的可能。

张弘国

有人曰张弘,在海上捕鱼。海中有张弘之国,食鱼,使四鸟。

此处张弘国,郭璞怀疑是《海外西经》的奇肱国,袁珂认为是《海外南经》"捕鱼水中"的长臂国。其实,除了上述两种可能成立的解释外,还有第三种信息解读方式。由于此处经文并未称张弘国人为独臂或长臂,因此只能从其名称及生存状况来复原其特征和形貌:张弘国人"在海上捕鱼",而"张"有扩张、展开之意,"弘"为大;据此"张弘"当与捕鱼活动有关,有可能是指张网捕鱼,也可能是指扬帆出海捕鱼。当然,此处张弘国其先有可能即《海外南经》的长臂国,只是捕鱼技术又有了新发展。

驩头国·士敬·炎融·驩头

有人焉,鸟喙,有翼,方捕鱼于海。大荒之中,有人名曰驩头。鲧妻士敬,士敬子曰炎融，生驩头。驩头人面鸟喙，有翼，食海中鱼，杖翼而行。维宜芑苣，穋杨是食。有驩头之国。

《海外南经》记有讙头（朱）国"其为人人面有翼，鸟喙，方捕鱼"，与此处驩头国的名称及其生活方式非常相近，袁珂认为两者实为一国，亦即丹朱国。但是，在古史中，丹朱乃帝尧之子，而此处经文则称驩头为鲧之后裔。对于上述矛盾，袁珂解释为"盖传闻不同而异辞也"。其实，古史传说中的"父子"关系，并不一定仅指血亲上的父子，亦可指部落联盟大酋长（类似春秋战国时的霸主国）与部落酋长（类似诸侯国）之间的关系。

《吕氏春秋·行论》："尧以天下让舜。鲧为诸侯，怒于尧，曰：'得天之道者为帝，得地之道者为三公。'以尧为失论。欲得三公，怒甚猛兽，欲以为乱。比兽之角，能以为城；举其尾，能以为旌。召之不来，仿佯于野以患帝。舜于是殛之于羽山，副之以吴刀。"据此可知，鲧与尧为同时代的强势部落，因争夺部落联盟领导权失败而遭到严重打击，其族裔不得不迁徙到远方，其中一支族便是此处记述的驩头国。

丹朱也是帝尧部落联盟的重要成员，他同样反对舜继任部落联盟最高领导职位，失败后亦迁徙到南方，其后裔即《海外南经》记述的驩头国，亦即此处的驩头国。或许，丹朱曾与鲧结盟，而此处经文"炎融"实际上就是丹朱的别名。

驩头国人"杖翼而行"，当指驾帆船在海上捕鱼。芑，黑黍，亦指蔬菜莴苣，用苇杆等草木扎成的火炬。穋，生长期短的谷类，《诗·豳风·七月》："黍稷重穋。"毛传："后熟曰重，先熟曰穋。"根据《楚辞·天问》的记载，它们都是鲧部落迁徙时带走并传播、改良的谷种。

岳山·帝尧葬·帝喾葬·帝舜葬·申山

帝尧、帝喾、帝舜葬于岳山。爰有文贝、离俞、鸱久、鹰、延维、视肉、熊、罴、虎、豹；朱木，赤枝，青华，玄实。有申山者。

根据古史记载，帝舜为帝尧的继任者，帝尧为帝喾后裔，《尚书·舜典》称帝尧让帝位于舜，《大戴礼·帝系篇》记有："黄帝产玄嚣，玄嚣产蟜极，蟜极产高辛，是为帝喾；帝喾产放勋，是为帝尧也。"

《吕氏春秋·安死篇》："尧葬谷林。"高诱注："传曰：尧葬成阳，此云谷林，成阳山下有谷林也。"郭璞认为此处岳山即《海外南经》的狄山（又名汤山），尧葬之地在东阿县（今山东省）城次乡等处。毕沅注谓："《墨子》（节葬篇下）云：'尧北教八狄，道死，葬蛮山之阴。'则此云狄山者，狄中之山也。"《皇览·冢墓记》："帝喾冢在东郡濮阳顿丘城南台阴野中。"《海内经》记有舜葬于九疑山。

此处经文称帝尧、帝喾、帝舜同葬于岳山一地，疑是其后裔设立的祭祀先帝的祠堂或衣冠冢。先帝后裔可能迁徙到不同的地方居住，因此类似的祠堂也会在不同地区设立。"爰有"者，即祠堂内陈列的供品（包括实物或塑像、壁画）；其中朱木，当有某种巫术象征价值，例如寓意灵魂不死、提供灵魂升天的通道（天梯）。

天台高山·羲和国

大荒之中，有山名曰天台高山，海水入焉。

东南海之外，甘水之间，有羲和之国。有女子名曰羲和，方日浴于甘渊。羲和者，帝俊之妻，生十日。

天台高山"海水入焉"，袁珂注谓当作"海水南入焉"，甚是。

羲和"生十日"、"浴日于甘渊"，记述的是古代帝俊部落的一项重要的天文巫术活动，主持者为女巫羲和，她模拟十个太阳依次从海中东升的场景，每天升起一个太阳，并用甲乙丙丁戊己庚辛壬癸为十个太阳命名。由于西落的太阳要经过黑暗的地下通道才能返回东海,因此她还要为返回的太阳进行清洗,以便使其重新恢复光热。显然,羲和是一位科学家,她制定并颁布十日一旬的历法。

盖犹山

有盖犹之山者,其上有甘柤,枝干皆赤,黄叶,白华,黑实。东又有甘华,枝干皆赤,黄叶。有青马。有赤马,名曰三骓。有视肉。

根据盖犹山的场景及其物品可知,这里也是一处祭祀先帝的场所,只是经文已经佚失被祭祀对象的名称。其中甘柤、甘华已见于《海外北经》的平丘和《海外东经》的嗟丘,它们与岳山的朱木当有类似的功能,或者还有致人迷幻的作用,以促使祭祀者进入巫术活动所需要的心理和生理状态。

菌人·南类山

有小人,名曰菌人。

有南类之山,爰有遗玉、青马、三骓、视肉、甘华,百谷所在。

此处名曰菌人的小人,与前文周饶国、焦饶国的小人,当亦属古代有关小人国的传闻。不过从其名称来看,似乎特指具有人形的小动物、小植物和菌类,例如人参、人形何首乌、人参果之类。《神异经·西北荒经》:"西北荒中有小人,长一分,其君朱衣玄冠,乘辂车马,引为威仪。居人遇其乘车,抓而食之,其味辛,终年不为物所咋,并识万物名字。又杀腹中三虫,三虫死,便可食仙药也。"《抱朴子·仙药篇》:"行山中见小人乘车马,长七八寸,捉取服之,即仙也。"《述异记》:"大食王国,在西海中。有一方石,石上多树干,赤叶青枝。上总生小儿,长六七寸,见人皆笑,动其手足,头著树枝。使摘一枝,小儿便死。"吴任臣《山海经广注》引《南越志》:"银山有女树,天明时皆生婴儿,日出能行,日没死,日出复然。"

南类山亦为祭祀先帝的场所,与盖犹山的性质相同,而祭祀者与被祭祀者却已经双双消失在茫茫历史长河之中了。

三、大荒西经

西方有一座不周山,山前有两只黄兽负责守卫,附近还有一条半热半冷的河流。不周山是共工族的圣山,相传共工当年战败后撞倒不周山,引起天翻地覆的大劫难。事实上,不周山是一座有缺口的环形山,可能是火山口,也可能是陨石坑,它与黄帝都城昆仑相邻——谁能够找到它,谁就会立下大功!有一点线索是,不周山大体在黄河河套附近,这里已经发现了十几座先夏时期的古城遗址。

不周山·禹攻共工国山

西北海之外,大荒之隅,有山而不合,名曰不周负子,有两黄兽守之。有水曰寒暑之水。水西有湿山,水东有幕山。有禹攻共工国山。

此处不周负子山当即《五藏山经》西次三经记述的不周山,其方位在今黄河河套以北的阴山山脉。此外,民间相传山西省长子县西山即不周山,精卫填海的故事也发生在这里。或谓不周山即昆仑山、祁连山、六盘山,甚至远在非洲东部的大裂谷。

寒暑水的东西有"湿山"、"幕山",其中一山当为热山或发源有温泉,另一山则为寒山或有积雪融水。《三余帖》(见百二十卷本《说郛》)云:"半阳泉。世传织女送董子(董永)经此,董子思饮,扬北水与之。曰:'寒。'织女因祝水令暖。又曰:'热。'乃拨六英宝钗,祝而画之,于是半寒半热,相和与饮。"这个故事发生地应该就是河套地区,当时这里是黄帝族与炎帝族的分界线,织女属于黄帝族,董子即牛郎属于炎帝族,当时两族青年男女通婚曾受到限制。所谓禹攻共工国山,郭璞认为即《海外北经》所记禹杀共工臣相柳之事。"不周负子,有两黄兽守之",乃守护共工族圣山之巫术宗教活动。

值得注意的是"有山而不合"的文字表述,因为这是对有缺口环形山这种特殊地形地貌的具有专业术语性质的准确观察和描述。一般来说,形成环形山地貌的原因主要有三种,其一是由地质构造运动而偶然出现环状地貌,其二是火山口(通常直径比较小),其三是大型或巨型陨石坑(通常直径在数百米到数百公里之间)。

《淮南子·天文训》记有:"昔者共工与颛顼争为帝,怒而触不周之山,天柱折,地维绝。天倾西北,故日月星辰移焉;地不满东南,故水潦尘埃归焉。"

对上述事变的解释很多,笔者认为是远古发生的一次相当规模天外星体撞击地球事件,不周山即这次撞击留下的陨石坑,"日月星辰移焉"表明当时发生了地球自转轴指向的移位,而女娲补天、夸父逐日、后羿射日以及民间流传的众多射日射月故事,均与此事件有关。

淑士国

有国名曰淑士,颛顼之子。

淑,形貌美好、心地善良,通常用于形容年轻女子,此处则用于称呼颛顼后裔。

《山海经》所记国、州等,有可能指城邦。我国先夏文化遗址中已发现众多城市遗迹,例如位于长江、淮河之间的巢湖地区的安徽含山凌家滩遗址,即5500年前的城市,城内有发达的手工业。

女娲之肠

有神十人,名曰女娲之肠,化为神,处栗广之野,横道而处。

在中华民族的古老传说中,女娲是我们民族的女始祖,也是人类文明的老祖母,相传她化生万物,并用黄土造人。又传洪水灭绝人类后,伏羲、女娲兄妹不得不结婚重新繁衍人类。《说文》十二云:"女娲,古之神圣女,化万物者也。"《楚辞·天问》:"女娲有体,孰制匠之?"意思是如果女娲能够创造人类,那么女娲的身体又是谁创造的呢?应当说,屈原提出的问题非常深刻,是对宇宙生命起源的深层次思考。

《淮南子·说林篇》:"黄帝生阴阳,上骈生耳目,桑林生臂手,此女娲所以七十化也。"袁珂认为这是说女娲在化育人类的过程中,有众神分工参与造人工作。

其实,所谓女娲造人,实际上是说女娲发现了人类生殖繁衍的秘密,并制定了婚姻法则(伏羲、女娲兄妹婚的传说,其目的正是禁止兄妹近亲婚配)。《路史·后纪二》云:"以其(女娲)载媒,是以后世有国,是祀为皋(高)禖之神。"并注引《风俗通》:"女娲祷祠神,祈而为女媒,因置昏姻。"禖,古人求子所祭之神。

女娲之肠或作女娲之腹,郭璞注:"女娲,古神女而帝者,人面蛇身,一日中七十化,其腹化为此神。""有神十人"当系古代求子巫术仪式,大约是在一条通往求子圣地(被称为栗广之野)的大道路口上,有一种被称为"女娲之肠"的神秘装置(可能是女巫装扮成的女娲娘娘,或其他结构物),人们穿过这里,就能够怀孕生子。也就是说,女娲之肠实际上象征的是女人的子宫,表明当时的人已经对人的生殖系统结构有了准确的认识。

在古史传说中,女娲又为一代圣帝或一方首领。《淮南子·览冥篇》:"往古之时,四极废,九州裂,天不兼覆,地不周载,火爁炎而不灭,水浩洋而不息,猛兽食颛民,鸷鸟攫老弱。于是女娲炼五色石以补苍天,断鳌足以立四极,杀黑龙以济冀州,积芦灰以止淫水。"《路史·发挥一》注引《尹子·盘古篇》:"女娲补天,射十日。"据此,女娲兼有颛顼绝地天通(古人将天想象为壳状,因此天地相通可以理解为天穿)、后羿射日、鲧禹治水之功,而民间则以正月二十三日为天穿节,是日民众要将煎饼抛上屋顶,意为帮助女娲补天。

石夷

有人名曰石夷,来风曰韦,处西北隅以司日月之长短。

袁珂指出经文"有人名曰石夷"句下脱失"西方曰夷"四字,甚是。石夷是一位天文学家,他位于西北方,通过观测日月升起落下的时间长短,来判断季节变化。

《大荒四经》记有四方神与四方风,并称东方曰折,南方曰因(乎),西方曰夷,北方曰鹓。可以与之对比参照的是《尚书·尧典》的相关记载,即帝尧时代设有天文机构,其总管名曰羲和,其下属有四名天文副官羲仲、羲叔、和仲、和叔,他们分别被派到东、南、西、北四方,负责观测四季之星(鸟、火、虚、昴),以预报节气颁布节令,指导民众的生产与生活,其中亦称东春之民"析"、南夏之民"因"、西秋之民"夷"、北冬之民"隩"。不难看出,《大荒四经》的四方名称与《尧典》的四方名称乃同一体系,折与析字形相近而变,鹓当原作隩,意为冬季取暖之貌。根据岁差现象,如果尧典四星为中星观测,其时在四千年前左右;如系偕日没观测,其时则在七八千年前。

所谓岁差是一种天文现象,是指地球自转轴环绕垂直黄道面的轴线作缓慢圆锥运动,周期约为25800年(大约每71.6年移动1度),它导致北天极在恒星背景中的周期位移变化,以及地球赤道和黄道的交点(即春分点和秋分点)沿黄道向西移动。用通俗的话来说,不同的历史时期有不同的北极星,在相同的季节里古人所看到的恒星区域与今人所看到的也不同。

狂鸟·大泽之长山·白氏国

有五采之鸟,有冠,名曰狂鸟。

有大泽之长山。有白氏之国。

此处狂鸟,袁珂认为亦为凤凰之属,类似《海外西经》的灭蒙鸟。

经文大泽,当指北方或西北方的内陆大湖泽,这种湿地乃鸟类栖息的天堂。"大泽之长山",似可表明此大泽位于一条很长的山脉之侧,其水源则来自高山大脉所转化之雨雪(山脉具有将空气中的水汽转变成降水的功能)。

经文白氏之国或作白民之国,白民国已见《海外西经》、《大荒东经》。

长胫国

西北海之外,赤水之东,有长胫之国。

此处长胫国即《海外西经》的长股国,以踩高跷著称于世。

西周国·后稷·台玺·叔均·双山

有西周之国,姬姓,食谷。有人方耕,名曰叔均。帝俊生后稷,稷降以百谷。稷之弟曰台玺,生叔均,叔均是代其父及稷播百谷,始作耕。有赤国妻氏。有双山。

"西周"指一处方国,而非后世所说的夏商周秦之西周、东周朝代,不过此处所说西周国即后世西周朝代之前身。《史记·周本纪》正义注谓:"因太王所居周原,因号曰周。《地理志》云右扶风美阳县歧山在西北中水乡,周太王所邑。《括地志》云：'故周城一名美阳城，在雍州武功县西北二十五里，即太王城也。'"

我国古史传说中有两个农业神（可能分别属于不同的地区和时代），一为神农氏（又称炎帝神农氏），二为农神后稷。后稷名弃，系帝喾与元妃姜原所

生，相传他发明农业，被周民族供奉为农神。后世主管农事的官亦称稷，五谷之神亦称稷。在农作物里，稷可指黍（黍子、糜子）、粟（谷子，去壳后称小米）、高粱。所谓后稷发明农业，当是对上述农作物品种的筛选和改良有着突出的贡献。

徐旭生撰写的《中国古史的传说时代》记有："直到现在，陕西渭水附近地方还供事一种农神，一间小屋里面，塑一个高约四五尺的大脑袋，仅有头，无身躯，俗称它为'大头爷'，也叫作'后稷头'，想是一种古代的流传。"陕西武功县东门外有砖砌长方形平台，名后稷教稼台。或许古代教稼台上同时塑有后稷头像，而不塑身躯当寓意农神后稷乃以大地为身躯。后稷头的造型与美洲的巨石头像非常相近，不知两者是否有文化渊源。

"稷之弟曰台玺,生叔均,叔均是代其父及稷播百谷,始作耕",疑当作"稷之妻曰台玺,生叔均,叔均是代其父稷播百谷,始作耕"。理由有四:其一,《大荒四经》乃至全部《山海经》里,基本上只记述父子关系和夫妻关系,即使存在多子女的情况,也几乎不记述兄弟关系或姐妹关系,因此这里突兀称台玺为稷之弟,与理不合。其二,"叔均是代其父及稷播百谷"的记述明显有后人修饰的痕迹,因为经文未言台玺有何播百谷事迹,叔均又何以代之?其三,台玺之名的"台"字,当出自有邰氏,而"邰"(今陕西武功)即后稷所封之地(所谓"封",包括与当地人联姻),《史记·周本纪》:"封弃于邰,号曰后稷,别姓姬氏。"其四,帝喾娶有邰氏之女姜原为妻,帝喾之子后稷亦娶有邰氏之女(台玺)为妻,乃顺理成章之事,因古代两大部落之间经常存在着世代通婚的现象。

叔均在农业生产上的贡献是发明或改进了犁耕技术。对比之下,埃及人是在公元前3300年开始使用犁耕地的(由两名男子操作)。

《海内经》在记述叔均的故事时提及的"大比赤阴",郝懿行认为即此处的赤国妻氏,袁珂同意郝懿行的观点并认为她可能就是后稷之母姜原。或者还有另一种可能,即赤国妻氏指台玺,而大比赤阴则指姜原。《史记·周本纪》:"周后稷,名弃。其母有邰氏女,曰姜原。姜原为帝喾元妃。姜原出野,见巨人迹,心忻然悦,欲践之。践之而身动,如孕者。居期而生子,以为不祥,弃置之隘巷,马牛过者,皆辟不践。徒置之林中,适会山林多人。迁之,而弃渠中冰上,飞鸟以其翼覆荐之。姜原以为神,遂收长养之。初欲弃之,因名曰弃。"这个故事表明姜原所处的时代,正处于母系社会向父系社会过渡的初期,未婚女子还保留着某种程度的性自由,而男子已经要求妻子只生自己的孩子,因此头胎孩子往往被迫弃掉,这种弃长子的习俗在许多国家的历史上都曾经出现过。

方山·柜格之松

西海之外,大荒之中,有方山者,上有青树,名曰柜格之松,日月所出入也。

经文"柜格之松",长期无解。其实,根据"日月所出入"可知,柜格之松当与天文观测活动有关,而"方山"很可能是一座四方台形的天文观测站。松木上有柜格,大约是在一笔直竖立的松木上,横向平行插有或绑有若干横木,这些横木彼此相隔一定的尺寸,观测者每天都在距离柜格松的一个固定位置上,观测日月升起的高度在第几格的横木上,并据此判断一年的季节变化(最高的横木表示夏至,最低的横木表示冬至)。也就是说,柜格松可能是最早的天文仪器之一,亦即后世圭表的前身。圭字和表字,正是源自柜格松的象形。由于这种观测方法眼睛容易被灼伤,人们才逐渐改为观测圭表影子的方向和长短,不再需要"柜格"了。《拾遗记》亦记有:"帝子(少昊)与皇娥泛于海上,以桂枝为表,结薰草为旌,刻玉为鸠,置于表端,言鸠知四时之候,故《春秋传》曰司至是也,今之相风此之遗象也。"

先民国

西北海之外,赤水之西,有先民之国,食谷,使四鸟。

《淮南子·地形训》记有海外三十六国,其中有天民国而无先民国,郝懿行认为此处先民国当作天民国。其实,《淮南子》海外三十六国出自《海外四经》,用其来校定《大荒四经》诸场景,未必都能成立。

北狄·始均

有北狄之国。黄帝之孙曰始均,始均生北狄。

狄,古族名,因居北方,亦称北狄。狄与翟（长尾雉类）通,北狄又称北翟。狄,古代指下层官吏,《书·顾命》:"狄设黼户缀衣。"孔传:"狄,下士。"又指往来迅疾貌。狄提,负责翻译西方语言的人,《礼记·王制》记有四方翻译官:"东方曰寄,南方曰象,西方曰狄提,北方曰译。"始均,始为开始,均有调和之意,亦通钧、韵。

芒山·桂山·榣山·太子长琴·颛顼·老童·祝融

有芒山。有桂山。有榣山,其上有人,号曰太子长琴。颛顼生老童,老童生祝融,祝融生太子长琴,是处榣山,始作乐风。

《山海经》记述某人时,多用"名曰",此处则用"号曰",而"号"有自称之意。经文太子长琴的"太子"二字,似乎并非指有权继承王位的长子,而是与"不周负子"类似,可能另有所指。"榣山",疑当作"谣山",意为唱歌谣的地方。"谣"在古代指不用乐器伴奏的歌唱,类似今日的清唱。《诗·魏风·园有桃》:"我歌且谣。"毛传:"曲合乐曰歌,徒歌曰谣。"据此,太子长琴"始作乐风",表明他是首先使用乐器伴奏的说唱者。在文字发明前或普及使用前,许多民族的历史（包括科学文化常识）都是由专职的说唱者来记忆（包括补充新的信息）并传播的。即使到了今天,我国内蒙古、新疆、西藏等地,人们仍然喜欢这种有乐器伴奏的说唱表演艺术,并从中获得许多知识和乐趣。因此,太子长琴是一位通过有伴奏传唱方式进行历史和文化知识传播的教育学家。

太子长琴的歌唱艺术是有着深厚传统的。《五藏山经》西次三经记有"神耆童居之（騩山）,其音常如钟磬"。耆童即老童,亦即太子长琴的祖辈,属于黄帝族。《大戴礼·帝系篇》:"颛顼娶于滕氏,滕氏奔之子谓之女禄氏,产老童。"老童之名有青春永驻之意,后世亦以老为姓,高亨先生在《老子正诂》一书中认为,老聃、老莱子、老彭（彭祖）可能均是以老为姓。

祝融,郭璞注:"即重、黎也,高辛氏火正,号曰祝融也。"火正,负责观测大火星(今名心宿二)之职。大火星为夏季夜空最显著恒星之一,非指五大行星之火星。在古史传说里,祝融乃是著名部落之一,但其族属和居地却飘忽不定。此处经文称其为黄帝族裔生太子长琴,而《海内经》则称其为炎帝族裔生共工,《海外南经》又称其为南方之神。或许,祝融的父系为黄帝族裔,母系为炎帝族裔。

五采鸟

有五采鸟三名,一曰皇鸟,一曰鸾鸟,一曰凤鸟。

袁珂注:"经内五采鸟凡数见,均凤凰、鸾鸟之属也。"《大荒东经》有两处记述五采鸟,一处仅有名而无内容,另一处即著名的"帝俊下友"故事。此处《大荒西经》记述五采鸟亦只有名称而无故事,疑原当归入《大荒东经》帝俊下两坛与五采鸟歌舞一节内。而"五采鸟三名"则表明其为三只鸟所组成,它们与帝俊的关系,颇似三青鸟与西王母的关系(三青鸟实为西王母的后勤服务员)。

虫兽·丰沮玉门山

有虫状如菟,胸以后者裸不见,青如猿状。

大荒之中,有山名曰丰沮玉门,日月所入。

经文所述裸兔,当是一种已经灭绝的动物,日本民间流传有裸兔故事。郝懿行认为它即《说文》所云:"鲍,兽也,似兔,青色而大。"并注谓:"菟、兔通。此兽也,谓之虫者,自人及鸟兽之属,通谓之虫,见《大戴礼·易本命篇》。"《大戴礼·易本命》记有:"故曰:有羽之虫三百六十,而凤凰为之长;有毛之虫三百六十,而麒麟为之长;有甲之虫三百六十,而神龟为之长;有鳞之虫三百六十,而蛟龙为之长;倮之虫三百六十,而圣人为之长。此乾坤之美类,禽兽万物之数也。"此说为我国古代的动物分类学,这种分类的着眼点在于动物的外皮结构。

丰沮玉门山乃《大荒西经》所述六座日月所入之山的第一座山。"玉门"当指一种用于观测日月运行的门状石头结构,属于巨石天文观测仪器,在世界许多地方都曾经出现并流行过,著名的有英国的巨石阵,以及秘鲁众多的巨型石门(其中最大最著名的是蒂亚瓦那科遗址的太阳门,高约3米、宽约3.9米,系一块整石雕凿而成,表面浮雕造型的内容极为丰富,研究者相信它记录着那个时代的天文历法,因为每年秋分那一天阳光正好从门中射入)。此处观测日月所入的石门被称为"丰沮",丰有高意,沮有低意,或许亦指石门上有浮雕图案,与秘鲁的太阳门相似。

十二座日月出入山

《大荒东经》记有六座日月所出之山,它们依次是(自东南向东北)大言山、合虚山、明星山、鞠陵于天山、猗天苏门山、壑明俊疾山。与之对应的是,《大荒西经》记述有六座日月所入之山,它们依次是(自西北向西南)丰沮玉门山、龙山、日月山、鏖鏊钜山、常阳山、大荒山。此外,《大荒西经》还记述有一座日月所出入之山,即方山,它们共同构成了蔚为壮观的天文观测台阵。

郑文光先生在《中国天文学源流》一书中认为,《山海经》六座日出之山、六座日落之山,彼此两两成对,说明古人曾以一年内太阳出入于不同的方位来判断季节,并称:"大小凉山的彝族,每年一定时候,总有一位经验丰富的老人,到寨子附近一定地方,或则一处山口,或则一块大石头,以一定的姿势,或则直立,或则一脚踏在石头上,观测太阳落山的位置,而定播种季节。据说能精确到误差不超过五天。"

木星是夜空中最亮的行星之一，它引起了我们祖先特别的兴趣（美洲玛雅人对金星的浓厚兴趣，可与此相比），并由此发明了木星纪年法。木星又称岁星，木星每十二年绕太阳一周（现代观测值为 11.8 年），每年木星所在天空（太阳系）的位置都有一个专用的名称，称为岁名。《淮南子·天文训》记有一套发音奇怪的十二岁名，它们是摄提格、单阏、执徐、大荒落、敦牂（意为母羊）、协洽、涒滩、作噩、阉茂、大渊献、困敦、赤奋若。不难看出，这套十二岁名与十二座日月出入山的名称有相似和相近之处，一是它们的发音都相当古怪，不能排除源自音译的可能；二是两者之间有相近的发音，例如大荒山与大荒落，大言山与大渊献，合虚山与执徐，常阳山与敦牂（音脏）等。或许，《淮南子》所述十二岁名即出自《大荒四经》所述的十二座日月出入山。若此说成立，则表明十二座日月出入山，不仅仅是用来观测日月的运行，也包括对木星等星辰运行的观测，反映出我国古代曾经有过非常复杂的天文观测活动（十二地支以及十二生肖均源于木星纪年）。

灵山·十巫

有灵山，巫咸、巫即、巫肦、巫彭、巫姑、巫真、巫礼、巫抵、巫谢、巫罗十巫，从此升降，百药爰在。

关于灵山十巫的工作性质，郭璞认为是采药行医，袁珂不同意郭璞的观点："经言'十巫从此升降'，即从此上下于天，宣神旨、达民情之意。灵山盖山中天梯也。诸巫所操之主业，实巫而非医也。郭云'群巫上下此山采之（药）'者，特其余业耳，非可以因有'百药爰在'语遂以医职替巫职也。"

巫者，在今天被认为是通过装神弄鬼的手段来替人祈祷的人。其实，巫是人类社会文明发展到一定阶段的产物，导致他们出现的原因是多方面的，而他们对社会的作用也是多方面的。大体而言,巫是最早的"白领"之一,也是最早的以脑力劳动为职业的人,他们的行为既有科学的一面(包括采药行医、观测星辰等),也有非科学的一面(例如舞龙求雨、念咒除灾);既有服务社会民众的一面(传授生活常识、传诵历史、传播文化),也有控制欺压民众的一面(巫与首领相勾结以权谋私,或者巫本身就是社会权力结构的一部分);既有为民众解疑释惑的一面(当人类文明发展到一定阶段,人们的困惑会越来越多,甚至成为困扰人们生活的大问题。巫属于那个时代思想活跃和知识渊博的人,因此大量问题的答案都是由巫首先提供的),也有愚昧麻醉民众的一面(由于历史的局限性,以及思维的种种误区,巫对许多问题的解释都是错误的;与此同时,巫为了牟取私利,也会采取欺骗民众的手段)。

在《山海经》十八章中,《五藏山经》里还没有巫的称呼,《海外四经》里仅提到一个巫咸,而到了《大荒四经》、《海内五经》里则出现了群巫。由于经文过于简略,给我们留下了许多问题:如此众多的巫在一起工作,他们是男是女?年老年少?如何分工?有何组织结构?谁是巫师协会的头?他们的收入各是多少?

从灵山十巫的排序来看,似乎巫咸是首席巫师。从他们的名称来看,巫即做事雷厉风行,巫盼可能负责管理巫术活动中的器具或者负责分配财物,巫彭可能是一位身壮力大者或有长寿仙术者,巫姑当是女性,巫真有变成仙人登天之术,巫礼负责巫术仪式设计,巫抵负责仪式安全,巫谢负责公共关系,巫罗负责召集民众。当然,仅凭十巫每个人姓名里的一个字,我们对上述信息解读的准确性不抱太高的奢望。

王母山·壑山·海山·沃之国

西有王母之山、壑山、海山。有沃之国,沃民是处。沃之野,凤鸟之卵是食,甘露是饮。凡其所欲,其味尽存。爰有甘华、甘柤、白柳、视肉、三骓、璇瑰、瑶碧、白木、琅玕、白丹、青丹,多银铁。鸾凤自歌,凤鸟自舞,爰有百兽,相群是处,是谓沃之野。

"西有王母之山",郝懿行认为当作有西王母之山,但是此处经文并未言西王母的事迹。

壑山、海山,郭璞认为"皆群大灵之山"。沃之国,或作沃民之国。此处沃之野,袁珂认为即《海外西经》诸夭之野,甚是。不过两者对比之下,此处经文多"爰有"二十七字,而在《山海经》中"爰有"经常与帝王陵墓同时出现,疑非沃野应有之场景。

白柳,在其他同类场合多作杨柳,而璇瑰、白木、白丹、银铁等物在其他场合亦不多见。璇瑰或即璇玑,它是古人偏爱的一种具有神秘色彩的玉器。琅玕,玉石状如球者,已见于《五藏山经》西次三经槐江山。

白木,郭璞注:"树色正白。今南方有文木,亦黑木也。"黑木又称乌木,色如水牛角,材质密致,可沉于水中。此处白木、黑木当有某种实用价值,以及巫术象征意义或民族文化心理内涵。例如杨柳有告别之意,而柳枝的婆娑和柳叶的形状又可以被人们赋予女性和生殖的内涵。

《山海经》记有许多以"野"为名的地方,例如《海外南经》的寿华之野,《海外西经》的大乐之野(大遗之野)、诸夭(或作清沃、诸沃)之野、九野、夭野,《海外北经》的欧丝之野;《大荒西经》的大荒之野、天穆之野、沃之野,《大荒南经》的苍梧之野(《海外南经》称苍梧之山、《海内经》称苍梧之丘),《大荒北经》的冀州之野,以及《海内经》的都广(或作广都)之野。其中,《海外西经》的大乐之野与《大荒西经》的天穆之野,以及《海外西经》的诸夭之野(夭野)与《大荒西经》的沃之野,彼此的方位和场景相同。《尚书·禹贡》称雍州有猪野,又名都野,位于今甘肃民勤县西南,疑即此处沃之野(诸夭之野)。沃意为浇灌,沃野可指肥沃的水浇地。

野,意为郊外,乃是相对城市或中心居住区的称呼。撰写《五藏山经》的时代尚没有使用"野"的概念(也没有使用"国"的概念),而撰写《海内四经》的人似乎不再在地名中使用"野"字。

三青鸟·轩辕台

有三青鸟,赤首黑目,一名曰大鵹,一名曰少鵹,一名曰青鸟。

有轩辕之台,射者不敢西向射,畏轩辕之台。

三青鸟为古史传说中吉祥鸟之一,《西山经》记述三青鸟居住在三危山,未言其形貌;《大荒东经》记述的三青鸟属于陪葬物;《海内西经》记有三青鸟为西王母取食。唯有此处经文描述出三青鸟的形貌,它们是由三只鸟组成,均为赤首黑目。鵹同鹂,黎黄,即黄鹂,又名黄莺、仓庚;鵹鹕,即鹈鹕。

《西山经》记述轩辕丘"无草木",《海外西经》称"不敢西射,畏轩辕之丘"。此处经文则称轩辕台,台多为人工营造,丘多指自然地貌,亦指废墟、冢墓。

龙山·昆吾

大荒之中,有龙山,日月所入。有三泽水,名曰三淖,昆吾之所食也。

龙山是观测日月西落的第二座山。"三淖,昆吾之所食也",郝懿行认为"食"指食其国邑。不过,在《山海经》里,食其邑的说法并不多见,甚至可以说仅此一处。靠山吃山、靠水吃水,在《大荒四经》时代是很自然的事情,没有必要再说"食于三淖"之类的话。因此,经文"食"字可能是"浴"字之讹,三淖乃是昆吾"所浴"的地方,与《大荒南经》白水、白渊是昆吾之师"所浴"的地方,属于同样的性质。

《吕氏春秋·君守》:"昆吾作陶。"高诱注:"昆吾,颛顼之后,吴回之孙,陆终之子,己姓也,为夏伯制作陶冶埏埴为器。"在古史中,昆吾山为产铜名山,昆吾剑为青铜名剑。《拾遗记》卷十记有:"昆吾山,其下多赤金,色如火。昔黄帝伐蚩尤,陈兵于此。地掘深百尺,犹未及泉,惟见火光如星。地中多丹,炼石为铜,铜色青而利。"《列子·汤问》称:"周穆王大征西戎,西戎献锟铻之剑,火浣之布。其剑长尺有咫,练钢赤刃,用之切玉如切泥焉。"

女丑尸

有人衣青,以袂蔽面,名曰女丑之尸。

《海外西经》所记女丑之尸,其场景为女丑在山上,痛苦而又无奈地用右手遮挡着自己的脸,十个太阳在万里无云的晴空中发出毒热的光,女丑活活被炙杀而死。对比之下,此处经文所描述的场景已经被大大简化,女丑穿着青色的衣服,用袖子遮住面孔,十日却不见了。对此,一种可能是,《海外西经》的撰写者看到的画面是鲜艳丰富的,而《大荒西经》的撰写者所看到的画面已经残缺不全而且褪色了。另一种可能是,不同时代都有名叫女丑的人,她们的职责就是装扮成旱魃并承受阳光之暴晒,以祈求干旱的结束。上述习俗在春秋战国时期仍可见到,《左传·僖公二十一年》:"夏大旱,公(鲁僖公)欲焚巫尪。"杜预注:"瘠病之人,其面上向,俗谓天哀其病,恐雨入其鼻,故为之旱。"时在公元前639年,当时鲁国的统治者残忍地把天旱的原因归罪于因脊椎有病而面孔朝天的人(女丑之名或即得于此)。

女子国

有女子之国。

《海外西经》记有女子国"两女子居,水周之",此处经文仅记有女子国之名,而到了《海内西经》则已不见女子国的记述,或许这表明曾经流行过的"纯女无男"生存模式终于退出了历史舞台。

《山海经》中有女、母、姑等女性字样的人名和地名很多,例如女床山、女蒸山、女几山、液女水、帝女桑,女娃、帝女、女尸、女丑、女丑尸、女子国、女魃、女和月母国、女虔、女戚、女祭、女薇、女娲之肠、赤水女子献、阿女、阿女缘妇(吴权妻)、思女、帝(尧)二女、舜二女(宵明、烛光)、州山女,鱼妇、雨师妾、黄姬尸、西王母、赤国妻氏、大比赤阴、王母山、嬴母山、皮母地丘、吴姬天门,姑媱山、错姑水、姑儿山、姑儿水、姑灌山、姑射山(射姑山)、列姑射、姑逢水,帝俊妻羲和、常羲、娥皇,舜妻登比氏、鲧妻士敬,以及欧丝之野的女子、青要山女神武罗,等等。

桃山·蚩山·桂山·于土山·丈夫国

有桃山。有蚩山。有桂山。有于土山。

有丈夫之国。

郝懿行认为此处蚩山、桂山即前文太子长琴节的芒山、桂山。蚩即蚋,幼虫生活在沼泽中,肉食性;成虫长 1~3 厘米,似蝇,雌虫吸食牛血,亦吸人血。

此处经文先记女子国、后记丈夫国,而《海外西经》却是先记丈夫国、后记女子国。这是因为,《大荒西经》是从西北向西南记述诸场景,而《海外西经》则是从西南向西北记述诸场景,实际上都是说女子国位于丈夫国之北。

此处经文女子国与丈夫国之间有四座山,《海外西经》丈夫国与女子国之间的场景依次为女丑尸、巫咸、并封。

弇州山·鸣鸟

有弇州之山,五采之鸟仰天,名曰鸣鸟。爰有百乐歌儛之风。

"弇"字本义指遮蔽,引申为深、狭路、相袭、相合,又指口小而腹大的器具。"州"字的象形为臀。据此,"弇州"之名可能与当地人的服装样式有关。

郝懿行注:"鸣鸟盖凤属也。《周书·君奭》云:'我则鸣鸟不闻。'《国语》(《周语》)云:'周之兴也,鸑鷟鸣于歧山。'"鸑鷟,凤的别称。不过,此处仰天之鸣鸟,当与百乐歌舞活动有关,不能排除由人装扮的可能,其形貌类似盛装的独唱演员。百乐,当包括魔术、杂技、马戏等各种艺术表演形式。

轩辕国

有轩辕之国,江山之南栖为吉,不寿者乃八百岁。

此处江山,郭璞认为即《海外西经》轩辕国所在之穷山,亦即今岷山。郝懿行注:"《大荒西经》说轩辕之国江山之南,此云岷山,以大江出岷山故也。"

《海外西经》所记轩辕国为:"在此穷山之际,其不寿者八百岁,在女子国北,人面蛇身,尾交首上。"到了《大荒西经》里"人面蛇身,尾交首上"变成"江山之南栖为吉",具体的人物动作被一句巫者的祝福词取代,似乎暗示着轩辕部落已经向南方迁徙。"山之南栖为吉",属于自然环境生存学或风水学,由于我国水汽多从南方来,迎南风山前地区多雨,植被好,物产丰饶,被视为生存之吉地。邹豹君先生在《小地貌学原理》一书中指出,大山脉背风坡出现恶地,大山脉迎风坡无恶地。

弇兹

西海渚中，有神，人面鸟身，珥两青蛇，践两赤蛇，名曰弇兹。

郝懿行注："此神形状，全似北方神禺强，唯彼作践两青蛇为异，见《海外北经》。"袁珂注："此神与北方禺强、东方禺貌（《大荒东经》）似同属海神而兼风神。"上述注解良有理也，据此可知此处经文当原有"是为海神"四字，弇兹即西海之海神。其实，弇兹神的形状与《大荒南经》所记"南海渚中，有神，人面，珥两青蛇，践两赤蛇，曰不廷胡余"亦全相似（经文"人面"之后原亦应有"鸟身"二字），加上南海海神不廷胡余，至此则四海海神全矣。

《穆天子传》卷三称西王母所居之山为弇山。《西山经》西次四经记有崦嵫山，发音与弇兹相同。崦嵫，相传是太阳西落之地，《楚辞·离骚》："吾令羲和弭节兮，望崦嵫而勿迫。路漫漫其修远兮，吾将上下而求索。"王逸注："崦嵫，日所入山也；下有蒙水，水中有虞渊。"

日月山·嘘·重与黎

大荒之中，有山名日月山，天枢也。吴姖天门，日月所入。有神，人面无臂，两足反属于头上，名曰嘘。颛顼生老童，老童生重及黎，帝令重献上天，令黎邛下地，下地是生噎，处于西极，以行日月星辰之行次。

日月山是《大荒西经》记述的第四座观测日月西落的场地，它与其他日月出入山有所不同，因为这里是天枢所在。枢，原指门户的转轴，天枢即地球自转轴及其所指向的太空北极点。由于地球自转，宇宙所有的星辰看起来都在围绕着看不见的天枢和看得见的北极星在旋转，其中最明显的是北斗星的旋转。北斗七星（古为九星）的第一颗星（位于勺端）名天枢，第二颗星名天璇，天枢与天璇的延伸线正好指向北极星。

嘘即嚏，《海内经》又作嚏鸣，其职务用今天的话来说即日月山天文台的台长。"两足反属头上"，当是一种天文巫术动作，意在模拟日月群星的旋转。事实上，嘘与重、黎与老童与颛顼，乃天文世家，他们的出生和名称多有旋转之意。重有回旋之意，黎通耆，耆即老，老有曲意，《左传·僖公二十八年》："师直为壮，曲为老。"老童又名卷章，《史记·楚世家》："卷章生重黎。"颛顼的出生得北斗星之助，《拾遗记》卷一："其夜昌意（颛顼父）仰视天，北辰下，化为老叟。"轩辕本身就有旋转之意，而黄帝乃北斗星之精所生，《史记正义》："母曰附宝，之祁野，见大电绕北斗枢星，感而怀孕，二十四月而生黄帝于寿丘。"古人根据斗柄指向判断四季，《鹖冠子》："斗柄指东，天下皆春；斗柄指南，天下皆夏；斗柄指西，天下皆秋；斗柄指北，天下皆冬。"《史记·天官书》："斗为帝车。"山东嘉祥汉武梁祠刻有黄帝端坐在北斗七星车上的画像。此外，北斗星在西方称为大熊星座，而黄帝又名有熊氏。

"重献上天"、"黎邛下地"，在古史中又称作颛顼绝地天通。《国语·楚语下》记有："昭王问于观射父曰：'《周书》所谓重、黎实使天地不通者，何也？若无然，民将能登天乎？'对曰：'非此之谓也。古者民神不杂。及少昊之衰也，九黎乱德，民神杂糅，不可方物。颛顼受之，乃命南正重司天以属神，命火正黎司地以属民，使复旧常，无相侵渎，是谓绝地天通。'"

绝地天通的内涵，通常都解释为重新划分社会等级。但是，此处《大荒西经》记述的完全是天文学意义上的行为，与社会地位无关。其实，绝地天通与补天的含义相同，我国少数民族至今流传的近百个民间故事里，都记述有远古天地大冲撞导致天地不分、日月长期消失（类似核冬天现象），于是有英雄射日射月并重新找回藏起来的日月，天地才得以恢复正常，此即重黎将天地重新分开之本义。

天虞

有人反臂,名曰天虞。

郭璞注:"即尸虞也。"郝懿行注:"尸虞未见所出,据郭注当有成文,疑在经内,今逸。"虞字的象形是戴虎头帽大声喊叫的猎人,目的是将猎物驱赶到陷阱或罗网中。古代掌管山林事务的官称之为虞,亦称为虞人、吴。虞在古代又指葬礼与祭仪同时进行,《释名·释丧制》:"既葬,还祭于殡宫曰虞,谓虞(娱)乐安神,使还此也。"虞与娱通,此外还有臆度、候望、贻误、欺骗之意。

舜又称虞舜,曾负责管理山林资源,工作内容大约包括预防山林失火、禁止在鸟兽繁殖期捕猎、调解猎人之间的利益冲突等事宜。舜所在的部落又称有虞氏,居住在蒲阪(今山西省永济西的蒲州镇),其部落名当与捕猎、管理山林、娱神巫术活动有关。我国鄂伦春猎人在捕获熊等大型猎物后,有一种古老的习俗,即要为死熊祈祷,以解脱自己冒犯熊神的罪过。或许"反臂"的天虞、尸虞亦上述习俗的实施者。

常羲浴月

有女子方浴月。帝俊妻常羲,生月十有二,此始浴之。

袁珂注:"《世本·帝系篇》(张澍稡辑补注本)云:'帝喾下妃娵訾氏之女,曰常仪,是生帝挚。'羲、仪声近,常羲即常仪也,帝俊亦即帝喾也。《吕氏春秋·勿躬篇》云:'尚仪作占月。'毕沅注云:'尚仪即常仪,古读仪为何,后世遂有嫦娥之鄙言。''鄙言'与否姑无论矣,然其说诚不可磨也。是'生月十二'之月神常羲神话,乃又逐渐演变而为奔月之嫦娥神话;常羲本为天帝帝俊之妻。又一变而为其属神羿之妻,神话传说之演变无定,多如是也。"

"生月十有二",是说常羲发明了一年十二个月的历法。"方浴月",乃是一种天文历法演示巫术,与羲和浴日类似,即在象征月亮升起的海面上,模拟十二个月亮依次升起的场景。至于嫦娥奔月,实际上是一种巫术禳灾行为,与补天、射日(月)、逐日、绝地天通类似,其原貌尚保留在瑶族雅拉和尼娥射月的故事中。

玄丹山·五色鸟

有玄丹之山。有五色之鸟,人面有发。爰有青鸢、黄鹜,青鸟、黄鸟,其所集者其国亡。

袁珂认为此处青鸟、黄鸟是解释青鸢、黄鹜的,它们也就是"人面有发"的五色鸟,亦即《海外西经》所记述的:"鸾鸟、鹓鸟,其色青黄,所经国亡。在女祭北。鸾鸟人面,居山上。一曰维鸟,青鸟、黄鸟所集。"

在《山海经》里,五彩鸟多为吉祥鸟,而此处五色鸟则为凶兆鸟。这符合古代巫术思维的特点,即吉神与凶神总是成对存在的。郭璞认为这些凶鸟为应祸之鸟,即通常所说的枭、鸺鹠之类。其实,这里"人面有发"的五色鸟是由巫师装扮成的,"其所集者其国亡",当是一种战争前的巫咒活动。

孟翼攻颛顼之池

有池名孟翼之攻颛顼之池。

郭璞注:"孟翼,人姓名。"袁珂注:"孟翼之攻颛顼之池者,盖犹此经上文禹攻共工国山,皆因事以名地也。孟翼或亦共工之类,其攻颛顼者,亦黄炎斗争之余绪也。"

以事件命名地名,在《山海经》中首见于《五藏山经》西次三经之首的崇吾

山"西望帝之搏兽之丘"。从帝之搏兽之丘和禹攻共工国山来看,似乎只有正面人物实施的事件才可用于地名。

孟字有首、勤勉、大之意,孟月即四季的第一个月;翼为鸟翼,亦指二十八宿之翼宿;据此,孟翼之名意为大鸟,其发音则与孟戏相近。在古史中,孟戏的形貌为"鸟身人言",《史记·秦本纪》称帝颛顼之苗裔女脩,吞食玄鸟陨卵而生大业,大业娶少典之子女华而生大费,大费佐舜调驯百兽、佐禹治水,是为伯益,舜赐姓嬴氏,大费生子二人,一曰大廉,实鸟俗氏,大廉玄孙曰孟戏,鸟身人言。

池,通常指池塘,亦指护城河(城池),或指山冈。攻,通常指战争、攻击,亦指制造、加工。因此,"孟翼之攻颛顼之池",既可解释为孟翼攻打颛顼部落的城池,也可解释为孟翼为颛顼部落开挖池塘。两相比较,前者的可能性更大一些。

鏖鏊钜山·屏蓬

大荒之中,有山,名曰鏖鏊钜,日月所入者。

有兽,左右有首,名曰屏蓬。

鏖鏊钜是《大荒西经》记述的观测日月西落的第四座山,它的名称三个字里都有"金"。鏖,温器,引申为煮软、煮烂食物,通熬,亦指喧扰、战斗激烈。鏊,烙饼专用铁器,三足,上面平圆,中心稍凸,俗称鏊子。钜,刚性铁,钩子,通巨。为山取这样名称,或者因为该山头形状平圆微凸,或者是此地居民对金属器具相当着迷。

此处屏蓬,郭璞认为:"即并封也,语有轻重耳。"并封已见《海外西经》,其形貌为前后有首,当是观看角度不同而产生的差异。

巫山·壑山·金门山·黄姖尸·白鸟·天犬

有巫山者。有壑山者。有金门之山,有人名曰黄姖之尸。

有比翼之鸟。有白鸟,青翼、黄尾、玄喙。

有赤犬,名曰天犬,其所下者有兵。

巫山、壑山,前文已见。金门山上可能有"金门"状的结构物,类似日月山的吴姖天门,该金门装置当与黄姖尸及其活动有关,姖或作姬。

比翼鸟,前文已多次出现。白鸟却有青色翅膀、黄色尾羽、黑色鸟喙,与名不符。

此处赤犬,郝懿行认为是指动物犬,郭璞认为是指天狗星:"《周书》云:'天狗所止地尽倾,余光烛天为流星,长数十丈,其疾如风,其声如雷,其光如电。'吴楚七国反时,吠过梁国者也。"据此,天狗星实为一颗非常明亮的陨星或彗星。汉景帝年间(公元前154年),吴楚等七个分封王国以"清君侧"杀晁错为名举兵叛乱;是年景帝杀晁错,七王亦兵败或被杀或自杀。古代朝、晁通用,《史记·晁错传·索隐》称:"朝氏出南阳,今西鄂晁氏,谓子朝之后也。"即晁错为南阳西鄂人(或谓颍川禹县人,秦代置颍川郡,包括今河南省的中部和南部),当地晁姓多为王子朝之后(公元前516年王子朝携周室典籍奔楚,定居南阳西鄂,其后以晁为姓)。

昆仑丘·西王母

西海之南,流沙之滨,赤水之后,黑水之前,有大山,名曰昆仑之丘。有神,人面虎身,有文有尾,皆白处之。其下有弱水之渊环之,其外有炎火之山,投物辄然。有人,戴胜,虎齿,有豹尾,穴处,名曰西王母。此山万物尽有。

在《五藏山经》里,昆仑丘是黄帝的"下都",西王母则居住在西方的玉山。此处人面虎身之神,疑为塑像或岩画图像,袁珂认为他就是西次三经昆仑丘"人面虎爪、虎身九尾"的神陆吾。弱水,郭璞注:"其水不胜鸿毛。"意思是弱水的比重非常低,连鸿毛都会沉入水中,但是在自然界里并不存在这种水。根据弱水环绕昆仑丘来看,它应当是一条护城河,或许其中填充的不是水,而是石油或粗炼的柴油。炎火山,或者是处于活跃状态的火山,或者是煤炭自燃,我国西北地区没有活火山,而是有多处煤炭长期自燃现象。此处西王母的形貌与西次三经大体相同,表明西王母之族仍然保持其古老面貌和装束,而没有新的发展变化。

常阳山·寒荒国·女祭·女薎

大荒之中,有山名曰常阳之山,日月所入。

有寒荒之国,有二人女祭、女薎。

常阳山是第五座观测日月西落的场地,或谓常阳山即《海外西经》刑天所葬之常羊山。此处女祭、女薎或谓即《海外西经》之女祭、女戚,但是寒荒国的场景却与女祭、女戚居住的环境大相径庭。薎同蠛,《尔雅·释虫》:"蠓,蠛蠓。"郭璞注:"小虫似蚋,喜乱飞。"蚋,似蝇,体稍小,幼虫生活在山溪急流中,杂食;成年雌虫,刺吸牛、羊血液,可传播疾病;亦吸人血,被叮咬后奇痒。或许女薎的工作与对付毒虫有关。

寿麻国·南岳·女虔·季格·寿麻

有寿麻之国。南岳娶州山女,名曰女虔。女虔生季格,季格生寿麻。寿麻正立无景,疾呼无响。爰有大暑,不可以往。

寿麻或作寿靡、收靡,为我国南方的一个古老部落,《吕氏春秋·任数篇》记有:"南(或作西)服寿麻,北怀阍耳。"吴任臣注:"《冠篇》:'黄帝鸿初为南岳之官,故名南岳。'女虔《学海》作女皮。又《路史》(后纪六)曰:'帝鸿生白民及嘻,嘻生季格,季格生帝魁。'注云:'嘻其南岳也。'未审孰是。"据此,嘻亦可指女虔,而寿麻当又名帝魁。袁珂认为南岳可能属于黄帝系人物,而寿麻"正立无景"云云,则颇似黄帝女魃神话之转化。

事实上,"寿麻正立无景",乃是我国古籍关于赤道地区(南北回归线之间)自然环境的最早记述。寿麻正立在阳光下而没有身影,即正午阳光垂直照射现象;大声喊叫而没有回声,则与炎热环境对空气传播声音的影响有关;"爰有大暑,不可以往",则是对赤道地区炎热气候的直接描述。对于北半球来说,夏至这一天,在北纬23度的北回归线上及其以南的地区,都会出现阳光垂直照射现象,纬度越靠近赤道,一年里出现阳光垂直照射现象的天数也就越多。也就是说,如果古代地球自转轴方向没有发生过明显的变化,那么寿麻国当位于北回归线以南的地区，即个旧、南宁、广州、汕头、嘉义一线以南，或谓其在今日南亚的斯里兰卡国境内。

《淮南子·地形训》亦记有："建木在都广，日中无景，呼而无响，盖天地之中也。"都广又称广都，即今日四川成都附近，北纬31度，不可能出现阳光垂直照射现象，除非发生过"天倾西北，日月星辰移焉"的天地大变动。

寿麻正立无影的现象，后世又传为异人之异禀。《列仙传》记有一个名叫玄俗的异人，能治百病，他行走在阳光下就没有身影。《拾遗记》称周昭王二十四年，东瓯献延娟、延娱二女："此二女辩口丽辞，巧善歌笑，步尘土无迹，行日中无影。"又称："溟海之北，有勃鞨之国，人皆衣羽毛，无翼而飞，日中无影。"

章山·成汤伐夏桀·夏耕尸

有人无首，操戈盾立，名曰夏耕之尸。故成汤伐夏桀于章山，克之，斩耕厥前。耕既立，无首，走厥咎，乃降于巫山。

"耕既立，无首，走厥咎"，或作"耕既无首，立，走厥咎"。"走厥咎"，郭璞注："逃避罪也。"其实，走有前往、趋附、归向之意；厥可通之，《书·无逸》："自时厥后。"亦通橛、撅。咎，除有灾祸、加罪、憎恨之意外，亦通皋，《离骚》："汤禹严而求合兮，挚咎繇而能调。"咎繇即皋陶，皋意为沼泽或近水的高地。据此，所谓夏耕"走厥咎"，意思是说夏耕遇难后，其魂或化身（实际上即其族人和后裔）穿过沼泽地，迁徙到巫山地区，类似鲧遇难后其化身碾转奔波迁徙到西方。

商汤伐夏桀是中国历史上的一件大事，《墨子·非攻下》记有："逮至乎夏王桀，天有辖命，日月不时，寒暑杂至，五谷焦死，鬼呼国，鹤鸣十夕余。天乃命汤于镳宫，用受夏之大命：'夏德大乱，予既卒其命于天矣，往而诛之，必使汝堪之。'汤焉敢奉率其众,是以乡有夏之境。帝乃使阴暴毁有夏之城。少少,有神来告曰:'夏德大乱,往攻之,予必使汝大堪之。予既受命于天,天命融(祝融)隆火于夏城之间,西北之隅。'汤奉桀众,以克有夏。"由此可见,夏桀时期自然气候发生了灾变,而我国古代是靠天吃饭,持续长时间的强烈气候变化,往往成为社会动乱以及朝代更迭的重要因素。

根据此处经文所述,夏耕当是夏桀的主要军事统帅之一,他的兵败被杀,最终导致夏王朝的灭亡。"有人无首,操戈盾立,名曰夏耕之尸",当是夏耕后裔为其塑造的雕像,以彰显其宁死不屈、化为鬼神仍然继续战斗的精神,与著名的无首刑天类似。古代欧洲也有无头怪人的传闻,在他们的无首怪人画像里,也是将两乳画成双目。此外,在日本的民间舞蹈中,有一种无头装束的舞蹈,或许亦源于古代巫术仪式中巫师的扮相。

吴回·盖山国·一臂民

有人名曰吴回,奇左,是无右臂。

有盖山之国。有树,赤皮支干,青叶,名曰朱木。

有一臂民。

此处经文前后三处提及"一臂",疑"有一臂民"四字原当在"有人名曰吴回"之前,因后文颛顼之子已名为"三面人"。《海外西经》记有一臂国人"一臂一目一鼻孔",但是并未言其身世,亦未说明是没有左臂还是缺少右臂。在古史传说里,吴回与重黎同为颛顼后裔,都属于颛顼部落联盟中以天文巫术为职业的氏族或家族。《史记·楚世家》曰:"帝喾诛重黎而以其弟吴回为重黎,后复居火正,为祝融。""诛重黎",意为担任重黎职务的天文巫师因有罪过(例如预报日食不准)而被杀,由其家族的人继续重黎的工作,重新担任火正祝融之官职。吴回"奇左,是无右臂",与前文所述日月山的天文巫师噎(又名噎,重黎之后裔)"人面无臂,两足反属于头上"一样,当同为进行天文巫术活动时的特殊装束,有点类似今日我国藏族一臂在袖外的服装样式。

盖,指用白茅草编成的覆盖物,编茅覆屋亦称盖屋。据此,盖山国的民居可能多为茅草盖顶的房屋,或者其地山形似有屋盖。朱木已见《大荒南经》帝尧、帝喾、帝舜所葬之岳山,惟"青叶"作"青华"。

大荒山·三面人

大荒之中,有山名曰大荒之山,日月所入。有人焉三面,是颛顼之子,三面一臂,三面之人不死,是谓大荒之野。

大荒山乃《大荒西经》记述的第六座观测日月西落的场所,这里也是三面人居住的地方。三面人是颛顼的后裔,他们有三副面孔,只有一只胳臂,而且长生不老。其实,"三面"当系头上戴着有三张面孔的面具,"不死",可能与三张面孔的象征意义有关,例如其一象征前身、其二象征今生、其三象征来世(这种观念当在佛教产生之前已有)。古史传说中的"黄帝四面",当亦指戴着四个方向的面具。

夏后开

西南海之外,赤水之南,流沙之西,有人珥两青蛇,乘两龙,名曰夏后开。开上三嫔于天,得《九辩》与《九歌》以下。此天穆之野,高二千仞,开焉得始歌《九招》。

夏后开即夏后启,公元前157年刘启继位,是为汉景帝,此后汉代学者避讳而用开字代替启字。不过,在《海外西经》里却径直称夏后启"乘两龙,云盖三层,左手操翳,右手操环,佩玉璜"在大乐之野(又名大遗之野)歌舞《九代》。郭璞引《竹书》曰："颛顼产伯鲧，是维若阳，居天穆之阳。"则天穆之野乃鲧、禹、启的圣地。

"开上三嫔于天"，郭璞注："嫔，妇也，言献美女于天帝。"郝懿行注："《天问》云：'启棘宾商，《九辩》、《九歌》。'是宾、嫔古字通，棘与亟通。盖谓启三度宾于大帝，而得九奏之乐也。故《归藏·郑母经》云：'夏后启筮，御飞龙登于天，吉。'正谓此事。《周书·王子晋篇》云：'吾后三年，上宾于帝所。'亦其证也。郭注大误。"《天问》"启棘宾商"或谓当作"启棘宾帝"。亟，意为迫切、屡次。

其实，郭璞与郝懿行的观点并不矛盾，夏后启"乘两龙""上三嫔于天"，实际上乃盛大的巫术活动，通过这种与天沟通的巫术仪式，启可以向世人宣称自己之所以登上帝位已经得到天帝的认可，其证明就是从天帝那里获得演奏《九招》（或作《九韶》）的技能和权力。在上述巫术活动中，不排除有献给天帝美女的情节。

互人国·灵恝

有互人之国。炎帝之孙，名曰灵恝，灵恝生互人，是能上下于天。

互人国或谓即氏人国，《海内南经》称其"人面鱼身无足"。恝字意为漫不经心、无动于衷、无愁貌，与灵不符，疑当作契。灵契，即与神达成的契约，亦即上下于天的通行证。从互人的名称来看，有点像是连体儿，又像是一个人扮演两个人的舞蹈（例如猪八戒背媳妇），或者是灵魂附体。从这个角度来说，互人国更像是《海内南经》的列人国，列人即两个人并列在一起。

鱼妇

有鱼偏枯，名曰鱼妇，颛顼死即复苏。风道北来，天乃大水泉，蛇乃化为鱼,是为鱼妇。颛顼死即复苏。

"死即复苏",郭璞注:"言其人能变化也。"其实,此处颛顼化作鱼妇"死即复苏",乃远古的沐浴新生巫术活动,亦即《大荒四经》多处记述的"舜之所浴"、"昆吾之师所浴"、"颛顼所浴"等圣人、帝王沐浴故事的具体内容。其仪式大约是由当事人(在这里即颛顼)先装扮成蛇的样子,来到水边,在巫师"风道北来,天乃大水泉,蛇乃化为鱼"的咒语魔力下,先前装扮成蛇的人又改装扮成鱼的样子,并要表演出鱼脱离水的垂死挣扎、奄奄一息状,然后由众巫师将其抛入水中,当他再次从水中走上岸时,已经是一个新生的并且有天命在身的人了。笔者认为,这种沐浴再生仪式,模拟的乃是胎儿从子宫里出生的过程,以及生物从海洋的鱼类向陆地的爬行类进化的过程。据此可知,"蛇乃化为鱼"原文应是"鱼乃化为蛇",而"蛇"则是中国先民主要的图腾动物。或谓鱼妇即蜀先王鱼凫。

《五藏山经》西次三经槐江山记有"西望大泽,后稷所潜也",当是远古沐浴巫术的最早文字记录之一,此后《淮南子·地形训》则称:"后稷垅在建木西,其人死复苏,其半鱼在其间。"据说"耶稣"在拉丁文里是鱼的意思,而基督教的洗礼习俗亦有旧人已去、新人复生之意。在地中海周边古文明(包括两河流域及其出海口波斯湾)的传说里,也说古代曾有一个像鱼一样的神,他从波斯湾上岸,与美索不达美亚的原始居民谈话,教他们建筑城市、种麦子、数学和天文学,并编纂法律条文,被称为奥纳斯。

鸀鸟·大巫山·金山·偏句山·常羊山

有青鸟,身黄,赤足,六首,名曰鸀鸟。

有大巫山。有金之山。西南,大荒之中隅,有偏句、常羊之山。

鸀即鸀,一指山鸟,郭璞注《尔雅·释鸟》:"似乌而小,赤嘴,穴乳,出西方。"郝懿行认为它就是蓟州人所说的赐喜儿鸟；又指水鸟，似鸭而大，长颈赤目，紫绀色。袁珂认为它可能是《海内西经》的树鸟。大巫山等山位于西南隅，亦即本章终止处。

四、大荒北经

东北方有一座帝颛顼的陵墓，埋藏着极为丰富的殉葬品，既有多种多样的动物雕塑，又有各式各样的精美玉器。北方有一座成都载天山，夸父逐日的故事就发生在这里。夸父为什么要追赶太阳？莫非他是闲情难忍、精力过剩？其实不然。事情是这样的：大约在5000—10000年前，地球捕获了一颗临时小卫星，它的轨道逐渐下降与地球大气层发生剧烈的摩擦，发出强烈的光芒，变成一个《妖日》；夸父为了驱赶妖日而壮烈牺牲。

附禺山·卫于山·帝俊竹林·封渊·沈渊

东北海之外，大荒之中，河水之间，附禺之山，帝颛顼与九嫔葬焉。爰有鸱久、文贝、离俞、鸾鸟、皇鸟、大物、小物。有青鸟、琅鸟、玄鸟、黄鸟、虎、豹、熊、罴、黄蛇、视肉、璇瑰、瑶碧，皆出卫于山。丘方圆三百里，丘南帝俊竹林在焉，大可为舟。竹南有赤泽水，名曰封渊。有三桑无枝。丘西有沈渊，颛顼所浴。

附禺山又名务隅山、鲋鱼山、鲋禺山，此处附禺山位于黄河下游的东北方向，史传颛顼陵墓则在今日黄河下游的河南省濮阳境内，该地的先夏古墓曾出土大型蚌壳摆塑龙虎图案。《海外北经》记有帝颛顼与九嫔所葬的务隅山及其平丘，方位在东北。《海内东经》则称"汉水出鲋鱼之山，帝颛顼葬于阳，九嫔葬于阴，四蛇卫之"，其地望在汉水发源地（秦岭南麓）。由于《海内东经》蹿入大段《水经》文字，而记述"汉水"又未依惯例言其流向，疑"鲋鱼之

山"十九字乃《山海经》文字蹿入《水经》复又蹿回入《山海经》者。"四蛇卫之"当指镇守陵墓的神兽造型。

郝懿行指出卫于山当作卫丘山或卫丘,此言甚是。此处卫丘实即《海外北经》的平丘,系祭祀帝颛顼与九嫔的祭台及其配套设施。附禺山"爰有"诸物,均为帝颛顼与九嫔陵墓的随葬品。其中皇鸟或作凤鸟,大物、小物泛指各种随葬品。"皆出卫于山(卫丘)"的青鸟、琅鸟等物,均为祭祀帝颛顼的供品,或者是祭祀场所的雕塑、壁画,也可能是象征性的明器,类似今日为死者烧的纸人、纸马、纸轿车。从上述随葬品和祭品来看,帝颛顼与九嫔的陵墓具有相当规模,应当留下遗迹。

在先夏时期的三皇五帝,以及尧、舜、禹、丹朱诸帝中,相传帝喾有四妃,而所谓的四妃实际上有可能是指长期与帝喾族通婚的四个部落。因此,《山海经》帝颛顼与九嫔葬于附禺山的记载,乃是我国有关帝王嫔妃的最早文献之一。这里涉及两个问题,其一,三宫六院七十二嫔妃的帝王配偶大军,不是一下子就形成的,而是有着一段发展演变的过程,颛顼拥有九嫔当是其中一个重要的阶段。其二,从帝颛顼葬于阳、九嫔葬于阴来看,九嫔属于陪葬性质,她们可能是帝颛顼的人殉,也可能是死后陆续埋葬到帝颛顼陵墓内的。比较而言,九嫔是人殉的可能性更大一些,因此颛顼有可能是我国最早采用人殉的帝王(九为大数,九嫔可指九个嫔妃,也可指许多个嫔妃)。

经文"丘方圆三百里,丘南帝俊竹林在焉,大可为舟。竹南有赤泽水,名曰封渊。有三桑无枝。丘西有沈渊,颛顼所浴",可能有误。因为这里记述的是帝颛顼族活动的圣地,不应又提及帝俊竹林。此外,帝颛顼葬所的地理纬度偏北,不大可能生长有"大可为舟"的竹林。

也就是说,此处经文当作"丘方圆三百里,丘南有赤泽水,名曰封渊,有三桑无枝。丘西有沈渊,颛顼所浴",而"帝俊竹林在焉,大可为舟"十字当另有所在,疑其原应在《大荒南经》舜之所浴的不廷山"北旁名曰少和之渊"文字之后。对比舜与颛顼所浴之场景,颛顼所浴有封渊、沈渊,舜所浴则有少和渊、从渊。颛顼所浴之渊与卫丘相邻,舜所浴之渊亦与"有渊(应为台)四方"相邻。因此,颛顼所浴之地有三桑无枝,那么舜所浴之地亦应有帝俊(即舜)竹林才是。

此处经文所述附禺山及其周边的广大地域,是颛顼族的墓葬地和进行沐浴巫术的场所,其地理方位在东北隅。但是,《大荒西经》记述的颛顼化为鱼妇的沐浴巫术活动场所却位于西南隅。由于在古史传说里,颛顼几乎总是活动在北方地区,因此《大荒西经》颛顼化作鱼妇的内容,疑应当移在此处"颛顼所浴"之后，其意方可连贯起来。

胡不与国

有胡不与之国，烈姓，黍食。

郝懿行注："烈姓盖炎帝神农之裔，《左传》（昭公二十九年）烈山氏，（《礼记》）《祭法》称厉山氏；郑康成注云：'厉山，神农所起。一曰有烈山。'"显然，郝懿行是根据"烈姓，黍食"来解释胡不与国的，但并没有解释其国名的来历。烈山即放火烧山（原野），开辟草莽荒原为耕田，属于农业不发达时期的刀耕火种阶段。

"胡"在我国古代可泛指西方人，因此胡不与国亦可能从西方迁徙而来。根据《人类文明编年纪事·经济和生活分册》，约在公元前 1501 年，地中海桑托林火山（克里特岛以北约 130 公里）爆发，米诺斯王国毁灭。有人认为《旧约·出埃及记》描述的"天空立刻变得一片乌黑"，说的就是此次火山爆发导致的"核冬天"这一自然灾害，通常这种大灾害都会导致当地民族向远方迁徙。此时正逢中国的夏代与商代之交，而中国历史上的朝代更迭往往与气候出现剧烈波动有关。

不咸山·肃慎国·蜚蛭·琴虫

大荒之中，有山，名曰不咸。有肃慎氏之国。有蜚蛭，四翼。有虫，兽首蛇身，名曰琴虫。

李殿福、孙玉良在《渤海国》一书中认为《山海经》所记不咸山："据考证就是今日吉林省东南部的长白山，这是具体指出肃慎族居住在白山黑水之间的最早的记载。"《中国名山事典》亦称吉林长白山："古名不咸山，又称白头山。"长白山海拔 2691 米，系火山喷发而成，在 16 至 18 世纪还曾有三次喷发，目前为休眠火山。不咸山之名，咸意为皆、都、普遍，不咸与不周意思相近。此外，不亦通丕，意为大，《孟子·滕文公下》引《书·君牙》："丕显哉，文王谟！丕承哉，武王烈！"咸则为《易经》六十四卦之一，卦象艮下兑上，即山上有泽，与长白山上有天池的地貌景观相符。

肃慎为我国古代东北地区的著名部落，帝舜时曾贡弓矢，其后裔又称挹娄、勿吉、靺鞨、栗末。《海外西经》记有肃慎国在白民北，当地有雄常树。郭璞注："今肃慎国去辽东三千余里，穴居，无衣，衣猪皮，冬以膏涂体，厚数分，用却风寒。其人皆工射，弓长四尺，劲强。"唐朝册封其族建渤海国，地域囊括今日本海，后被契丹所灭。

蜚蛭或作飞蛭。蜚，小飞虫，蝽类，体椭圆，有恶臭，食稻花。蜚蠊即蟑螂。《五藏山经》东次四经太山："有兽焉，其状如牛而白首，一目而蛇尾，其名曰蜚，行水则竭，行草则死，见则天下大疫。"蛭，环节动物，体长而扁平，通常为二十七节，前后有吸盘，寄生，常见的有蚂蟥、水蛭、鱼蛭、山蛭。

琴虫，当系能发出声响的蛇类，例如响尾蛇。《五藏山经》中次二经鲜山、中次十一经帝囷山均有鸣蛇。

大人国·大青蛇

有人名曰大人，有大人之国，厘姓，黍食。有大青蛇，黄头，食麈。

郝懿行注："《晋语》司空季子说黄帝之子十二姓中有僖姓，僖、厘古字通用，厘即僖也。《史记·孔子世家》云：'汪罔氏之君，守封禺之山，为厘姓。'索隐云：'厘音僖。'是也。"《国语·鲁语下》记有："吴伐越，堕会稽，获骨焉，节专车。"为此，吴国派人向孔子请教，孔子仔细观看后云："丘闻之，昔禹致群神于会稽之山，防风氏后至，禹杀而戮之，其骨节专车，此为大矣。"并介绍防风氏的来历:"汪芒氏之君也,守封隅之山者也,为漆姓;在虞、夏、商为汪芒氏,于周为长狄,今为大人。"袁珂注:"汪芒氏即汪罔氏,漆姓即厘姓也。则大人者,防风之后,亦黄帝之裔也。"

《述异记》:"今吴越间防风庙,土木作其形,龙首牛耳,连眉一目。昔禹会涂山,执玉帛者万国。防风氏后至,禹诛之,其长三丈,其骨头专车。今南中民有姓防风氏,即其后也,皆长大。越俗,祭防风神,奏防风古乐,截竹长三丈,吹之如嗥,三人披发而舞。"《古今图书集成·职方典》云:"防风氏庙,在(武康)县东南封、禺二山之间,祀夏时防风氏之神。"武康即今浙江省德清县武康乡,相传防风氏后裔即穿胸国。不过,此处所述厘姓大人国位于北方,而封禺山又与附禺山音相近,或许防风氏曾从北方迁徙到南方。此处大青蛇为北方的大蛇。经文黄头或作头方,食麈或作食鹿。

榆山·鲧攻程州之山

有榆山。有鲧攻程州之山。

郝懿行注:"程州,盖亦国名,如禹攻共工国山之类。"程字意为度量、计量,兼指容量单位和长度单位,十发为程,十程为分,十分为寸,即百分之一寸的长度为一程;亦指法式、规章、效法、呈现、进度、路程;又指竹根虫,或指豹。据此,程州之名可能是指制造度量衡器具的地方。《尚书·舜典》称舜"协时月正日,同律度量衡",比秦始皇统一度量衡要早数千年。鲧攻程州,可能是要争夺控制度量衡的权力,结果兵败被帝舜"殛于羽山"。

衡天山·先民山·槃木

大荒之中,有山名曰衡天。有先民之山。有槃木千里。

衡，原指绑在牛角上以防触人的横木，引申指车上横木、称杆、栏杆、平衡，亦指眉毛以上的部位，并指古代天文仪器上用于观测星辰定位的衡管，《尚书·舜典》："在璇玑玉衡，以齐七政。"七政即日月和金木水火土五大行星。据此衡天山可能是一处天文观测的场地，而后文所述的先民、綦木或许亦与天文观测活动有关。《大荒北经》多记述有颛顼及其后裔事迹，而颛顼族有观测天文的传统。

袁珂注："《大荒西经》云：'西北海之外，赤水之西，有先民之国。'非此。此山地望当在东北。"郝懿行认为先民国即《淮南子·地形训》海外三十六国之天民国。

"綦木千里"当为一种特殊景观，綦指承水盘，亦通般，快乐之意。《论衡·订鬼篇》引《山海经》（今本无）云："沧海之中，有度朔之山，上有大桃木，其屈蟠三千里，其枝间东北曰鬼门，万鬼所出入也。上有二神人，一曰神荼，一曰郁垒，主阅领万鬼。恶害之鬼，执以苇索，而以食虎。于是黄帝乃作礼，以时驱之,立大桃人,门户画神荼、郁垒与虎,悬苇索以御凶。"袁珂认为度朔山屈蟠三千里的大桃木即"槃木千里"之属。

叔歜国·猎猎

有叔歜国,颛顼之子,黍食,使四鸟:虎、豹、熊、罴。有黑虫如熊状,名曰猎猎。

叔,除指亲属称谓外,亦指收拾。歜,盛怒、气盛。据此,叔歜有心平气和之意。猎猎的形貌像是大黑熊,其名"猎猎"可能取自该兽的叫声。

北齐国

有北齐之国,姜姓,使虎、豹、熊、罴。

郝懿行注:"《说文》云:'姜,神农居姜水以为姓。'《史记·齐太公世家》云:'姓姜氏。'案《大荒西经》有西周之国,姬姓,此有北齐之国,姜姓,皆周秦人语也。"

齐国为公元前11世纪周分封的诸侯国,位于今山东省北部,开国之君是吕尚,建都营丘(后称临淄,今淄博市东北)。

此处经文所述北齐国,当早于周分封的齐国。北字除指方向外,亦指乖违、相背,《尚书·舜典》:"分北三苗。"孔颖达疏:"善留恶去,使分背也。"据此,北齐国的名称,含有不追求整齐划一的意思,亦可理解为无拘无束、自由自在。

先槛大逢山·禹所积石山

大荒之中,有山名曰先槛大逢之山,河济所入,海北注焉。其西有山,名曰禹所积石。

经文先槛或作光槛。槛字意为关野兽的笼子,引申指囚禁罪犯的牢房,亦指窗栏、井栏和门槛。所谓先槛大逢山"河济所入,海北注焉",如果没有缺文或讹字,可能是指黄河、济水入海之前的某处山,也可能是指渤海海峡的庙岛群岛或朝鲜海峡的对马岛。济水发源于河南省济源(王屋山南麓),曾为独流入海的大河(济南市即得名于此),《尔雅·释水》:"江、河、淮、济为四渎,发源注海者。"但是在《五藏山经》里并没有济水的名称(中次十一经支离山的济水实为淯水)。

《海外北经》记述的禹所积石山,其方位在黄河中游,与此处"河济所入"之西的积石山地望不一致。

阳山·顺山·始州国·丹山·大泽

有阳山者。有顺山者,顺水出焉。有始州之国。有丹山。

有大泽方千里,群鸟所解。

顺水流向后文所述的融父山,始州国、阳山、丹山或在其畔。郭璞注:"此山纯出丹朱也。《竹书》曰:'和甲西征,得一丹山。'今所在亦有丹山,丹出土穴中。"

郭璞注:"《穆天子传》(卷四)曰:'北至广原之野,飞鸟所解其羽,乃于此猎鸟兽,绝群,载羽百车。'《竹书》亦曰:'穆王北征,行流沙千里,积羽千里。'皆谓此泽也。"《北山经》、《海外北经》、《海内北经》均记有大泽,方位在今蒙古草原、西伯利亚一带,其中当包括贝加尔湖,它们是候鸟换羽时栖息的地方。

毛民国

有毛民之国,依姓,食黍,使四鸟。禹生均国,均国生役采,役采生修鞈,修鞈杀绰人。帝念之,潜为之国,是此毛民。

郭璞注:"其人面体皆生毛。"其注出自《海外东经》所记毛民国:"为人身生毛。"其实,此处毛民居住在北方,而不是东方,因此,《大荒北经》的毛民既可能是以"体生毛"为特征,也可能是以加工制作皮毛产品为特征,比较之下后者的可能性更大。

《国语·晋语四》:"黄帝之子二十五人,其同姓者二人而已,唯青阳与夷鼓皆为己姓。青阳,方雷氏之甥也。夷鼓,彤鱼氏之甥也。其同生而异姓者,四母之子别为十二姓。凡黄帝之子,二十五宗,其得姓者十四人,为十二姓:姬、酉、祁、己、滕、箴、任、荀、僖、姞、儇、依是也。唯青阳与苍林氏同于黄帝,故皆为姬姓,同德之难也如是。"据此,依姓之毛民国,属于黄帝后裔。袁珂注:"然禹亦黄帝族,则毛民者,虽非其直接裔属,亦其同族子孙也。故禹之曾孙修鞈杀绰人,禹乃'念之'而'潜为'此毛民国,以此也。"也就是说,袁珂认为毛民乃绰人之后裔。

此处经文"禹生均国,均国生役采,役采生修鞈,修鞈杀绰人。帝念之,潜为之国,是此毛民",乃是有关禹之后裔的重要文献。在古史传说里,禹之子为启,而启则出生于石头中(相传为禹妻涂山氏所化)。但是,在《山海经》里却没有记述禹和启的血缘关系,也没有记述禹之葬所或帝禹之台等基本内容。因此,如果不是现存《山海经》版本遗失相关内容的话,或可表明所谓禹为启父的传闻乃系后起之说。事实上,《山海经》仅称夏后启"三嫔于天",根本就不提与禹有什么瓜葛,在启的眼里,其权力的基础是得到上天的认可,而不是来自禹的恩泽。

古人之所以会产生启父为禹的说法,一是受到"禅让论"的束缚,需要用"禹传位于启"来结束禅让制;二是我国有明确帝王世系的朝代始自夏后启(其名称含义类似秦始皇),在此之前则为时间不确定的三皇五帝时期,而夏后启与帝禹时代相对来说在时间上最接近,为了使历史能够连贯起来,最简单有效的方法就是把禹启说成是父子关系。

有鉴于此，为了恢复历史的本来面目，为了重修中国上古文明史，有必要认真对待《山海经》关于禹、启的记载。如果禹启非父子关系，那么在帝禹时代与夏后启之间，就有可能存在着上百年甚至更长时间的历史演变过程，而这段过程我们今天并不清楚，它很可能是打开先夏史秘密大门的一把非常重要的钥匙。

均字有平均、调和之意，亦指造瓦器的转轮、调节乐器的用具、量酒的计量单位；据此禹之后裔均国，可能与施行井田制有关，或者与制陶、作乐器等活动有关。役采或作役来，役，除指戍役、战役、服役、仆役外，亦指行列，《诗·大雅·生民》："禾役穟穟"，意即禾苗排列成行多美好。据此，役采可能是发明禾苗成行播种的人，这样不仅有利于通风，而且方便采收（大镰割禾，小镰割穗）。鞈，革制的胸甲，可以御矢，亦指坚貌、鼓鼙声，修鞈当即以制革为职业的部落或方国。绰人，其名可能与纺织或服装样式有关，修鞈与绰人的冲突，可能与毛皮服装向麻丝服装的转变有关。

经文"帝念之"之帝，通常都理解为是禹，其所念之人则理解为是被杀的绰人。其实，此帝当指天帝，而所念之人亦可指修鞈，意思是说修鞈犯了杀人罪过，其后裔迁徙到北方另立毛民国，继续以制作毛皮用品为业。

儋耳国·禺强

有儋耳之国，任姓，禹号子，食谷。北海之渚中，有神，人面鸟身，珥两青蛇，践两赤蛇，名曰禺强。

儋即担，以肩承物，此处儋耳国即《海外北经》的聂耳国，以耳大著称。郭璞注："其人耳大下儋，垂在肩上；朱崖、儋耳，镂画其耳，亦以放之也。"

禹号即禹貌，为东海居民供奉之海神，已见《大荒东经》；禺强为北海居民供奉之海神,已见《海外北经》和《大荒东经》。在古史传说里,禺强又为天帝之大神。

《列子·汤问》:"渤海之东,不知几亿万里,有大壑焉,实惟无底之谷,其下无底,名曰归墟。八纮九野之水,天汉之流,莫不注之,而无增无减焉。其中有五山焉,一曰岱舆,二曰员峤,三曰方壶,四曰瀛洲,五曰蓬莱。其山高下周旋三万里,其顶平处九千里。山之中间相去七万里,以为邻居焉。其上台观皆金玉,其上禽兽皆纯缟。珠玕之树皆丛生,华实皆有滋味,食之皆不老不死。所居之人皆仙圣之种,一日一夕飞相往来者,不可数焉。而五山之根无所连著,常随潮波上下往还,不得暂峙焉。仙圣毒之,诉之于帝。帝恐流于西极,失群仙圣之居,乃命禺强,使巨鳌十五举首而戴之;迭为三番,六万岁一交焉,五山始峙而不动。而龙伯之国有大人焉,举足不盈数步而暨五山之所,一钓而连六鳌,合负而趣归其国,灼其骨以数焉。于是岱舆、员峤二山流于北极,沉于大海,仙圣之播迁者巨亿计。帝凭怒,侵减龙伯之国使阨,侵小龙伯之民使短。至伏羲神农时,其国人犹数十丈。"

上述岱舆、员峤二仙山沉没的传闻,类似西方人所说的大西洲、太平洲的消失,而人类居住地被海水淹没的灾难很可能多次发生过。此外,我国古代关于海上仙山的传说,也可能与北极冰山穿过白令海峡漂至东海并长时间存在的现象有关,大冰山上会有海豹、海狮、海牛以及北极熊等动物栖息,这些动物又会吸引人类到冰山上捕猎和栖息。由于冰山消融后留不下痕迹,因此有关的故事也就难以被后人理解了。

天柜山·九凤·强良

大荒之中,有山名曰北极天柜,海水北注焉。有神,九首人面鸟身,名曰九凤。又有神衔蛇操蛇,其状虎首人身,四蹄长肘,名曰强良。

《大荒四经》记述有多处"海水注焉"的现象，可能都是指海峡地貌。此处经文所说的北极天柜山"海水北注焉"，从地望来看，疑即白令海峡。"海水北注"，即太平洋（白令海）的海水向北穿越白令海峡流入北冰洋（楚可奇海）。这种两大洋之间的海水流动是经常发生的，而且往往伴随着气候的变化和鱼类的迁徙。在一万多年前的冰川时期，海平面比今日低 100 米左右，白令海峡出露为地，成为连通亚洲和美洲的陆桥，生活在亚洲东北部的人类（包括我国先民）很容易从这里迁徙到美洲生活。此后，全球气候发生变化，在七八千年前气温回升到一万年来的最高点，大量冰川消融，海平面上升，海岸线向陆地扩张，导致大陆架地区洪水泛滥。与此同时，也有大量北极冰山解体，并漂流至太平洋上，成为一种独特的景观。

九首人面鸟身之神九凤，可能是九个以凤鸟（包括其他候鸟）为图腾的部落所共同信奉的保护神或先祖神。

强良操蛇，袁珂注："《列子·汤问篇》说愚公事云：'操蛇之神闻之，告之于帝。'操蛇之神或本此。"顺便指出，愚公移山故事的本义也是填海治水。

《山海经》记述有许多珥蛇、践蛇、操蛇、衔蛇之神，其中既有真蛇，亦有蛇状耳环、蛇状绘身或其他象征蛇的替代物。蛇属于冷血动物，多栖息在中原和南方地区，在北方地区比较少见，在高纬度寒冷地区则极为少见。因此，居住在北极天柜山的强良，不大可能口衔真蛇、手操真蛇，而从其形貌来看，更像是一个头戴虎皮帽的人在操纵狗拉或鹿拉的雪橇，这些操纵绳就像是蛇（绳子在古代具有神秘的力量）。同理，所谓禺貌、禺强践两青蛇、赤蛇，也可能是站在雪橇或滑雪板上的形貌，在古人眼里这已经是相当神奇的事情了。

后土·夸父追日·应龙

大荒之中，有山名曰成都载天。有人珥两黄蛇，把两黄蛇，名曰夸父。后土生信，信生夸父。夸父不量力，欲追日景，逮之于禺谷。将饮河而不足也，将走大泽，未至，死于此。应龙已杀蚩尤，又杀夸父，乃去南方处之，故南方多雨。

成，除指成功、成为、成熟等意外，亦指重、层，九成之台即九层台；又指面积，方圆十里为一成。都，上古行政区划名：夏制，《广雅·释地》："八家为邻，三邻为朋，三朋为里，五里为邑，十邑为都，十都为师，州有十二师焉。"周制，《周礼·地官·小司徒》："九夫为井，四井为邑，四邑为丘，四丘为甸，四甸为县，四县为都。"据此，成都载天山像是建筑在高山上的城堡，或者城内有高大的祭天台。

夸父，其名字意为高大伟岸之男子。后土，古史传说里著名的部落或人神，《礼记·月令》："中央土，其日戊己，其帝黄帝，其神后土。"《左传·昭公二十九年》："社稷五祀，是尊是奉。木正曰句芒，火正曰祝融，金正曰蓐收，水正曰玄冥，土正曰后土……共工氏有子曰句龙，为后土。"《楚辞·招魂》："魂兮归来，君无下此幽都些。"王逸注："幽都，地下后土所治也。"《列子·汤问》记有夸娥氏二子奉天帝之命移走太行、王屋二山，或谓亦为夸父族。

《海内经》记有："共工生后土，后土生噎鸣，噎鸣生岁十有二。"表明后土具有天文巫师身份。此处经文"后土生信，信生夸父"，表明信（有守时之意）和夸父亦有天文巫师身份，或者信即噎鸣。

对比《海外北经》所记："夸父与日逐走，入日。渴欲得饮，饮于河渭，河渭不足，北饮大泽。未至，道渴而死。"不难看出，此处《大荒北经》的记述，已经将"逐日"变成追太阳的影子，把"入日"改成抵达太阳西落的禺谷，并给了一个评价"不量力"。显然，《大荒四经》的作者已经不能理解夸父逐日故事的本意（为了驱逐天空多出的妖日，而举行的巫术禳灾活动），同时也说明《大荒四经》的撰写时代要迟于《海外四经》的撰写时代。

经文"应龙已杀蚩尤，又杀夸父，乃去南方处之，故南方多雨"，袁珂注：

"应龙杀蚩尤与夸父事已见《大荒东经》。夸父，炎帝之裔，与蚩尤并肩作战以抗黄帝者也，以不幸兵败而为应龙所杀。"对比《大荒东经》所记："大荒东北隅中，有山名曰凶犁土丘。应龙处南极，杀蚩尤与夸父，不得复上。故下数旱，旱而为应龙之状，乃得大雨。"可以发现，同一事件的地点，在古人的记述中有两个名称，即凶犁土丘和成都载天，前者之名具有悲剧色彩，或许是指夸父兵败城毁之状，而后者之名则指战争前的夸父城雄伟之状，述者所谓夸父"不量力"似亦有惋惜之意。

《山海经》记有多处古代城池和大型建筑物，惜尚无人深入确考其遗址遗迹。据任式楠先生《中国史前城址考察》一文，我国已发现 4000 年前至 6000年前的古城遗址 50 余座，其中华北平原及黄河中游地区 6 座，山东半岛 18座，黄河河套地区 18 座，成都平原及四川盆地 6 座，江汉地区 6 座，此外太湖及其周边地区亦有大规模的古代都邑建筑遗址。根据夸父北饮大泽，其城地望当在今日河套(古为湖泽)地区，而应龙与夸父的冲突，或许与水资源的争夺有关。在中国古史传说里，黄帝与炎帝的冲突，黄帝与蚩尤的冲突，禹与共工之臣相柳的冲突，以及应龙与蚩尤、夸父的冲突，都与生存环境条件(对农业社会来说，水资源是第一位的条件)的变化密切相关。

无肠国

又有无肠之国，是任姓，无继子，食鱼。

无肠国已见于《海外北经》，属于黄帝后裔十二姓之一(许多古代民族都喜欢数字十二，例如耶稣有十二门徒)，为无继之子。此处无继，即后文所说的继无，亦即《海外北经》的无启国。女娲之肠可指子宫，因此"无肠"或可指女性的性器官异常(包括特殊的装饰)，所以记述者才会对她们能够有后代感到奇怪。

"肠"在古代可代指子宫,例如女娲之肠。此处无肠国,也可能指不能正常生育的部落(没有生殖器官)。《中国古代动物学史·动物的生殖》一章也指出"花肠就是鸟类的子宫及其产卵通道"。明代王逵《蠡海集》解释道:"凡鸟之生卵者,莫不系于脊……脊系卵处,下生一肠,上曰连属于系卵。卵既长足,而产入于此肠,俗谓之花肠也。"

相繇·群帝建台

共工之臣名曰相繇,九首蛇身,自环,食于九土,其所歍所尼,即为源泽,不辛乃苦,百兽莫能处。禹湮洪水,杀相繇,其血腥臭,不可生谷,其地多水,不可居也。禹湮之,三仞三沮,乃以为池,群帝因是以为台,在昆仑之北。

经文自环或作蟠旋,九土或作九山。歍即呕吐,尼意为止,仞意为满,沮意为败坏。池,除指池塘、城池外,亦通陀,意为山岗。

相繇又称相柳,此处所述禹杀相繇事件,与《海外北经》的记载基本相同,惟有关共工台的描述被移至后两节文字之后。所谓相繇所到之地"即为源泽,不辛乃苦,百兽莫能处"、相繇之血"腥臭,不可生谷",均为土地严重盐碱化现象。其原因或是海水倒灌,或是河道被阻塞,水位抬升,淹没上游两岸农田,并造成土地盐碱化(多因排水不畅所至)。我国 20 世纪 50 年代修建三门峡水库后,因上游黄河水位抬升,导致渭水的水位亦随之抬升,西安附近的农田亦受盐碱化之累。或许,相繇是一个只顾自己筑坝引水灌溉而不管上游农田盐碱化的族群(所谓九首,当指九个氏族),其行为引起上游居民严重不满,双方由此而爆发战争。

禹战胜相繇后,为了排除农田积水,几番努力都没有取得成效,不得已只好将土堆积成山岗。于是,群帝(或其后裔)纷纷在这些土岗上建造起祭祀台(不排除也有观星台或其他功能的台),其方位就在昆仑之北。《五藏山经》记述的昆仑丘位于今日黄河河套以南,因此上述众帝之台(《海内北经》记其名为帝尧台、帝喾台、帝丹朱台、帝舜台,其实还应有共工台、轩辕台)很可能在黄河北侧的河套地区,这里也正是先夏时期古城遗址最集中的地区之一。对比古埃及的金字塔,以及美洲玛雅人的金字塔,帝禹时代的众帝之台当亦有一定的规模。遗憾的是,可能是由于建筑材料等原因,我国古代的金字塔式建筑物,没有能够留存下来。

岳之山·不句山·系昆山·共工台

有岳之山,寻竹生焉。

大荒之中,有山名不句,海水入焉。

有系昆之山者,有共工之台,射者不敢北乡。

岳之山或作岳山,郭璞认为寻竹为大竹,袁珂认为寻竹为长竹。竹类不耐寒,而岳之山的方位在北方,不太可能生长高大的竹类。因此,经文"寻竹生焉"疑原作"寻木生焉",亦即《海外北经》所述"寻木长千里,在拘缨南,生河上西北"。

经文不句山"海水入焉",袁珂认为应作"海水北入焉"。海水入山的景观有五处,即《大荒南经》的融天山、天台高山,《大荒北经》的先槛大逢山、北极天柜山、不句山。郝懿行认为:"盖海水所泻处,必有归墟、尾闾为之孔穴,地脉潜通,故曰入也。"袁珂认为:"海水入山,盖古人臆想,近神话矣。"其实,解释为海峡地貌或海峡之中的岛山,可能更接近事实。句,通勾,意为弯曲。不句山,意为不弯曲的海峡,其地望或指今日东北亚的鞑靼海峡、宗谷海峡。

《庄子·秋水》:"天下之水,莫大于海,万川归之,不知何时止而不盈;尾闾泄之,不知何时已而不虚。"成玄英疏引《山海经》(今本无):"羿射九日,落为沃焦。"吴任臣《山海经广注》辑《山海经佚文》:"沃焦在碧海之东,有石阔四万里,居百川之下,故又名尾闾。"其实沃焦乃巨型陨石入海或火山融岩入海者。与归墟、尾闾的结构并不相同。

现存版本《山海经》将经文"有系昆之山者,有共工之台,射者不敢北乡"与下文"有人衣青衣,名曰黄帝女魃"断句为一节,于意不妥。这是因为,共工台的内容本应与上文"共工之臣名曰相繇"以及禹杀相繇、众帝建台的内容为一节,它们叙述的是一段完整的故事;而黄帝女魃、应龙杀蚩尤则是另外的一段独立完整的故事。如果把共工台的文字与黄帝女魃的文字连成一段,容易使人误解为共工与黄帝女魃曾处在同一时间、同一地点。但是,在《山海经》与其他古籍里,并没有这样的记载,我们今天不应当由于错用标点符号和断句,而使远古信息再一次发生歧变。《海外北经》记述禹杀相柳、众帝建台、共工台即为连句在一起。

在《山海经》里,只有轩辕台和共工台拥有射者不敢指向的威严,它们可能分别代表着轩辕族裔和共工族裔的民族精神。

天女魃·蚩尤伐黄帝·风伯·雨师

有人衣青衣,名曰黄帝女魃。蚩尤作兵伐黄帝,黄帝乃令应龙攻之冀州之野。应龙畜水,蚩尤请风伯、雨师,纵大风雨。黄帝乃下天女曰魃,雨止,遂杀蚩尤。魃不得复上,所居不雨。叔均言之帝,后置之赤水之北。叔均乃为田祖。魃时亡之,所欲逐之者,令曰:"神北行!"先除水道,决通沟渎。

《山海经》很少直接记述什么人穿什么样的衣服,除了君子国、丈夫国"衣冠带剑"之外,突出强调的就是此处女魃"衣青衣"。显然,女魃穿青衣应当有着特殊的巫术文化涵义,或许意在通过象征万里无云的蓝天,以达成其"晴空无雨"的功能。不过,后世却将女魃衣青衣的威严形貌变成了不受人欢迎的秃头模样,郝懿行注:"《玉篇》引《文字指归》曰:'女妭,秃无发,所居之处,天不雨也,同魃。'"

《路史·后纪四》:"蚩尤姜姓,炎帝之裔也。"并注引《世本》:"蚩尤作五兵,戈、矛、戟、酋矛、夷矛。"《太平御览》卷78引《龙鱼河图》:"蚩尤兄弟八十一人,并兽身人语,铜头铁额,食沙石子。"《述异记》称蚩尤"食铁石"、"人身牛蹄,四目六手,耳鬓如剑戟,头有角"。《皇览·冢墓记》:"蚩尤冢,在东平寿张县阚乡城中,高七丈,民常十月祀之。有赤气出如匹绛帛,民名为蚩尤旗。肩脾冢,在山阳巨野县重聚,大小与阚冢等。传言黄帝与蚩尤战于涿鹿之野,黄帝杀之,身体异处,故别葬之。"据此,蚩尤是一个庞大的部落联盟体的统帅,他首先使用戈、矛、戟等青铜兵器和头盔。蚩尤旗,《史记·天官书》:"蚩尤之旗,类彗而后曲,象旗,见者王者征伐四方。"其实,蚩尤旗除指彗星外,亦可指北极光。

黄帝族与蚩尤族的战争,可能持续了一段很长的时期,其战场大体在太行山一线,北起涿鹿,南越黄河。"黄帝令应龙攻之(蚩尤)冀州之野",表明冀州原属蚩尤族的领地。《禹贡》九州之首为冀州,其范围约包括今日山西省中南部、河北省大部,以及河南省的北部。春秋时尚有古国名冀,在今山西省河津县。《淮南子·地形训》:"少室、太室在冀州。"冀的字形可能指一种特殊的服饰装束或某种地形地貌(古代地名之字,往往就是一幅地图),其下半部的字形"異"相当于"黄"字里的"田"字符被移到了上面,两者极为相近,或许"冀"字的本义是与"黄"相背,意为居住在这里的族群与黄帝族不同。据此可知是黄帝族的人发明了"冀"字,这也符合黄帝之臣苍颉造字的传说。

经文"应龙畜水,蚩尤请风伯、雨师,纵大风雨。黄帝乃下天女曰魃,雨止,遂杀蚩尤。魃不得复上,所居不雨",在记述黄帝族与蚩尤族发生的一场水利气象战的同时,也在客观上记录了先夏时期的自然气候变迁。第一阶段为"应龙畜水",即上游的人筑坝截留水资源,不给下游的人用(不排除抬高水位后再突然放水,以冲毁下游农田、城池)。第二阶段为"蚩尤请风伯、雨师,纵大风雨",即天降大雨,冲毁水利设施,淹没农田。第三阶段为"黄帝乃下女魃,雨止,遂杀蚩尤",即气候由潮湿多雨转变为干旱少雨,黄帝趁势出兵,一举击败蚩尤。历史上某种气候变化对甲地区有利而对乙地区有害的情况经常发生,严重时可导致民族、国家力量的此消彼长。第四阶段为"魃不得复上,所居不雨",即气候变得更加干旱,严重影响到农业生产和人民的生活。第五阶段为"叔均言之帝,后置之赤水之北",女魃被安排到赤水之北居住,即赤水以北为干旱区,其他地区的气候和降雨量恢复正常。"魃时亡之,所欲逐之者,令曰:'神北行!'先除水道,决通沟渎",意思是当旱灾发生时,要进行驱逐旱魃的巫术,并提前疏通排水渠道。

《五藏山经》记有许多能够呼风唤雨的神人,此处风伯当系蚩尤族的巫师或以风为图腾的部落,亦即羿射日除害之大风(凤)。后世又传风伯名姨,风神又名风姨或封十八姨。此处雨师或即《海外东经》的雨师妾。女魃属于黄帝族的巫师。这些能够呼风唤雨的巫师,其行为大体与"诸葛亮借东风"类似,即对气象变化的规律有所认识,因此能够预见气象变化,并选择有利的气象条件展开军事行动。叔均为后稷之裔,所谓"叔均言之帝",当指天帝或先祖之帝,因为这已经是黄帝后裔的行为了。

综上所述,蚩尤族应该是以种植水田农作物为主要谋生方式的族群,而黄帝族则是主要以种植旱田农作物为主要谋生方式的族群。因此,在雨水充沛的历史阶段,蚩尤族的势力范围就会扩展;而在降雨较少的历史阶段,黄帝族的势力范围就会扩展。相传黄帝与蚩尤九战九败,这个阶段是雨水充沛时期,也是蚩尤族扩张时期。此后,黄帝一战而胜蚩尤,表明气候转为干旱期,蚩尤族难以生存,不得不退回雨水多的南方。也就是说,根据先夏时期古气候变迁信息,就可以推算出黄帝与蚩尤因水而战的发生时间,估计其时间段大约在公元前7000年至公元前3000年之间。

深目民国·钟山·赤水女子献

有人方食鱼,名曰深目民之国,盼姓,食鱼。

有钟山者。有女子衣青衣,名曰赤水女子献。

深目国已见于《海外北经》,郭璞注:"亦胡类,但眼绝深,黄帝时姓也。"袁珂注谓"黄帝时姓"或作"黄帝时至"。据此,先夏时期曾有西方人迁徙到中国。

钟山疑应与后文章尾山互换。吴承志认为"赤水女子献"即置之赤水之北的女魃。

融父山·苗龙·融吾·弄明·犬戎

大荒之中,有山名曰融父山,顺水入焉。有人名曰犬戎。黄帝生苗龙,苗龙生融吾,融吾生弄明,弄明生白犬,白犬有牝牡,是为犬戎,肉食。有赤兽,马状无首,名曰戎宣王尸。

后述经文"有犬戎国。有神,人面兽身,名曰犬戎"当与此处经文为一节文字。犬戎国在《海内北经》里又名犬封国,其场景为"有一女子,方跪进杯食"。苗龙、融吾、弄明的形貌及其事迹不详。苗有因由之意(苗裔),又指夏季田猎,苗龙或即龙的传人。融意为火、光明,弄为戏耍、作事、扮装,融吾与弄明意相近。弄明或作卞明、并明。郝懿行注谓:"(《汉书·匈奴传》索隐此经)又云'黄帝生苗,苗生龙,龙生融,融生吾,吾生并明,并明生白,白生犬,犬有二壮,是为犬戎。'所引一人,俱为两人,所未详闻。"

袁珂认为此处犬戎神话盖盘瓠神话之异闻,并进一步指出:"此一神话,或又与《海内经》所记'黄帝生骆明,骆明生白马,白马是为鲧'有关,或亦同一神话之分化也。此经'马状无首,名曰戎宣王尸'之'犬戎之神',其遭刑戮以后之鲧乎? 不可知已。"其实,戎宣王尸乃盘瓠所杀之房王,房王即戎王,而房即天驷星、马祖。

《搜神记》称,高辛氏为帝时,房王作乱,众将不敌,高辛帝有五色犬名盘瓠,潜入敌营,咬房王首级而还,高辛帝妻以三公主,后生三男三女,男初生尚有犬尾,遂为犬戎国。《广异记》称,高辛时有人家生一犬,状如小牛,主人怪而弃于道下,七日不死,主人复收之,以盘盛之献高辛帝,遂名之盘瓠,后立战功,帝妻以公主,生有七男。瑶族盘护王故事称,龙狗盘瓠杀番王有功,高辛妻以三公主,俗称狗王。畲族民间故事称,高辛生于凤凰山,随风而长,成年后悬松枝火把为日,编柳条球为月,钉宝石补天裂而成星,后又创生植物、动物、人类,教人穿衣、牧羊、耕田;一日高辛耳痒,三年后爬出一条金虫,置金盘上化为龙狗,此后事迹与盘瓠相类。

齐州山·君山·鬵山·鲜野山·鱼山·一目民

有山名曰齐州之山、君山、鬵山、鲜野山、鱼山。

有人一目,当面中生。一曰是威姓,少昊之子,食黍。

齐可通斋;鬵为蒸煮类烹器,状如大釜或上大下小的鼎,《诗·桧风·匪风》:"谁能亨(烹)鱼? 溉之釜鬵。"诸山场景似是君子在举行斋祭,烹制着鲜美的猎物和鱼。

《山海经》里有"州"字的地名如下:《五藏山经》中次十经复州山,《大荒东经》夏州国,《大荒南经》陈州山、东州山,《大荒西经》弇州山、州山,《大荒北经》鲧攻程州山、始州国、冀州野、齐州山,《海内北经》河州,《海内东经》都州(又名郁州)、长州,《海内经》九州。据此可知,以州为地名,实际上起自《大荒四经》时代(或许始州国是最早以州为地名的地方),而在《海内经》之前并没有九州的概念。

在我国古代典籍里，九州之说首见于《尚书·禹贡》，内容为"禹别九州，随山浚川，任土作贡。禹敷土，随山刊木，奠高山大川"。九州依次为冀州、兖州、青州、徐州、扬州、荆州、豫州、梁州、雍州，其地理范围大体与《五藏山经》相同。其中，冀州的方位区域与《北山经》接近，青州、徐州与《东山经》接近，扬州与《南山经》接近，荆州、豫州、梁州与《中山经》接近，雍州（包括梁州一部分）与《西山经》接近。此外，《禹贡》的方位顺序为北、东、南、中、西，与《五藏山经》南、西、北、东、中亦不同；《禹贡》记述有九条山脉，《五藏山经》则记述有二十六条山脉。

此处威姓一目人，郝懿行认为即《海外北经》的一目国，袁珂注谓："《海内北经》有鬼国，亦即此；威、鬼音近。"从形貌来看，此地的少昊后裔类似"连眉一目"的防风像，亦即戴着"一目"形状面具进行巫术活动的人。古代巫术活动中（例如萨满跳神、傩戏），巫师往往要装扮成神、鬼或其他象征物，为此就需要改变其本来的面目，常用的方法是绘面和戴面具。

在彝族讲述万事万物起源的创世史诗《查姆》中，将古人类分为"拉爹"（独眼睛人）、"拉拖"（直眼睛人）和"拉文"（横眼睛人）三个时代（参阅庹修明先生的《傩戏·傩文化》一书，中国华侨出版公司）。或许，经文"有人一目，当面中生"，描述的正是巫师表演人类发展历程的一个场景。

继无民·中輪国

有继无民，继无民任姓，无骨子，食气、鱼。

西北海外，流沙之东，有国名曰中輪，颛顼之子，食黍。

继无或作无继，即上文无继国，其父辈名曰无骨。郭璞注："言有无骨人也。《尸子》曰：'徐偃王有筋无骨。'"袁珂注："无骨，即下文牛黎之国，亦即

《海外北经》柔利国也。"郝懿行注:"食气、鱼者,此人食气兼食鱼也。《大戴礼·易本命篇》云:'食气者神明而寿。'"食气,即调节呼吸或直接从空气中获取生命所需元素,属于气功之一种。气又指构成宇宙万物的基本结构,是人与万物沟通的载体,《淮南子·泰族训》:"黄帝曰:'芒芒昧昧,因天之威,与元同气。'故同气者帝,同义者王,同力者霸,无一焉者亡。"

"中"字有不偏不倚之意,"中辐"意为校正车轮使其正圆。

赖丘国·犬戎国

有国名曰赖丘。

有犬戎国,有神,人面兽身,名曰犬戎。

赖,依赖,利也,通懒。丘,丘陵,小山、土堆,坟墓,废墟,聚居地;通巨,大也,长也;古代田地区划,《周礼·地官·小司徒》:"四邑为丘。"郑玄注:"方四里。"据此,赖丘国人可能是依赖别人施舍的人,或者在废墟里讨生活的人,也可能是最早的盗墓者。

此处犬戎国即上文白犬后裔犬戎,又称狗国。《淮南子·地形训》:"烛龙在雁门北。蔽于委羽之山,不见日,其神人面龙身而无足。后稷垅在建木西,其人死复苏,其半鱼在其间。流黄、沃民在其北方三百里,狗国在其东。雷泽有神,龙身人头,鼓其腹而熙。"据此,犬戎国约在今日我国北方的阴山山脉一带。

颛顼·骧头·苗民·章山

西北海外,黑水之北,有人有翼,名曰苗民。颛顼生骧头,骧头生苗民,苗民釐姓,食肉。有山名曰章山。

郭璞认为此处苗民即《海外南经》的三苗国。袁珂注:"驩头国亦见《海外南经》,即丹朱国也。此云'驩头生苗民'者,盖丹朱与苗民神话之异传,明此两族关系密切也。"并认为苗民厘姓亦黄帝之裔也。

此处苗民"食肉",疑当作"食鱼",因《海外南经》称其"方捕鱼"。

《世本·帝系篇》:"尧娶散宜氏之子,谓之女皇,女皇生丹朱。"该部落生活在秦岭以南的丹水一带,与三苗(又称有苗、南蛮)关系密切。后来,因丹朱和三苗反对帝尧传位于舜,被流放到南方,其后裔即驩头民。但是,此处经文却称"颛顼生驩头",而且驩头居住在"西北海外,黑水之北",或可表明该部落

曾经从北方远距离迁徙到丹水地区,后又再次迁徙到更偏远的南方。《竹书纪年》称:"后稷放帝朱于丹水。"《太平御览》卷63引《尚书逸篇》云:"尧子不肖,舜使居丹渊为诸侯,故号曰丹朱。"《汉学堂丛书》辑《六韬》云:"尧与有苗战于丹水之浦。"这是因为丹水乃南北交通要道,历来均为兵家必争之地。

胜者王侯败者贼,丹朱、三苗也被丑化了。《神异经·西荒经》:"西方荒

中有人,面目手足皆人形,而胳下有翼,不能飞;为人饕餮,淫逸无理,名曰苗民。"

丹朱城相传在今河南省内乡县西南百三十里的丹水畔,民间故事称丹朱来到丹水后,改邪归正,为当地人做了许多好事,后在与发洪水的恶龙斗争中不幸遇难,民众将其葬在山岗,墓如罗圈椅子,坐北朝南。又说丹朱墓名单珠固堆,在今范县濮城黄河北岸的一个地势高的村子里。丹朱本名叫麻,因瞎了一目,故名单珠。单珠欲害其父尧夺取帝位,就建了一个宫殿,想骗帝尧进去,帝尧识破其阴谋,让单珠先进去,然后立即关上大门,命人运土将宫殿埋住,这里就成了单珠墓。

衡石山·九阴山·洞野山·牛黎国

大荒之中,有衡石山、九阴山、洞野之山,上有赤树,青叶,赤华,名曰若木。有牛黎之国。有人无骨,儋耳之子。

洞野山或作灰野山,洞意为远。若有顺从、选择之意,又为海神之名,《庄子·秋水篇》记有河伯至北海与海神若的对话。此处若木,郝懿行认为指西方日人之所的神树,《离骚》:"折若木以拂日。"王逸注:"若木在昆仑西极,其华照下地。"《淮南子·地形训》:"若木在建木西,末有十日,其华照下地。"郝懿行并指出,《文选·月赋》注引此经若木下有"日之所入处"五字,《水经·若水注》引此经有"生昆仑山西附西极"八字,郭璞注此经有"其华光赤下照地"等字,疑是经文误入注文。

牛黎国即《海外北经》的柔利国,"无骨"即柔术表演。儋耳即《海外北经》的聂耳,此经称牛黎国人为儋耳之子,或可表明"儋耳"亦有杂技表演的性质。

章尾山·烛龙

西北海之夕卜,赤水之北,有章尾山。有神,人面蛇身而赤,直目正乘,其瞑乃晦,其视乃明,不食不寝不息,风雨是谒。是烛九阴,是谓烛龙。

《大荒北经》多处提及西北方的赤水,它在当时应是著名地理景观和标志,可能因发源或流经富含赤铁矿的地区而成赤色,今黄河上游有红山峡,包钢以北有白云鄂博铁矿,祁连山脉有镜铁山,天山亦有铁矿,而中国境外也会有红色的河流。

烛龙即《海外北经》钟山之神烛阴,其形貌或源自北极光,以风雨为食,具有开天辟地之神力。郭璞认为直目即纵目,袁珂认为正乘指烛龙"目合缝处直也"。所谓"是烛九阴",郭璞注:"照九阴之幽阴(隐)也。"其实,此处"九阴"或可指上文的九阴山。《淮南子·地形训》:"烛龙在雁门北,蔽于委羽之山,不见日。"高诱注:"委羽,北方山名。"近年我国发现多处5000年前至8000年前的蚌石摆塑龙、虎等艺术图案,其中阜新县查海聚落遗址中心处有一长约20米、宽约2米由红褐色石块摆、堆塑成的巨龙图案,昂首张口,身呈腾飞之势,距今八千年。烛龙或即此也。

第六章 《山海经》的地理大发现

一、动物的生存信息地图

人类是由动物进化而来,因此人类的许多行为,都可以追溯到动物身上。例如,人类的生命智力,就可以追溯到动物的生命智力。有鉴于此,我们在解读《山海经》记录的远古人类如何获得生存资源的行为时,有必要先了解一下与之相关的动物行为。

生命智力是生命体的一种极其重要的生存能力,其核心特点就是能够使用间接信息达成期望效应。事实上,许多动物都表现出令人惊讶和叹服的生命智力,例如蝙蝠能够用超声波定位,捕捉到小小的蚊虫;其中,超声波信号就是蝙蝠使用的间接信息,而捕捉蚊虫就是蝙蝠要达成的期望效应。

对于绝大多数动物来说,它们都拥有自己的生存信息地图。生存信息地图的主要内容包括:什么地方什么时候有食物(包括水、盐类、药类),什么地方什么时候有危险(天敌、地质灾害),什么地方什么时候可以找到配偶,等等。蚁群的侦察蚁在发现食物后,会在返回途中留下相应的化学信息用以标记路线,并使用某种间接信息(相当于动物语言)告诉其他蚂蚁什么地方有多少食物。蜂群的侦察蜂在发现花蜜后,它的生存信息地图能够引领它正确地返回蜂巢,并使用某种舞蹈(实际上还有携带的花粉样品)告诉其他蜜蜂什么地方有多少花蜜。

在中国传统文化里，人们不大喜欢乌鸦。其实，乌鸦的智商在鸟类世界里处于领先地位。美洲大陆有一种乌鸦，在食物充足的时候，会把食物分别秘藏在几千个地方；当食物匮乏的时候，能够准确地把先前秘藏的食物逐一找出来。显然，在乌鸦的头脑里，储存着一份信息量相当大的秘藏食物分布图。类似的情况也存在于其他动物身上，例如灵长类动物知道什么地方在什么时候有什么果实成熟（它们还知道许多种能够治疗疾病的草药），食草类动物知道什么地方有可口的青草，食肉类动物知道什么地方有容易捕食到的猎物。

许多动物都有远距离迁徙的习性，而迁徙的主要目的是获得食物或繁衍后代。栖息在北美洲加拿大的美丽的帝王蝶黑脉金斑蝶，通常会在8月至初霜时向南迁徙到墨西哥湾一带过冬，并于来年春天向北回归，其栖息距离远达数千千米。每年的秋天，大天鹅都会从西伯利亚栖息地飞行9000千米来到中国的鄱阳湖过冬，因为鄱阳湖湿地有着丰富的食物。某些鲸鱼为了获得遥远海域的食物，不惜在海洋里长途跋涉上万千米。大马哈鱼为了传宗接代，宁可一路上不吃不喝从海洋千里迢迢游回自己当年出生的淡水河流的上游产卵排精繁育下一代；与此同时，大棕熊则准时来到大马哈鱼必经之河道，因为它们知道在这个季节这里会有丰盛的高营养含量的食物，这些送上门的食物对它们越冬乃是至关重要的。为了远方的水和草，非洲大陆上的角马、斑马、野牛组成的迁徙队伍，更是浩浩荡荡。

大量事实表明，为了生存，无论是昆虫类动物，还是鱼类、鸟类、哺乳类动物，它们都需要拥有各自的生存信息地图。因此，我们有理由认为，自从人类诞生的那一天起，在人类的大脑里便形成了一幅幅生存区域资源图，而这张图的内容也在不断地修改和补充。与此同时，人类不仅在头脑里拥有自己的生存信息地图，而且随着人类生命智力水平的不断提高，人类逐渐能够把头脑里的生存信息地图画在石头上、树皮上、皮革上、木版上、泥版上、墙壁上，以及丝绸上、纸张上——它们被称之为地图。

二、地图的历史

秦王政二十年、燕王喜二十八年（公元前 227 年），燕太子丹派荆轲入秦，以献燕国地图的名义进见秦王嬴政，欲乘机刺杀嬴政，结果功亏一篑，荆轲被杀死在秦王殿上。正所谓：荆轲刺秦王，图穷匕首现；有志于天下，冒死来相见。荆轲冒死来刺秦王，秦王冒死接见荆轲，双方都是为了天下，而媒介却是一幅地图——可见地图具有一种不可抗拒的力量。

至于人类绘制地图的历史，西方学者认为是古埃及人约在公元前 3000 年前绘制了最早的地图。古巴比伦人大约在公元前 2300 年前绘制的地图，其载体是泥版，用的工具是木制的尖笔，内容是房屋图（包括所有者的姓名）、街道图、居民区图，具有证明房屋所有权的性质。

对比之下，古中国人绘制地图的历史同样或者更为悠久。在我们祖先的记忆中，伏羲、女娲乃是人文初祖，相传他们分别手持规和矩，那正是测量绘图的工具或仪器。在民间传说里，女娲曾用绳子沾泥土造人；为什么会特别提到绳子呢？原来拥有绳子乃是具有特殊身份的象征，因为绳子是测量长度的工具；在古代埃及，丈量土地的人被称为"持绳者"；汉字"巫"也有学者解释为两个人手持直角尺和绳子在进行测量工作。

事实上，在中国古代的社会管理结构或国家管理体制中，设立专门掌管地图的职务乃是一种源远流长的传统。明代学者陈耀文在《天中记》卷七引《元命苞》称："神农氏，怪义生白阜，图地形脉道。"注曰："怪义，白阜母名。白阜为神农图画地形，通水道之脉，使不壅塞也。"如果记载是可靠的，那么在神农时代已设有国家测绘局局长一职，并归水利部管辖。

《古三坟·地皇轩辕氏政典》记有："太常，北正。尔居田制，民事尔训；尔均百工,惟良。山川尔图,尔惟勤恭哉!"据此可知,轩辕黄帝时期的太常负责绘制、管理山川资源地图的工作。《轩辕本纪》还记有神兽白泽的故事:"(黄)帝巡狩,东至海,登桓山,于海滨得白泽神兽,能言,达于万物之情。因问天下鬼神之事。自古精气为物、游魂为变者凡万一千五百二十种,白泽言之;帝令以图写之,以示天下。"从今天的角度来看,白泽图相当于民族或部落分布图(其中也包括植物和动物分布图),显然是有其实用价值的。

　　有趣的是,今日河南孟津县有一处名胜负图寺,那里供奉长着两个犄角的伏羲像,当地的老人说此地原来是汪洋大海,龙马负图的故事就发生在这里。《河南府志》记有:"伏羲时,龙马负图于河,背有文:一六居下,二七居上,三八居左,四九居右,五十居中。伏羲则之以画八卦。《三坟》词曰:"惟天至仁,于革生月,天雨降河,龙马负图,实开我心。'河即今之黄河,在孟津县西五里,负图里是也。"后世相传龙马所负之图即易经八卦文化中的河图,那是一种数学矩阵结构,又像是天上的星座。其实,河图的最早涵义乃指黄河的地貌图或河道图,《尸子》称:"禹理水,观于河,见白面长人鱼身出,曰:'吾河精也。'授禹河图,而还于渊中。"河精又称河伯,在先夏史中他既指黄河之神,又指居住在黄河两岸(今山西、河南、陕西交界处)的部落,类似的故事至今仍在河南省黄河附近地区的民间流传。进一步说,汉字"河"的字形实际上乃是最早的黄河水道图,"三点水"表示水流,"口"表示有人类居住,那一横一竖即河道的形貌(那个时代的人认为黄河发源于今日黄河前套地区,当时那里是一大湖泽)。如果我们仔细研究,相信还可以找到许多个具有地图性质的古汉字来。

　　与河图性质相同的还有洛书,长期以来它也是易经八卦文化中的一个核心符号;其实它最初也是指洛水的河道图,当年大禹治水时来到洛水之滨,有一只神龟从水中爬上岸来到大禹身旁,它的背上有一幅图被称为洛书,神龟献书的目的当然是为了帮助大禹治水。《楚辞·天问》:"应龙何画?河海何历?"应龙所画的也应当是地图或施工标志图。《拾遗记》:"禹尽力沟洫,导川夷岳,黄龙曳尾于前,玄龟负青泥于后。"所谓黄龙曳尾也是在画水利施工图或标出施工的路线。至于龙马、河精、神龟、应龙、黄龙、玄龟云云,则涉及古代的巫术活动。

《拾遗记》还记有一个古老的故事,当年大禹治水来到龙门,进入一个幽深的山洞里时,见到一位蛇身人面神,"神乃探玉简授禹,长一尺二寸,使度量天地,禹即执此简以平水土。蛇身之神,即羲皇也。"所谓玉简即测量长度的标准尺,所谓蛇神(伏羲)授禹玉简则是一种具有巫术色彩的确定标准尺的仪式。这里有必要指出的是,在古代,科学活动往往要披上巫术的外衣,而在现代,巫术活动则千方百计打着科学的招牌。此外,《中国地方风物传说选(二)·大禹取〈水经〉》记有大禹在太湖地区治水时,在林屋洞里获得名为《水经》的书三卷,一卷为河道图,一卷为山脉图,一卷悉为弯曲难识之古文。今日安徽怀远县涂山南5里有一个名叫"禹会村"的村庄,传说大禹曾在这里召集各地首领开会计议如何治水,原有禹帝行祠,苏东坡《濠州七绝·涂山》诗称"樵苏已入黄熊庙,乌鹊犹朝禹会村"。涂山上古有禹王宫(又称禹王庙、涂山祠),登临其上,涡水、淮水,尽收眼底。上述来自远古的信息,当然也值得我们今天认真去解读。

《周礼·夏官司马·职方氏》记有:"职方氏掌天下之图,以掌天下之地。辨其邦国、都鄙、四夷、八蛮、七闽、九貉、五戎、六狄之人民,与其财用、九谷、六畜之数要,周知其利害。"也就是说,在周朝的政府机构中专门设有职方氏一职,负责掌管国家的国土资源,以及各地的经济情况,类似今天的国土资源部部长一职。其下属土训掌管各地区的地图及物产,诵训负责历史地理沿革的研究,丱(音惯,束发成两角状)人负责矿产的勘查并绘制成矿产分布图供开采者使用。根据《周礼》的相关记载,职方氏的上司是大司徒,而大司徒的职责之一正是"掌建邦之土地之图"。

令人遗憾的是,由于中国早期地图采用的物质载体不易长久保存,因此我们今天能够见到的早期实物地图少之又少。据苏北海《新疆岩画》(新疆美术出版社 1994 年版)一书,在新疆天山山脉巴里坤等地发现了地图岩画、水利图岩画和水流图岩画,时间约在公元前 1000 年前后,或许它们就是我国现存最古老的实物地图了。

三、先夏时期中国人的地理大发现

如果说动物的迁徙是一种地理大发现的话,那么人类的地理大发现就可以追溯到人类诞生的那个年代。人类诞生的最明确的标志应该是火的使用,火的使用实际上是让人类在动物世界里拥有了一种战无不胜、所向披靡的武器。在火把的引领下,以及人类发明的木器、石器、骨器和弓箭、渔网等捕猎工具的帮助下,人类开始走出自己的栖息地,一步步向着一切能够生存的地方扩展、迁居,而上述这种扩展、迁居的过程也正是地理大发现的过程。

大量事实表明,早在数百万年前中国人就生息在黄河、长江流域及其周边地区,早在数万年前中国人已经遍布亚洲东部广大地区,并且扩展、迁居到美洲和大洋洲地区,同时也与亚洲西部、欧洲、非洲的居民有着频繁的相互来往。其中,有文字记载的先夏时期中国人的地理大发现,发生在帝禹时期(约公元前 3000 ~ 前 2070 年)。帝禹时期是中国历史上非常重要的一个发展阶段,其代表性重大事件,一是治理洪水,二是划分九州,三是进行了人类历史上最早最大规模的生存资源考察。对比之下,在同一时期,古埃及人正在为法老修建金字塔式陵墓。

令人高兴的是,已经有越来越多的学者开始把大禹治水的传说当做历史来认真对待了。我国著名的考古学家苏秉琦先生在《中国文明起源新探》(三联书店 1999 年版)中指出:"考古工作证明,沿京汉线与陇海线的邯郸——武功间至少有三处，在距今四五千年间发现过洪水的遗迹现象：一是邯郸，二是洛阳，三是武功……与传说《五帝本纪》后半的尧舜禹从洪水到治水，从治水不成功到成功的时期大致吻合。所以，中原地区的文明要从洪水到治水谈起。"

值得注意的是，我国（同时也是世界）最早的大规模的地理考察测绘活动正是发生在大禹治水时期及其之后，《山海经》、《列子》、《吕氏春秋》、《淮南子》等古籍均有记述。《山海经·五藏山经·禹曰》称："天下名山，经五千三百七十山，六万四千五十六里，居地也。言其五藏，盖其余小山甚众，不足记云。天地之东西二万八千里，南北二万六千里；出水之山者八千里，受水者八千里；出铜之山四百六十七，出铁之山三千六百九十。"这里"经"字的意思是"考察经历"，"五藏"的"藏"字乃是"宝藏"之意；考虑到与《山海经》其他篇章名称的相关性，或许《五藏山经》的书名原本应是《山藏五经》。

《山海经·海外东经》记有："帝命竖亥步，自东极至于西极，五亿十选九千八百步。竖亥右手把算，左手指青丘北。一曰禹令竖亥。一曰五亿十万九千八百步。"郝懿行注引刘昭注《郡国志》云："《山海经》称禹使大章步自东极至于西垂，二亿三万三千三百里七十一步；又使竖亥步南极北尽于北垂，二亿三万三千五百里七十五步。"

《淮南子·地形训》亦称："禹乃使大章步自东极至于西极，二亿三万三千五百七十五步；使竖亥步自北极至于南极，二亿三万三千五百七十五步。"

上述记载表明，帝禹时代曾进行过大地测绘工作。主持上述测绘工作的工程师是大章和竖亥，古代有用职务作为人名的习惯，大章即绘大图者，竖亥即竖立标杆测量者。算，古代的计算器。巫字，其形象是两人持绳测量，又像两人上下于天。相传禹因腿疾而走路的步伐特殊，被称为禹步，巫者多学禹步。其实，步乃丈量用具，一步长六尺（秦汉时一尺折合现在的 0.231 米），其形若弓，即将两根直杆一端衔连住，另一端连接一条六尺绳，用者撑开两根直杆即得六尺,然后一杆支地并转身将另一杆移到下一点又得六尺,这种测量步伐才是禹步的本意。《禹贡》称:"禹敷土,随山刊木,奠高山大川。"意思就是说,帝禹时代进行的丈量国土工作,是沿着山脉进行测量,竖木为标志,从而在地图上确定高山和大江大河的位置。

《吕氏春秋·求人》记有:"禹东至榑木之地,日出九津、青羌之野,攒树之所,抿天之山,鸟谷、青丘之乡,黑齿之国。南至交阯、孙朴、续樠之国,丹粟、漆树,沸水漂漂,九阳之山,羽人、裸民之处,不死之乡。西至三危之国,巫山之下,饮露吸气之民,积金之山,共肱、一臂、三面之乡。北至人(令)正之国,夏海(晦)之穷,衡山之上,犬戎之国,夸父之野,禹强之所,积水、积石之山。不有懈堕,忧其黔首,颜色黎黑,窍藏不通,步不相过,以求贤人,欲尽地利,至劳也。得(皋)陶、化(伯)益、真窥(直成)、横革、之交五人佐禹,故功绩铭乎金石,著于盘盂。"《吕氏春秋·慎大览》还记有:"禹之裸国,裸入衣出。"《战国策·赵策》亦称:"禹祖入裸国。"

根据《山海经》、《吕氏春秋》等文献的记载,帝禹亲自主持实施了人类历史上最早和最大规模的国土资源和远方异国分布的普查活动,他和他的团队,跋山涉水、不辞辛劳,其主要目的是"以求贤人,欲尽地利",一是获得人才,二是获得资源。在这次大规模的国土资源和远方异国分布的普查活动中,帝禹亲自挂帅,具体的工作则由当时的山林环境大臣伯益操持,而大量的测量绘图工作则由工程师竖亥和大章负责实施;其主要成果便是撰写了国土资源普查报告《五藏山经》,并绘制了相应的《山海图》。

相传帝禹时代绘制的《山海图》,其图案曾被帝禹铸造在九鼎之上。《左传·宣公三年》记有:"昔夏之方有德也,远方图物,贡金九枚,铸鼎象物,百物而为之备,使民知神奸。故民入川泽山林,不逢不若,魑魅魍魉,莫能逢之。用能协于上下,以承天休。"《史记·封禅书》亦称:"禹收九牧之金,铸九鼎,皆尝亨(烹)鬺上帝鬼神。"可惜九鼎已在春秋战国时期失传(也有可能被王子朝秘藏地下）。如果说《山海图》的失传是一项巨大的文化损失，那么《五藏山经》能够流传至今则堪称人类文明的大幸或奇迹；因为它记录了人类最早的规模最大的地理地图测绘和资源普查工程，这是中华民族的骄傲，也是人类的骄傲。

四、《五藏山经》记录的生存资源

遥想当年，帝禹时代的国土资源考察队从中原出发，分赴东南西北四方，他们由近及远，由中心向外地，依次测绘山川大地、记录各地物产和部落活动，历经多年，终于汇总天下资源，撰写出国土资源考察白皮书《五藏山经》。

《五藏山经》将华夏大地（准确说应是帝禹王朝统治的地区，以及势力范围所达到的地域和考察工作所能实施的地方）划分为五大区域，分别称之为《南山经》、《西山经》、《北山经》、《东山经》和《中山经》。这五个地区又细分为 26 条山脉，其中《南山经》有 3 条山脉，《西山经》有 4 条山脉，《北山经》有 3 条山脉，《东山经》有 4 条山脉，《中山经》有 12 条山脉。每条山脉所包括的山数量不等，多的有四五十座山，少的仅有五六座山；这些基本上是按照自然走向进行记述的，因此不一定都属于行政区划。

大体而言，《五藏山经》记述的地理区域，西起今日的新疆天山山脉，东至黄海、东海诸岛屿（可能抵及日本鹿儿岛）；北起蒙古高原（可能抵达贝加尔湖），南至今日的广东、福建和台湾海峡等南海海域。有趣的是，《五藏山经》记述的地理区域有一个地理中心点，它位于渭水与黄河的交汇处，亦即今日的潼关附近，《西山经》、《北山经》和《中山经》有七八条山脉都是以此为起点开始进行考察记录的。

值得注意的是，《东山经》第 3 条山脉的诸山之间都被海水分隔，表明它们是位于渤海、黄海、东海的一座座岛屿；其中前几座山的位置，按照《五藏山经》26 条山脉"由近及远，由中心向外地"的规律，应该位于今日山东半岛的胶州湾至莱州湾一线上，但是今日这里都是陆地；然而在公元前 2200 年前至公元前 5400 年前，由于海平面比今日高，山东半岛被海水分隔，胶州湾至莱州湾一线均为海域。据此可知，《五藏山经》描述的地形地貌，符合 4200 年前亦即帝禹时代的自然景观。

进一步说，《五藏山经》共记述有 26 条山脉、447 座山，在同一条山脉中的诸山彼此之间都记录有准确的距离里数和明确的方位（但是在不同山脉之间却没有相互位置的直接说明），显然这是建立在实测基础之上的。我们之所以称《五藏山经》是一部国土资源普查报告，乃是因为它在记述每一座山的时候，不仅描述那里的自然景观和人文场景，而且特别注重当地有什么可资利用的物产或奇异的不寻常的事物。这是因为，《五藏山经》的撰稿人使用的是陈述句，即见到什么值得记录的事物便记述下来，有什么说什么。也就是说，当年的作者真正的意图是尽可能准确地记述各地的物产和那里的自然景观、人文场景；因此，他或他们不是普通的旅游者，也不是小说家或文学爱好者，而是有工作任务在身的国土资源普查员。

事实上，《五藏山经》是人类历史上最早、信息最丰富的一部国土资源白皮书，其内容包括南部地区（南山经）、西部地区（西山经）、北部地区（北山经）、东部地区（东山经）、中部地区（中山经）五大区域共计 26 条山脉 447 座山，以及相关的水系 258 处、地望 348 处、矿物 673 处、植物 525 处、动物 473 处和人文活动场景 95 处。顺便指出的是，"五藏山经"原本应作"山藏五经"，意思是对东南西北中五大区域的资源考察。

我们前面说过，《山海经》乃是帝禹时代、夏代、商代、周代等先秦历代王朝记录生存资源信息的"国之重器"性质的秘藏文献档案，内容包括天文历法和气象资源、丰富翔实的地理资源、富饶迷人的生物资源、瑰丽奇异的人文资源。限于篇幅,下面重点介绍《五藏山经》记录的自然生存资源,主要有水资源、矿产资源、植物资源、动物资源、药物资源等。

(一)华夏先民的水资源

水是生命之源,中国先民非常重视生存环境中的水资源分布,这在《山海经·五藏山经》里有着充分的证明,即使粗略地翻阅《五藏山经》也不难发现这一点。事实上,《五藏山经》不仅记述有井泉、池渊、湖泊、沼泽湿地和海洋,而且特别注重记述河流的发源地及其流向,从而构成一幅幅清晰的水资源分布图。这里仅以《西山经》和《北山经》各自第1条山脉里的几座山为例:

《西山经》西次一经记有:

西四十五里,曰松果之山。濩水出焉,北流注于渭,其中多铜。

又西八十里,曰符禺之山,其阳多铜,其阴多铁……符禺之水出焉,而北流注于渭。

又西五十二里,曰竹山,其上多乔木,其阴多铁……竹水出焉,北流注于渭,其阳多竹箭,多苍玉。

又西七十里,曰羭次之山,漆水出焉,北流注于渭。

又西百五十里,曰时山,无草木。逐水出焉,北流注于渭,其中多水玉。

上述西次一经的几座山,均有水系发源,并且均向北流入渭水,可以明确地判断它们均位于秦岭山脉南麓之中。

《北山经》北次一经记有:

又北四百里,曰谯明之山,谯水出焉,西流注于河。

又北三百五十里,曰涿光之山,嚣水出焉,而西流注于河。

又北三百八十里,曰虢山……伊水出焉,西流注于河。

又北四百里,至于虢山之尾,其上多玉而无石;鱼水出焉,西流注于河,其中多文贝。

又北二百八十里,曰石者之山,其上无草木,多瑶碧。泚水出焉,西流注于河。

上述北次一经的谯明山、涿光山、虢山、虢山尾、石者山等山,均有水系发源并且向西流入黄河,据此可知这几座山当位于今日山西省境内的吕梁山西麓;其中谯明山和涿光山,其名称里有"光"有"明",可能即今日吕梁山山脉南端的火焰山(位于山西省吉县东)。

有趣的是,《五藏山经》的考察记录者,还注意到季节河现象。《北山经》北次三经记有:"又东北三百里,曰教山,其上多玉而无石;教水出焉,西流注于河;是水冬干而夏流,实惟干河;其中有两山,是山也,广员三百步,其名曰发丸之山,其上有金玉。"教山位于太行山山脉,教水就是一条典型的季节河。

除了季节河之外,《五藏山经》还记录有季节井泉。《中山经》中次十一经记有:"又东南五十里,曰视山,其上多韭。有井焉,名曰天井,夏有水,冬竭。"《中山经》中次五经记有:"又北十里,曰超山,其阴多苍玉,其阳有井,冬有水而夏竭。"超山位于今日中原地区的熊耳山、伏牛山一带,该山的井泉不仅是季节性的,而且还是反常规的,这种"冬有水而夏竭"的井泉并不多见,如果我们能够在熊耳山、伏牛山发现这样的井泉,既可证明《五藏山经》的真实性和准确性,同时也可进一步开发其矿泉水资源和旅游资源。

接下来,让我们一起去了解《五藏山经》时代的湖泊和沼泽湿地的情况。《五藏山经》记录有众多的湖泊、沼泽、湿地、水渊、海泽,其中《南山经》记述有6处湖泽,《西山经》11处,《北山经》15处,《东山经》12处,《中山经》6处,共计50处湖泽(由于存在同名的现象,统计数字可能有少许出入)。令人感慨的是,《五藏山经》里记载着的众多湖泊和沼泽湿地,特别是那些位于黄河流域的许多湖泊和沼泽湿地,今天已经大大地萎缩或者彻底干涸消失了。

《西山经》西次三经记有:又西北四百二十里,曰峚山,其上多丹木,员叶而赤茎,黄华而赤实,其味如饴,食之不饥。丹水出焉,西流注于稷泽。其中多白玉。是有玉膏,其原沸沸汤汤,黄帝是食是飨。是生玄玉。玉膏所出,以灌丹木;丹木五岁,五色乃清,五味乃馨。黄帝乃取峚山之玉荣,而投之钟山之阳。瑾瑜之玉为良,坚粟精密,浊泽而有光;五色发作,以和柔刚;天地鬼神,是食是飨;君子服之,以御不祥。自峚山至于钟山,四百六十里,其间尽泽也。是多奇鸟、怪兽、奇鱼,皆异物焉。

根据"由近向远、由内向外、由中心向外围"的排序规律,由于《西山经》第1条山脉位于今日秦岭,据此可知《西山经》第3条山脉应该位于秦岭以北的地方。具体来说,西次三经记述的钟山和峚山,位于今日的黄河河套附近,属于阴山山脉。所谓"稷泽",相当于今日的黄河后套地区(巴彦淖尔市)。所谓"自峚山至于钟山,四百六十里,其间尽泽也",表明帝禹时代的黄河后套至前套(托克托县)一带密布水泽,然而今日它们早已荡然无存了。

《北山经》北次三经记有:

又东北七十里,曰咸山,其上有玉,其下多铜;是多松柏,草多茈草;条菅之水出焉,而西南流注于长泽;其中多器酸,三岁一成,食之已疠。

又北百里,曰王屋之山,是多石;㶍水出焉,而西北流于泰泽。

又南三百里,曰景山,南望盐贩之泽,北望少泽。

又东二百里,曰虫尾之山,其上多金玉,其下多竹,多青碧;丹水出焉,南流注于河;薄水出焉,而东南流注于黄泽。

又东百八十里,曰小侯之山;明漳之水出焉,南流注于黄泽。

又北二百里,曰景山,有美玉;景水出焉,东南流注于海泽。

又北百二十里,曰敦与之山,其上无草木,有金玉;溹水出于其阳,而东流注于泰陆之水;泜水出于其阴,而东流注于彭水;槐水出焉,而东流注泜泽。

又北三百里,曰维龙之山,其上有碧玉,其阳有金,其阴有铁;肥水出焉,而东流注于皋泽,其中多垒石;敞铁之水出焉,而北流注于大泽。

又北水行五百里,至于雁门之山,无草木。又北水行四百里,至于泰泽。

北次三经是《北山经》的第 3 条山脉，其地理范围涉及今日的王屋山、太行山、燕山和七老图山等山脉。在上述地区，除了山西省南部尚有盐泽、河北省尚有白洋淀、内蒙古尚有若干湖泽之外，北次三经记载的众多湖泊沼泽基本上都消失了。

此外，《山海经》还记有许多被称之为"海"的地方或地貌景观，这些"海"既有海洋，也有湖泊，有时还指广阔的不毛之地、遥远的地方或众多的事物。这种对"海"的观念，一直延续到今天，例如"海外来客"、"海内存知己"、"四海为家"、"瀚海"、"沙海"、"煤海"、"人山人海"、"文山会海"等等。

中国先民相信，华夏大陆的四周都是海域，并分别将其称之为东海、南海、西海和北海。其中东海相当于今日的太平洋，南海相当于今日的印度洋和部分太平洋，西海泛指遥远西方的水域，北海泛指遥远北方的水域。

(二) 华夏大地的矿产资源

生命的一大特点就是能够利用身外之物来实现自己的生存欲求，例如植物能够利用阳光、空气、水、无机盐等等身外之物。动物不仅能够利用身外之物，还会使用身外之物，如燕子会衔泥建巢，喜鹊会叼树枝建窝，海獭会用石头敲开蚌壳，黑猩猩会用细木棍深入蚁穴黏出蚂蚁吃。对比之下，人类则是一种特别擅长使用身外之物和制造身外之物的动物，为此人类特别关注生存领域里一切可资利用的身外之物，并逐渐发现了多种多样的矿产资源。事实上，掌握丰富的矿产资源信息，对每一个部落、方国、国家来说，都是极其重要的事情。

《山海经》对矿产资源有着相当详尽的记述，仅《五藏山经》就记述了矿石产地 673 处和近百种矿产资源。据徐南洲统计《五藏山经》记录的矿产可分为 12 类 90 余种，其中玉分为 20 种，石有 42 种；并记有 155 处产金之地，它们多数都是金属共生矿（涉及黄金、银、铜、铁、锡、汞等）。

一般来说，《五藏山经》的矿产资源可划分为金属矿石和非金属矿石两大类；还可进一步细分为提炼金属用矿石、颜料（包括染料）用矿石、装饰和祭祀用玉石、建筑和工具用石料、音乐和娱乐用石料、医药用矿石、食用矿产、能源用矿产，以及未明用途矿石，等等。

其一，提炼金属用矿石。《五藏山经》记载的金属矿石有金、白金、赤金、黄金、银、铜、铁、锡。其中，"金"泛指金属，"白金"可指铂或锌、铅、铬等，"赤金"可指铜，"黄金"即常说的黄金。由于提炼铂需要非常高的温度，因此"白金"更可能是指用于制作颜料和青铜器的锌、铅或铬。值得注意的是，在秦始皇兵马俑出土的青铜剑的表面有一层致密的铬盐氧化层，表明中国至少在秦朝就熟练掌握了镀铬技术，而这是需要经历一段漫长的技术发展过程的，其中就有《山海经》时期人们对金属矿藏勘探的贡献。

这里需要特别解释一下《山海经》与铁的关系问题。众所周知，中国在春秋战国时期才开始提炼和使用金属铁，据此不少研究《山海经》的学者相信，《山海经》记载着大量铁矿石产地，这是《山海经》一书最早成书于春秋战国时期的铁证。其实，《山海经》记载铁矿石产地，并不一定意味着铁矿石只能被用于提炼金属铁和制造铁器。事实上，铁矿石至少在山顶洞人时代（约公元前18000年）就被中国先民用于制作红色颜料，因此可以推论《山海经》记载着大量铁矿石产地的原因也主要是为了获得红色颜料。

其二，颜料（包括染料）用矿石。如果说人类从直立猿进化成为直立人的标志之一是举起火把的话，那么人类从多毛的直立人进化成为智人的标志之一就是体毛的退化。导致人类体毛退化（被人类学家形象地称之为"裸猿"）的原因，学术界有各种各样的说法；其中一种观点认为，火的使用，服装的使用，特别是涂身、绘身的习俗，促成了人类体毛的不断退化。原始人涂身、绘身的目的，既有宗教的和心理的因素，也有实际的用途，例如保暖、防虫、美容、身份和种族识别符号，以及威慑敌人或猛兽，等等。为了上述目的，就需要寻找和加工制造各种各样的颜料用矿石。与此同时，为了美化陶器、木器、皮具、服装和居室，也需要寻找和加工制造各种各样的颜料、染料用矿石。有趣的是，秦始皇兵马俑使用的彩绘颜料，其中有一种紫色颜料的化学成分是硅酸铜钡，它就是由人工加工制造出来的。进一步说，对颜料用矿石的加工，例如用火烧颜料矿石，乃是促成金属冶炼业出现的重要因素。

《山海经》记载有许多种颜料用矿石，除了颜料用金属矿石之外，还有赭（红土），垩（白土）、黄垩、美垩，石涅（石墨，俗称画眉石），雄黄、青雄黄（兼有药用价值），丹粟（兼有药用价值），磁石（兼有其他用途），硫黄，等等。有趣的是，《山海经》还记录有一个生产硫黄的专业户（氏族），他就是《海内西经》记载的流黄酆氏，亦即《海内经》的流黄辛氏；根据《南山经》南次二经的记载，"流黄"其地在柜山的西面。

其三，装饰和祭祀用玉石。中国先民对玉石有着特殊的喜爱，在先夏时期出土的文物中有大量的各种造型的玉器，诸如玉璧、玉琮、玉璋、玉璜，以及各式各样的玉雕饰品。毋庸置疑，中国古人凭借对玉器的喜爱，势必会特别关注玉石的产地。事实上，《山海经》就记载有种类极其丰富的玉石，它们大多用于制作装饰品和祭祀用品以及娱乐用品和工具，例如白玉、水玉、美玉、苍玉、碧玉、瑾瑜之玉、婴短之玉、青碧、瑶碧、璇、瑰、采石、白珠、帝台之石等等。《中山经》中次七经记有："中次七经苦山之首，曰休与之山。其上有石焉，名曰帝台之棋，五色而文，其状如鹑卵；帝台之石，所以祷百神者也，服之不蛊。"

其四，建筑和工具用石料。《山海经》记有种类极其丰富的石料，例如砥石、封石、洗石、美石、沙石、垒石等等，它们可以用于建筑和制造工具。

其五，音乐和娱乐用石料。《五藏山经》多处记有磬石、鸣石。《南山经》南次二经记有："漆吴之山，无草木，多博石，无玉。"博石可制作棋子。

其六，医药用矿石。《西山经》西次一经皋涂之山记有："有白石焉，其名曰礜,可以毒鼠。"《东山经》东次一经记有:"高氏之山,其上多玉,其下多箴石。"郭璞解释箴石"可以为砥(砭)针治痈肿者"。

其七,食用矿产。食盐(氯化钠)对许多动物来说都是一种必需的矿物质食物,因此不少动物都会主动寻找并舔食含盐的矿物或含盐的液体,早期的人类亦不例外。由于人类的生命智力远远超过其他动物的生命智力,因此随着人类生命智力的不断进步,人类不仅知道什么地方有盐矿,而且还会开采和加工制造盐类产品(包括食用和其他用途),《山海经》里就记录有许多人类与盐的故事。

《北山经》北次三经记有:"又南三百里,曰景山,南望盐贩之泽,北望少泽。"此处景山在今日山西省南部的解州,至今仍然是重要的盐产地;所谓"盐贩"表明,《五藏山经》撰稿时期,当地不仅有盐业生产,而且还有盐产品的贸易活动。

《海内经》记有:"有盐长之国。有人焉鸟首,名曰鸟氏。"这位"盐长国"的首领鸟氏,或许就是民间传说里的盐水女神。据说,当年巴人的先祖廪君曾来到盐水女神的领地,双方发生战争,盐水女神化为飞虫遮天蔽日,被廪君射杀。该故事揭示出在远古曾经发生过为了争夺盐产地的冲突或战争,这个盐产地就在今日三峡附近的大宁河,这里至今仍然是重要的盐产地。

其八,能源用矿产。《山海经》的一些记载,被不少学者认为涉及煤炭、石油和天然气等能源矿产。例如,《西山经》西次三经峚山的玉膏,就被认为是石油(也有学者认为是具有化肥性质的硝盐水)。《南山经》南次三经令丘山的"无草木,多火"现象,被解释为天然气外泄自燃。《海外东经》记述劳民国"为人面目手足尽黑",有可能是开采煤炭时裸露在外的皮肤被粉尘染黑所至。《海内经》记有:"北海之内,有山,名曰幽都之山,黑水出焉。其上有玄鸟、玄蛇、玄豹、玄虎、玄狐蓬尾。有大玄之山。有玄丘之民。有大幽之国。有赤胫之民。"这里到处都是黑的,俨然是一处露天煤矿的景观。

其九，未明用途矿石。《西山经》西次二经鸟危之山"其中多女牀"，又有女牀之山；"女牀"之意至今尚无人能解，它可能是矿石，也可能是植物，或许可以用于制作女性用品。

(三)绿色华夏的植物资源

《山海经》记述有多姿多彩的植物资源，其中尤以《五藏山经》记述的内容最为翔实，记有植物(包括真菌类生物，下同)分布地525处，涉及的植物种类多达两百余种。需要说明的是，不同学者的统计数字互有出入，其客观原因在于《五藏山经》文字的断句存在困难，难以区分某种植物是单字名，还是双字名，抑或是多字名。

《五藏山经》记述的植物，大体可划分为五种情况，其一是泛指的"草木"。其二是只有具体名称而没有明确述及其形态和用途的植物。其三是既有名称又描述其形态的植物。其四是既有名称、又描述其形态、还记述其用途的植物，主要是食用、药用植物，通过食用或者佩戴达到药用目的；当然也有一些其他用途的植物资源，例如养蚕的桑树，制漆的漆树，制竹简、竹筏的竹类，制作用具、武器的植物，制作染料的植物，以及观赏和美容用的花草，等等。其五是形态或功能奇异的植物。

众所周知，许多动物，例如马、熊、猿猴，它们在身体不舒服、肠胃有寄生虫或者受到外伤的时候，都会去寻找吃下某些特定的植物，或者用某些植物的叶子、汁液涂抹伤口；有的卷尾猴甚至会选择某种有着特殊气味的植物叶子擦身体用以驱虫，而这种本领乃是后天学来的。

早期的人类，应该也有着类似上述动物那种利用植物的本领。由于人类的生命智力水平比马、熊、猿猴都要高，因此人类利用植物的本事更大。一是人类会通过观察其他动物如何利用植物资源，来丰富自己对植物资源的知识。二是人类有语言、符号、文字，可以更方便更深入地交流彼此利用植物资源的知识。三是人类拥有强烈的好奇心和创造欲,勇于善于尝试和发现新的可利用植物资源和其他各种资源,所谓"神农尝百草"的传说正是上述这种行为和精神的写照。

为了使读者对《山海经》的植物资源有一个基本的了解,这里选择介绍若干有特色的植物。《南山经》南次一经的招摇山是《五藏山经》记述的第一座山,有人说它是今日湖南省与江西省交界处的罗霄山,也有人说它是今日漓江上游的猫儿山。这里出产有两种植物资源:"有草焉,其状如韭而青华,其名曰祝余,食之不饥。有木焉,其状如穀而黑理,其华四照,其名曰迷穀,佩之不迷。"穀树即构树,属落叶乔木,开淡绿色花,结红色果实;迷构树可能与构树类似,佩戴它的花果,则不会迷路、迷糊。

《西山经》西次一经的符禺山"其上有木焉,名曰文茎,其实如枣,可以已聋。其草多条,其状如葵,而赤华黄实,如婴儿舌,食之使人不惑。"

《北山经》北次一经边春山"多葱、葵、韭、桃、李。"

《东山经》东次一经姑儿山"其上多漆,其下多桑柘。"

《中山经》中次三经记有:"又东十里,曰青要之山,实惟帝之密都,北望河曲,是多驾鸟。南望墠渚,禹父之所化,是多仆累、蒲卢。魃武罗司之,其状人面而豹文,小要而白齿,而穿耳以鐻,其鸣如鸣玉。是山也,宜女子。畛水出焉,而北流注于河。其中有鸟焉,名曰鴢。其状如凫,青身而朱目赤尾,食之宜子。有草焉,其状如葌,而方茎黄华赤实,其本如藁本,名曰荀草,服之美人色。"

《五藏山经》记述有两座帝都,一是《西山经》西次三经昆仑丘的"帝之下都",二即此处的"帝之密都",前者为黄帝族的大本营,后者为帝禹时代的后宫,它们在当初都应是庞大的建筑群,可惜早已荡然无存了。但是,位于偃师的二里头夏文化遗址,出土了大型宫殿基址(有人认为属于商代),面积达10000平方米,或即"密都"遗址。今日洛阳市新安县仍然有一处青要山风景名胜区（相传当初黄帝曾在此），以双龙峡谷为标志性景观。

此处"驾鸟"，实际上是管理后宫事务的官员及其下属服务员，类似昆仑丘的鹑鸟和西王母的三青鸟。由于密都是后宫，因此驾鸟有可能包括被净身的男人。墠，在古代祭祀中，封土曰坛，除地曰墠；渚，水中的小块陆地。据此，"墠渚"可能是一处人工建造的祭祀圣地，祭祀的对象即禹的父亲鲧（在《山海经》里，所谓父子并不一定就是父亲与儿子，而是指前代与后裔）。相传鲧治水失败被处死后化为黄熊（能）入羽渊，此处墠渚或即羽渊，或者象征着羽渊。仆累、蒲卢可能是与祭祀活动有关的什物，也有人说它们即蜗牛、蚌类。

武罗身穿豹皮裙，齿白腰细，戴着金光灿灿的耳环，说话好像鸣玉般清脆，显然她就是后宫娘娘，亦即东方美神。这里的环境对后宫娘娘的生活再适宜不过了，既种植着可以美容的荀草，又饲养着有助于怀孕生下健康婴儿的鹏鸟，还有众多的服务员。根据上述记载，帝禹时代的后宫，估计已经具有相当的规模。

《左传·襄公四年》记有："昔有夏之方衰也，后羿自鉏迁于穷石，因夏民以代夏政。恃其射也，不修民事而淫于原兽。弃武罗、伯因、熊髡、尨圉而用寒浞。"据此可知，武罗在夏代仍然是著名的部落，武氏的姓氏可以追溯到《五藏山经》时期的武罗，如此说来武则天的美貌基因看来也是源远流长、渊源自有了。

综上所述，从《五藏山经》记述的内容可知，《五藏山经》撰稿时期，人们大多都生活在青山绿水里，靠山吃山，靠水吃水；那时的自然生态环境和生存条件要比今天好许多，地大物博，人烟稀少，既没有工业污染，又没有过度的奢华浪费，堪称地地道道的绿色华夏。

根据《五藏山经》的记录，绝大多数地区都有着绿色植被，明确记录没有草木的山（泛指区域地名），在《南山经》里有13处，《西山经》9处，《北山经》28处，《东山经》20处，《中山经》18处。也就是说，在《五藏山经》全部447处地域里,只有88处没有植被。有必要指出的是,其中许多"无草木"的地方,或是盐泽,或是雪山,或是孤岛,只有很少的几处是沙漠。据此可知,帝禹时代的华夏大地,到处都是绿色,到处都是生机盎然的景观。

特别值得注意的是,《西山经》绝大多数地方都是绿色盎然,仅仅有9处缺少植被的地方,是《五藏山经》东南西北中五大区域里"无草木"最少的一个区域,而它描述的地理范围正是今天我国的西部地区(秦陵以北,潼关至呼和浩特一线以西的黄土高原,以及河西走廊和天山一带)。也就是说,在4200年前的帝禹时代,这里同样到处都是绿色的原野。值得注意的是,今天的黄土高原已经处于荒漠化、沙漠化的边缘,干旱和沙尘暴正在越来越频繁地掠夺走黄土高原所剩不多的绿色。这样鲜明的对比和反差,不能不让每一个有责任感的华夏子孙进行深刻的反思。

(四)种类丰富的动物资源

《山海经》记述有各种各样的动物资源,其中尤以《五藏山经》记述的内容最为翔实,记有动物分布地473处,涉及动物种类约三百种,郭郛先生将它们划分为化石类、螺蚌类、甲壳类、昆虫类、鱼类、鸟类、两栖类、爬行类、兽类,以及图腾动物类。《五藏山经》记述的动物,大体可划分为五种情况,一是只有具体名称而没有明确述及其形态和用途的动物,它们多是人们熟知或常见的动物。二是既有名称又描述其形态的动物。三是既有名称、又描述其形态、还记述其用途的动物。四是形态怪异的动物(包括奇异生物)。五是半人半兽的动物。

这里先介绍《南山经》南次一经几座山的动物情况,其地理方位大体在东经110度以东至东海,北纬28度左右的区域。"又东三百八十里,曰猨翼之山,其中多怪兽,水多怪鱼,多白玉,多蝮虫,多怪蛇,多怪木,不可以上。"

关于蝮虫,郭璞注谓"色如绶文,鼻上有鍼,大者百余斤,一名反鼻虫,古旭字"。绶即丝带，古人常用紫色绶带系在印玺上，所谓"色如绶"，或即指紫色。通常认为旭属蛇类，长二尺，土色无文，有剧毒。蝮虫或即蝮蛇，灰黑色，有黑褐色斑纹，头三角形，颈细，鼻反钩，尾部短小，有毒，喜栖湿地，捕食鼠、蛙。所谓此山多怪兽、怪鱼、怪蛇、怪树，从记述的口气可知，他（她）是一名外来的实地考察者，在忠实地描述所看到的情况。事实上，《山海经》的文字，绝大多数使用的都是陈述句，有什么说什么，看到什么说什么。

"又东三百里曰柢山，多水，无草木。有鱼焉，其状如牛，陵居，蛇尾有翼，其羽在魼下，其音如留牛，其名曰鯥。冬死而夏生，食之无肿疾。"

一般来说，"多水"的地方应当多草木，此处却说"无草木"，如果不是经文有错字，那么就表明这里的水为咸水盐泽，因此不适于草木生长。鯥鱼是一种两栖类冬眠动物，可以生活在陆地上，它有着蛇一样的尾部，肋下还长着羽翼（可能是一种比较发达的鱼鳍），发出"留牛"（偕声字）的声音，吃了它的肉可以治疗肿疾。从形象看，它像是一种腿比较长的鳄或巨蜥，也有人说它是穿山甲。在《山海经》中，凡是说"食之"如何的动物、植物，无论它们怎样奇形怪状，通常都是自然界真实存在的生物。

"又东三百里曰青丘之山，其阳多玉，其阴多青䨼。有兽焉，其状如狐而九尾，其音如婴儿，能食人，食者不蛊。有鸟焉，其状如鸠，其音若呵，名曰灌灌，佩之不惑。英水出焉，南流注于即翼之泽；其中多赤鱬，其状如鱼而人面，其音如鸳鸯，食之不疥。"

青丘山的九尾狐"能食人，食者不蛊"，通常都理解为九尾狐能吃人，人吃了九尾狐的肉不患蛊病（避开妖邪之气）。但是《五藏山经》记述其他食人兽时都说"是食人"，唯独这里用"能食人"；或许可以理解为九尾狐能够给人送来珍异的食物，人吃了这种食物就能够不中邪。事实上，在古代文化中，九尾狐是一种祯祥之物，它的出现意味着天下太平、子孙昌盛；在汉代石刻画像砖上，九尾狐常与白兔、蟾蜍、三足乌并列于西王母座旁，属于四瑞之一。灌灌或谓即白鹳。赤鱬或谓是哺乳动物儒艮,俗称美人鱼。

接下来介绍《西山经》西次一经几座山的动物情况,其地理方位即今日秦岭。"西山经华山之首,曰钱来之山,其上多松,其下多洗石。有兽焉,其状如羊而马尾,名曰羬羊,其脂可以已腊。"

所谓"华山之首",是说西次一经这条山脉总称华山。钱来山的名字,顾名思义应当与"钱"有关。不过,钱在古代原本是指一种农具,又可指衡器、酒器,并非仅仅指货币。或许,所谓"钱来"原本是"羬羊",因音同和字形相近而讹误。洗石是一种洗浴时用于帮助除去污垢的石头,它可能具有碱性因而能够去油污,或者具有摩擦力,类似今日市场上用火山灰岩制成的搓澡石。羬羊是一种体形较大的羊,它的油脂可以治疗因寒冷而冻出的体皴,表明当时已经有了护肤用品。

"又西六十里,曰太华之山,削成而四方,其高五千仞,其广十里,鸟兽莫居。有蛇焉,名曰肥遗,六足四翼,见则天下大旱。"

太华山即西岳华山。削成而四方,是考察者对其形貌的描述;高五千仞、广十里,也应当是有实测依据的。今日华山海拔高 2083 米,约合 6200 市尺;古代一仞为八尺,五千仞合四千尺;虽然古尺比今日市尺略短一些,但是考虑到华山的相对高度也要比海拔高度低一些,华山高"五千仞"的数字还是比较准确的。在《五藏山经》里,华山是唯一记述有明确高度的山,表明考察者对这里有着特殊的重视。能跑能飞长着六足四翼的大蛇,也许只会在侏罗纪恐龙世界里存在过。因此,这里的肥遗蛇,更有可能是由人装扮成的,目的是预告世人是否将发生旱灾。一般来说,农民比牧民更关心旱灾是否发生,因为牧民可以逐水草而居,而农民离开故土就难以生存。进一步说,在水灾与旱灾之间,旱灾对农业的危害要更大一些,因为旱灾通常都是大面积的、长时间的,且往往造成颗粒不收。

"又西三百二十里,曰蟠冢之山,汉水出焉,而东南流注于沔。嚣水出焉,北流注于汤水。其上多桃枝、钩端,兽多犀兕熊罴,鸟多白翰赤鷩。有草焉,其叶如蕙,其本如桔梗,黑华而不实,名曰蓇蓉,食之使人无子。"

蟠冢山为汉水的发源地,古人亦称汉水为沔水。今日汉江源头之一在秦岭太白山附近,太白山海拔3767米,其北麓的眉县有汤峪泉,泉出太白山石缝,受死火山岩浆加热,水温近沸。今日秦岭早已无犀牛,也很少有熊罴,倒是还有大熊猫。桃枝、钩端,均为竹类。白翰即白色野鸡。蕙为香草。蓇蓉可避孕。

《五藏山经》还有一些值得特别提到的动物,例如《北山经》北次一经谯明山的何罗鱼:"又北四百里,曰谯明之山,谯水出焉,西流注于河。其中多何罗之鱼,一首而十身,其音如吠犬,食之已痈。有兽焉,其状如貆而赤豪,其音如榴榴,名曰孟槐,可以御凶。是山也,无草木,多青雄黄。"

谯与瞧可通用,古代城楼上的了望台称谯楼。谯水西流注入黄河,可知谯明山属于今日的吕梁山山脉。何罗鱼可能是一种喜欢头与头扎堆在一起的鱼,看起来好像是一个头十来个身子;古人相传何罗鱼可以化作鸟,其名休旧。也有人认为何罗鱼属于头足类的章鱼或乌贼,然而在古代此处淡水河里是否有海水鱼类或软体动物,还需要找到考古学上的证据。孟槐即红毛大野猪。

又如,《东山经》东次二经余峨山的犰狳:

"又南三百八十里,曰余峨之山,其上多梓楠,其下多荆芑。杂余之水出焉,东流注于黄水。有兽焉,其状如菟而鸟喙,鸱目蛇尾,见人则眠,名曰犰狳,其鸣自叫,见则螽蝗为败。"

犰狳,一种头尾及胸部长有鳞片、腹部有毛的哺乳动物,杂食,穴居土中,遇到威胁或危险便卷成一团装死;现多见于拉丁美洲,当地人吃其肉,用其鳞甲制作提篮等物。余峨山关于犰狳的记述,表明我国古代山东、江苏一带也是犰狳的栖息地。所谓"见则螽蝗为败",当指犰狳喜食蝗虫,是蝗虫的克星。

再如,《中山经》中次九经崌山有着大量犀牛和大象:

"又东五百里，曰崏山，其阳多金，其阴多白珉；蒲鸌之水出焉，而东流注于江，其中多白玉；其兽多犀象熊罴，多猿蜼。"

崏，鼎类器物。蜼，汪绂注谓："猿属，仰鼻岐尾，天雨则自悬树，而以尾塞鼻。"崏山位于今日四川盆地的岷山和大巴山一带，距离著名的三星堆、金沙文化遗址不远，在《五藏山经》考察撰稿时期，这里还有大量的犀牛和大象，说明当时的气候要比今日温暖许多；而三星堆、金沙出土数量可观的象牙，足可充分证明《五藏山经》的考察记述具有很高的真实性和可靠性。

此外，《山海经》里多处记述有一种奇怪的不明生物"视肉"，诸如《海外南经》、《海外北经》、《大荒东经》、《大荒南经》、《大荒西经》、《大荒北经》、《海内西经》都记述有视肉，可惜只是提到名称，并无任何描述，这表明视肉在当时应该是人所共知的东西。关于视肉，郭璞注谓："聚肉，形如牛肝，有两目也；食之无尽，寻更复生如故。"据此视肉有可能是一种生长迅速的真菌，或许亦即民间所说的不敢在太岁头上动土的"太岁"。值得注意的是，近年我国北方不少地方陆续出土类似视肉的不明生物，它们能够自我生长，而且能够净化水质，有胆大的人尝试吃过，似乎并无毒副作用。奇怪的是，对这种不明生物却检验不出细胞结构和 DNA，或许它们是一种没有细胞膜和 DNA 的最原始的生物。

（五）多种多样的药物资源

《山海经》记载有多种多样的药物资源，此外还有一些具有药用功能的矿石、植物、动物，可能由于它们属于人所共知的，因此《山海经》里并没有明言其药效。据赵璞珊统计，《山海经》（主要是《五藏山经》）明确记述药用功能的药物共计 132 种，其中矿石类有 5 种，草本类植物有 28 种，木本类植物有 23 种，兽类动物有 16 种，鸟类动物有 25 种，水族类动物有 30 种，其他类有 5 种。这些药物均为单方，而且没有用量，充分表明其具有原始古朴性质。

《山海经》记载的药物，可以对应治疗的人体病症约四五十种，涉及消化系统疾病、呼吸系统疾病、心血管系统疾病、传染病、妇科病、五官科疾病、皮肤病，以及神经系统疾病和心理疾病，等等。有趣的是，《山海经》还记述了许多特殊功能的药物（从广义上而言），例如"服之不畏雷"、"养之不忧"、"食之使人无子"、"服之不字（即不怀孕）"、"服之美人色"、"食之宜子孙"、"服之不妒"、"食之多力"、"食之善走"、"佩之不迷"等等。此外，《山海经》也有少量的畜用药。关于《山海经》里的药物资源，本书在介绍《山海经》的矿产资源、植物资源和动物资源时已涉及，这里就不再多举例子了。

在《山海经》时代，几乎人人都会采集一些药物自行服用，但是采集药物、医治病人的工作主要还是由巫师承担；当然许多巫师还同时承担着其他的工作，因为那个时代的巫师实际上兼有科学家、工程师和社会活动家的性质。《山海经》记载与医药活动有关的地方包括巫山、巫咸国、巫载民，与医药活动有关的巫师有巫凡、巫即、巫抵、巫盼、巫姑、巫相、巫咸、巫真、巫阳、巫彭、巫履、巫谢、巫礼、巫罗。

《大荒南经》："有巫山者，西有黄鸟。帝药，八斋。黄鸟于巫山，司此玄蛇。""有云雨之山，有木名曰栾。禹攻云雨，有赤石焉生栾，黄本，赤枝，青叶，群帝焉取药。"

袁珂认为，《山海经》此处所说的巫山、云雨山，即今日长江三峡巫峡的巫山。所谓"黄鸟于巫山，司此玄蛇"，是说黄鸟负责守护巫山的神药，不让玄蛇偷药。显然，这里面省而未述的情节，与后世《白蛇传》青蛇去巫山偷灵芝仙草的故事，很可能有着某种内在的联系。栾树的花可制黄色颜料、入药，"赤石生栾"可能与祭祀栾树之神的巫术活动有关。

《大荒西经》："有灵山，巫咸、巫即、巫盼、巫彭、巫姑、巫真、巫礼、巫抵、巫谢、巫罗十巫，从此升降，百药爰在。"

值得注意的是，在《山海经》十八章中，《五藏山经》里还没有巫的称呼，《海外四经》里仅提到一个巫咸，而到了《大荒四经》、《海内五经》里则出现了群巫。由于经文过于简略，也给我们留下了许多问题：如此众多的巫在一起工作，他们是男是女？年老年少？如何分工？有何组织结构？谁是巫师协会的头？他们的收入各是多少？

从灵山十巫的排序来看，似乎巫咸是首席巫师。从他们的名称来看，巫即做事雷厉风行，巫盼可能负责管理巫术活动中的器具或者负责分配财物，巫彭可能是一位身壮力大者或有长寿仙术者，巫姑当是女性，巫真有变成仙人登天之术，巫礼负责巫术仪式设计，巫抵负责仪式安全，巫谢负责公共关系，巫罗负责召集民众。当然，仅凭十巫每个人姓名里的一个字，我们不会对上述信息解读的准确性抱太高的奢望。

《海内西经》："开明东有巫彭、巫抵、巫阳、巫履、巫凡、巫相，夹窫窳之尸，皆操不死之药以距之。窫窳者，蛇身人面，贰负臣所杀也。"

《大荒西经》灵山十巫为巫咸、巫即、巫盼、巫彭、巫姑、巫真、巫礼、巫抵、巫谢、巫罗。与《海内西经》六巫对照，相同的有巫彭、巫抵，郝懿行认为巫履即巫礼，巫凡即巫盼，巫相即巫谢。此处六巫之行为，郭璞认为乃神医用不死药清除窫窳身上的"死气"以使其重生，并概括为："窫窳无罪，见害贰负，帝命群巫，操药夹守；遂沦弱渊，变为龙首。"其实，所谓"皆操不死药以距之"，既指正常的手术，也包括对尸体的防腐处理，因为古人相信如果某人的尸体不腐，那么他的灵魂亦可不死。

开明东的六巫和窫窳均属于黄帝族，而贰负则属于炎帝族。上述巫医活动的方位选择在东方，当有所考虑。一是，东方是太阳升起的方向，可以象征着新生。二是，这里可能是距离前线战场最近的地方，因此有利于及时对伤员进行救治，以及对阵亡者的尸体进行防腐处理，并对其灵魂进行安抚。事实上，在古史传说中，黄帝族的敌人多居住在东方，因此战场通常也都在黄帝族大本营的东面。

第七章 《山海经》中的名山

一、《山海经》记述的第一座山是招摇山

《山海经》记述的第一座山是《五藏山经·南山经》的招摇山,也是《五藏山经》第一条山脉鹊山之首。毋庸置疑,确定招摇山在今日的地理方位有着极其重要的意义,因为这有助于我们考证《五藏山经》26 条山脉 447 座山的地理方位,对古地理、古气象、古生物的研究,以及对先夏时期部落氏族分布迁徙的研究,都具有不可替代的价值。

《南山经·南次一经》:"南山经之首曰鹊山。其首曰招摇之山,临于西海之上,多桂,多金玉。有草焉,其状如韭而青华,其名曰祝余,食之不饥。有木焉,其状如榖而黑理,其华四照,其名曰迷榖,佩之不迷。有兽焉,其状如禺而白耳,伏行人走,其名曰狌狌,食之善走。丽麂之水出焉,而西流注于海,其中多育沛,佩之无瘕疾。"

根据上述记载可知,招摇山位于鹊山山脉之首,临近西海之上,从招摇山发源的丽旨水向西流入(西)海。由于《南次一经》鹊山山脉是由西向东记述的,因此位于鹊山之首的招摇山应该是在鹊山山脉的最西端。由于《五藏山经》首先记述南方的情况,因此"临于西海之上"表明招摇山位于西海的南面或东南方。问题是,西海在哪里?西海有什么特点?《南次一经》并没有更多的描述。

目前,关于招摇山的地理方位,历代研究者有着不同的见解,或谓远在四川盆地西部的岷山,或谓远在青藏高原雅鲁藏布江源的高山,均不足为训。比较接近的观点主要有以下四种:

1. 招摇山在广东省的连县(古称桂阳),其北的方山或即招摇山。

2. 招摇山在广西海洋山西北。

3. 招摇山即广西兴安县境内的猫儿山(又称苗儿山),是山海拔2141米,为华南地区著名的高山。持此论者认为,"摇"与瑶族、苗族的"瑶"、"苗"音同或音近,"招"可训为"王","招摇山"意为瑶(苗)家名山。此论的问题是,猫儿山的西面并没有海,因此不符合招摇山"临于西海之上"的记述。或谓西海在今日的桂林,但是桂林位于猫儿山正南方有百公里之遥,不能称之为"西"海。

4. 招摇山即今日湖南省与江西省交界处的罗霄山,"罗霄"与"招摇"的含意和发音颇为相近。西海在今衡阳盆地一带,那里古代或曾为湖泊;凡大的湖泊,古人亦称之为海,例如青海、岱海等。丽旨水发源于招摇山,即今日发源于罗霄山的洣水,洣水向西流入湘江,两者交汇处即在衡阳市东面,属于衡阳盆地。

罗霄山脉是万洋山、诸广山和武功山的统称,南北长约150多公里;东西宽约30—45公里,主要山峰海拔多在1000米以上,其中著名的山峰有八面山、井冈山、武功山等。井冈山最南端的南风屏是江西省西部最高峰,海拔2120米。炎陵县的酃峰海拔2115.4米,是湖南省最高峰。八面山海拔2042米,大围山海拔1607米。罗霄山地区有炎帝陵、汤湖温泉、井冈山革命根据地、大围山等名胜古迹。

罗霄山气候温暖湿润,既有松、杉、楠、樟、毛竹等常绿针叶、阔叶树种,也有大量热带区系植物分布。酃县低山沟谷有红勾栲、蕈树、光叶白兰,汝城有桃金娘、百日青、凤凰楠、广东厚皮香、白桂木、罗浮栲等。八面山有杜仲、福建柏、银杏、银杉、红皮紫茎、银鹊树、南方铁杉、红豆杉等珍稀树种。山林栖息有短尾猴、水鹿、林麝、华南虎、金钱豹等野生珍贵动物。山区有丰富的矿产资源,例如汝城白云仙、茶陵邓阜仙、桂东川口等地的钨矿,茶陵潞水的磁铁矿,以及煤矿等。《山海经》记述招摇山"多桂"(白桂木)、"多金玉"(钨矿、磁铁矿、煤矿)、"狌狌"(短尾猴)等,均符合罗霄山的记载。

当地民间流传的故事称,三国时吴国有一个名叫罗霄的人,自幼熟习孙吴兵法,以将才名震东吴,屡建战功。东吴皇帝孙皓非常欣赏罗的雄才大略,封罗霄为安成郡太守,首府设在今日的安福。有一年,安福大旱,罗霄亲率僚属至潇山(即武功山)龙潭求雨,以救黎民苍生。由于罗霄与镇守荆扬的诸葛恪意见不合,他便辞官隐居潇山山洞中。当东吴灭国的消息传来时,罗霄悲愤不已,便以屈原为榜样,投水自尽。当地百姓为了纪念爱国名将罗霄,便把他住过的山洞命名为"罗霄洞",而罗霄洞所处的大山脉就叫做"罗霄山脉"。其实,罗霄山之名应该早已有之,东吴名将罗霄的传说,只不过是同名而已。

二、《山海经》里关于五岳的记载

人类对山的景仰由来已久,许多高大挺拔的山峰都被视为神山、圣山。中国人对山的景仰同样是渊源自有,其独特的表现形式之一就是对五岳的尊崇,以及帝王对泰山(岱宗)、嵩山等山岳举行的大规模封禅活动。封禅的"封"指在高山之巅举行隆重的祭天仪式,"禅"指在低处举行隆重的祭地仪式,封禅的用意是表明帝王的权力得到天地的认可。

西汉史学家司马迁在《史记·封禅书》引《管子》(佚篇)称,自古封泰山禅梁父(或禅其他地方)的历代帝王有 72 位,其中著名的有无怀氏、虑羲(伏羲)、神农、炎帝、黄帝、颛顼、帝喾、尧、舜、禹、汤,周成王,等等。

关于五岳的记载,道教典籍《洞天记》称:"黄帝画野分州,乃封五岳。"意思是黄帝时代曾经把天下(准确说应该是指黄帝的势力范围)划分为五大区域,每一区域有一座标志性的大山,它们被命名为五岳。《尚书·尧典》记有帝尧曾向四岳咨询谁能胜任治理洪水的工作,后来又向四岳咨询选择谁当接班人。按理推之,四岳应该是东西南北四大区域的代表,而帝尧应该是处于中央区域,合起来也是把天下(准确说应该是指帝尧的势力范围)划分为五大区域,每一区域有一座标志性的大山。

《尚书·舜典》明确记有帝舜朝代每五年巡守天下(准确说应该是指帝尧的势力范围)一周:"岁二月,东巡守,至于岱宗,柴。望秩于山川,肆觐东后。协时月正日,同律度量衡。……五月,南巡守,至于南岳,如岱礼。八月,西巡守,至于西岳,如初。十有一月,朔巡守,至于北岳,如西礼,归。"所谓"柴"是一种祭祀仪式,即堆积薪柴,把祭祀的牺牲放在薪柴上,点火焚之,其烟上扬至天,以达到与天沟通的目的。

大约出现于战国时期的著作《周礼·春官·大宗伯》亦记有:"以血祭祭社稷、五祀、五岳。"《史记·封禅书》里记载的五岳指东岳泰山、西岳华山、中岳嵩山、南岳衡山、北岳恒山。此后,不同朝代所指的五岳山峰曾有多次变更,我们今天所说的五岳基本符合《史记·封禅书》的记载。其中,东岳泰山海拔 1545 米,位于山东省泰安市辖内;西岳华山海拔 2155 米,位于陕西省华阴市辖内;中岳嵩山海拔 1492 米,位于河南省登封市辖内;南岳衡山海拔 1290 米,位于湖南省衡阳市辖内;北岳恒山海拔 2016 米,位于山西省大同市辖内。

众所周知,《山海经》对山脉、山峰的记述主要集中在《五藏山经》,此外《大荒四经》也有若干山峰的记述(可能是因为竹简脱落,其内容显得支离破碎)。由于《五藏山经》把天下(准确说应该是指帝禹的势力范围)划分为《南山经》、《西山经》、《北山经》、《东山经》和《中山经》五大区域,因此我们这里重点探讨《五藏山经》里面是否已经有了五岳山峰的记载。

(一)《东山经》记有泰山

东次一经:"又南三百里,曰泰山,其上多玉,其下多金。有兽焉,其状如豚而有珠,名曰狪狪,其名自詨。环水出焉,东流注于江(汶),其中多水玉。"

《东山经》共记述有 46 座山,从对泰山的记载来看,泰山在《东山经》里虽然属于重要的山,但是还远没有得到"五岳独尊"程度的尊崇。此外,东次一经记述有一座"岳山":"又南三百里,曰岳山,其上多桑,其下多樗。泶水出焉,东流注于泽,其中多金玉。"然而这座以"岳"命名的山,亦未受到特殊的尊崇。

(二)《中山经》记有嵩山

中次七经:"又东五十里,曰少室之山,百草木成囷。其上有木焉,其名曰帝休,叶状如杨,其枝五衢,黄华黑实,服之不怒。其上多玉,其下多铁。休水出焉,而北流注于洛。其中多䲦鱼,状如盩蜼而长距,足白而对,食者无蛊疾,可以御兵。又东三十里,曰泰室之山,其上有木焉,叶状如梨而赤理,其名曰栯木,服者不妒。有草焉,其状如苶,白华黑实,泽如蘡薁,其名蓇草,服之不昧。上多美石。……苦山、少室、太室皆冢也,其祠之:太牢之具,婴以吉玉,其神状皆人面而三首。其余属皆豕身人面也。"

少室山、泰室山即嵩山。《中山经》共记述有 197 座山,从对嵩山的记载来看,嵩山在《中山经》里属于比较重要的山,已经得到较高的尊崇,但是还远没有达到"天下之中"的程度。

(三)《西山经》记有华山

西次一经:"西山经华山之首,曰钱来之山,其上多松,其下多洗石。有兽焉,其状如羊而马尾,名曰羬羊,其脂可以已腊。……又西六十里,曰太华之山,削成而四方,其高五千仞,其广十里,鸟兽莫居。有蛇焉,名曰肥䗊,六足四翼,见则天下大旱。又西八十里,曰小华之山,其木多荆、杞,其兽多㸨牛。其阴多磬石,其阳多㻬琈之玉。鸟多赤鷩,可以御火。其草有萆荔,状如乌韭,而生于石上,亦缘木而生,食之已心痛。……凡《西经》之首,自钱来之山至于騩山,凡十九山,二千九百五十七里。华山冢也,其祠之礼:太牢。羭山神也,祠之用烛,斋百日以百牺,瘗用百瑜,汤其酒百樽,婴以百珪百璧。其余十七山之属,皆毛牷用一羊祠之。烛者百草之未灰,白席采等纯之。"

太华山、小华山即华山。《西山经》共记述有 4 条山脉 77 座山,第一条山脉以华山命名。从《西山经》对华山的记述来看,华山在《西山经》里属于比较重要的山,并且已经得到较高的尊崇,但是尚未具有西部诸山之首"西岳"的地位。事实上,在《西山经》第一条山脉里,羭山的地位要更加突出,对其祭祀的仪式特别隆重"祠之用烛,斋百日以百牺,瘗用百瑜,汤其酒百樽,婴以百珪百璧",这在《五藏山经》全部 447 座山里也是数一数二的。

(四)《北山经》与北岳

北次一经:"又北二百里,曰北岳之山,多枳、棘、刚木。有兽焉,其状如牛,而四角、人目、彘耳,其名曰诸怀,其音如鸣雁,是食人。诸怀之水出焉,而西流注于嚣水。其中多鮨鱼,鱼身而犬首,其音如婴儿,食之已狂。"

从上述记载可知,这座以"北岳"命名的山,是一座比较重要的山,但是它并不具有后世所说的"北岳"地位。

有趣的是,《西山经》提及恒山。西次三经:"又西三百二十里,曰槐江之山。丘时之水出焉,而北流注于泑水,其中多嬴母。……南望昆仑,其光熊熊,其气魂魂。西望大泽,后稷所潜也;其中多玉,其阴多㨾木之有若。北望诸毗,槐鬼离仑居之,鹰鹯之所宅也。东望恒山四成,有穷鬼居之,各在一搏。"所谓"恒山四成"是说恒山的山势有4层之形。

在《五藏山经》里《西山经》与《北山经》的分界线是内蒙古托克托县至潼关段的黄河,从"东望恒山四成,有穷鬼居之,各在一搏"的记述来看,恒山位于《西山经》所述地理区域的东面,亦即今日山西省境内,它属于有穷部落的神山。由于《北山经》共记述有88座山,其中并未见对恒山的记述,或可表明当时恒山还不具有北岳的资格,也可能《西山经》提及的恒山就是《北山经》所记述的北岳山,如系后者则表明当时已经把恒山视为北岳了。"

(五)《南山经》没有衡山之名

《南山经》共记述有39座山,其中未见衡山之名。值得注意的是,《南山经》第一条山脉名叫鹊山,大约是位于今日湖南省境内的衡山或九党荆山。

有意思的是,《山海经·大荒西经》记述有南岳:"有寿麻之国。南岳娶州山女,名曰女虔。女虔生季格,季格生寿麻。寿麻正立无景,疾呼无响。爰有大暑,不可以往。"不过此处的"南岳"系人名,他是寿麻国的先祖。寿麻国位于南北回归线的赤道地区(或谓在今日的斯里兰卡),因此才会出现阳光垂直照射"正立无影"的奇异现象。尽管此处的"南岳"系人名,但是并不排除其名得自当地有"南岳"之山。

(六)《五藏山经》里的古今同地同名之山

《五藏山经》共记述有447座山,其中有不少古今同地同名之山,除了上述泰山、华山等名山之外,还有《南山经》的会稽山,《西山经》的南山(终南山)、天山、白于山、鸟鼠同穴山,《北山经》的管涔山、霍山、太行山、王屋山、发鸠山,《东山经》的姑射山,《中山经》的荆山、岷山、洞庭山、柴桑山,等等。由于《五藏山经》里有许多古今同地同名之山,这就表明其记载有着历史传承性质,具有相当的可靠性。

综上所述可知，《五藏山经》虽然记述了泰山、华山、嵩山、恒山等五岳之山，但是并没有特殊尊崇这些山，反倒是对其他一些山表现出格外的重视，而《山海经》的其他篇章也没有表现出对五岳的特别尊崇，只是在《中山经》中次六经里记有："凡缟羝山之首，自平逢之山至于阳华之山，凡十四山，七百九十里。岳在其中，以六月祭之，如诸岳之祠法，则天下安宁。"

对比之下，《山海经》对五岳的记述，与《尚书》、《管子》对五岳的记述，彼此还是有一些差异的。可能是因为，《管子》称炎帝、黄帝都曾经封禅泰山，但是当年炎帝、黄帝、蚩尤各有其势力范围，三者还发生过长期战争，泰山属于蚩尤（东夷部落联盟）的势力范围，因此炎帝、黄帝不大可能到泰山举行封禅活动。而且黄帝有自己的神山、圣山——昆仑，因此即使举行封禅活动也应该首选昆仑才是。

三、《山海经》是最早记述黄帝都城昆仑的

中国人自称是炎黄子孙，意思是自己是炎帝、黄帝的后代。《山海经》里没有明确记载炎帝的发祥地，却多处记载黄帝的发祥地暨黄帝都城——昆仑（昆仑丘、昆仑虚、昆仑山）。长期以来，在中国人的心目中，昆仑丘、昆仑虚、昆仑山是一处比五岳更古老更伟大的圣山，其中极其重要的原因就是因为那里孕育了中华民族的主要缔造者——黄帝。

但是，由于考古发掘尚未找到黄帝都城昆仑的遗址，因此人们对昆仑究竟在哪里，一直存在着争议，有人说它在今日的黄河河套以南，有人说它就是今日新疆南部的昆仑山，也有人说它是甘肃省的祁连山或青海省的巴颜喀拉山、湟源县境内的野牛山、山东省的泰山、四川省的峨眉山、青藏高原西部的阿里高原，还有人说它在今日云南省境内或者远在印度（阿耨达山）、中东，亦

有人说昆仑可泛指一切高山,甚至说昆仑乃是古人虚构的,并不是真实的存在,等等不一而足。

由于最早记述黄帝都城昆仑的典籍是《山海经》,因此我们主要依据《山海经》的记载来探索黄帝都城昆仑究竟在哪里。

(一)《山海经》记载的昆仑、昆仑丘、昆仑虚、昆仑山是一回事吗?

昆仑在《山海经》和其他古书里有时候又称为昆仑丘、昆仑虚、昆仑山,学术界长期都把昆仑、昆仑丘、昆仑虚、昆仑山视为彼此等价的词汇,或者把它们视为同一个事物。其实,昆仑、昆仑丘、昆仑虚、昆仑山这几个词汇既有相同的内涵,也有不同的内容,应当区别对待。事实上,正是因为许多学者都把这几个词汇混为一谈,所以才会在讨论昆仑的地理位置时产生分歧。下面主要以《山海经》记载的昆仑、昆仑丘、昆仑虚、昆仑山为例,探讨这几个词汇的区别。

1.《山海经》记载的昆仑

西次三经:"又西北四百二十里,曰钟山,其子曰鼓,其状如人面而龙身。是与钦䲹杀葆江于昆仑之阳,帝乃戮之钟山之东曰嵝崖。钦䲹化为大鹗,其状如雕而黑文白首,赤喙而虎爪,其音如晨鹄,见则有大兵。鼓亦化为鵕鸟,其状如鸱,赤足而直喙,黄文而白首,其音如鹄,见则其邑大旱。"

西次三经:"又西三百二十里,曰槐江之山。丘时之水出焉,而北流注于泑水,其中多蠃母。其上多青雄黄,多藏琅玕、黄金、玉;其阳多丹粟,其阴多采黄金、银。实惟帝之平圃,神英招司之;其状马身而人面,虎文而鸟翼,徇于四海,其音如榴。南望昆仑,其光熊熊,其气魂魂。西望大泽,后稷所潜也;其中多玉,其阴多榣木之有若。北望诸毗,槐鬼离仑居之,鹰鹯之所宅也。东望恒山四成,有穷鬼居之,各在一搏。爰有淫水,其清洛洛。有天神焉,其状如牛,而八足二首马尾,其音如勃皇,见则其邑有兵。"

北次一经："又北三百二十里，曰敦薨之山，其上多棕楠，其下多茈草。敦薨之水出焉，而西流注于泑泽，出于昆仑之东北隅，实惟河原。其中多赤鲑，其兽多兕、旄牛，其鸟多尸鸠。"

海外北经："共工之臣曰相柳氏，九首，以食于九山。相柳之所抵，厥为泽溪。禹杀相柳，其血腥，不可以树五谷种。禹厥之，三仞三沮，乃以为众帝之台。在昆仑之北，柔利之东。相柳者，九首人面，蛇身而青。不敢北射，畏共工之台。台在其东。台四方，隅有一蛇，虎色，首冲南方。"

海内西经："昆仑南渊，深三百仞。开明兽身大类虎而九首，皆人面，东向立昆仑上。"

海内北经："帝尧台、帝喾台、帝丹朱台、帝舜台，各二台，台四方，在昆仑东北。"

2.《山海经》记载的昆仑丘

西次三经："西南四百里，曰昆仑之丘，是实惟帝之下都，神陆吾司之；其神状虎身而九尾，人面而虎爪；是神也，司天之九部及帝之囿时。有兽焉，其状如羊而四角，名曰土蝼，是食人。有鸟焉，其状如蜂，大如鸳鸯，名曰钦原，蠚鸟兽则死，蠚木则枯。有鸟焉，其名曰鹑鸟，是司帝之百服。有木焉，其状如棠，黄华赤实，其味如李而无核，名曰沙棠，可以御水，食之使人不溺。有草焉，名曰薲草，其状如葵，其味如葱，食之已劳。河水出焉，而南流东注于无达。赤水出焉，而东南流注于氾天之水。洋水出焉，而西南流注于丑涂之水。黑水出焉，而西流于大杅。是多怪鸟兽。"

大荒西经："西海之南，流沙之滨，赤水之后，黑水之前，有大山，名曰昆仑之丘。有神，人面虎身，有文有尾，皆白处之。其下有弱水之渊环之，其外有炎火之山，投物辄然。有人，戴胜，虎齿，有豹尾，穴处，名曰西王母。此山万物尽有。"

3.《山海经》记载的昆仑虚

海外南经:"昆仑虚在其东,虚四方。一曰在岐舌东,为虚四方。羿与凿齿战于寿华之野,羿射杀之。在昆仑虚东。羿持弓矢,凿齿持盾。一曰戈。"

海内西经:"流沙出钟山,西行又南行昆仑之虚,西南入海、黑水之山。……海内昆仑之虚,在西北,帝之下都。昆仑之虚,方八百里,高万仞。上有木禾,长五寻,大五围。面有九井,以玉为槛。面有九门,门有开明兽守之。百神之所在,在八隅之岩,赤水之际,非仁羿莫能上冈之岩。赤水出东南隅,以行其东北,(西南流注南海,厌火东)。河水出东北隅,以行其北,西南又入渤海,又出海外,即西而北,入禹所导积石山。洋水、黑水出西北隅,以东,东行,又东北南入海,羽民南。弱水、青水出西南隅,以东,又北,又西南,过毕方鸟东。昆仑南渊,深三百仞。开明兽身大类虎而九首,皆人面,东向立昆仑上。"

海内北经:"西王母梯几而戴胜(杖),其南有三青鸟,为西王母取食。在昆仑虚北。……昆仑虚南所有氾林,方三百里。"

海内东经:"国在流沙中者埻端、玺㬇,在昆仑虚东南。一曰海内之郡,不为郡县,在流沙中。……西胡白玉山在大夏东,苍梧在白玉山西南,皆在流沙西,昆仑虚东南。"

4.《山海经》记载的昆仑山

海内东经:"昆仑山在西胡西,皆在西北。"

5. 根据上述《山海经》关于昆仑的记载,可以得到如下几点认识:

(1)"昆仑"指黄帝都城所在地,亦可指黄帝族的发祥地。中国古代有一种政治传统,即一个政权迁都后仍然会使用相同的名称来命名新的都城。从这个角度来说,昆仑这个地名可能在历史上不同的时间段位于不同的地理位置。由于《五藏山经》是帝禹时代的文献,《海外四经》是夏代的地理文献,《大荒四经》是商代的地理文献,《海内五经》是周代的地理文献,因此《山海经》不同篇章记述的昆仑(包括昆仑丘、昆仑虚、昆仑山)有可能并不在同一个

（2）"昆仑丘"强调的是当时黄帝都城昆仑所在地的地形地貌是"丘"。东汉学者许慎在《说文解字》称：丘"土之高也，非人为也。从北从一，一地也，人居在丘南，故从北。中邦之居，在昆仑东南。"据此可知，昆仑丘是一处自然形成的高原，从这个角度来说昆仑丘可简称为昆仑。按照许慎的看法，昆仑位于中原（大体可指今日河南省）的西北方向。

（3）"昆仑虚"强调的是当年黄帝都城昆仑所在地的地形地貌是"虚"。"虚"意为"大丘"，亦可指古代著名部落所在地，例如《左传·昭公十七年》云："宋，大辰之虚也；陈，大皞之虚也；郑，祝融之虚也。"据此可知，凡是称"昆仑虚"者，一是说黄帝都城昆仑所在地的地势高，二是透露叙说者是在回忆追述当年黄帝都城的辉煌。

（4）"昆仑山"强调的是当年黄帝都城昆仑所在地的地形地貌是"山"，而且是非常高大挺拔险峻的大山大脉。也就是说，从昆仑丘到昆仑虚再到昆仑山，黄帝都城所在地的地形地貌，在后世人们的心目中已经从普通的高原，一变而成"大高原"，再变而成"大高山"。这就表明，称黄帝都城所在地是"昆仑山"的人，实际上已经不清楚当初黄帝都城昆仑究竟在哪里了。例如，今日地图上的昆仑山位于青藏高原的北部，西起帕米尔高原，东至柴达木盆地的南面，山脉全长 2500 公里，宽约 130～200 公里，大体上西窄东宽，总面积 50 多万平方公里，平均海拔 5500～6000 米，其中公格尔山海拔 7719 米，慕士塔格山海拔 7546 米。这里空气稀薄、气候寒冷、植被稀疏、交通不便、生存条件异常艰难，难以孕育出繁荣兴盛的强大部落。

（二）《五藏山经》记载的黄帝都城在鄂尔多斯高原

由于学术界关于昆仑所在地的看法非常多，限于篇幅本书不可能逐一介绍。这里重点介绍一种全新的观点，即主张《五藏山经》记载的黄帝都城昆仑

（昆仑丘）在今日黄河河套以南的鄂尔多斯高原（包括陕北高原），其主要的理由如下：

首先，《五藏山经》里的《西山经》和《北山经》都记述有昆仑（昆仑丘），据此昆仑（昆仑丘）应该位于《西山经》和《北山经》交界处附近，而《西山经》和《北山经》各自所述的区域是以黄河前套（托克托河口）至潼关段的黄河为界的，其西是鄂尔多斯高原和陕北高原，其东是吕梁山和太行山（属于古冀州）。

其次，《北山经》明确指出当时的黄河发源于泑泽，泑泽位于昆仑之东北。泑泽即今日的黄河前套土默川平原，先夏时期黄河后套（后套平原）、前套均为大面积的湖泽湿地，因此当时的人们便把泑泽视为黄河的发源地。据此可知，黄帝都城昆仑（昆仑丘）位于黄河前套西南方向不远的地方，那里正是今日的鄂尔多斯高原，符合中华民族先民对"河出昆仑"（更准确的说法是黄河发源于昆仑的东北方）的古老记忆。

有趣的是，黄河原本专称为"河"，其字形乃是一幅地图（汉字里类似的象形地图的文字还有许多），"三点水"代表河流，"口"代表有人居住，"一竖一横"即象形着那个时代人们所认知的黄河河道：从托克托向南到潼关然后直角转折向东流入大海。

有必要指出的是，后世学者之所以搞不清黄帝都城昆仑的地理方位，很重要的原因就是想当然的把后世所知的黄河发源地当成了《五藏山经》所记述的黄河发源地，以致把泑泽曲解为蒲昌海（位于今日罗布泊遗址），并相信黄河在此处"潜行地下"数千里后重新冒出地面。然后一错再错，又继续围绕着蒲昌海去寻找黄帝都城昆仑，当然是找不到了。

第三，黄河河套及其以南的鄂尔多斯高原和陕北高原，在先夏时期水草丰茂，物产富饶，北面、东面、西面有黄河环绕形成天然屏障，这一区域面积达十几万平方公里，足以孕育出伟大强盛的民族，而事实也表明这一区域确实出土有数万年前的细石器文化。进一步说，《史记》称黄帝出生在姬水，黄帝族群里的主要姓氏为姬姓;有意思的是"姬"的"女"字旁表示母系姓氏,"颐"字的象形含义说的是黄帝族群生息繁衍之地的北、东、西三面都有河流环绕。

第四,位于鄂尔多斯高原西部的桌子山,主峰海拔2149米,突兀在鄂尔多斯高原之上,其上至今仍然可见古代岩画,它很可能就是黄帝部落联盟的圣山,也是后世传说的高耸入云的"万山之宗、龙脉之祖"昆仑山的原型。

第五,今日黄陵县的黄帝陵,位于鄂尔多斯高原南面的陕北高原。陕北高原属于黄土高原,黄帝之名的"黄"字,即出自对黄土地的尊崇和眷恋。

第六,黄帝与炎帝之战的古战场在河北省北部的涿鹿县。涿鹿在桑干河的中下游,桑干河的发源地在吕梁山的北端,靠近黄河前套(渤泽)。黄帝族当年很可能是从黄河前套附近越过黄河,一路沿着桑干河向东与炎帝族决战于涿鹿的。黄帝与蚩尤之战的古战场在冀州之野,冀州之野即今日的山西省、河北省、河南省北部一带,黄帝族当年很可能是从鄂尔多斯高原、陕北高原向东越过黄河,翻越吕梁山、太行山与蚩尤交战的。清马啸《绎史》卷五引《黄帝内传》称:"黄帝斩蚩尤,蚕神献丝,乃称织维之功。"据此似可表明,养蚕是蚩尤族(居住地之一在今天山西省的南部)发明的,因为战败而不得不向黄帝族(居住在今天陕西省以及河套地区)交出养蚕技术,这可能是最早为了争夺养蚕技术而发生的战争了(第一次丝绸战争)。由于在山西省的南部确实出土有先夏时期的蚕茧,因此《黄帝内传》的这一记载,也就多了几分可信性。

第七,在黄河前套地区已发现十多处新石器时代(准确说应该是先夏时期)的古城遗址,它们的主人可能先后有黄帝、共工、禹等。

第八,周穆王(前976年至前922年在位)曾经在黄河河套以南视察黄帝都城遗址。

(三)河宗氏陪同周穆王拜谒昆仑遗址黄帝宫

《五藏山经》记载的黄帝都城昆仑,后来被黄帝族放弃了,其原因可能是气候变迁,也可能是迁都到了中原地区(今日河南省境内)。总之,当年繁华的黄帝都城昆仑,逐渐退出了历史舞台,成为失落的文明。但是,有文字记载表明,大约在3000年前,黄帝都城昆仑尚存可观的遗址,并迎来了周朝的一位著名的天子。

据《穆天子传》等史料记载,周穆王曾经实施对天下四方的考察和外交活动,其中最著名的是西征,西征的主要目的一是祭祀黄河,二是拜谒黄帝之宫,三是获得玉石资源,四是见西王母用丝绸等物品换取在天山南北狩猎的权力(主要目的是获得羽毛等资源),五是展示周王朝对西部地区的影响力。

周穆王十三年(公元前964年)闰二月,穆天子亲自率精锐部队六师西征,路线是从首都洛阳出发,沿太行山北上,经朔州(位于桑干河上游)、雁门关(今日山西省北部),舍于漆泽,猎得白狐玄貉等(用于祭祀黄河)。同年三月吉日戊午,穆天子抵达阳纡山,在河宗氏(世代负责祭祀黄河的部落)的陪同下,于燕然山脚下举行了隆重的祭祀黄河仪式。在祭祀黄河时,上天大帝(上帝、天帝)允若穆天子可以到昆仑丘看黄帝之宫,观春山之宝。此处的阳纡山,大体位于阴山山脉的大青山。漆泽即《山海经·五藏山经》记载的黄河源头"泑泽",位于今日黄河前套一带的低洼区域,"漆泽"、"泑泽"都是黑色湖泽的意思。

穆天子一行在祭祀黄河之后,河宗氏自告奋勇,乘"渠黄"(骆驼)走在前面,充当穆天子的向导,继续西行之路。己未,穆天子大朝于黄之山,并"披图视典",观天子礼器(由河宗氏保管)。乙丑,穆天子一行抵达河套西端(即今日河套低地亦即《西山经》所称稷泽)的温谷乐都(疑即《西山经》乐游山),这里也属于河宗氏管辖。戊午,穆天子宿于昆仑之阿、赤水之阳。吉日辛酉,穆天子升于昆仑之丘,观黄帝之宫(表明当时尚存黄帝都城遗址),封丰隆之葬(相当于给黄帝扫墓)。癸亥,穆天子燎祭昆仑丘,并指派专人守卫昆仑丘黄帝都城遗址。

据此可知,《穆天子传》十分明确地说,周穆王在西行途中,曾经到过古昆仑,参观过黄帝留下的宫殿遗址,并派了兵士看守保护。如果《穆天子传》可信,那么这就是有文字记载的唯一到过黄帝都城昆仑遗址的历史人物。这就表明,在 3000 年前,当时的昆仑地区上面还有黄帝的帝宫遗址存在。这反过来又证明,昆仑都城是真实存在的,史书关于黄帝的记载也是有相当根据的。

许多古书都记载有巡守四方、周游天下的事迹,《开元占经》卷四引古本《竹书纪年》曰:"穆王东征天下,二亿二千五百里;西征亿有九万里;南征亿有七百三里;北征二亿七里。"上述地理距离数字可能有夸张,但是周穆王曾经巡狩四方却应是事实。

根据《山海经》等古籍的记载,黄帝都城昆仑是一座繁荣的大都市,远远望去"其光熊熊,其气魂魂"(夜间灯火通明,白天炊烟袅袅),这里物产富饶,有人专职负责管理天文历法、皇家园林,以及守卫都城、为黄帝提供服务,等等。

那么,穆天子一行看到的黄帝都城昆仑遗址黄帝宫究竟是一座什么样的建筑呢?根据《海外南经》"昆仑虚在其东,虚四方"的记载,以及《尔雅(释丘)》"三成为昆仑丘"的解释,黄帝宫很可能是一座非常高大的三层四方台型建筑物,类似美洲金字塔,其上应该是黄帝祭祀天地、日月、鬼神的神庙,可称之为昆仑神庙。值得注意的是,在昆仑神庙前还有一座巨大的人首虎身雕像,它就是昆仑都城的守护神陆吾(又名开明、启明),陆吾的眼睛注视着东方,每天都目光炯炯地注视着金星(启明星)从东方升起。

当年黄帝祭祀天地、日月、鬼神的主要祭品是瑾瑜之玉(人工提炼的食盐晶体),《西山经》记有:"又西北四百二十里,曰峚山,其上多丹木,员叶而赤茎,黄华而赤实,其味如饴,食之不饥。丹水出焉,西流注于稷泽。其中多白玉。是有玉膏,其原沸沸汤汤,黄帝是食是飨。是生玄玉。玉膏所出,以灌丹木;丹木五岁,五色乃清,五味乃馨。黄帝乃取峚山之玉荣,而投之钟山之阳。

瑾瑜之玉为良,坚粟精密,浊泽而有光;五色发作,以和柔刚;天地鬼神,是食是飨;君子服之,以御不祥。自峚山至于钟山,四百六十里,其间尽泽也。是多奇鸟、怪兽、奇鱼,皆异物焉。"

那么,黄帝的都城为什么要称之为"昆仑"呢?长期以来学术界众说纷纭。从"昆仑"的字形字意来说,"昆"字象形之意是"高与太阳比邻","仑"字象形之意是"人的思想被简册记录下来",也就是说"昆仑"是祭祀太阳神或天神、天帝的金字塔式高大神庙,因为它是黄帝都城最重要的最高大的地标性质的建筑物,因此黄帝的都城也就被称为昆仑。根据古埃及金字塔、玛雅的太阳金字塔,以及中国古代高大建筑物,可以推知昆仑这座神庙很可能有数十米甚至上百米之高,无论它是建造在平地上,还是建造在土丘上或高山的平顶上,都配得上"巍巍昆仑"之美誉。从这个角度来说,昆仑金字塔神庙不会消失得无影无踪——我们今天仍然有可能找到它!

四、承载远古文明信息的不周山

在中华民族的远古记忆里,与昆仑山齐名的另一座名山是不周山。不周山之所以赫赫有名,乃是因为古人相信它是支撑蓝天的八根天柱里唯一被撞倒的一个。事见《淮南子·天文训》所记:"昔者共工与颛顼争为帝,怒而触不周之山,天柱折,地维绝。天倾西北,故日月星辰移焉;地不满东南,故水潦尘埃归焉。"

关于天柱的传说,亦见于《列子·汤问》:"渤海之东,不知几亿万里,有大壑焉,实惟无底之谷,其下无底,名曰归墟。八纮九野之水,天汉之流,莫不注之,而无增无减焉。"所谓"九野"是把天地划分为八方和中央,九野之名据《吕氏春秋·有始》分别是中央均天、东方苍天、东北方变天、北方玄天、西北方幽天、西方颢（昊）天、西南方朱天、南方炎天，东南方阳天。所谓"八纮"是指位于八极的八根擎天柱，八极即东、南、西、北四方和东北、东南、西南、西北四隅；"纮"原指礼帽上的飘带，这里指固定擎天柱的绳子。

《淮南子·地形训》记有八根擎天柱的名字："八纮之外，乃有八极。自东北方曰方土之山，曰苍门；东方曰东极之山，曰开明之门；东南方曰波母之山，曰阳门；南方曰南极之山，曰暑门；西南方曰编驹之山，曰白门；西方曰西极之山，曰阊阖之门；西北方曰不周之山，曰幽都之门；北方曰北极之山，曰寒门。"据此可知，承担擎天柱的八座大山是方土之山、东极之山、波母之山、南极之山、编驹之山、西极之山、不周之山、北极之山。其中，只有波母山和不周山见于《山海经》。

《大荒东经》记有："大荒东南隅有山，名皮母地丘。东海之外，大荒之中，有山名曰大言，日月所出。有波谷山者，有大人之国。有大人之市，名曰大人之堂。有一大人踆其上，张其两臂。"大荒东南隅的皮母地丘、波谷山应该就是波母之山，而它在今天的地理位置已经不清楚了。

《西山经》记有："又西北三百七十里，曰不周之山。北望诸毗之山，临彼岳崇之山，东望泑泽，河水所潜也，其原浑浑泡泡。爰有嘉果，其实如桃，其叶如枣，黄华而赤柎，食之不劳。"据此可知。不周山位于今日黄河河套附近，它与岳崇山（崇吾山）相邻，北面是阴山山脉，东面是泑泽（今日黄河前套平原）。

《大荒西经》记有："西北海之外，大荒之隅，有山而不合，名曰不周负子，有两黄兽守之。有水曰寒暑之水。水西有湿山，水东有幕山。有禹攻共工国山。"所谓"不周负子"，表明不周山是共工族的发祥地；当地的寒暑之水（冷泉和温泉），其功能和性质，类似不咸山（长白山）的天池。在那洪荒岁月里，"沐浴生子"是一种虔诚的巫术，今日的圣水浴、泼水节、洗礼等风俗，都可能源于此种古老的习俗。由于不周山是共工族活动势力范围里的一处极其重要的地方，因此要"有两黄兽守之"。所谓"两黄兽"，可能是由人装扮的保护神，或者是竖立着的共工部落保护神的塑像,也有可能是共工国战神相柳的造型。关于"有水曰寒暑之水"云云,应该也是渊源自有;有趣的是,山西省北部的宁武县有一个悬空村,该村居民世世代代都居住在山上,而且几乎个个都高寿八九十岁,据说是因为当地有神山神水,该山向阳面长年有煤炭自燃冒着热烟,背阴面有一个深不见底的冰洞,正符合"寒暑之水"的景观。凡此种种,均表明不周山是共工族的圣山。

所谓"禹攻共工国山",记述的是禹族与共工族的战争,战场就在共工族的圣地不周山,共工族已经退守在自己的最后领地,其结局被记录在《山海经·海外北经》里。

《海外北经》称:"共工之臣曰相柳氏,九首,以食于九山。相柳之所抵,厥为泽溪。禹杀相柳,其血腥,不可以树五谷种。禹厥之,三仞三沮,乃以为众帝之台。在昆仑之北,柔利之东。相柳者,九首人面,蛇身而青。不敢北射,畏共工之台。台在其东。台四方,隅有一蛇,虎色,首冲南方。"

《大荒北经》称:"共工之臣名曰相繇,九首蛇身,自环,食于九土,其所歍所尼,即为源泽,不辛乃苦,百兽莫能处。禹湮洪水,杀相繇,其血腥臭,不可生谷,其地多水,不可居也。禹湮之,三仞三沮,乃以为池,群帝因是以为台,在昆仑之北。"

根据上述记载,禹族彻底战胜共工族,并且在共工族的领地建造了中国的金字塔群——众帝之台,这些金字塔的名称被记录在《海内北经》里:"帝尧台、帝喾台、帝丹朱台、帝舜台,各二台,台四方,在昆仑东北。"其形状为四方台型,所谓"各二台"的"台"字,可能是"重"字之误(两个字的繁体字形相近),即众帝之台均为两层结构,属于阶梯形金字塔,与埃及早期的金字塔和美洲金字塔相似。此外,《大荒北经》还记有共工台:"有系昆之山者,有共工之台,射者不敢北乡。"其建造的时间有可能早于大禹治水、战胜共工之后建造的众帝之台。

据有关方面报道,我国已在黄河河套地区发现属于史前时代(准确说应该是先夏时期)的城址15座,它们被命名为河套古城遗址群,主要分布于内蒙古境内阴山山脉以南的丘陵地带,特别是集中分布在黄河河套地区的包头大青山南麓,准格尔与清水河之间的南下黄河两岸,以及凉城岱海周围三个地区,这批石城遗址的年代约在距今5000年至4300年之间。上述史前城址均为石城聚落,其中凉城老虎山城址面积达13万平方米,其他多在2万平方米左右。这些石城聚落均临险而筑,有的直接利用陡峭山崖,因而石筑围墙并不完全封闭,属于因山就势而筑的防御色彩十分浓厚的城堡聚落。上述河套古城遗址群,很可能就是《山海经》记载的众帝之台的遗迹。

关于不周山的地理位置,还有若干其他说法。民间相传山西省长子县的西山就是不周山,而精卫填海的故事也发生在这里。或者传说宁夏和甘肃境内的六盘山为不周之山的残骸。此外,有人认为不周山是贺兰山,或者不周山在祁连山尾、不周山在帕米尔高原、不周山在非洲大裂谷,等等。

关于不周山的名字,郭璞注谓:"此山形有缺不周币处,因名云。西北风自此山出。"意即不周山是一座有缺口的环形山,也是西北风的风口。有趣的是,共工又名康回,见《楚辞·天问》"康回冯怒,地何故以东南倾";"回"字有环形的意思,"康"为广大,因此"康回"之名的含义也是大环形山,当得自共工族以环形山为圣山的习俗,以及共工撞倒不周山的事件。有趣的是,美洲印第安人也有对环形山的崇拜习俗,而种种迹象表明美洲印第安人曾受到中华文明的影响。美国学者埃里克·乌姆兰德在《古昔追踪》(江苏科技出版社)一书第131页记有:"(位于美国北加利福尼亚州的沙斯塔峰是一座人迹罕至的火山),当地的美洲印第安人对火山口的锥形凹地一直怀有敬畏之情,相信这座山是某一个强大的种族的栖身之处。"

由于不周山的形状非常有特色,是一种有缺口的环形山,它应该是一处环状山脉,也有可能是一座火山口,或者是一处陨石坑。从共工撞倒不周山导致

"天倾西北，故日月星辰移焉；地不满东南，故水潦尘埃归焉"的后果来看，好像是一次天外星体（小行星或彗星）撞击地球事件，此次撞击造成了地球自转轴的倾斜，以及北极星的位移，亦即"天倾西北，故日月星辰移焉"。进一步说，鉴于不周山的地理方位明确是在中原的西北方向。在这种情况下，我们今天完全有机会，通过航空拍照、卫星拍照和实地考察。重新找到这座承载着中华民族重要远古文明信息的不周山。

在大同、呼和浩特之间有一座小镇，名为凉城。凉城东北有一海拔 1100 米左右的湖，大约 12 千米宽，20 千米长，随水位变化其面积也可能改变。该湖被海拔 1800～2000 米左右的山脉包围，上述环形山脉有一大缺口和几个小缺口，它会不会就是我们苦苦找寻的不周山?!

第八章 《山海经》中的部落世系

一、太皞、少昊部落世系

1. 有神十人，名曰女娲之肠，化为神，处栗广之野，横道而处。

2. 有九丘，以水络之，名曰：陶唐之丘、有叔得之丘、孟盈之丘、昆吾之丘、黑白之丘、赤望之丘、参卫之丘、武夫之丘、神民之丘。有木，青叶紫茎，玄华黄实，名曰建木，百仞无枝，有九檋，下有九枸，其实如麻，其叶如芒，大皞爰过，黄帝所为。

3. 西南有巴国。大皞生咸鸟，咸鸟生乘厘，乘厘生后照，后照是始为巴人。

4. 又西二百里，曰长留之山，其神白帝少昊居之；其兽皆文尾，其鸟皆文首，是多文玉石；实惟员神磈氏之宫，是神也，主司反景。

5. 东海之外大壑。少昊之国，少昊孺帝颛顼于此，弃其琴瑟。

6. 有山名曰齐州之山、君山、鬵山、鲜野山、鱼山。有人一目，当面中生。一曰是威姓，少昊之子，食黍。

7. 少昊生般，般是始为弓矢。

二、炎帝、蚩尤部落世系

1. 炎帝之妻，赤水之子听訞生炎居；炎居生节并，节并生戏器，戏器生祝融。祝融降处于江水,生共工;共工生术器,术器首方颠,是复土壤,以处江水。共工生后土,后土生噎鸣,噎鸣生岁十有二。

2. 又北二百里,曰发鸠之山,其上多柘木。有鸟焉,其状如乌,文首、白喙、赤足,名曰精卫,其鸣自詨。是炎帝之少女名曰女娃,女娃游于东海,溺而不返;故为精卫,常衔西山之木石,以堙于东海。漳水出焉,东流注于河。

3. 有互人之国。炎帝之孙,名曰灵恝,灵恝生互人,是能上下于天。

4. 炎帝之孙伯陵,伯陵同吴权之妻阿女缘妇,缘妇孕三年,是生鼓、延、殳。

5. 共工之臣曰相柳氏,九首,以食于九山。相柳之所抵,厥为泽溪。禹杀相柳,其血腥,不可以树五谷种。禹厥之,三仞三沮,乃以为众帝之台。在昆仑之北,柔利之东。相柳者,九首人面,蛇身而青。不敢北射,畏共工之台。台在其东。台四方,隅有一蛇,虎色,首冲南方。

6. 共工之臣名曰相繇,九首蛇身,自环,食于九土,其所歍所尼,即为源泽,不辛乃苦,百兽莫能处。禹湮洪水,杀相繇,其血腥臭,不可生谷,其地多水,不可居也。禹湮之,三仞三沮,乃以为池,群帝因是以为台,在昆仑之北。

7. 应龙已杀蚩尤,又杀夸父,乃去南方处之,故南方多雨。

三、黄帝部落世系

1. 又西北四百二十里,曰峚山,其上多丹木,员叶而赤茎,黄华而赤实,其味如饴,食之不饥。丹水出焉,西流注于稷泽。其中多白玉。是有玉膏,其原沸沸汤汤,黄帝是食是飨。是生玄玉。玉膏所出,以灌丹木;丹木五岁,五色乃清,五味乃馨。黄帝乃取峚山之玉荣,而投之钟山之阳。瑾瑜之玉为良,坚粟精密,浊泽而有光;五色发作,以和柔刚;天地鬼神,是食是飨;君子服之,以御不祥。

2. 流沙之东,黑水之西,有朝云之国、司彘之国。黄帝妻雷祖,生昌意。昌意降处若水,生韩流。韩流擢首、谨耳、人面、豕喙、麟身、渠股、豚止,取淖子曰阿女,生帝颛顼。

3. 有人衣青衣,名曰黄帝女魃。蚩尤作兵伐黄帝,黄帝乃令应龙攻之冀州之野。应龙畜水,蚩尤请风伯、雨师,纵大风雨。黄帝乃下天女曰魃,雨止,遂杀蚩尤。

4. 黄帝生骆明,骆明生白马,白马是为鲧。

5. 黄帝生禺虢,禺虢生禺京。禺京处北海,禺虢处东海,是为海神。

6. 有北狄之国。黄帝之孙曰始均,始均生北狄。

四、帝颛顼部落世系

1. 流沙之东,黑水之西,有朝云之国、司彘之国。黄帝妻雷祖,生昌意。昌意降处若水,生韩流。韩流擢首、谨耳、人面、豕喙、麟身、渠股、豚止,取淖子曰阿女,生帝颛顼。

2. 东海之外大壑。少昊之国,少昊孺帝颛顼于此,弃其琴瑟。

3. 有鱼偏枯,名曰鱼妇,颛顼死即复苏。风道北来,天乃大水泉,蛇乃化为鱼,是为鱼妇。颛顼死即复苏。

4. 范林方三百里,在三桑东,洲环其下。务隅之山,帝颛顼葬于阳,九嫔葬于阴。

5. 东北海之外,大荒之中,河水之间,附禺之山,帝颛顼与九嫔葬焉。

6. 又有成山,甘水穷焉。有季禺之国,颛顼之子,食黍。有羽民之国,其民皆生毛羽。有卵民之国,其民皆生卵。

7. 有国曰颛顼,生伯服,食黍。

8. 有国名曰淑士,颛顼之子。

9. 颛顼生老童,老童生祝融,祝融生太子长琴,是处榣山,始作乐风。

10. 颛顼生老童,老童生重及黎,帝令重献上天,令黎邛下地,下地是生噎,处于西极,以行日月星辰之行次。

11. 大荒之中,有山名曰大荒之山,日月所入。有人焉三面,是颛顼之子,三面一臂,三面之人不死,是谓大荒之野,

12. 有叔歜国,颛顼之子,黍食,使四鸟:虎、豹、熊、罴。有黑虫如熊状,名曰猎猎。

13. 西北海外,流沙之东,有国名曰中輶,颛顼之子,食黍。

14. 颛顼生驩头,驩头生苗民,苗民釐姓,食肉。

五、帝俊部落世系

1. 有五采之鸟,相乡弃沙。惟帝俊下友。帝下两坛,采鸟是司。

2. 东南海之外,甘水之间,有羲和之国。有女子名曰羲和,方日浴于甘渊。羲和者,帝俊之妻,生十日。

3. 有女子方浴月。帝俊妻常羲,生月十有二,此始浴之。

4. 帝俊赐羿彤弓素矰,以扶下国,羿是始去恤下地之百艰。

5. 大荒之中,有不庭之山,荣水穷焉。有人三身,帝俊妻娥皇,生此三身之国,姚姓,黍食,使四鸟。

6. 有中容之国。帝俊生中容,中容人食兽、木实,使四鸟:豹、虎、熊、罴。

7. 有司幽之国。帝俊生晏龙,晏龙生司幽。司幽生思士,不妻;思女,不夫。食黍,食兽,是使四鸟。有大阿之山者。

8. 有白民之国。帝俊生帝鸿,帝鸿生白民。白民销姓,黍食,使四鸟:虎、

豹、熊、罴。

9. 有黑齿之国。帝俊生黑齿，姜姓，黍食，使四鸟。

10. 有襄山。又有重阴之山。有人食兽，曰季釐。帝俊生季釐，故曰季釐之国。有缗渊，少昊生倍伐，倍伐降处缗渊。有水四方，名曰俊坛。

11. 有西周之国，姬姓，食谷。有人方耕，名曰叔均。帝俊生后稷，稷降以百谷。稷之弟曰台玺，生叔均，叔均是代其父及稷播百谷，始作耕。有赤国妻氏。有双山。

12. 帝俊生禺号，禺号生淫梁，淫梁生番禺，是始为舟。番禺生奚仲，奚仲生吉光，吉光是始以木为车。

13. 帝俊生晏龙，晏龙是为琴瑟。

14. 帝俊有子八人，是始为歌舞。

15. 帝俊生三身，三身生义均，义均是始为巧倕，是始作下民百巧。

六、帝尧、帝舜部落世系

1. 帝尧台、帝喾台、帝丹朱台、帝舜台，各二台，台四方，在昆仑东北。

2. 狄山，帝尧葬于阳，帝喾葬于阴。

3. 帝尧、帝喾、帝舜葬于岳山。

4. 大荒之中，有不庭之山，荣水穷焉。有人三身，帝俊妻娥皇，生此三身之国，姚姓，黍食，使四鸟。有渊四方，四隅皆达，北属黑水，南属大荒；北旁名曰少和之渊，南旁名曰从渊，舜之所浴也。

5. 舜妻登比氏生宵明、烛光，处河大泽，二女之灵能照此所方百里。一曰登北氏。

6. 苍梧之山，帝舜葬于阳，帝丹朱葬于阴。

7. 南方苍梧之丘，苍梧之渊，其中有九嶷山，舜之所葬，在长沙零陵界中。

8. 有载民之国。帝舜生无淫，降载处，是谓巫载民。

9. 帝舜生戏，戏生摇民。

七、鲧、禹部落世系

1. 黄帝生骆明，骆明生白马，白马是为鲧。

2. 洪水滔天。鲧窃帝之息壤以堙洪水，不待帝命。帝令祝融杀鲧于羽郊。鲧复生禹。帝乃命禹卒布土以定九州。（禹鲧是始布土，均定九州。）

3. 帝命竖亥步，自东极至于西极，五亿十选九千八百步。竖亥右手把算，左手指青丘北。一曰禹令竖亥。一曰五亿十万九千八百步。

4. 禹杀相柳，其血腥，不可以树五谷种。禹厥之，三仞三沮，乃以为众帝之台。

5. 共工之臣名曰相繇，九首蛇身，自环，食于九土，其所歍所尼，即为源泽，不辛乃苦，百兽莫能处。禹湮洪水，杀相繇，其血腥臭，不可生谷，其地多水，不可居也。禹湮之，三仞三沮，乃以为池，群帝因是以为台，在昆仑之北。

6. 有云雨之山，有木名曰栾。禹攻云雨，有赤石焉生栾，黄本，赤枝，青叶，群帝焉取药。

7. 西北海之外，大荒之隅，有山而不合，名曰不周负子，有两黄兽守之。有水曰寒暑之水，水西有湿山，水东有幕山，有禹攻共工国山。

8. 禹生均国，均国生役采，役采生修鞈，修鞈杀绰人。帝念之，潜为之国，是此毛民。

9. 大乐之野，夏后启于此舞九代。乘两龙，云盖三层。左手操翳，右手操环，佩玉璜。在大运山北。一曰大遗之野。

10. 西南海之外,赤水之南,流沙之西,有人珥两青蛇,乘两龙,名曰夏后开。开上三嫔于天,得《九辩》与《九歌》以下。此天穆之野,高二千仞,开焉得始歌《九招》。

11. 夏后启之臣曰孟涂,是司神于巴,人请讼于孟涂之所,其衣有血者乃执之,是请生,居山上,在丹山西。丹山在丹阳南,丹阳居属也。

12. 有人无首,操戈盾立,名曰夏耕之尸。故成汤伐夏桀于章山,克之,斩耕厥前。耕既立,无首,走厥咎,乃降于巫山。

八、四岳部落世系

1. 有寿麻之国。南岳娶州山女,名曰女虔。女虔生季格,季格生寿麻。寿麻正立无景,疾呼无响。爰有大暑,不可以往。

2. 伯夷父生西岳,西岳生先龙,先龙是始生氐羌,氐羌乞姓。

【鉴赏】

《山海经》记录有丰富的远古部落世系信息,其中许多信息都是独有的或不可多得的,这对于我们今天追溯中华民族各民族的起源与发展演变过程有着极其重要的价值和深远的意义。

1. 揭示了太昊与少昊的血缘关系

伏羲(太昊)、女娲是中华民族的人文始祖,但是古籍缺少关于伏羲直系后裔的记述。根据《山海经》中"大皞生咸鸟,咸鸟生乘厘,乘厘生后照"的记载,大皞即太昊,咸鸟之意与少昊百鸟王国相同,而后照意即少昊(昊即阳光照耀),这是我国古籍中记录太昊族与少昊族有着血缘传承关系的珍贵文献,从而弥补了古书遗失伏羲后裔记述的缺憾。

2. 记述了炎帝的直系后裔

炎帝、蚩尤和黄帝是中华民族的历史始祖，司马迁撰写的中国历史名著《史记·五帝本纪》首述的就是炎帝、蚩尤和黄帝的事迹。炎帝族是中国古代最著名的民族之一，炎帝对人类文明的主要贡献是发明推广农业生产技术和发现草药，因此又号称神农、烈山氏。

众所周知，古籍对黄帝直系后裔的记述非常丰富和详尽，但是有关炎帝直系后裔的记述却很少，仅《国语·鲁语上》记有："昔烈山氏之有天下也，其子曰柱，能植百谷百蔬。夏之兴也，周弃继之，故祀以为稷。"

在这种情况下，《山海经》关于炎帝族群及其后裔的记述，就显得格外弥足珍贵了。事实上，正是通过《山海经》的记载，我们才能够知道炎帝之妻听訞和他们的后裔炎居、节并、戏器、祝融、共工、术器、后土、噎鸣、信、夸父，以及炎帝少女女娃，炎帝后裔灵恝、互人，炎帝后裔伯陵、鼓、延、殳。此外，《山海经》还记述有炎帝部落联盟的主要成员蚩尤部落的重要信息。

3. 丰富了黄帝部落世系的资料

黄帝部落世系的重要一环是帝颛顼，《山海经》关于帝颛顼及其部落世系的记载丰富了黄帝部落世系的资料。例如，养猪部落（或以猪为图腾的部落）韩流取淖子曰阿女生帝颛顼，少昊孺帝颛顼的故事，以及帝颛顼的众多后裔，诸如朝云之国、司彘之国，季禺之国、羽民之国、卵民之国，颛顼国、伯服，淑士国，老童、祝融、太子长琴，重、黎、噎（噎、噎鸣）；三面人，叔歜国，中轮国，驩头、苗民。

4. 独家记载了帝俊事迹及其繁盛的后裔

其他古籍中几乎没有帝俊的记述，而《山海经》的《大荒四经》和《海内五经》却记载了大量关于帝俊的事迹及其繁盛后裔的内容，其意义和价值是不言而喻的。帝俊之妻有羲和、常羲、娥皇，帝俊后裔有三身、义均、巧倕，中容，晏龙、司幽、思士、思女，帝鸿、白民、黑齿，季釐，后稷、台玺、叔均，禺号、淫梁、番禺、奚仲、吉光，晏龙，八子，大比赤阴（赤国妻氏）。

此外，《西山经》中记有"又西三百五十里，曰天山，多金玉，有青雄黄。英水出焉，而西南流注于汤谷。有神焉，其状如黄囊，赤如丹火，六足四翼，浑敦无面目，是识歌舞，实为帝江也。"帝江即帝鸿，亦即帝俊后裔。

5. 丰富了帝舜部落世系的资料

《山海经》记录了许多其他古籍没有的关于帝舜事迹的内容，丰富了帝舜部落世系的资料。《史记》只记录有帝尧把自己的两个女儿娥皇、女英嫁给帝舜的故事，《山海经》则记述了舜妻登比氏生宵明、烛光的故事，以及帝舜的后裔无淫（巫载民）、戏、摇民。

由于帝舜与帝俊事迹多有相合之处，而其名称、形貌亦有相似之处，因此不少学者认为帝俊即帝舜，但是两者实际上是有区别的，不可等同观之。大体而言，帝俊涉及的时间段更久远，而帝舜似乎更像是帝俊族群的核心部落成员。或者，帝俊代表着纯粹的殷商人的先祖，而帝舜则是进入黄帝族的殷商人的先祖。

6. 丰富了帝禹部落世系的资料

帝禹是中国先夏时期最著名的部落首领之一，他的重大历史贡献是治理洪水（世界其他民族只有逃避洪水的故事）、主持人类历史上最早最大规模的国土资源考察活动、划分九州。关于帝禹的后裔，《史记》等古籍仅记有夏后启是禹的儿子。对比之下，《山海经》则记载了禹的另一支后裔均国、役采、修鞈。

7. 记载了四岳部落世系的资料

《史记》等古籍记有四岳，例如帝尧曾征求四岳对治理洪水工作人选的意见，但是仅仅是笼统的提及而已。对比之下，《山海经》则记载有南岳婺州山女名曰女虔，女虔生季格，季格生寿麻。以及伯夷父生西岳，西岳生先龙，先龙是始生氏羌，氏羌乞姓。

8.记载了帝台的事迹

《史记》等古籍均没有帝台的记载,唯独《山海经》不但记载了帝台的事迹,而且记述其文明已经相当发达。一种可能是,帝台实际上是帝禹的另一种称呼,帝台的事迹就是帝禹的事迹。

9.记载了西王母的真实事迹

《山海经》多处记载了西王母的事迹,其内容比其他古书的相关记述要更真实。由于《山海经》和其他古籍均未见关于西王母后裔的记载,这或许表明西王母这个族群始终都没有分化,而且始终都保持着母系社会的生存模式。根据《穆天子传》,公元前八九百年前,周穆王西行至天山会见西王母,用丝绸换取在天山以北的准噶尔原野猎取羽毛的狩猎权。此后有关西王母的记载,越来越具有神话小说的性质。

此外,有必要补充一份有关丹朱的历史资料。《国语·周语》:"昔昭王娶于房,曰房后,实有爽德,协于丹朱。丹朱凭身以仪之,生穆王焉。"所谓"房"即今湖北省房县,"丹朱"当即尧时丹朱族的后裔或其神,表明周王室与丹朱后裔有着通婚关系。在我国古史传说里,乘马车远游(征)最著名的就要算是周穆王了。《列子·周穆王》称其不恤国事,不乐臣妾,肆意远游,命造父驾驶着八匹宝马拉的车,千里迢迢西行见西王母。《左传》称:"穆王欲肆其心,周行于天下,将皆使有车辙马迹焉。"《史记·秦始皇本纪》云:"徐偃王作乱,造父为缪(穆)王御,长驱归周,一日千里以救乱。"公元281年(晋太康二年),汲县(今河南省境内)有人盗墓,出土一大批珍贵的古代图书,其中有《竹书纪年》和《穆天子传》,皆竹简素丝编,简长二尺四寸,每简四十字,以墨书。《穆天子传》共六卷,详细记述周穆王一行(包括七萃之士)的旅途日程、路线及所到之地、所见之人,从其文辞语气来看当系实录,而周穆王当年远征所到之地可能深入到今天的中亚地区。

第九章 《山海经》的远方异国

一、远在南方的国度

1. 结匈国在其西南,其为人结匈。

2. 羽民国在其东南,其为人长头,身生羽。一曰在比翼鸟东南,其为人长颊。

3. 讙头国在其南,其为人人面有翼,鸟喙,方捕鱼。一曰在毕方东。或曰讙朱国。

4. 厌火国在其南,兽身黑色,生火出其口中。一曰在讙朱东。

5. 三苗国在赤水东,其为人相随。一曰三毛国。

6. 载国在其东,其为人黄,能操弓射蛇。一曰盛国在三毛东。

7. 贯匈国在其东,其为人匈有窍。一曰在载国东。

8. 交胫国在其东,其为人交胫。一曰在穿匈东。

9. 不死民在其东,其为人黑色,寿,不死。一曰在穿匈国东。

10. 岐舌国在其东。一曰在不死民东。

11. 三首国在其东,其为人一身三首。一曰在凿齿东。

12. 周饶国在其东,其为人短小,冠带。一曰焦侥国在三首东。

13. 长臂国在其东,捕鱼水中,两手各操一鱼。一曰在焦侥东,捕鱼海中。

14. 又有成山,甘水穷焉。有季禺之国,颛顼之子,食黍。有羽民之国,其民皆生毛羽。有卵民之国，其民皆生卵。

15. 大荒之中……有盈民之国，於姓，黍食。

16. 又有人方食木叶。有不死之国，阿姓，甘木是食。

17. 有载民之国。……盼姓，食谷。不绩不经，服也；不稼不穑，食也。爰有歌舞之鸟，鸾鸟自歌，凤鸟自舞。爰有百兽，相群爰处。百谷所聚。

18. 有蜮山者，有蜮民之国，桑姓，食黍，射蜮是食。有人方扞弓射黄蛇，名曰蜮人。

19. 有小人，名曰焦侥之国，几姓，嘉谷是食。

20. 有国曰颛顼，生伯服，食黍。

21. 有鼬姓之国。有苕山。又有宗山。又有姓山。又有壑山。又有陈州山。又有东州山。

22. 海中有张弘之国，食鱼，使四鸟。

23. 大荒之中，有人名曰驩头……人面鸟喙，有翼，食海中鱼，杖翼而行。维宜芑苣，穋杨是食。有驩头之国。

24. 东南海之外，甘水之间，有羲和之国。

25. 伯虑国、离耳国、雕题国、北朐国，皆在郁水南。郁水出湘陵南海。一曰相虑。

26. 枭阳国在北朐之西，其为人人面长唇，黑身有毛，反踵，见人笑亦笑，左手操管。

27. 氐人国在建木西，其为人面而鱼身，无足。

28. 有列襄之国。有灵山，有赤蛇在木上，名曰蝡蛇，木食。

29. 有盐长之国。有人焉鸟首，名曰鸟氏。

30. 西南有巴国。大皞生咸鸟，咸鸟生乘厘，乘厘生后照，后照是始为巴人。

31. 又有朱卷之国。有黑蛇，青首，食象。

二、远在西方的国度

1. 三身国在夏后启北，一首而三身。

2. 一臂国在其北，一臂一目一鼻孔。有黄马虎文，一目而一手。

3. 奇肱之国在其北，其人一臂三目，有阴有阳，乘文马。有鸟焉，两头，赤黄色，在其旁。

4. 丈夫国在维鸟北，其为人衣冠带剑。

5. 巫咸国在女丑北，右手操青蛇，左手操赤蛇。在登葆山，群巫所从上下也。

6. 女子国在巫咸北，两女子居，水周之。一曰居一门中。

7. 轩辕之国在此穷山之际，其不寿者八百岁。在女子国北。人面蛇身，尾交首上。

8. 白民之国在龙鱼北，白身被发。有乘黄，其状如狐，其背上有角，乘之寿二千岁。

9. 肃慎之国在白民北，有树名曰雄常，先人代帝，于此取之。

10. 长股之国在雄常北，被发。一曰长脚。

11. 有国名曰淑士，颛顼之子。

12. 有大泽之长山。有白氏之国。

13. 西北海之外，赤水之东，有长胫之国。

14. 有西周之国，姬姓，食谷。

15. 西北海之外，赤水之西，有先民之国，食谷，使四鸟。

16. 有北狄之国。黄帝之孙曰始均，始均生北狄。

17. 有沃之国，沃民是处沃之野，凤鸟之卵是食，甘露是饮。凡其所欲，其味尽存。爱有甘华、甘柤、白柳、视肉、三雅、璇瑰、瑶碧、白木、琅玕、白丹、青丹,多银铁。鸾鸟自歌,凤鸟自舞,爰有百兽,相群是处,是谓沃之野。

18.有女子之国。

19.有桃山。有虻山。有桂山。有于土山。有丈夫之国。

20.有轩辕之国,江山之南栖为吉,不寿者乃八百岁。

21.有寒荒之国,有二人女祭、女薎。

22.有寿麻之国。……寿麻正立无景,疾呼无响。爰有大暑,不可以往。

23.有盖山之国。有树,赤皮支干,青叶,名曰朱木。

24.有互人之国。炎帝之孙,名曰灵恝,灵恝生互人,是能上下于天。

25.西海之内,流沙之中,有国名曰壑市。

26.西海之内,流沙之西,有国名曰氾叶。

27.有钉灵之国,其民从膝已下有毛,马蹄善走。

三、远在北方的国度

1.无綮之国,在长股东,为人无綮。

2.一目国在其东,一目中其面而居。一曰有手足。

3.柔利国在一目东,为人一手一足,反膝,曲足居上。一云留利之国,人足反折。

4.深目国在其东,为人举一手一目,在共工台东。

5.无肠之国在深目东,其为人长而无肠。

6.聂耳之国在无肠国东,使两文虎。为人两手聂其耳,县居海水中,及水所出入奇物。两虎在其东。

7.拘缨之国在其东,一手把缨。一曰利缨之国。

8. 跂踵国在拘缨东,其为人大,两足亦大。一曰大踵。

9. 有胡不与之国,烈姓,黍食。

10. 有肃慎氏之国。有蜚蛭,四翼。有虫,兽首蛇身,名曰琴虫。

11. 有大人之国,釐姓,黍食。有大青蛇,黄头,食麈。有榆山。

12. 有叔歜国,颛顼之子,黍食,使四鸟:虎、豹、熊、罴。有黑虫如熊状,名曰猎猎。

13. 有北齐之国,姜姓,使虎、豹、熊、罴。

14. 有始州之国。有丹山。有大泽方千里,群鸟所解。

15. 有毛民之国,依姓,食黍,使四鸟。

16. 有儋耳之国,任姓,禺号子,食谷。

17. 又有无肠之国,是任姓,无继子,食鱼。

18. 有人方食鱼,名曰深目民之国,盼姓,食鱼。

19. 西北海外,流沙之东,有国名曰中輶,颛顼之子,食黍。

20. 有国名曰赖丘。

21. 有犬戎国,有神,人面兽身,名曰犬戎。

22. 有牛黎之国,有人无骨,儋耳之子。

23. 匈奴、开题之国、列人之国并在西北。

24. 犬封国,曰犬戎国,状如犬。有一女子,方跪进杯食。有文马,缟身朱鬣,目若黄金,名曰吉量,乘之寿千岁。

25. 鬼国在贰负之尸北,为物人面而一目。一曰贰负神在其东,为物人面蛇身。

26. 林氏国有珍兽,大若虎,五采毕具,尾长于身,名曰驺吾,乘之日行千里。

27. 貊国在汉水东北。地近于燕,灭之。

四、远在东方的国度

1. 大人国在其北，为人大，坐而削船。一曰在螺丘北。

2. 君子国在其北，衣冠带剑，食兽，使二文虎在旁，其人好让不争。有薰华草，朝生夕死。一曰在肝榆之尸北。

3. 青丘国在其北，其狐四足九尾。一曰在朝阳北。

4. 黑齿国在其北，为人黑，食稻啖蛇，一赤一青，在其旁。一曰在竖亥北，为人黑首，食稻使蛇，其一蛇赤。

5. 玄股之国在其北，其为人衣鱼、食鸥，使两鸟夹之。一曰在雨师妾北。

6. 毛民之国在其北，为人身生毛。一曰在玄股北。

7. 劳民国在其北，其为人黑。或曰教民。一曰在毛民北，为人面目手足尽黑。

8. 东海之外大壑。少昊之国，少昊孺帝颛顼于此，弃其琴瑟。

9. 有大人之国。有大人之市，名曰大人之堂。有一大人踆其上，张其两臂。

10. 有小人国，名靖人。

11. 有茼国，黍食，使四鸟：虎、豹、熊、罴。

12. 有中容之国。帝俊生中容，中容人食兽、木实，使四鸟：豹、虎、熊、罴。

13. 有东口之山。有君子之国，其人衣冠带剑。

14. 有司幽之国……食黍，食兽，是使四鸟。有大阿之山者。

15. 有白民之国……白民销姓，黍食，使四鸟：虎、豹、熊、罴。

16. 有青丘之国，有狐，九尾。

17. 有柔仆民，是维嬴土之国。

18. 有黑齿之国。……姜姓,黍食,使四鸟。

19. 有夏州之国。有盖余之国。

20. 有招摇山,融水出焉。有国曰玄股,黍食,使四鸟。

21. 有困民国,勾姓而食。

22. 有女和月母之国。有人名曰鹓,北方曰鹓,来之风曰狡,是处东北隅,以止日月,使无相间出没,司其短长。

23. 盖国在钜燕南,倭北。倭属燕。

24. 列姑射在海河州中。射姑国在海中,属列姑射,西南,山环之。

25. 东海之内,北海之隅,有国名曰朝鲜。

【鉴赏】

《山海经》记载了众多远方异国,一般来说,《山海经》凡是称之为"国"的地方,其社会管理体制大体均属于古国或方国性质,即拥有相对独立的社会管理体制,以及相应的类似首都的管理中心和政治、经济、人口聚集区。

需要说明的是,《海外四经》、《大荒四经》记载的远在南方、西方、北方、东方的国度,其地理方位基本准确。对比之下,《海内五经》记载的远方异国的地理方位则存在着较多的错简和不确定性,为方便读者,本文已对若干错简进行了校正。此外《五藏山经》的"见则其国如何"的记述,虽然也可能涉及古国和方国的内容,但是由于没有明确指出,因此本文没有收入进来。同理,《海外四经》、《大荒四经》、《海内五经》对"某某民"的记述,虽然也可能涉及古国和方国的内容,但是由于没有明确指出,本文也没有收入进来。

大体而言,《山海经》记述的远在南方的国度,计有38国(包括若干同名者,下同)。远在西方的国度,计有36国。远在北方的国度,计有30国。远在东方的国度,计有25国。未能确定方位的国度,计有5国。其中,朝云国、司彘国的方位可能属于北方,也可能属于西方。流黄酆氏国、流黄辛氏国的方位,可能属于北方,也可能属于西方,还可能属于南方。至于"帝俊赐羿彤弓素矰,以扶下国"的下国,则可能指众多方国。对比之下,《淮南子·地形训》记载的远方异国仅有 36 国,要比《山海经》少许多。

有必要指出的是,《山海经》关于远方异国的描述,对后世产生了深远和持续的影响,此后类似的著作有《穆天子传》、《拾遗记》、《神异经》、《东周列国志》、《四游记》、《封神演义》、《镜花缘》、《聊斋》、《海外苗夷图》等。其中,流行于明朝末年的《四游记》(上海古籍出版社,1985 年)是由《东游记》(吴元泰著)、《南游记》(余象斗著)、《西游记》(杨志和著)、《北游记》(余象斗著)合辑而成。《东游记》描述八仙过海故事,《南游记》描述华光战妖魔故事,《西游记》描述孙悟空战妖魔故事(系目前流行版《西游记》的缩编),《北游记》描述祖师(北方玄武大帝)生平故事。进一步说,如今的妖魔小说、武侠小说、科幻小说、探险小说、动漫小说,或多或少都受到《山海经》的影响。

事实上,在《山海经》记述的百科全书性质的丰富信息里,远方异国是最迷人的内容之一,尽管它对每个远方异国的描述虽然常常是只言片语,但却总是能够给读者留下无限的遐想空间和探索未知世界的冲动:

这些远方异国的居民,他们当年居住在哪里? 这些远方异国的居民,他们当年是如何生存的? 这些远方异国的居民,他们当年有什么喜怒哀乐和忧伤? 他们是今天谁的祖先?! 我们这些后人该到哪里去凭吊他们? 以寄托我们的感恩之情! 我们的祖先一步步从远古走来,我们和我们的后代还将一步步走向未来;怀着永不熄灭的好奇心,去寻找浩瀚宇宙中的远方异国。生命在延续,生命智力在发展,这就是人类的历史! 同时也是生命智力的历史!

第十章 《山海经》中的怪兽

我们的祖先生活在大自然的怀抱之中,他们对大自然的一切都饶有兴趣,那些能够在天空飞的动物、能够在水中游的动物、能够在原野上奔驰的动物、能够在树上跳来跳去的动物,对人类生存有价值的动物,更是人类特别关注的对象,在中华远古文明宝典《山海经》里就记述有许许多多的动物。

有学者统计,《南山经》记有 19 处普通动物、23 处特殊动物,《西山经》记有 59 处普通动物、49 处特殊动物,《北山经》记有普通动物 27 处、特殊动物 53 处,《东山经》记有普通动物 23 处、特殊动物 28 处,《中山经》记有普通动物 130 处、特殊动物 42 处。

《海外南经》提到动物(兽、鸟、虫、鱼、蛇、虎、犬、龙等,以及部分国名、地名、神名里涉及的动物)33 处,《海外西经》提到动物 38 处,《海外北经》提到动物 33 处,《海外东经》提到动物 20 处。

《大荒东经》提到动物 49 处,《大荒南经》提到动物 58 处,《大荒西经》提到动物 51 处,《大荒北经》提到动物 57 处。

《海内南经》提到动物 24 处,《海内西经》提到动物 29 处,《海内北经》提到动物 31 处,《海内东经》提到动物 4 处,《海内经》提到动物 41 处。

毋庸置疑,《山海经》一个特别迷人之处就在于它描述了形形色色的神奇动物。对此,每一个读者都会不由自主地问道:这些奇异的怪兽,它们真的曾经存在过吗?它们是像恐龙一样灭绝了呢?还是迁徙到了远方?抑或进化变异成为了其他的动物?它们是巫师装扮成的还是巫师设计制造出来的?难道它们都是古人凭空想象出来的?古人的想象力会有这么丰富吗?今天就让我们一起来寻找答案吧！

一、珍稀动物鹿蜀

《史记·秦始皇本纪》记有："赵高欲为乱，恐群臣不听，乃先设验，持鹿献于二世，曰：'马也。'二世笑曰：'丞相误邪？谓鹿为马。'问左右，左右或默，或言马以阿顺赵高。或言鹿，高因阴中诸言鹿者以法，后群臣皆畏高。"

相信很多人当年在课堂听到指鹿为马这则故事时，心里都隐约会有些疑惑：赵高公然拉来一头梅花鹿，就愣敢对秦二世说是马——这不是显得过于蛮横了吗？而且还有一点冒险，因为秦二世不是傻瓜，拥护秦二世的大臣也不是傻瓜，他们会一眼就看破赵高的用意，并采取必要的措施削减赵高的权力。问题是，如果赵高牵来的奇异动物不是梅花鹿，它又会是什么当时人们并不熟悉的动物呢？

有趣的是，《南山经》南次一经记述有一种名叫"鹿蜀"的奇异动物："又东三百七十里，曰杻阳之山，其阳多赤金，其阴多白金。有兽焉，其状如马而白首，其文如虎而赤尾，其音如谣，其名曰鹿蜀，佩之宜子孙。怪水出焉，而东流注于宪翼之水；其中多玄龟，其状如龟而鸟首虺尾，其名曰旋龟，其音如判木，佩之不聋，可以为底。"

关于鹿蜀是今天的什么动物，以往人们通常都把它解读为斑马。其实，鹿蜀并不是斑马，而是四千多年前栖息在中国南方的一种类似马鹿的奇异动物。理由是，"鹿蜀"的"蜀"字意思是马头蚕，据此鹿蜀应该是一种像马的鹿，亦即马鹿，准确说鹿蜀是一种当年栖息在南方的马鹿，可惜它早已灭绝了。马鹿是一种仅次于驼鹿的大型鹿类，因为体形似骏马而得名，栖息于非洲、欧洲、北美洲和亚洲，目前在我国北方和喜马拉雅山地区也有分布。

更有力的证据是，斑马从未闻有"宜子孙"的功效，而马鹿的鹿茸则是名贵中药材，而且产量很高，鹿胎、鹿鞭、鹿尾和鹿筋也是名贵的滋补品，它们确实具有"宜子孙"药效。有趣的是，初生的马鹿幼仔体毛呈黄褐色，有白色斑点，也符合鹿蜀"其文如虎"的特征。进一步说，在《山海经》中，凡是说"食之"如何的动物、植物，无论它们怎么奇形怪状，通常都是自然界真实存在的生物。对比之下，那些能够预测未来的神奇动物，则有可能是由巫师装扮成的。

据此可以推知，两千多年前赵高牵来的那只既像是马、又像是鹿的奇异动物，很可能就是赵高派人从南方找来的仅存的珍稀动物鹿蜀。这种又像马又像鹿的动物，让秦二世和群臣一时难以判断它究竟是马还是鹿。赵高算定秦二世会说是鹿，就故意说是马，同时观察群臣的态度，然后再找机会把与自己意见不同的大臣逐一排挤出权力圈，显然这样做可进退自如，更能显示出赵高的精明与狡猾。也就是说，"指鹿为马"这则在我国流传甚广的成语故事里的动物主角很可能就是类似马鹿的珍稀动物鹿蜀，而不是人们通常误解的普普通通的梅花鹿。

二、奇异动物"罴"

《北山经》北次三经记有一种名叫"罴"的奇异动物："又北五百里，曰伦山。伦水出焉，而东流注于河。有兽焉，其状如麋，其川在尾上，其名曰罴。"显然，这里的罴，不是熊罴的罴，而是一种样子像麋鹿的动物；奇怪的是它的尾部有窍，而这个窍不会是指通常的生殖、排泄通道口，否则就没有必要特别记述它的存在了。

那么，"川在尾上"究竟描述的是一种什么特殊的器官结构呢？值得注意的是,生活在青藏高原的藏民早就发现藏羚羊的四肢上部各有一个气囊,每个气囊都有特殊的窍口,后肢的窍口就位于尾部,而且比较明显。通常在藏羚羊奔跑时,这些气囊才会鼓胀起来,而这些气囊只是在近年才被科学界注意到。说到这里,许多读者都可能会恍然大悟:"川在尾上"的奇异动物羆,会不会就是一种类似今天藏羚羊的动物啊!

在青藏高原海拔 4000 米 ~ 6000 米的荒漠草甸高原、高原草原等区域,栖息着国家一级保护动物藏羚羊。藏羚羊的体形与黄羊相似,体长 117 ~ 146 厘米,尾长 15 ~ 20 厘米,肩高 75 ~ 91 厘米,体重 45 ~ 60 千克,寿命最长约 8 年。藏羚羊性情胆怯,通常在早晨和黄昏结成小群活动、觅食。藏羚羊的绒毛纤维细密,只有人毛发的五分之一,保暖性极佳,曾长期成为偷猎者的目标。藏羚羊善于奔跑,最高时速可达 80 千米,能够以 60 千米的时速连续奔跑 20—30 千米,使猎食者望尘莫及。

众所周知,海拔高度与空气含氧量存在着反比关系,即海拔越高空气中含氧量越低。海拔高度 0 米(海平面)的空气中含氧量为 20.95%,海拔 3000 米空气含氧量为 16.15%,海拔 4000 米的空气含氧量为 14.55%,海拔 5000 米的含氧量为 13.95%,海拔 6000 米的含氧量为 11.35%。如果以海平面的含氧量为 100% 计算,那么海拔 3000 米的含氧量为海平面含氧量的 77.1%,海拔 4000 米的含氧量为海平面含氧量的 69.5%,海拔 5000 米为 61.8%,海拔 6000 米仅为 54%(上述数字因各地的湿度、温度等具体情况不同而会有一些差异)。

去过青藏高原的人,许多人都有高原反应(又称高山症),就是因为青藏高原的海拔高、空气稀薄、含氧量低。高原反应程度因人而异,越是年轻力壮的人,氧气消耗量也越多,高原反应(喘不上气、头痛、胸闷、无力)也就越厉害,严重时还会出现并发症,甚至危及生命。

毋庸置疑,藏羚羊要能够在青藏高原高速长距离奔跑,必须能够从稀薄的空气中获取足够的氧气,而这一定与藏羚羊的身体具有某些特殊结构及其相应功能密不可分。人们已知的情况是,藏羚羊的每个鼻孔内还有 1 个小囊,据说它的作用就是为了帮助藏羚羊在空气稀薄的高原上增加对氧气的吸收量。但是,藏羚羊鼻孔里的小气囊实在是有些太小了,其对吸收氧气的贡献是非常有限的。因此,藏羚羊身上一定还有着人们尚不清楚的能够大量吸收氧气的"秘密武器"。

最近的科学研究发现,藏羚羊之所以能在高海拔地区奔走如飞,乃是因为它们身上都藏着 4 个特殊的"气囊"器官结构。科研人员在对藏羚羊身体结构全面研究过程中惊奇地发现,它除前体两侧的皮下藏有两个气囊外,臀部两侧还有两个较大的气囊。藏羚羊四肢上的气囊乃是氧气储存交换器,类似于肺的功能,因此这些氧气囊能够给奔跑过程中的藏羚羊四肢提供额外的氧气供应,这才是藏羚羊能够在青藏高原长距离快速奔跑的"秘密武器"。据此可知,《山海经》记载的"其状如麋,其川在尾上"的奇异动物羆,非常类似四肢上有气囊窍口的藏羚羊。

接下来的问题是,藏羚羊的"氧气囊"是如何形成的呢? 通常的解释为藏羚羊四肢上的气囊是经过"无数次、微小的、随机的变异"在"自然选择"的作用下才能够形成的。问题是,自然选择只能够对有利的或有害的变异发生作用,对于正在形成过程中的藏羚羊四肢上的气囊来说,它们对藏羚羊不但没有好处,而且还有坏处(浪费宝贵的资源、窍口容易引起感染等),如果真的是"随机微变 + 自然选择",那么这种四肢上的气囊结构在形成过程中早就应该被淘汰掉了。

对比之下,一种全新的解释是,所有的生物都拥有生命智力,生命智力能够使用间接信息达成期望效应,生物进化的实质是生命自主生存技术的不断创新,藏羚羊的氧气囊就是由其生命智力系统设计制造出来的。具体来说,藏羚羊的生命智力系统为了能够在高海拔地区生存,必须解决快速长距离奔跑时的氧气供应问题。为此,它除了增加肺活量、提高血液输氧量、增加鼻孔小气囊之外,还在四肢上设计制造了局部供氧器官结构"氧气囊"。这些氧气囊主要由窍口、囊室、氧气富集结构、氧气渗透四肢肌肉结构等设施构成,其最大的好处是能够直接向四肢肌肉提供额外的氧气供应。也就是说,藏羚羊四肢气囊的形成原理是"生命智力设计制造 + 自然选择",正如我们人类的大脑思维生命智力系统设计制造的楼房、汽车也要接受环境的考验一样。

三、侦察兵朱厌

《西山经》西次二经:"又西四百里,曰小次之山,其上多白玉,其下多赤铜。有兽焉,其状如猿,而白首赤足,名曰朱厌,见则有兵。"

通常人们都相信朱厌是自然界存在的一种猿类,研究动物的学者根据"白首赤足"推断它是白眉长臂猿。问题是,为什么朱厌的出现就表明有敌情或战争呢?

我们知道,许多群居动物,包括鸟类、鼠类、猿猴类,其成员都要轮流担任放哨和侦察的责任,以保障群体在觅食、栖息时的安全。在远古时期,人烟稀少,各个部落都有自己的栖息地,每个部落为了本部落成员的安全,也要派人担任警戒和侦察工作,这样的工作逐渐会由专人来承担。特别是当相邻部落存在利益冲突时,更要派出侦察兵去窥视对方的一举一动,以便在敌对方出兵来犯时尽可能提前报警。

为了方便进行侦察活动,侦察兵当然不能穿本部落的服装,而是要装扮成不被敌对方怀疑的样子。在这种情况下,侦察兵或哨兵模仿当地猿类的形象悄悄地躲在树上,应该是一种比较好的办法。从这个角度来说,《西山经》描述的朱厌很可能就是居住在小次之山部落的侦察兵。根据《山海经》的记载,许多部落都有自己的侦察兵,不同部落侦察兵的装扮也各不相同。

四、毕方鸟是火警标志

《西山经》西次三经:"又西二百八十里,曰章莪之山,无草木,多瑶碧。所为甚怪,有兽焉,其状如赤豹,五尾一角,其音如击石,其名曰狰。有鸟焉,其状如鹤,一足,赤文青质而白喙,名曰毕方,其鸣自叫也,见则其邑有讹火。"

根据上述记载,章莪山有两种奇怪的动物,一是样子像赤豹的狰,它有5条尾巴一只角,发出的叫声像是敲击石头。另一是样子像鹤的毕方,它的喙是白色的,黑色的羽毛上面有红色的花纹,发出"毕方"的叫声,它的出现表明当地有异常的火情。

众所周知,自然界里样子像赤豹的真实存在的动物是不可能有5条尾巴的。因此《西山经》描述的怪兽"狰",有可能是巫师装扮成的,或者是当地人供奉的神灵;由"其音如击石"来看,它的职责或功能应该是掌管打火石。在远古时期,使用打火石是一件非常重要的事情,掌管打火石也是一项非常重要的职责,因此要设有专职的巫师和供奉相应的神灵。

同理,样子像鹤的毕方也不是自然界真实存在的鸟类,而是由巫师装扮成的,或者是当地人供奉的神灵;由"其鸣自叫也,见则其邑有讹火"来看,它的职责或功能应该是报警发生了不正常火情,具有预防火灾、及时救火的功能。当出现火情时,装扮成毕方鸟的巫师或者举着毕方鸟标志的消防队员,就会发出模拟火烧竹木的"噼啪"声,警告人们赶快出来避祸和参与灭火。

《海外南经》记有:"毕方鸟在其东,青水西,其为鸟人面一脚。一曰在二八神东。"

《海内西经》记有:"青水出西南隅以东,又北又西南过毕方鸟东"。

《韩非子·十过》称："昔者黄帝合鬼神于泰山之上,驾象车而六蛟龙,毕方并辖,蚩尤居前,风伯进扫,雨师洒道,虎狼在前,鬼神在后,腾蛇伏地,凤凰覆上,大合鬼神,作为清角。"

根据《海外南经》、《海内西经》、《韩非子·十过》的记载,毕方亦是一个部落或一种官职的名称,其职责是协助驾驭黄帝的象车或龙车。所谓黄帝"大合鬼神",与禹召集天下诸侯聚会的性质类似,都属于先夏时期民族整合与融合过程中的重大事件。

进一步说,"狰"和"毕方鸟"的前身,可以追溯到炎帝和燧人氏。《太平御览》卷78引《礼含文嘉》云:"燧人始钻木取火,炮生为熟,令人无腹疾,有异于禽兽,遂天之意,故为燧人。"《礼含文嘉》的作者不知何人,但是他认为人与禽兽的区别在于"钻木取火,炮生为熟",却是一种非常有洞察力的理论见识:人与兽相揖别在于火的使用。所谓燧人氏得名于"遂天之意"是一种很有趣的说法,其实质在于"燧"是一种取火工具,既包括《淮南子·本经训》的"钻燧取火",也包括打火石(20世纪60年代中国农村仍在使用)。

有趣的是,我国民间的灶神(灶王爷),其最早的原型正是炎帝。《淮南子·氾论训》:"炎帝作火,死而为灶。"高诱注谓:"炎帝,神农,以火德王天下,死托祀于灶神。"此外,还有黄帝为灶神,祝融(名犁,颛顼之子)为灶神等多种说法。古人使用火,需要解决许多技术难题,除了保存火种、钻木取火、制造配套器物之外,还需要解决一个至关重要的大问题,那就是如何避免一氧化碳中毒,否则就会"玩火者必自焚"。种种迹象表明,正是我们中国人的祖先最早解决了这个关键技术问题。事实上,从50万年前的北京人,到18000年前的山顶洞人,再到一万年前北京门头沟的东胡林人,都是以用火著称的,炎帝之名的含义就是指用火的部落。"炎"字两个"火"上下重叠,意思是指烟火向上走,即《说文》"炎,火光上也,从重火";而"炎"又与"烟"同音,表明炎帝部落解决了使用火的最大难点,即通风排烟问题,并由此而避免了一氧化碳中毒。或许，炎帝原本亦可名叫"烟帝"（烟火的烟，不是烟草的烟）。从这个角度来说，民间敬重灶王爷炎帝，是在感激他解决了使用火的过程中如何排除烟尘、避免煤气中毒的技术难题（设置烟道、烟囱，以及通风换气等）。

五、黄帝的鹑鸟和西王母的三青鸟、"使四鸟"

（一）黄帝的鹑鸟是宫廷服务员吗？

《西山经》西次三经："西南四百里，曰昆仑之丘，是实惟帝之下都……有兽焉，其状如羊而四角，名曰土蝼，是食人。有鸟焉，其状如蜂，大如鸳鸯，名曰钦原，蠚鸟兽则死，蠚木则枯。有鸟焉，其名曰鹑鸟，是司帝之百服。"

鹑鸟即凤凰，《埤雅》引师旷《禽经》称："赤凤谓之鹑。""百服"指百种器物。问题是，黄帝都城里的鹑鸟如何管理黄帝宫廷（包括后宫）的各种器物呢？值得注意的是，中国先夏时期有用不同的鸟来命名官职的习俗，其中最有代表性的是少昊族用百鸟命名百官；遥想当年少昊族各个官员都佩戴着相应鸟的羽毛，那个场景足以令我们今天的人感到震撼。孔子的老家曲阜有少昊陵，《左传·昭公十七年》记有当年少昊的后裔郯子来到曲阜，孔子特意向其请教少昊族的历史渊源，郯子告诉孔子："我高祖少皞挚之立也，凤鸟适至，故纪于鸟，为鸟师而鸟名。"由此推知，黄帝都城里的鹑鸟实际上是负责管理黄帝宫廷器物、提供后勤服务的官员。

关于黄帝都城昆仑里的怪兽土蝼，有人说它是猰犰，其实此处食人的土蝼有可能是黄帝都城昆仑的司法官，其装束源于神羊獬豸断案的习俗；相传獬豸似羊非羊，似鹿非鹿，头上长着一只角，俗称独角兽。怪鸟钦原看样子像是体型硕大的野蜂，或谓蜂鸟，或谓针尾鸭，其实它有可能是黄帝都城的执法官。

（二）西王母的三青鸟是驯鹰吗？

在中国汉代绘画作品里，西王母身边有两种瑞兽，一是九尾狐，二是三青鸟。其中，九尾狐象征着多子多孙、家族兴旺，三青鸟寓意衣食无忧。《山海经》里也多处记载有九尾狐、三青鸟，不过《山海经》记述的九尾狐并没有与西王母联系在一起，而《山海经》记述的三青鸟则明确称其"为西王母取食"，事见《海内北经》："西王母梯几而戴胜（杖），其南有三青鸟，为西王母取食。在昆仑虚北。"所谓"梯几而戴胜"意思是西王母坐在梳妆台前佩戴饰品。

根据《西山经》西次三经的记载，西王母居住在玉山"又西三百五十里，曰玉山，是西王母所居也。西王母其状如人，豹尾虎齿而善啸，蓬发戴胜，是司天之厉及五残"，而三青鸟栖息在三危山"又西二百里，曰三危之山，三青鸟居之，是山也广员百里"，两者并不在一起，那么三青鸟为什么要"为西王母取食"呢？

关于三青鸟的形貌，有人认为是一种名叫"三青"的鸟，也有人认为是三种不同的"青鸟"。根据《大荒西经》"有三青鸟，赤首黑目，一名曰大鵹，一名曰少鵹，一名曰青鸟"的记述，三青鸟应该是指三种不同的鸟，但是它们为什么都要"为西王母取食"呢？

对此，一种解释是，《五藏山经》记述动物时都用"有鸟（兽）焉"，此处称为"居之"，表明三青鸟是部落或氏族的名称，而且属于西王母部落联盟的成员，其主职就是为西王母提供食物。另一种解释是，三青鸟是西王母驯化的三种猎鹰，它们都能够帮助西王母捕猎野兔、黄羊等猎物。

（三）"使四鸟"是在役使奴隶吗？

《大荒四经》里多处记载古代部落（包括古国、方国）有"使四鸟：虎、豹、熊、罴"的现象或习俗。例如，仅《大荒东经》就记有 6 个部落的人"使四鸟"：

有蒍国，黍食，使四鸟：虎、豹、熊、罴。

有中容之国。帝俊生中容，中容人食兽、木实，使四鸟：豹、虎、熊、罴。

有司幽之国。帝俊生晏龙，晏龙生司幽。司幽生思士，不妻；思女，不夫。食黍，食兽，是使四鸟。有大阿之山者。

有白民之国。帝俊生帝鸿，帝鸿生白民。白民销姓，黍食，使四鸟：虎、豹、熊、罴。

有黑齿之国。帝俊生黑齿，姜姓，黍食，使四鸟。

有招摇山，融水出焉。有国名玄股，黍食，使四鸟。

那么，我们今天该如何解读"使四鸟：豹、虎、熊、罴"的现象或行为呢？虎、豹、熊、罴都是凶猛的动物，古人又如何能够役使它们呢？难道他们都是马戏团的驯兽大师不成？对此，袁珂认为"使四鸟"源自《尚书·舜典》所记益与朱（豹）、虎、熊、罴争神而胜的神话故事，而益即舜，舜即帝俊，亦即殷墟卜辞所称"高祖俊"，其原貌则为燕，乃《诗·玄鸟》"天命玄鸟，降而生商"之玄鸟，因此帝俊后裔均有役使四鸟之能力。

或许，所谓"使四鸟"是指役使奴隶或者猎人、战士，并用动物名对其命名；也可能是设立四名官员，并用虎豹熊罴分别命名其官职；或者"四鸟"是指分别以虎、豹、熊、罴为图腾的 4 个部落。比较之下，"使四鸟"更可能是指役使奴隶。这是因为，《大荒四经》是商代的文献，而商代是典型的奴隶制社会，当时的许多部落（包括古国、方国）都在役使奴隶从事各种苦役，其中也不排除驱使奴隶彼此之间进行角斗，这些角斗士根据其特点被划分为虎、豹、熊、罴等级别。

六、一首十身的何罗鱼

《北山经》北次一经："又北四百里,曰谯明之山。谯水出焉,西流注于河。其中多何罗之鱼,一首而十身,其音如吠犬,食之已痈。有兽焉,其状如貆而赤豪,其音如榴榴,名曰孟槐,可以御凶。是山也,无草木,多青雄黄。"

关于"一首而十身"的何罗鱼,有人说它是胡子鲶,有人说它是头足类动物的章鱼或乌贼,还有人说它是蝾螈。胡子鲶俗称塘虱、土虱,体长约20厘米,灰褐色,有须四对,还有延长的背鳍、臀鳍,以及胸鳍、尾鳍,无鳞,栖息在我国长江以南的淡水中,肉质细嫩,为南方食用鱼类。头足类动物属海洋动物,典型的头足类动物有鱿鱼、章鱼、船蛸、鹦鹉螺、墨鱼。它们的嘴长在身体下侧的平面上,有多条可伸缩的强健触须,眼睛发育较好。现存的头足类动物主要有4类,即鹦鹉螺目、十足目、幽灵蛸目、八腕目,共计400多种软体动物,它们广泛分布于全球海洋里,从浅海至三四千米的深海,以及海底,无论是寒带、热带和温带的海洋,都能见到它们的踪影。

鹦鹉螺通常在百米左右的浅海水底爬行,它是现存头足类中最古老的一种,至今仍保持其远古祖先的面貌,因此被称作"活化石"。章鱼通常在水底洞窟、岩隙或石块中潜居,能够利用生在头部的八条触脚将虾、蟹等猎物紧紧包裹住,然后食之。乌贼、柔鱼能利用腹部的漏斗状器官以喷水方式获得的反冲力而快速游动,以追捕食物或者逃避敌害。

乌贼有八条腕和两条触手,属于十足目,又称十足类,完全符合何罗鱼"一首而十身"的特征。生活在深海中的大王乌贼,长18米,重达30吨。而能够在海底发光的荧乌贼,长度仅有5厘米。最小的乌贼是微鳍乌贼,体长只有1.5厘米长,体重只有0.1克,与一粒小花生米差不多。船蛸的形状奇特,雌、雄个体的差别很大;雄性个体非常小,小到附着在雌性身体上,以致会使人们误认为它是雌体身上的一条寄生虫。

根据"谯水出焉,西流注于河"的记述,可知谯水发源于今日山西省境内的吕梁山,是典型的北方陆地淡水河流,这里既不适合南方的胡子鲶生存,也不适合海洋头足类动物生存。在这种情况下,《山海经》所说的"一首而十身"的何罗鱼,可能是海洋头足类动物乌贼在中国北方淡水河的残留物种,已经适应了在淡水中生活;也可能是一种能够适应北方气候的多须鲶鱼(野生鲶鱼有多达 12 条须,而家养鲶鱼常为 8 条须)。对比之下,根据何罗鱼"其音如吠犬"的特征来看,后者的可能性更大一些,因为鲶鱼能够发出叫声,而头足类动物(乌贼、章鱼)似乎只有听觉却不会发出叫声。

蝾螈,又称水蜥,属于两栖类动物(与鲵类接近),有四肢和长尾,体长从 10 厘米左右到 150 厘米(大蝾螈或大鲵)之间,栖息在北半球的清冷缓流水体环境里,或者湿地草丛中。有一种蝾螈,它们的头部与身体之间长着成组的鳍,数量有 6—10 个,或许就是《山海经》所说的"一首而十身"的何罗鱼。

七、孔子对一足夔的解释

中国春秋时期的大教育家孔子,同时也已博学著称于世,人们遇到不明白的事情,总要向孔子请教。《韩非子·外储说左下第三十三·说二》就记有这样一段对话,鲁哀公问于孔子曰:"吾闻古者有夔一足,其果信有一足乎?"孔子对曰:"不也,夔非一足也。夔者忿戾恶心,人多不说喜也。虽然,其所以得免于人害者,以其信也。人皆曰独此一足矣。夔非一足也,一而足也。"哀公曰:"审而是固足矣。"一曰,哀公问于孔子曰:"吾闻夔一足,信乎?"曰:"夔,人也,何故一足?彼其无他异,而独通于声。尧曰:'夔一而足矣。'使为乐正。故君子曰：'夔有一足'，非一足也。"

夔在中国先夏时期有两种身份，一指动物夔，二指乐官夔。动物夔的主要特征是"一足"，即只有一足脚；乐官夔的职责是用动物皮（夔皮、鳄鱼皮、牛皮）制作鼓，以指挥乐队演奏、演员歌舞。春秋战国时期的古人，由于分不清动物夔和乐官夔，也不明白动物夔为什么只有"一足"，因此才会感到疑惑。孔子的回答表明，他也没有分清楚动物夔和乐官夔，因此只能勉强把动物夔的"一足"解释为"有一个夔就足够了"。

关于动物夔的记载见于《大荒东经》："东海中有流波山，入海七千里。其上有兽，状如牛，苍身而无角，一足，出入水则必风雨，其光如日月，其声如雷，其名曰夔。黄帝得之，以其皮为鼓，橛以雷兽之骨，声闻五百里，以威天下。"

流波山之名很像是一座漂浮在海上的特大冰山，古代北冰洋的冰山有可能穿过白令海峡，漂移至我国东海或太平洋西部；在这些漂浮的冰山上，经常会有海象、海狮、海豹、海狗、海牛等海洋哺乳动物栖息，并成为人类（可能还有北极熊）猎捕的对象。事实上，乘冰山飘游世界也是人类远距离越洋迁徙的重要途径之一，因为大冰山上既有食物也有淡水；尽管这种迁徙方式不可能留下"冰船"的痕迹，但是《列子》归墟五仙山的传说很可能与此现象有关。据此可知，苍身、无角、一足、状如牛之夔，乃是生活在冰山上的海牛或者其他类似牛的海洋哺乳动物，其四足退化而尾部发达，远看即"一足"。至于夔"出入必风雨，其光如日月"者，则可能与模拟捕捉夔的巫术仪式有关。雷兽之骨据郭璞注谓："雷兽即雷神也，人面龙身，鼓其腹者。橛犹击也。"

袁珂认为："流波山一足夔神话亦黄帝与蚩尤战争神话之一节，《绎史》卷五引《黄帝内传》云：'黄帝伐蚩尤，玄女为黄帝制夔牛鼓八十面，一震五百里，连震三千八百里。'吴任臣《山海经广注》（《大荒北经》）引《广成子传》云：'蚩尤铜头啖石，飞空走险，以馗牛皮为鼓，九击止之，尤不能飞走，遂杀之。'即其事也。"

玄女又称九天玄女,相传她传授给黄帝兵法,《太平御览》引《黄帝玄女战法》云:"黄帝与蚩尤九战九不胜,黄帝归于太山,三日三夜雾冥。有一妇人,人首鸟形,黄帝稽首再拜伏不敢起。妇人曰:'吾玄女也,子欲何为?'黄帝曰:'小子欲万战万胜。'遂得战法焉。"

鼓在古代战争中有着重大价值,一是鼓舞士气,二是传递指挥命令,已失传的古兵书《军政》称:"言不相闻,故为金鼓;视不相见,故为旌旗。"根据考古发掘,我国古代的鼓主要有蒙皮木鼓、陶鼓、铜鼓等,山西襄汾陶寺出土的四千年前木鼓,系用树干截断挖制而成,高约一米,鼓腔内有鳄鱼骨片,表明两端所蒙的是鳄鱼皮(已朽),鼓面直径约 50 厘米,鼓身外表涂有白、黄、黑、宝石蓝等彩色回形纹、宽带纹、云雷纹等几何图样,相当华丽。

八、巴蛇食象的传闻

《海内南经》记有:"巴蛇食象,三岁而出其骨,君子服之,无心腹之疾。其为蛇青黄赤黑。一曰黑蛇青首,在犀牛西。"

《海内经》记有:"又有朱卷之国。有黑蛇,青首,食象。"

郭璞注:"今南方蚒蛇吞鹿,鹿已烂,自绞于树腹中,骨皆穿鳞甲间出,此其类也。《楚辞》曰:'有蛇吞象,厥大如何?'说者云长千寻。"

巴蛇又称黑蛇,"巴蛇"是以产地为名,"黑蛇"是以颜色为名。但是,根据"其为蛇青黄赤黑"的描述,巴蛇的皮肤颜色似乎是五彩斑斓的,或者与变色龙类似,也能够自主改变其皮肤颜色。

所谓巴蛇食象的传闻,通常都理解为这种大蛇能够吃下成年的大象,问题是自然界真的曾经有过这么大的巴蛇吗?据报道,在印度尼西亚苏门答腊岛的一个原始森林中曾捕获到一条长 14.85 米,重 447 千克的巨蟒,它被认为是迄今为止世界上最大的蟒蛇,大口一张可轻松地吞下整整一个人。南美洲的亚马逊森蚺也是当今世界上最大的蛇类之一,体长可达 10 米以上,重可达 250 千克以上,躯干粗如成年男子,通常栖息在泥岸或者浅水中,捕食水鸟、龟、水豚、貘等,甚至吞吃下 2.5 米长的凯门鳄。对比之下,目前地球上的大象主要有亚洲象和非洲象,肩高 3 米左右,体长 5—7 米,体重 5 吨左右,象牙长达 2 米左右,非洲象的体型比亚洲象大。显然,目前地球上最大的蛇,是不可能吞食下成年大象的。

有鉴于此,关于巴蛇食象传闻的一种解释是,由于巴人以"巴"为名,而"巴"有大蛇之意,因此巴蛇食象的故事,也可能记录有巴人驯服大象的内容。在《五藏山经》中次九经对大巴山地区的描述里,当时的大象属于常见动物。当人类进入农业社会以后面临的一个重要问题,就是保护农作物不受野生动物的践踏。在各种动物里,大象是一种食量非常大的食草类动物,而且当时人们缺少对付大象的手段和武器,在这种情况下大象对农田的破坏就成为一个必须解决的问题。或许,正是为了驱赶和制服大象,巴人才驯养了巴蛇,并利用巴蛇去攻击大象,从而给后人留下了巴蛇食象的故事。

此外,还有一种解释认为这种能够吞食象的巨蛇,很接近于身躯庞大的食肉类恐龙,因此《山海经》记载的巴蛇有可能是某种食肉类恐龙的幸存者。众所周知,恐龙在 6500 万年前大规模死亡,但是这并不意味着所有的恐龙都全部灭绝,因为同时期的鳄鱼、乌龟、鸟类、哺乳类都存活下来,因此应该也有数量不算少的某些种类的恐龙幸存下来。有趣的是,《山海经》记载的若干奇异动物,就有可能是那个时代仍然幸存的恐龙。

《海外北经》:钟山之神,名曰烛阴,视为昼,瞑为夜,吹为冬,呼为夏,不饮,不食,不息,息为风,身长千里。在无启之东。其为物,人面,蛇身,赤色,居钟山下。

《大荒北经》:西北海之外,赤水之北,有章尾山。有神,人面蛇身而赤,直目正乘,其瞑乃晦,其视乃明,不食不寝不息,风雨是谒。是烛九阴,是谓烛龙。

关于烛龙的神话传说,或可表明当时人们知道自然界有一些身躯特别庞大的动物,它们很可能就是我们今天所说的恐龙。进一步说,烛龙这种恐龙,具有一种特殊的本领,这就是从口中能够喷出火来,可用于威慑其他动物。动物喷火乍看似天方夜谭,其实这种生存技术也并不是不可能实现:只要胃里有甲烷气体、口部有电火花装置即可。而这两项技术早已有其他动物掌握了,例如牛的胃里就有甲烷,电鳗就能够发出高压电击。据此可知,烛龙应该是一种食草类恐龙。

《大荒东经》:大荒东北隅中,有山名曰凶犁土丘。应龙处南极,杀蚩尤与夸父,不得复上。故下数旱,旱而为应龙之状,乃得大雨。

《大荒北经》:有人衣青衣,名曰黄帝女魃。蚩尤作兵伐黄帝,黄帝乃令应龙攻之冀州之野。应龙畜水,蚩尤请风伯、雨师,纵大风雨。黄帝乃下天女曰魃,雨止,遂杀蚩尤。魃不得复上,所居不雨。叔均言之帝,后置之赤水之北。叔均乃为田祖。魃时亡之,所欲逐之者,令曰:"神北行!"先除水道,决通沟渎。

这里的应龙实际上是以应龙为图腾的部落。应龙的形貌是有翼的龙,非常类似恐龙大家族里的翼龙。

《西山经》西次一经:又西六十里,曰太华之山,削成而四方,其高五千仞,其广十里,鸟兽莫居。有蛇焉,名曰肥𧔥,六足四翼,见则天下大旱。

西次一经是《西山经》记载的第一条山脉即今日的秦岭,太华山即位于今日的华山山脉,这里的六足四翼的怪蛇肥遗,它也可能是幸存的活恐龙。

有必要指出的是,目前流行的动物分类学"恐龙"一词并不很科学,因为它涵盖的动物种类太多,而且没有把恐龙(热血动物)与其他大型爬行动物(冷血动物)区分开来,因此应当重新将其命名为"热龙"。事实上,恐龙之所以能够从爬行动物世界脱颖而出,正是因为恐龙掌握了新的生存技术,从冷血动物进化成为热血动物"热龙"。我们知道现存的最原始的哺乳动物鸭嘴兽的体温在25—35摄氏度之间变化,据此可以推测,当年"热龙"的体温也约在25—35摄氏度之间;而从"热龙"进化出的哺乳类动物的体温约在35—40摄氏度之间,从"热龙"进化出的鸟类的体温约在40—45摄氏度之间。进一步说,正是由于体温的不同,爬行类、热龙类、哺乳类、鸟类的生存方式又产生了一系列的差异。例如,爬行类是冷血动物,因此它们的受精卵只能是自行孵化的(有一种眼镜蛇,雌蛇产卵后,会用草和树叶把卵覆盖)。热龙类由于刚刚掌握热血升温技术,还没有进一步掌握抱窝孵卵技术,因此只能够采取其他方法提高受精卵的孵化温度(可能是利用草和树叶发酵产生的热量)。鸟类则掌握了抱窝孵卵技术,哺乳类则在体内完成"孵化"(胎儿)。有趣的是,栖息在东南亚及澳大利亚的营冢鸟就不自己抱窝孵卵,而是用腐败枝叶和垃圾尘土堆成冢状,然后在冢顶掘穴把受精卵产在腐败物之中,利用腐败物发酵产生的热量孵化受精卵,雏鸟出壳即羽翼丰满,能够飞行。据此可知,根据体温和孵卵方式能够把活恐龙亦即热龙与普通爬行动物区别开来,这也是我们今天鉴别幸存的恐龙与爬行动物的主要依据之一。

九、M21"零口姑娘"的悲剧与雌雄同体怪兽

1994年,西安市至潼关县的高速公路施工中,在临潼区零口村地界处,工人发现若干古代遗迹。闻讯后,陕西省考古所迅速派出考古队,对现场遗迹进行抢救性发掘。在编号M21尸骨上,共清理出骨叉8件、骨镞2件、骨笄8件,所有的凶器全部为动物骨骼磨制而成,并多次使用。这些凶器有很多都深深地插在M21的骨骼里,有的甚至已经将脊椎骨贯穿,在尸骨上留下的明显创伤有35处,其创伤位置表明M21当时受到来自多方向的多人群体杀戮。

经过 C_{14} 分析和孢粉检测,确定 M21 的死亡时间约在公元前 5300 年前;其身高 160 厘米,眉骨似女性,耻骨似男性,DNA 检测是女性;年龄大约在 14 到 18 岁之间,比较可能是 16 岁的花季年龄。由于是在西安临潼区零口村被发现的,专家们就叫她"零口姑娘"。考古界对"零口姑娘"死因的推测有宗教祭祀、战争的俘虏、违背婚姻等方面的族规、情杀或仇杀、割体葬仪等,但是没有一个解释具有充分的说服力。其实,M21 很可能是一个双性人,并因此而遭到族人的虐杀(这可能是人类社会最早的因性畸形而被杀害的案例),主要理由是:

首先,M21 的"眉骨似女性,耻骨似男性,DNA 检测是女性",具有双性人特征;尤其是"耻骨似男性",这表明其外在性特征出现明显的男性化。

其次,有 4 件凶器是从受害人的会阴处插进去的,这表明施害者的目的是指向受害人的性器官。

第三,在七千年前的母系社会里,妇女特别是少女有着优越的社会地位,而且享受着充分的性自由;因此,正常情况下没有任何理由会对少女施加如此残暴的杀戮。

第四,M21 被安葬在家族或氏族居住区的未成年人墓地里,有着独立的墓坑,仰身直葬,尸骨完整,仅失去一只左手;这表明她不可能是被外族人杀害的,而是被自己的族人(包括女性族人使用骨笄)杀害的。与此同时,族人虽然残忍地杀害了她,但是仍然尊重其在族群里的社会地位,给她提供了独立的墓坑。

上述种种相互矛盾的现象,唯一合理的解释就是,M21 在进入性成熟阶段,出现了越来越明显的男性化趋势,这使族人非常困惑,并最终决定集体将其处死,以免可怕的变性情况像瘟疫一样传染开来。在处死 M21 之后,族人把她的尸体完整地安葬在未成年人墓地里;只是取走了她的一只左手,扔到荒野,目的是防止她复活。

事实上，在远古时代，导致青少年变性的因素之一是食用动物的性器官，特别是食用发情期动物的性器官，这会使大量性激素进入人体。当外来雄激素被少女吸收后，她就有可能出现男性化；当外来雌激素被少男吸收后，他就有可能出现女性化。据此可知，类似 M21 遭遇的事件在远古曾经不止一次发生过，但是只有极少数当事人的尸骨能够被保存下来。这就意味着，在人类文明初期，特别是在开始从素食为主转变到以肉食为主的时候，人类曾经受到过变性问题的严重困扰。

值得注意的是，《山海经》记载了若干雌雄同体、左右有首或前后有首的动物，它们究竟是什么样的怪兽？这些怪兽与人类的性畸形有什么关系？这是我们今天需要进一步探讨的问题。

《南山经》南次一经："又东四百里，曰亶爱之山，多水、无草木，不可以上。有兽焉，其状如狸而有髦，其名曰类，自为牝牡，食者不妒。"这里的动物类，或谓即灵狸、灵猫、大灵猫；袁珂《山海经校注》引杨慎云："今云南蒙化府有此兽，土人谓之香髦，具两体。"所谓"自为牝牡"是说类这种动物同时长着雌性和雄性生殖器，可以自行交配。所谓"食者不妒"是说人吃了类的肉，就能够克制"性嫉妒"的毛病。

《北山经》北次三经："又东三百里，曰阳山，其上多玉，其下多金铜。有兽焉，其状如牛而赤尾，其颈䫏，其状如句瞿，其名曰领胡，其鸣自詨，食之已狂。有鸟焉，其状如雌雉，而五采以文，是自为牝牡，名曰象蛇，其鸣自詨。留水出焉，而南流注于河。其中有鲴父之鱼，其状如鲋鱼，鱼首而彘身，食之已呕。"

《海外西经》："并封在巫咸东，其状如彘，前后皆有首，黑。"《大荒西经》："有兽，左右有首，名曰屏蓬。"并封又写作屏蓬，"前后皆有首"与"左右有首"说的都是一回事，只是描述的角度不同。并封的样子像前后有首的黑猪，它可能是巫师施展巫术时用的一种特殊法器。北美洲土著萨满雕刻有一种左右双头动物，用于把病人的灵魂招回来再吹送入病人体内。此外也可能与古人的生殖崇拜活动有关,闻一多认为并封"乃兽牝牡相合之象也"。

《大荒南经》:"南海之外,赤水之西,流沙之东,有兽,左右有首,名曰跊踢。有三青兽相并,名曰双双。"跊踢类似并封,又写作述荡。《吕氏春秋·本味篇》称:"伊尹曰:'肉之美者,述荡之踏。'"三青兽相并,因此得名双双。郭璞注:"言体合为一也。《公羊传》所云'双双而俱至者',盖谓此也。"郝懿行注:"郭引宣五年传文也。杨士勋疏引旧说云:'双双之鸟,一身二首,尾有雌雄,随便而偶;常不离散,故以喻焉。'是以双双为鸟名,与郭异也。"

上述"自为牝牡"、"左右有首"、"尾有雌雄"、"相并"、"双双"既可指动物(哺乳类、鸟类)牝牡相合之象,也可指动物雌雄同体亦即性畸形现象。对比之下,牝牡相合是自然界的常见现象,似乎不值得特别记述。造成哺乳动物性畸形的原因,除了基因变异之外,通常还与食物中的性激素有关。特别是对于食肉动物来说,它们往往会把猎物的性器官一起吃下;如果雄性食肉动物吃下雌性猎物的性器官,或者雌性食肉动物吃下雄性猎物的性器官,就有可能改变食肉动物的性行为,甚至造成某种程度的性器官畸形。由于类似的情况也会发生在古代人类身上(现代屠宰业均要摘除家畜的性器官、淋巴等),因此古人才会特别关注动物(包括人类自身)的性器官和性行为异常现象。

令人欣慰的是,随着人类生命智力对生存意义的不断反思,七千年前 M21"零口姑娘"的悲剧已经被翻过去了。从《山海经》的有关记载来看,到了山海经时代(包括帝禹时代、夏代、商代、周代),我们的祖先对性器官和性行为异常现象(例如双性一体)已经有了一定的认识,并能够比较宽容地对待性器官和性行为异常现象,而且转而更关注"性嫉妒"问题。可以佐证的是,1974 年青海省乐都县柳湾出土的一件先夏时期陶器(高 33.4 厘米,壶形储酒器)塑有双性一体人像,人像为站姿,头位于壶的颈部,五官齐全,躯干和四肢位于壶的腹部,双手放置肚前,乳头系用黑彩点绘,人像下腹夸张地塑造出男女两性生殖器,壶的背面颈部绘有长发,长发下绘有一只大青蛙,明显是一个男女双性一体的两性人。学者认为该器物塑像是一种男女同体的崇拜物,在萨满教信仰中两性人往往是天和地的中介,他们具备沟通天地人神的能力。青蛙(蟾蜍)是古人崇拜的神奇动物之一,汉族流传有蛤蟆泉的民间故事(月宫蟾蜍私自下凡),土家族有青蛙吞太阳传说,黎族有蛤蟆黎王传说,土族有金蛤蟆传说,羌族有癞蛤蟆皮传说,上述出土陶器两性人背部长发下的蛙图案可能是寓意萨满作法时有蛙神附体。

十、神奇的生物"视肉"

《山海经》里有十几处都提到一种神奇的生物"视肉",例如《海外南经》记有:"狄山,帝尧葬于阳,帝喾葬于阴。爰有熊、罴、文虎、蜼、豹、离朱、视肉、玕琪、文王,皆葬其所。一曰汤山。一曰爰有熊、罴、文虎、蜼、豹、离朱、鸱久、视肉、虖交。其范林方三百里。"

视肉,郭璞注谓:"聚肉,形如牛肝,有两目也;食之无尽,寻复生如故。"他在《图赞》里又称:"聚肉有眼,而无肠胃;与彼马勃,颇相仿佛;奇在不尽,食人薄味。"

关于视肉究竟是什么东西,通常有两种解释。其一,视肉指某种特殊品种的牛或羊,割取它们的一些肉,它们能够很快地重新长出来。其二,视肉又称聚肉,是一种有着眼睛状图案、没有固定形状、割下一块后能够迅速生长复原的未明生物,通常存在于地下,俗称肉灵芝、肉芝、太岁,民谚有"谁敢在太岁头上动土"。《山海经》记载的视肉,应该是指后者。此外,明代名医李时珍在《本草纲目》中记有:"肉芄(芝)状如肉,附于大石,头尾俱有,乃生物也。赤者如珊瑚,白者如截肪,黑者如泽漆,黄者如紫金。"肉芄(芝)亦即视肉,古人也称之为土肉。

近年来我国许多地方都陆续发现有视肉,例如1992年8月22日,陕西周至县农民吴凤莲和儿子杜战盟在渭河里打捞出一团东西,长扁形,黄黄的好像牛身上的皮,端起来就像河里的鹅卵石。他们感到奇怪,先是埋在地下,过几天也不腐烂;后来又放在大铁锅里,一个星期后居然长大了,从20多公斤长成35公斤。再后来,他们大胆地割下一些来,煮着吃了,没什么特殊味道,当时也未出现什么不适。接下来,在食用了"肉团"后的几天时间里,当事人都感到神清气爽、浑身上下有使不完的劲;而且在蚊蝇多的三伏天里,放置这个"肉团"的屋子里连一个蚊蝇也没有。

据科研部门研究,各地出土的视肉、太岁、肉灵芝尽管外观不同,但是均没有发现细胞结构,因此对它们是否属于生物还存在着争议,而这很可能意味着视肉是一种介于非生命与生命之间的东西。众所周知,长期以来学术界对"生命"的定义始终没有取得一致意见,许多生物学的专著甚至都没有对"生命"进行定义,例如150多年前达尔文的《物种起源》,以及近几年新出版的《生命科学导论(2)》(高等教育出版社,2007年)。在这种情况下,我们可以从生命智力的角度来对"生命"进行定义:生命与生命智力同时起源、同步进化,生命与非生命的分水岭在于生命拥有生命智力,生命智力的实质是使用间接信息达成期望效应。所有的生命都拥有生命智力,不同的生命拥有不同结构、不同形式和不同层次的生命智力,生物进化的实质是生命智力主导实施的生存方式多样化和生存技术复杂化,以及生命智力系统自身的不断发展。

第十一章 《山海经》的祭祀巫术活动和群巫

一、祭祀活动

自招摇之山,以至箕尾之山,凡十山,二千九百五十里。其神状皆鸟身而龙首,其祠之礼:毛用一璋玉瘗,糈用稌米,一璧,稻米、白菅为席。

自柜山至于漆吴之山,凡十七山,七千二百里。其神状皆龙身而鸟首。其祠:毛用一璧瘗,糈用稌。

自天虞之山以至南禺之山,凡一十四山,六千五百三十里。其神皆龙身而人面。其祠皆一白狗祈,糈用稌。

自钱来之山至于騩山,凡十九山,二千九百五十七里。华山冢也,其祠之礼:太牢。羭山神也,祠之用烛,斋百日以百牺,瘗用百瑜,汤其酒百樽,婴以百珪百璧。其余十七山之属,皆毛牷用一羊祠之。烛者百草之未灰,白蓆采等纯之。

自钤山至于莱山,凡十七山,四千一百四十里。其十神者,皆人面而马身。其七神皆人面牛身,四足而一臂,操杖以行,是为飞兽之神;其祠之:毛用少牢,白菅为席。其十辈神者,其祠之:毛一雄鸡,钤而不糈,毛采。

自阴山以下,至于崦嵫之山,凡十九山,三千六百八十里。其神祠礼,皆用一白鸡祈,糈以稻米,白菅为席。

　　崇吾之山至于翼望之山，凡二十三山，六千七百四十四里。其神状皆羊身人面。其祠之礼，用一吉玉瘗，糈用稷米。

　　自单狐之山至于隄山，凡二十五山，五千四百九十里，其神皆人面蛇身。其祠之，毛用一雄鸡彘瘗，吉玉用一珪，瘗而不糈。其山北人，皆生食不火之物。

　　自甘枣之山至于鼓镫之山，凡十五山，六千六百七十里。历儿，冢也，其祠礼：毛，太牢之具；县以吉玉。其余十三山者，毛用一羊，县婴用桑封，瘗而不糈。（桑封者，桑主也，方其下而锐其上，而中穿之加金）。

　　自管涔之山至于敦题之山，凡十七山，五千六百九十里。其神皆蛇身人面。其祠：毛用一雄鸡彘瘗，用一璧一珪，投而不糈。

　　自太行之山以至于无逢之山，凡四十六山，万二千三百五十里。其神状皆马身而人面者廿神；其祠之，皆用一藻茞瘗之。其十四神状皆彘身而载玉，其祠之，皆玉，不瘗。其十神状皆彘身而八足蛇尾，其祠之，皆用一璧瘗之。大凡四十四神，皆用稌糈米祠之，此皆不火食。

　　自橜蘦之山至于竹山，凡十二山，三千六百里。其神状皆人身龙首。祠：毛用一犬祈，衈用鱼。

　　自空桑之山至于堙山，凡十七山，六千六百四十里。其神状皆兽身人面载觡。其祠：毛用一鸡祈，婴用一璧瘗。

　　自尸胡之山至于无皋之山，凡九山，六千九百里。其神状皆人身而羊角。其祠：用一牡羊，米用黍。是神也，见则风雨水为败。

　　自辉诸之山至于蔓渠之山，凡九山，一千六百七十里。其神皆人面而鸟身。祠用毛，用一吉玉，投而不糈。

　　自敖岸之山至于和山，凡五山，四百四十里。其祠，泰逢、熏池、武罗皆一牡羊副，婴用吉玉。其二神用一雄鸡瘗之，糈用稌。

　　自鹿蹄之山至于玄扈之山，凡九山，千六百七十里。其神状皆人面兽身。

其祠之，毛用一白鸡，祈而不糈，以采衣之。

自苟林之山至于阳虚之山，凡十六山，二千九百八十二里。升山，冢也，其祠礼：太牢，婴用吉玉。首山，䰡也，其祠用稌，黑牺，太牢之具，蘖酿。干儛，置鼓，婴用一璧。尸水，合天也，肥牲祠之，用一黑犬于上，用一雌鸡于下，刉一牝羊，献血；婴用吉玉，采之，飨之。

缟羝山之首，曰平逢之山，南望伊洛，东望谷城之山，无草木，无水，多沙石。有神焉，其状如人而二首，名曰骄虫，是为螫虫，实惟蜂蜜之庐。其祠之：用一雄鸡，禳而勿杀。

自平逢之山至于阳华之山，凡十四山，七百九十里。岳在其中，以六月祭之，如诸岳之祠法，则天下安宁。

自休与之山至于大騩之山，凡十有九山，千一百八十四里。其十六神者，皆豕身而人面，其祠：毛牷用一羊羞，婴用一藻玉瘗。苦山、少室、太室皆冢也，其祠之：太牢之具，婴以吉玉，其神状皆人面而三首。其余属皆豕身人面也。

自景山至琴鼓之山，凡二十三山，二千八百九十里。其神状皆鸟身而人面。其祠：用一雄鸡祈瘗，用一藻圭，糈用稌。骄山，冢也，其祠：用羞酒少牢祈瘗，婴毛一璧。

自女几山至于贾超之山，凡十六山，三千五百里。其神状皆马身而龙首。其祠：毛用一雄鸡瘗，糈用稌。文山、勾檷、风雨、騩之山，是皆冢也，其祠之：羞酒，少牢具，婴毛一吉玉。熊山，帝也，其祠：羞酒，太牢具，婴毛一璧；干儛，用兵以禳；祈，璆冕舞。

自首山至于丙山，凡九山，二百六十七里。其神状皆龙身而人面，其祠之：毛用一雄鸡瘗，糈用五种之糈。堵山，冢也，其祠之：少牢具，羞酒祠，婴用一璧瘗。騩山，帝也，其祠：羞酒，太牢具，合巫祝二人儛，婴一璧。

自翼望之山至于几山，凡四十八山，三千七百三十二里。其神状皆彘身人首。其祠:毛用一雄鸡祈,瘗用一圭,糈用五种之精。禾山,帝也,其祠:太牢之具,羞瘗,倒毛;用一璧,牛无常。堵山、玉山,冢也,皆倒祠,羞毛少牢,婴毛吉玉。

自篇遇之山至于荣余之山,凡十五山,二千八百里。其神状皆鸟身而龙首,其祠:毛用一雄鸡、一牝豚刉,糈用稌。凡夫夫之山、即公之山、尧山、阳帝之山皆冢也,其祠:皆肆瘗,祈用酒,毛用少牢,婴毛一吉玉。洞庭、荣余山,神也,其祠:皆肆瘗,祈酒,太牢祠,婴用圭璧十五,五采惠之。

二、巫术活动与群巫

1. 有巫之名

巫咸国在女丑北,右手操青蛇,左手操赤蛇。在登葆山,群巫所从上下也。

有荥山,荥水出焉。黑水之南,有玄蛇食麈。有巫山者,西有黄鸟,帝药、八斋。黄鸟于巫山,司此玄蛇。

有灵山,巫咸、巫即、巫肦、巫彭、巫姑、巫真、巫礼、巫抵、巫谢、巫罗十巫,从此升降,百药爰在。

开明东有巫彭、巫抵、巫阳、巫履、巫凡、巫相,夹窫窳之尸,皆操不死之药以距之。窫窳者,蛇身人面,贰负臣所杀也。服常树,其上有三头人,伺琅玕树。

2. 未明言之巫

女祭、女戚在其北,居两水间,戚操鱼鮞,祭操俎。

女丑之尸,生而十日炙杀之。在丈夫北。以右手鄣其面。十日居上,女丑居山之上。有人衣青,以袂蔽面,名曰女丑之尸。海内有两人,名曰女丑。女丑有大蟹。

雨师妾在其北,其为人黑,两手各操一蛇,左耳有青蛇,右耳有赤蛇。一曰在十日北,为人黑身人面,各操一龟。

有寒荒之国,有二人女祭、女薎。

有互人之国。炎帝之孙,名曰灵恝,灵恝生互人,是能上下于天。

华山、青水之东,有山名曰肇山,有人名曰柏高,柏高上下于此,至于天。

3.天文历法之巫(神)

西南四百里,曰昆仑之丘,是实惟帝之下都,神陆吾司之;其神状虎身而九尾,人面而虎爪;是神也,司天之九部及帝之囿时。

西水行四百里,曰流沙,二百里至于嬴母之山,神长乘司之,是天之九德也,其神状如人而犳尾。其上多玉,其下多青石而无水。

又西二百里,曰长留之山,其神白帝少昊居之;其兽皆文尾,其鸟皆文首,是多文玉石;实惟员神磈氏之宫,是神也,主司反景。

又西二百九十里,曰泑山,神蓐收居之。其上多婴短之玉,其阳多瑾瑜之玉,其阴多青雄黄。是山也,西望日之所入,其气员,神红光之所司也。

有甘山者,甘水出焉,生甘渊。(东南海之外,甘水之间,有羲和之国。有女子名曰羲和,方日浴于甘渊。羲和者,帝俊之妻,生十日。)

大荒之中,有山名曰鞠陵于天,东极、离瞀,日月所出。名曰折丹,东方曰折,来风曰俊,处东极以出入风。

有女和月母之国。有人名曰鹓,北方曰鹓,来之风曰狻,是处东北隅,以止日月,使无相间出没,司其短长。

有人名曰石夷(西方曰夷),来风曰韦,处西北隅以司日月之长短。

大荒之中,有山名曰月山,天枢也。吴姖天门,日月所入。有神,人面无臂,两足反属于头上,名曰嘘。颛顼生老童,老童生重及黎,帝令重献上天,令黎邛下地,下地是生噎,处于西极,以行日月星辰之行次。

4.部落首领兼巫职

又西三百五十里,曰玉山,是西王母所居也。西王母其状如人,豹尾虎齿而善啸,蓬发戴胜,是司天之厉及五残。

西海之南,流沙之滨,赤水之后,黑水之前,有大山,名曰昆仑之丘。有神,人面虎身,有文有尾,皆白处之。其下有弱水之渊环之,其外有炎火之山,投物辄然。有人,戴胜,虎齿,有豹尾,穴处,名曰西王母。此山万物尽有。

西王母梯几而戴胜、杖,其南有三青鸟,为西王母取食。在昆仑虚北。

有九丘,以水络之,名曰:陶唐之丘、有叔得之丘、孟盈之丘、昆吾之丘、黑白之丘、赤望之丘、参卫之丘、武夫之丘、神民之丘。有木,青叶紫茎,玄华黄实,名曰建木,百仞无枝,有九欘,下有九枸,其实如麻,其叶如芒,大皞爰过,黄帝所为。

【鉴赏】

《山海经》记述有大量祭祀山神、祖先神的内容,以及形形色色的巫师及其巫术活动,以致鲁迅先生要把《山海经》归纳为巫书。巫字形象是两个人上下于天,又像是两个人持仪器测量天地。事实上,这正是巫师的两大职能:一是为心灵服务,沟通人与天地神鬼的关系;二是为现实服务,其中不乏披着巫术外衣从事科学探索和技术发明的活动。或许,当初的巫字要更象形一些,字体里的两个"人"字符很可能有着具体的形貌;例如一男一女,人面蛇躯,它们应当是创造巫字时的巫师样子,或者是最初的"职业巫师"(有专用名称、以巫术活动为主业)。

《南山经》记有3条山脉,其方位大体在今日的湖北、湖南、广东、江西、安徽、江苏、浙江、福建和台湾海峡一带。南山一经地区的居民,供奉鸟身龙首之神,祭祀时要将玉璋埋入地下,并在洁白的草席上陈列稻米。南山二经地区的居民,供奉龙身鸟首之神,祭祀时要将玉璧埋入地下,并献上稻米。南山三经地区的居民,供奉龙身人面之身,祭祀的祭品有白狗和稻米。

　　《西山经》记有 4 条山脉,其方位大体在秦岭以北、阴山以南的陕西、内蒙古、宁夏、甘肃、青海、新疆一带。西山一经地区的居民,祭祀活动非常隆重。其中,华山地区的人们,祭品的规格是最高的太牢(同时献上猪、牛和羊三牲)。俞山地区的人们,祭祀活动极为虔诚,祭祀前要斋戒百日,祭祀时要献上百圭、百璧、百瑜,还有美酒百樽,并举行热烈的燎祭(在庭院点燃烟火,通过烟火把祭神者的心愿和祭品送达上天之神)。其他地区的人们,祭祀时要献上羊,点燃百草,把祭品陈列在五色丝装饰的白席之上。西山二经地区的居民,一部分供奉人面马身之神,祭品为雄鸡;另一部分供奉人面牛身之神(又称飞兽之神),祭品为少牢(同时献上羊和猪)。西山三经地区的居民,供奉羊身人面之神,祭品有吉玉和稷米。西山四经地区的居民,祭品有白鸡和稻米。

　　《北山经》记有 3 条山脉,其方位大体在今日的山西、河北、内蒙古(及其以北的地方)一带。北山一经地区的居民,供奉人面蛇身之神,祭品有雄鸡和玉圭。北山二经地区的居民,也供奉蛇身人面之神,祭品除了雄鸡之外,还要将一圭一璧投入深山以敬献给山神。北山三经地区的居民,第一部分人供奉马身人面之神,祭品为藻圭;第二部分人供奉彘身戴玉之神,祭品为美玉;第三部分人供奉彘身八足蛇尾之神,祭品为玉璧。他们都有一种特殊的习俗"皆食不火之物",这可能是有关寒食节风俗的最早的文字记载了。

　　《东山经》记有 4 条山脉,其方位大体在今日的山东、江苏一带,以及黄海和东海的诸岛屿。东山一经地区的居民,供奉人身龙首之神,祭品有犬和鱼。东山二经地区的居民供奉兽身人面(头戴麋鹿角)之神,祭品有鸡和璧。东山三经地区的居民,供奉人身羊角兽头之神,祭品为一只牡羊,还有黍米。东山四经地区居民的祭祀活动,由于文字缺失,我们今天已经不清楚了。

　　《中山经》记有 12 条山脉,其方位大体在今日的河南、湖北、四川、湖南北部、江西北部、陕西南部一带。中山二经地区的居民,供奉人面鸟身之神,祭品有吉玉。中山三经地区的人们，供奉泰逢神、熏池神、武罗神（实际上是美丽的后宫娘娘），祭品有羊、雄鸡、吉玉和稻米。中山四经地区的居民，供奉人面兽身之神，祭品为一只用五色装饰的白鸡。中山五经地区的居民，一些地方的祭品为太牢和吉玉，一些地方的祭品为黑犬、雌鸡、牝羊和五色装饰的吉玉；还有一些地方的祭品为黑色的太牢三牲和美酒、玉璧，届时人们还要举办盛大的舞蹈活动。中山六经地区的人们，要举办祭岳活动。中山七经地区的居民，分别供奉猪身人面之神和三首人面之神，祭品或为太牢和吉玉，或为羊和藻玉。中山八经地区的居民，供奉鸟身人面之神，祭品或为雄鸡、藻圭和谷米，或为少牢、美酒、玉璧。中山九经地区的居民，一部分人供奉马身龙首之神，祭品为雄鸡和谷米；一部分人供奉熊神，祭品为太牢和美酒、玉璧，届时人们还要跳起武舞和文舞；还有一部分人供奉祖先之神，祭品为少牢和吉玉。中山十经地区的居民，供奉龙身人面之神和祖先之神，祭品或为雄鸡和五谷，或为少牢和美酒、玉璧，届时还有巫祝表演二人合舞。中山十一经地区的居民，供奉猪身人首之神和祖先之神，祭品或为雄鸡和玉圭、五谷，或为太牢、美酒、玉璧，或为少牢和吉玉等。中山十二经地区的居民，供奉鸟身龙首之神和祖先之神，祭品或为雄鸡、牝豚和谷米，或为少牢、吉玉和美酒，或为太牢和十五用五色装饰的圭璧。

无庸置疑，《五藏山经》对古代居民祭祀活动的记述，是极其珍贵的中国古代民族文化活动的记录，也是我们今天进行民族文化史研究工作的不可或缺的宝贵文献资料。这正是我们今天研究《山海经》和绘制《山海经艺术地理复原图组画》和《帝禹山河图》的意义和价值之一。

同样值得重视的是，《山海经》记述的众多从事天文历法工作的巫师，也是中国古代科学技术的重要文献资料。例如，羲和发明的十日一旬的纪日历法，常羲发明的十二月一年的纪月历法，噎鸣发明的十二年一周的纪年历法，充分显示出中国古代天文学和历法学的高度发展。

第十二章 《山海经》中的民俗

一、寒食习俗

自单狐之山至于隄山，凡二十五山……其山北人，皆生食不火之物。

自太行之山以至于无逢之山，凡四十六山，万二千三百五十里。……其祠之，皆用一璧瘗之。大凡四十四神，皆用稌糈米祠之，此皆不火食。

二、沐浴习俗

大荒之中，有不庭之山，荣水穷焉。有人三身，帝俊妻娥皇，生此三身之国，姚姓，黍食，使四鸟。有渊四方，四隅皆达，北属黑水，南属大荒；北旁名曰少和之渊，南旁名曰从渊，舜之所浴也。

又有白水山，白水出焉，而生白渊，昆吾之师所浴也。

东北海之外，大荒之中，河水之间，附禺之山，帝颛顼与九嫔葬焉。……丘方圆三百里，丘南帝俊竹林在焉，大可为舟。竹南有赤泽水，名曰封渊。有三桑无枝。丘西有沈渊，颛顼所浴。

三、舞龙求雨、逐旱魃、暴巫习俗

大荒东北隅中,有山名曰凶犁土丘。应龙处南极,杀蚩尤与夸父,不得复上。故下数旱,旱而为应龙之状,乃得大雨。

蚩尤作兵伐黄帝,黄帝乃令应龙攻之冀州之野。应龙畜水,蚩尤请风伯、雨师,纵大风雨。黄帝乃下天女曰魃,雨止,遂杀蚩尤。

女丑之尸,生而十日炙杀之。在丈夫北。以右手鄣其面。十日居上,女丑居山之上。

有人衣青,以袂蔽面,名曰女丑之尸。

四、葬俗

狄山,帝尧葬于阳,帝喾葬于阴。爰有熊、罴、文虎、蜼、豹、离朱、视肉、玗琪、文王,皆葬其所。一曰汤山。一曰爰有熊、罴、文虎、蜼、豹、离朱、鸱久、视肉、㻬交。其范林方三百里。

范林方三百里,在三桑东,洲环其下。务隅之山,帝颛顼葬于阳,九嫔葬于阴。一曰爰有熊、罴、文虎、离朱、鸱久、视肉。平丘在三桑东。爰有遗玉、青鸟、视肉、杨柳、甘柤、甘华,百果所生。有两山夹上谷,二大丘居中,名曰平丘。

南海之中,有泛天之山,赤水穷焉。赤水之东,有苍梧之野,舜与叔均之所葬也。爰有文贝、离俞、鸱久、鹰、贾、委维、熊、罴、象、虎、豹、狼、视肉。

帝尧、帝喾、帝舜葬于岳山。爰有文贝、离俞、鸱久、鹰、延维、视肉、熊、罴、虎、豹。朱木,赤枝,青华,玄实。

东北海之外,大荒之中,河水之间,附禺之山,帝颛顼与九嫔葬焉。爰有鹠久、文贝、离俞、鸾鸟、皇鸟、大物、小物。有青鸟、琅鸟、玄鸟、黄鸟、虎、豹、熊、罴、黄蛇、视肉、璇瑰、瑶碧,皆出卫于山。丘方圆三百里,丘南帝俊竹林在焉,大可为舟。竹南有赤泽水,名曰封渊。有三桑无枝。丘西有沈渊,颛顼所浴。

西南黑水之间,有都广之野,后稷葬焉。爰有膏菽、膏稻、膏黍、膏稷,百谷自生,冬夏播琴。鸾鸟自歌,凤鸟自舞。灵寿实华,草木所聚。爰有百兽,相群爰处。此草也,冬夏不死。

五、美容与身份标识等习俗

厌火国在其南,兽身黑色,生火出其口中。一曰在讙朱东。

羿与凿齿战于寿华之野,羿射杀之。在昆仑虚东。羿持弓矢,凿齿持盾。一曰戈。

大荒之中,有山名曰融天,海水南入焉。有人曰凿齿,羿杀之。

长股之国在雄常北,被发。一曰长脚。

柔利国在一目东,为人一手一足,反膝,曲足居上。一云留利之国,人足反折。

【鉴赏】

《山海经》对北山一经和北山三经的居民"皆生食不火之物"的记载,是有关寒食节习俗的最早文献记录之一。寒食节通常在清明节前一日或数日,亦称"禁烟节"、"冷节"。民间习俗这一天要禁烟火,只吃冷食,故而得名,相传此民俗源于纪念春秋时晋国忠臣介子推。当年介子推与晋文公重耳流亡列国,介子推曾割股肉供文公充饥。文公复国后,子推不求利禄,与母归隐绵山

（山西省介休县东南）。文公焚山以求之，子推仍不出山，最后抱树而死。文公葬其尸于绵山，修祠立庙，并下令于子推焚死之日禁火寒食，以寄哀思，后相沿成俗。但根据《五藏山经》的记载，寒食节习俗早在四千多年前就已经有了。进一步说，所谓"不火"，寓意着预防火灾，我国北方春季天干物燥，需要特别注意防火，古人通过寒食节习俗巧妙而有效地普及了预防火灾知识，充分体现出我国先民拥有极高的生命智力。

《山海经》关于沐浴活动的记述，并非是讲寻常的澡浴，而是通过沐浴祈求获得新生。太平洋上的伊里安岛的猎人头部落，每个小孩都要经历如下仪式：被带到海边，假装衰老死亡，并被扔入海水里淹没一下，经过这个仪式，小孩便获得新生。事实上，泼水节等习俗，均可追溯到《山海经》的沐浴活动。

《大荒东经》中"旱而为应龙之状，乃得大雨"，为舞龙求雨习俗。《大荒北经》中"魃时亡之，所欲逐之者"，为逐旱魃习俗。《海外西经》中"女丑之尸，生而十日炙杀之"，《大荒西经》中有人衣青，以袂蔽面，名曰女丑之尸，为暴巫习俗。中国古代农业主要是靠天吃饭，旱灾、涝灾都会对农业造成巨大的损失。在这种情况下，中国先民希望能够在一定程度上控制雨水的多少，干旱时祈盼下雨，阴雨连绵时祈盼天晴，并由此形成一套完整的舞龙求雨、逐旱魃、暴巫习俗。龙是水族类动物的代表，古人相信它掌管雨水，因此采取"舞龙"的形式，祈盼龙王行雨。旱魃是旱神，因此采取"逐旱魃"的形式，祈盼旱魃离开，从而风调雨顺。巫师承担着代表民意与天神沟通的责任，如果巫师不能够传达民意，那么巫师就应该受到惩罚并以身殉职，这就是"暴巫"的文化内涵。

《山海经》记载了多处先祖的墓地及葬俗，除了墓穴之外，葬俗主要体现在祭坛、陪葬物和墓林等方面，其中陪葬物不但丰富，而且已经形成了某种规范。此外，《五藏山经》祭祀山神的文字里，也有关于先祖葬俗的内容，可参阅本书《山海经的祭祀活动和群巫》一章，此处从略。

与此同时，《山海经》还记录着大量的有关美容与身份标识等习俗。例如，凿齿习俗、文身习俗，既是对美的追求（不同时代有着不同的审美标准），也是族属和社会地位的标识。又如，踩高跷表演、柔术表演、魔术表演等习俗，则体现出古人有着广泛的生活情趣；而正是这种积极向上的生活态度，鼓励着人们克服困难，永远向前。

第十三章 《山海经》的医药与预测

一、医药

(一)南山经

招摇山:有草焉,其状如韭而青华,其名曰祝余,食之不饥。有木焉,其状如穀而黑理,其华四照,其名曰迷穀,佩之不迷。有兽焉,其状如禺而白耳,伏行人走,其名曰狌狌,食之善走。丽麂之水出焉,而西流注于海,其中多育沛,佩之无瘕疾。

杻阳山:有兽焉,其状如马而白首,其文如虎而赤尾,其音如谣,其名曰鹿蜀,佩之宜子孙。怪水出焉,而东流注于宪翼之水;其中多玄龟,其状如龟而鸟首虺尾,其名曰旋龟,其音如判木,佩之不聋,可以为底。

柢山:有鱼焉,其状如牛,陵居,蛇尾有翼,其羽在魼下,其音如留牛,其名曰鯥,冬死而夏生,食之无肿疾。

亶爰山:有兽焉,其状如狸而有髦,其名曰类,自为牝牡,食者不妒。

基山:有兽焉,其状如羊,九尾四耳,其目在背,其名曰猼訑,佩之不畏。有鸟焉,其状如鸡而三首六目,六足三翼,其名曰鹏鸮,食之无卧。

青丘山:有兽焉,其状如狐而九尾,其音如婴儿,能食人,食者不蛊。有鸟焉,其状如鸠,其音若呵,名曰灌灌,佩之不惑。英水出焉,南流注于即翼之泽;其中多赤鱬,其状如鱼而人面,其音如鸳鸯,食之不疥。

祷过山：浪水出焉，而南流注于海。其中有虎蛟，其状鱼身而蛇尾，其音如鸳鸯，食者不肿，可以已痔。

仑者山：有木焉，其状如穀而赤理，其汗如漆，其味如饴，食者不饥，可以释劳，其名曰白䓘，可以血玉。

（二）西山经

钱来山：有兽焉，其状如羊而马尾，名曰羬羊，其脂可以已腊。

松果山：有鸟焉，其名曰螐渠，其状如山鸡，黑身赤足，可以已㬥。

小华山：其草有萆荔，状如乌韭，而生于石上，亦缘木而生，食之已心痛。

符禺山：其上有木焉，名曰文茎，其实如枣，可以已聋。其草多條，其状如葵，而赤华黄实，如婴儿舌，食之使人不惑。

石脆山：其草多条，其状如韭，而白华黑实，食之已疥……灌水出焉，而北流注于禺水。其中有流赭，以涂牛马无病。

英山：有鸟焉，其状如鹑，黄身而赤喙，其名曰肥遗，食之已疠，可以杀虫。

竹山：有草焉，其名曰黄雚，其状如樗，其叶如麻，白华而赤实；其状如赭，浴之已疥，又可以已胕。

浮山：有草焉，名曰薰草，麻叶而方茎，赤华而黑实，臭如蘼芜，佩之可以已疠。

羭次山：有鸟焉，其状如枭，人面而一足，曰橐𪇂，冬见夏蛰，服之不畏雷。

嶓冢山：有草焉，其叶如蕙，其本如桔梗，黑华而不实，名曰蓇蓉，食之使人无子。

天帝山：有兽焉，其状如狗，名曰谿边，席其皮者不蛊。有鸟焉，其状如鹑，黑文而赤翁，名曰栎，食之已痔。有草焉，其状如葵，其臭如蘼芜，名曰杜衡，可以走马，食之已瘿。

皋塗山：有白石焉，其名曰礜，可以毒鼠。有草焉，其状如稾茇，其叶如葵而赤背,名曰无条,可以毒鼠。……有鸟焉,其状如鸥而人足,名曰数斯,食之已瘿。

上申山:其鸟多当扈,其状如雉,以其髯飞,食之不眴目。

英鞮山:涴水出焉,而北流注于陵羊之泽;是多冉遗之鱼,鱼身蛇首六足,其目如马耳,食之使人不眯,可以御凶。

中曲山:有木焉,其状如棠,而员叶赤实,实大如木瓜,名曰怀木,食之多力。

不周山:爰有嘉果,其实如桃,其叶如枣,黄华而赤柎,食之不劳。

峚山:其上多丹木,员叶而赤茎,黄华而赤实,其味如饴,食之不饥。

昆仑丘:有木焉,其状如棠,黄华赤实,其味如李而无核,名曰沙棠,可以御水,食之使人不溺。有草焉,名曰薲草,其状如葵,其味如葱,食之已劳。

(三)北山经

求如山:其中多滑鱼,其状如鳢,赤背,其音如梧,食之已疣。

带山:有鸟焉,其状如乌,五采而赤文,名曰鵸𪇳,是自为牝牡,食之不疽。彭水出焉,而西流注于芘湖之水,其中多鯈鱼;其状如鸡而赤毛,三尾、六足、四目,其音如鹊,食之可以已忧。

谯明山:谯水出焉,西流注于河。其中多何罗之鱼,一首而十身,其音如吠犬,食之已痈。

涿光山:嚣水出焉,而西流注于河。其中多鰼鰼之鱼,其状如鹊而十翼,鳞皆在羽端,其音如鹊,可以御火,食之不瘅。

丹熏山:有兽焉,其状如鼠,而兔首麋耳,其音如獋犬,以其尾飞,名曰耳鼠,食之不䐆,又可以御百毒。

蔓联山:有鸟焉,群居而朋飞,其毛如雌雉,名曰鶌,其鸣自呼,食之已风。

单张山:有鸟焉,其状如雉,而文首、白翼、黄足,名曰白鵺,食之已嗌痛,可以已瘕。

少咸山：敦水出焉，东流注于雁门之水；其中多鮨鮨之鱼，食之杀人。

狱法山：瀙泽之水出焉，而东北流注于泰泽。其中多鱲鱼，其状如鲤而鸡足，食之已疣。有兽焉，其状如犬而人面，善投，见人则笑，其名山挥，其行如风，见则天下大风。

北岳山：诸怀之水出焉，而西流注于嚣水。其中多鮨鱼，鱼身而犬首，其音如婴儿，食之已狂。

甘枣山：其上多杻木。其下有草焉，葵本而杏叶，黄华而荚实，名曰箨，可以已瞢。有兽焉，其状如鼣鼠而文题，其名曰㔮，食之已瘿。

历儿山：多櫔木，是木也，方茎而员叶，黄华而毛，其实如楝，服之不忘。

渠猪山：渠猪之水出焉，而南流注于河；其中是多豪鱼，状如鲔，赤喙尾赤羽，可以已白癣。

脱扈山：有草焉，其状如葵叶而赤华荚实，实如棕荚，名曰植楮，可以已癙，食之不眯。

金星山：多天婴，其状如龙骨，可以已痤。

牛首之山：有草焉，名曰鬼草，其叶如葵而赤茎，其秀如禾，服之不忧。劳水出焉，而西流注于潏水；是多飞鱼，其状如鲋鱼，食之已痔衕。

阴山：少水出焉，其中多彫棠，其叶如榆叶而方，其实如赤菽，食之已聋。

鼓镫山：有草焉，名曰荣草，其叶如柳，其本如鸡卵，食之已风。

县雍山：晋水出焉，而东南流注于汾水。其中多鮆鱼，其状如儵而赤鳞，其音如叱，食之不骄。

北嚣山：有鸟焉，其状如乌，人面，名曰鹭鹋，宵飞而昼伏，食之已暍。

梁渠山：有鸟焉，其状如夸父，四翼、一目、犬尾，名曰嚣，其音如鹊，食之已腹痛，可以止衕。

龙侯山：决决之水出焉，而东流注于河。其中多人鱼，其状如鲭鱼，四足，其音如婴儿,食之无痴疾。

马成山:有鸟焉,其状如乌,首白而身青、足黄,是名曰鹡鸰,其鸣自詨,食之不饥,可以已寓。

咸山:条菅之水出焉,而西南流注于长泽;其中多器酸,三岁一成,食之已疠。

阳山:有兽焉,其状如牛而赤尾,其颈䯐,其状如句瞿,其名曰领胡,其鸣自詨,食之已狂。……留水出焉,而南流注于河。其中有䱤父之鱼,其状如鲋鱼,鱼首而彘身,食之已呕。

景山:有鸟焉,其状如蛇,而四翼、六目、三足,名曰酸与,其鸣自詨,见则其邑有恐。

小侯山:有鸟焉,其状如乌而白文,名曰鸲鹆,食之不灂。

轩辕山:有鸟焉,其状如枭而白首,其名曰黄鸟,其鸣自詨,食之不妒。

饶山:历虢之水出焉,而东流注于河。其中有师鱼,食之杀人。

(四)东山经

葛山首:澧水出焉,东流注于余泽。其中多珠鳖鱼,其状如肺而四目,六足有珠,其味酸甘,食之无疠。

北号山:有木焉,其状如杨,赤华,其实如枣而无核,其味酸甘,食之不疟。

旄山:苍体之水出焉,而西流注于展水。其中多鱃鱼,其状如鲤而大首,食者不疣。

东始山:有木焉,其状如杨而赤理,其汁如血,不实,其名曰杞,可以服马。泚水出焉,而东北流注于海。其中多美贝,多茈鱼,其状如鲋,一首而十身,其臭如蘪芜,食之不屁。

(五)中山经

昆吾山:有兽焉,其状如彘而有角,其音如号,名曰蠪蚳,食之不眯。

青要山：其中有鸟焉，名曰鴢，其状如凫，青身而朱目赤尾，食之宜子。有草焉，其状如葌，而方茎黄华赤实，其本如藁本，名曰荀草，服之美人色。

騩山：正回之水出焉，而北流注于河。其中多飞鱼，其状如豚而赤文，服之不畏雷，可以御兵。

首山：多㺉鸟，其状如枭而三目，有耳，其音如录，食之已垫。

庩山：其中有鸟焉，状如山鸡而长尾，赤如丹火而青喙，名曰鸰䳘，其鸣自呼，服之不眜。

橐山：橐水出焉，而北流注于河。其中多脩辟之鱼，状如黾而白喙，其音如鸱，食之已白癣。

阳华山：其草多藷藇，多苦辛，其状如楸，其实如瓜，其味酸甘，食之已疟。

休与山：其上有石焉，名曰帝台之棋，五色而文，其状如鹑卵。帝台之石，所以祷百神者也，服之不蛊。

姑媱山：帝女死焉，其名曰女尸，化为䔄草，其叶胥成，其华黄，其实如菟丘，服之媚于人。

苦山：其上有木焉，名曰黄棘，黄华而员叶，服之不字。有草焉，员叶而无茎，赤华而不实，名曰无条，服之不瘿。

堵山：其上有木焉，名曰天楄，方茎而葵状，服者不噎。

放皋山：有木焉，其叶如槐，黄华而不实，其名曰蒙木，服之不惑。

大苦山：有草焉，其状叶如榆，方茎而苍伤，其名曰牛伤，其根苍文，服者不厥，可以御兵。其阳狂水出焉，西南流注于伊水。其中多三足龟，食者无大疾，可以已肿。

半石山：其上有草焉，生而秀，其高丈余，赤叶赤华，华而不实，其名曰嘉荣，服之者不霆。来需之水出于其阳，而西流注于伊水；其中多鯩鱼，黑文，其状如鲋，食者不睡。合水出于其阴，而北流注于洛；多䲢鱼，状如鳜，居逵，苍文赤尾，食者不痈，可以为瘘。

少室山：其上有木焉，其名曰帝休，叶状如杨，其枝五衢，黄华黑实，服之不怒。……休水出焉，而北流注于洛。其中多䱒鱼，状如鳖蜼而长距，足白而对，食者无蛊疾，可以御兵。

泰室山：其上有木焉，叶状如梨而赤理，其名曰栯木，服者不妒。有草焉，其状如苶，白华黑实，泽如蘡薁，其名曰䔄草，服之不眯。

浮戏山：有木焉，叶状如樗而赤实，名曰亢木，食之不蛊。

少陉山：有草焉，名曰蒵草，叶状如葵，而赤茎白华，实如蘡薁，食之不愚。

太山：有草焉，名曰梨，其叶状如荻而赤华，可以已疽。

敏山：上有木焉，其状如荆，白华而赤实，名曰葪柏，服者不寒。

大騩山：有草焉，其状如蓍而毛，青华而白实，其名曰薐，服之不夭，可以为腹病。

蛇山：有兽焉，其状如狐，而白尾长耳，名也狼，见则国内有兵。

兔床山：其草多鸡谷，其本如鸡卵，其味酸甘，食者利于人。

菫理山：有鸟焉，其状如鹊，青身白喙，白目白尾，名曰青耕，可以御疫，其鸣自叫。

依轱山：有兽焉，其状如犬，虎爪有甲，其名曰獙，善駚牟，食者不风。

高前山：其上有水焉，甚寒而清，帝台之浆也，饮之者不心痛。

从山：从水出于其上，潜于其下。其中多三足鳖，枝尾，食之无蛊疫。